btb

Aus Freude am Lesen

btb

Buch

Siegfried Unseld (1924–2002) war der bedeutendste Verleger der Bundesrepublik. Als Eigentümer des Frankfurter Suhrkamp Verlags und als Freund und Förderer großer Autoren prägte er jahrzehntelang das Geistesleben in Deutschland. Er, vielleicht der letzte Verleger alten Typs, der allein für sein Programm mit hohem ästhetischem und intellektuellem Anspruch einstand, war ein Herrscher mit allen – positiven wie negativen – Zügen eines Patriarchen. Nach ausführlichen Gesprächen mit Familienangehörigen, Freunden und Weggefährten Unselds und intensiven Studien in veröffentlichten wie unveröffentlichten Briefwechseln mit den Autoren des Verlags zeichnet Peter Michalzik ein hintergründiges Porträt des Verlegers, das ihn als Figur von antiker Wucht zeigt.

Autor

Peter Michalzik.
Jahrgang 1963, ist Journalist, Literatur- und Theaterkritiker und ein hervorragender Kenner des deutschen Buchmarkts. Er arbeitete längere Zeit für die *Süddeutsche Zeitung*, *Focus*, das *Börsenblatt für den Deutschen Buchhandel* und den Deutschlandfunk.
Inzwischen schreibt er für das Feuilleton der *Frankfurter Rundschau*. 1999 erschien seine Biographie *Gustaf Gründgens. Der Schauspieler und die Macht*.
Peter Michalzik lebt in Frankfurt am Main.

Peter Michalzik

Unseld.

Eine Biographie

btb

btb Taschenbücher erscheinen im Goldmann Verlag,
einem Unternehmen der Verlagsgruppe Random House GmbH.

1. Auflage
Genehmigte und überarbeitete Taschenbuchausgabe Januar 2003
Copyright © 2002 Karl Blessing Verlag GmbH, München,
ein Unternehmen der Verlagsgruppe Random House GmbH
Umschlaggestaltung: Design Team München
RK · Herstellung: Augustin Wiesbeck
Made in Germany
ISBN 3-442-73120-8
www.btb-verlag.de

Inhalt

»Ich werde von Zeit zu Zeit dies Tagebuch fortführen. Das ist richtig, dass ich möglicherweise keine Gelegenheit finden werde, es der Welt weiterzureichen;
aber ich will nicht unterlassen, wenigstens den Versuch zu machen. Im letzten Augenblick gedenke ich,
das MS in eine Flasche zu verschließen & in die See
zu werfen.«

Edgar Allen Poe

Vorwort

Es war an einer Kehre im Wald, nicht weit von Frankfurt, wahrscheinlich 1977, auf jeden Fall im Mai, der Weg war noch feucht, Gras und Blätter noch zart und von strahlendem Grün. Ich weiß nicht mehr, was wir damals machten, möglicherweise ruhten wir uns nur aus. Ein Freund sagte an dieser Wegkehre, das sei das Beste, was er je gelesen habe. Die ungewohnte Strenge seiner Stimme befremdete und beeindruckte mich. Da war kein Widerspruch geduldet. Das Buch, das er in der Hand hielt und dessen Titel mir zu diesem Zeitpunkt nichts sagte, war ebenfalls lindgrün: *Warten auf Godot*. Die Ausgabe war noch dazu dreisprachig, *Waiting for Godot*, *En Attendant Godot*, was meine Faszination nur noch steigerte.

Es dauerte nicht lange, bis ich eine broschierte Edition-Suhrkamp-Werkausgabe Becketts besaß und an Strenge, Unerbittlichkeit des Urteils und Gefolgschaft forderndem Ton meinen Freund sicherlich übertraf. Achtundsechzig Mark kosteten die zehn Bände damals, ich weiß es noch genau. Ich besitze sie noch heute. Ein Band wurde von einer Freundin beschädigt, die ihn im Regen liegen ließ, was mich bestimmt zehn Jahre lang beunruhigt hat.

Ungefähr zur selben Zeit besuchte ich regelmäßig eine kleine Buchhandlung neben unserer Schule. Den Buchhändler mochte ich sehr gern, noch lieber aber hatte ich seinen Laden. Weil mein Lesehunger durch die Bücher, die ich mir leisten konnte, nicht zu stillen war, klaute ich einige Bücher. Seltsamerweise tat ich das nur in dieser kleinen, geliebten Buchhandlung mit ihrem sanften und kenntnisreichen Buchhändler, der die gesamte Geschichte, die ich erst entdecken musste, alle Bücher, die ich noch zu lesen hatte, schon kannte. Zu diesen Büchern gehörten *Der ewige Spießer*, *Ein*

Kind unserer Zeit und *Jugend ohne Gott* von Ödön von Horváth. Die braunen und blauen Umschläge der Suhrkamp Taschenbücher erinnern mich bis heute an diese Zeit. Wenn ich sie betrachte, mischen sich noch immer Anflüge von Scham und Stolz. Als der Buchhändler die Suhrkamp-Ausgaben sah, die ich zum Kauf ausgewählt hatte, etwa die Hörspiele von Günter Eich, bekam er glänzende Augen. So ahnte ich, dass es da eine Vorgeschichte gab, der ich nachzuforschen hatte.

Vielleicht dämmerte mir bereits damals, dass zwischen den Werken Becketts, Eichs und Horváths ein Zusammenhang bestand. Ich dachte jedoch nicht weiter darüber nach, verfolgte aber mit dem Gespür des Novizen die Zeichen, die mir den Weg wiesen. Ich erinnere mich an den Mathematiklehrer, der von der großen FU in Berlin an unsere kleine Schule gekommen war. Ich stieg in seiner Achtung sprunghaft, als ich bei einer gemeinsamen Zugfahrt ein Buch auspackte, das ich auf einem Flohmarkt erstanden hatte. *Theorie des Modernen Dramas* hieß das Ding, und es war, nein kein Suhrkamp Taschenbuch, sondern ein Band der »edition suhrkamp«, einer der alten Bände, die einen Umschlag hatten.

Dass ich Thomas Bernhard kennen lernte, war bereits der Tatsache zu verdanken, dass er Suhrkamp-Autor war. Ich kaufte den ersten Bernhard-Band aus keinem anderen Grund. Selbst Schullektüre, Max Frischs *Homo faber*, konnte den einmal eingepflanzten Glauben an Suhrkamp nicht zerstören.

Es war für mich ein großes Ereignis, als 1981 zum 75. Geburtstag Becketts der Band *Dramatische Dichtungen in drei Sprachen* erschien. Obwohl er nur Stücke enthielt, die ich bereits kannte und besaß, oft mehrfach, kaufte ich das Buch sofort, denn so konnte auch ich an dem Geburtstag teilnehmen. Der schwarze Umschlag beeindruckte mich durch etwas, das ich heute Strenge und Klarheit nennen würde, das damals aber weitaus mehr war. Beckett, sagte mir dieser Umschlag, ist mein Bruder, ich gehöre zu ihm. Als ich das Gesicht dieses Bruders kurz danach auf Berliner Litfaßsäulen wieder fand, war mein Schicksal für die folgenden Jahre besiegelt: Ich war definitiv Mitglied der Suhrkamp-Familie geworden. Becketts 1981 erschienene Fabel *Company, Gesellschaft, Compagnie*, nahm ich bereits wie eine Bibel entgegen. Die Welt schien fest gefügt, sie befand sich zwischen Buchdeckeln, auf denen der Name »Suhrkamp« stand.

Dann kamen die Benjamins, die Wochen mit Adornos *Noten zur Literatur*, die vielen Bände Foucault, ein Jahr mit Joyce. Und alles war Suhrkamp. Jetzt, ich war mittlerweile an der Uni, hörte auf einmal alles auf die Suhrkamp Taschenbücher Wissenschaft. Bereits damals war ich erstaunt, dass auch Kant Suhrkamp-Autor war. Es war wahrscheinlich das erste Mal, dass ich ahnte, Verlage können sich ihre Vergangenheit erfinden. Sogar Franz Kafka wurde durch das kleine Bändchen *Benjamin über Kafka*, das mir als die bei weitem bedeutendste Äußerung über Kafka erschien, zum Suhrkamp-Autor. Schöne Jahre.

Jeder Suhrkamp-Jünger hat eine andere Geschichte. Und doch müssen sie sich gleichen, denn alle gehören dem einen Glauben an. Suhrkamp war nicht nur mein Kanon, es war der Kanon der Lesenden, der Schriftsteller, Feuilletonredakteure und der meisten Buchgläubigen. Es war eine Kirche, die schwer zu definierende Aufnahmeregeln hatte, aber es war eine. Suhrkamp hatte die Gemeinde der Lesenden monopolisiert. Ich erinnere mich gut an die Erregung, mit denen Nachrichten aus dem Hause Suhrkamp bis in die Neunzigerjahre in den Feuilletonredaktionen aufgenommen und weitergegeben wurden. Es war überdeutlich: Auch hier war einmal geglaubt worden.

Irgendwann wurde mir bewusst, dass hinter dieser Welt, die ich für meine gehalten hatte, jemand stehen musste. Und so hörte ich zum ersten Mal, dass Suhrkamp eigentlich Unseld hieß. Dieser Unseld, dachte ich damals, muss ein Mensch wie ich sein, nur viel, viel größer, nicht Jünger, sondern Meister der Suhrkamp-Welt, Erfinder, Vordenker, Organisator, Lenker. Aber je tiefer ich in den so genannten Kulturbetrieb hineinrutschte, desto fragwürdiger wurde diese Figur. Ich hörte merkwürdige Geschichten über ihn, den großen Unseld, Anrüchiges. Der Glaube endete langsam, und die lange, nicht abgeschlossene Zeit der Aufklärung begann. Und es begann ebenfalls, lange bevor ich daran dachte, über Siegfried Unseld ein Buch zu schreiben, jene Mischung aus Interpretation und Recherche, die man wohl Biographie nennt. Ich machte mir ein Bild von dem Mann. Damit kam auch der wirkliche, der lebendige Siegfried Unseld ins Spiel. Da lag der Gedanke, über ihn zu schreiben, schon nicht mehr fern.

Lange wollte Unseld davon nichts wissen. Briefe blieben unbeantwortet, Annäherungsversuche erfolglos, Unseld reagierte nicht, als ich ihm mitteilte, dass ich an einem Buch über ihn sitze. Zwar hat er nie gesagt, dass er nicht will, dass dieses Buch geschrieben wird. Aber er hat die Arbeit daran lange in keiner Weise unterstützt, er hat Bitten um ein Gespräch entweder nicht beantwortet oder ausweichend reagiert. Ein langes Gespräch mit Jürgen Habermas und seiner Frau in Starnberg und ein fast ebenso langes Gespräch mit Unselds Frau Ulla Berkéwicz in Frankfurt führten dazu, dass er sich dann doch noch umstimmen ließ. Unseld und ich führten dann ein zweieinhalbstündiges Gespräch in seinem Arbeitszimmer in der Frankfurter Klettenbergstraße.

Dieses Zusammentreffen hätte man – und das nach der schwierigen Vorgeschichte, wo wir uns gegenseitig belauert und beäugt hatten – nicht geglückter erfinden können. Ich bin mir auch tatsächlich nicht sicher, ob das Treffen nicht tatsächlich von Siegfried Unseld von vorne bis hinten geplant worden ist. Als ich ankomme, nimmt ein Notar gerade die frisch unterzeichneten Verträge für die Stiftungen entgegen, die über viele Jahre Gegenstand feuilletonistischer Spekulationen gewesen waren. Ansonsten ist das große Haus ruhig und leer. »Kennen Sie den Keller?« Obwohl ihm das Gehen mittlerweile sehr schwer fällt, führt Unseld mich in den Keller, in dem alle Suhrkamp-Bücher feuersicher und bei niedriger Luftfeuchtigkeit aufbewahrt werden. Durch ein Spalier aus edition suhrkamp und Bibliothek-Suhrkamp-Bänden betreten wir später das Zimmer mit den Büchern, die er selbst geschrieben hat. Über der Tür ins große Arbeitszimmer hängen Peter Suhrkamp und Samuel Fischer. »Da gehe ich unter meinen Vätern ins Arbeitszimmer«, sagt er. Daneben hängt Unseld von Andy Warhol, dazu sagt er nichts. Er zeigt seine Erstausgaben, Goethe, Hesse, Kafka. Seine Schallplatten, die Fotografien seiner Eltern. Ein alter, müder Mann, denke ich, der diese Vorführung schon unzählige Male zelebriert hat und dabei immer überzeugend war. Und der jetzt selbst nicht mehr wissen kann, ob die Begeisterung echt war oder gespielt. Der das aber durchgestanden hat und der auch heute noch überzeugend ist.

Wir sitzen uns in zwei Ledersesseln an einem niedrigen Glastisch gegenüber. Beim Interview redet Unseld elegisch, weit ausschwingend. Ich glaube den Ton zu hören, in dem er sich seine Biographie vorstellt. In dem Gespräch geht es vor allem um seine Nachfolge und die Jahre, bevor er den Verlag übernahm. Dabei mache ich eine merkwürdige Erfahrung: Mir ist manches geläufig, an das Unseld sich nicht mehr erinnern kann. Manchmal, wenn ich etwas frage, das ihn überrascht, schaut er mich lange mit großen Augen an. Bin ich zu weit gegangen? Nachdem zwei Stunden das Tonband lief, lädt Unseld mich zu einem Wein ein. Das hätte ich vorher nicht für möglich gehalten. Wie bei ihm üblich wird aus Silberbechern getrunken. Das Tonband ist aus. Es dauert keine fünf Minuten, da sind wir bei einer Liste von besten Büchern, die Marcel Reich-Ranicki aufgestellt hat. Unseld echauffiert sich: »Zweimal Thomas Mann, aber nur einmal Hesse und kein Frisch.« Das, denke ich, genau das hat er immer gemacht, Listen der großen Bücher, Verlagsprogramme, Reihen, Jahrhundertwerke. Das bewegt ihn wirklich, das ist sein Geschäft. Das ist es, was er jahrzehntelang betrieben hat: Er möchte alle Bücher auf der imaginären Liste der besten Bücher bei sich haben. Nach dem Treffen brauche ich einige Tage, bis ich wieder zu nüchterner Distanz finde.

Etliche Punkte von Unselds Biographie liegen im Dunkel und waren lange Gegenstand eifrig betriebener, manchmal auch haarsträubender Spekulationen. Dieses Buch versucht, einige Punkte aufzuklären. An anderen scheitert es. Abgesehen davon, dass es schwierig ist, über lebende Personen Bücher zu schreiben – die Zeitgenossen sprechen anders, noch spielen viele Interessen mit –, hat der Biograph bei Unseld besondere Schwierigkeiten. Seine Selbstauskünfte sind von zweifelhaftem Wert, sie widersprechen sich teilweise diametral, sie sind immer lückenhaft, anekdotisch und wirken geschönt. Siegfried Unseld, der Verleger Max Frischs, möchte eine ganz bestimmte Sicht seines Lebens festschreiben, er hat, stärker als andere Menschen, ein Bild von sich, das er nicht in Frage gestellt sehen möchte. Unseld hat zu seiner Vergangenheit ein gespanntes Verhältnis, er will sie nicht diskutiert sehen. Dabei ist die besondere, über das Persönliche hinausgehende Bedeutung, die seine Biographie für ihn und seine Generations- und Verlagsgenossen wie Walser, Habermas oder Enzensberger gehabt hat, unübersehbar.

Siegfried Unseld begreift sein Leben als legendenhafte Erzählung oder Heldengesang. Legenden sind ursprünglich Lesungen aus den Heiligenbüchern, dann die Erzählungen von den Heiligen selbst. Und in der Tat: Erzählt man die Art von Biographie, die Siegfried Unseld sein Leben nennt, verfällt man in dieses Genre. Das hat dann, wie bei einem Reflex, zu den vielen sensationsheischenden Geschichten und defätistischen Äußerungen über Unseld geführt. Was der eine aufrichtet, reißt der andere wieder ein.

Gibt es einen dritten Weg, einen Ausweg aus dem Dilemma zwischen Anbetung und Defätismus, ein Genre jenseits von Legende und Enthüllungsgeschichte? Die nüchterne Aufzählung der Fakten kann die Faszination, die von Unseld ausgeht, nicht fassen. Es muss deshalb um alles drei gehen, um die Legende, die Geschichte hinter der Geschichte, um die an sich blinden Fakten, um die erinnerte und die vergessene oder verdrängte Geschichte. Zwischen diesen Strängen entfalten sich sowohl die Größe dieser Figur als auch dieses Leben, das von einer himmelsstürmenden Erfolgsgeschichte mit fortschreitendem Alter zu einer Tragödie zu werden droht.

Die Berichte und Erzählungen Unselds über sein Leben stehen dabei neben vielen anderen schriftlichen Quellen – Briefen, Erinnerungen, Aufsätzen –, sie stellen somit nur eine, wenn auch wesentliche, Quelle für dieses Buch dar. Noch wichtiger aber waren knapp 60 Interviews, die ich mit Freunden, ehemaligen Freunden, Bekannten, erklärten Feinden oder Zeitzeugen, die mit Unseld zu tun hatten, geführt habe. Langsam setzte sich der Mensch aus vielen Stimmen wieder neu zusammen. Dieses Bild gebe ich wieder.

Ich verzichte dabei grundsätzlich auf die Nennung der Quelle. Es fragmentiert einen Text bis zur Unleserlichkeit. Außerdem wollten viele, mit denen ich gesprochen habe, die Unseld nahe standen oder nahe stehen, nicht explizit genannt oder zitiert werden. Ich verzichte deshalb auch auf Danksagungen, da es mir unschön erscheint, nur einen Teil derer zu erwähnen, denen ich Dank schulde. Ich bin allen gleichermaßen verpflichtet.

Wesentliche Quellen für Unselds Biographie – wie der Briefwechsel mit Uwe Johnson – sind publiziert. Irgendwann einmal werden weitere Briefwechsel und das Tagebuch Unselds weiteren Aufschluss über sein Leben geben. Ob sie so viel Neues enthalten werden, wie mancher vermutet, erscheint allerdings fraglich. Diese Materialien sind bereits in dem Bewusstsein geschrieben, dass sie einmal veröffentlicht werden sollen. Und viele unmittelbar Beteiligte werden dann nicht mehr leben. Es kann also nicht verkehrt sein, jetzt mit der Arbeit zu beginnen. Jeder Glaube will irgendwann befragt sein.

Kindheit. Jugend. Krieg.

1924–1945

Es ist wie ein verborgenes Gesetz. Es lautet: Du sollst nicht meinen Namen nennen. Bis heute hat Siegfried Unseld in der Öffentlichkeit so gut wie nicht über seinen Vater gesprochen. Einmal, 1980, im berühmten, von Marcel Proust übernommenen Fragebogen der *Frankfurter Allgemeinen Zeitung*, erwähnt er ihn. Dort ist dann vom »Mann meiner Mutter« die Rede. Ein zweites Mal kommt er, in einem Interview mit der *Frankfurter Rundschau*, nachdem der Vater bereits 47 Jahre tot ist, auf ihn zu sprechen: »Mein Vater war ein großer Leser«, erzählte er da, »sonntags lag er stundenlang in der Badewanne, las Romane aus einer Leihbibliothek.« Und manchmal zitierte Unseld seinen Vater in schwäbischem Dialekt, »Bestelle dein Haus«, was witzig klingen sollte, aber nichts weiter bedeutete.

Vom Sohn ist nichts über den Vater zu erfahren. Damit aber ist einiges über den Sohn gesagt. Siegfried Unseld wurde 1924 geboren, aber in einem bestimmten, einem emphatischen Sinn beginnt für ihn die persönliche Zeitrechnung erst mit dem Jahr 1946, mit dem Zeitpunkt, als der Kriegsheimkehrer wieder in seine Geburtsstadt Ulm kam und noch einmal von vorne begann. Wenn Siegfried Unseld über diese Zeit erzählt, bekommt man den Eindruck, dass sie wie eine zweite Geburt für ihn war. Immer und immer wieder hat er betont, dass damals, 1946, seine Begegnung mit Hermann Hesse für ihn überragende Bedeutung hatte. Er begreift diese Begegnung, die zunächst eine mit den Büchern war und dann später eine persönliche wurde, bis heute als eine »Initialzündung nach einer Reihe von Zufällen«, von mehr oder weniger belanglosen Begebenheiten, als den Beginn seiner eigentlichen Biographie, das sich dann in den folgenden Jahren, im Zusammenspiel und Zusammengehen mit dem Suhrkamp Verlag, ja auch wirklich zielstrebig, fast logisch zu entfalten scheint. Betrachtet man Unselds Biographie von 1946 aus mit seinen Augen, scheint sie einem inneren Plan zu gehorchen. Betrachtet man sie von 1924 aus, wirkt sie widersprüchlich und verwirrend, ungeordnet und zufällig.

Siegfried Unseld möchte Folgerichtigkeit und Notwendigkeit in seinem Leben sehen. Sie allein verleihen ihm Bedeutung. Folgerichtigkeit ergibt sich aber nur, wenn die Stelle des Vaters durch andere Personen als den tatsächlichen Vater ausgefüllt wird. Die eigentlichen Väter − so sieht von 1946 her gesehen die Ahnengalerie aus, die Siegfried Unseld sich selbst erschaffen hat − heißen Hans Scholl, Fritz Bauer, Eugen Zeller, Hermann Hesse, Kurt Fried, Wilhelm Weischedel und Friedrich Beißner. Mit Peter Suhrkamp endet diese Reihe. Eine solche Ahnengalerie klingt nach Literatur. Hier haben Begegnungen immer etwas Bedeutsames, und Leben hat immer einen Sinn. Im Buch wird das Widersprüchliche zur Einheit, und der Held hat ein Schicksal. Erzählung statt Zufall, Schrift statt Leben steht also als selbst gewähltes Motiv über dieser Biographie. Solche unter dem Signum der Schrift, Notwendigkeit und Bedeutung selbst erschaffenen Biographien haben etwas Legendenhaftes.

Der wirkliche Vater von Siegfried Unseld hieß Ludwig Unseld, war 1896 in Ulm geboren und protestantisch getauft worden. Die Mutter hieß Maria Magdalena, wurde Lina genannt, war eine geborene Kögel und ist 1897 ebenfalls in Ulm geboren. Sie wurde jedoch römisch-katholisch getauft. Lina und Ludwig hatten sich 1921 das Jawort gegeben und dabei katholische Kindererziehung vereinbart. Damals war die junge Familie in eine Erdgeschosswohnung in der Karlstraße 25 gezogen. Zu dieser Zeit keine schlechte Wohnadresse in Ulm. Es gab hier zwar Eisenbahnerwohnungen, im unteren Bereich der Straße waren aber eine Kaserne und ein Casino, die das Niveau hoben. Die Karlstraße war eine breite Durchgangsstraße, die an der Stelle der alten Wallmauer errichtet worden war und auf der die Bürger am Wochenende gern flanierten. Allerdings wohnten die Eltern im wenig repräsentativen dritten Hinterhof. Diese Wohnsituation kann für die soziale Situation des Vaters stehen: Er bewegte sich zwischen einer vollkommen unbedeutenden Herkunft und dem Streben nach Höherem. Und so wusste er nicht, und das würde für den Rest seines Lebens so bleiben, wo er hingehört.

1933 zog die Familie Unseld in die Zinglerstraße 26, ebenfalls eine große Straße und eine gutbürgerliche Adresse. Hier wohnte man dann in der Beletage des Vordergebäudes – so fand der bescheidene, aber stete berufliche Aufstieg des Vaters seinen Ausdruck. Zufrieden aber war Ludwig Unseld nicht. Dabei hatte er doch einiges erreicht. Nach dem Besuch der evangelischen Volksschule in Ulm von 1903 bis 1910, nachdem er eine Lehre absolviert und gleichzeitig bis 1913 die Handelsschule besucht hatte, war er in verschiedenen Betrieben der Textilbranche und als Hilfsschreiber bei der Steuerratsschreiberei tätig. 1914 im August war er dann freiwillig in den Krieg gezogen, wurde aber beim Geschützexerzieren bereits im September schwer verwundet. So arbeitete er wieder in Ulm, als Angestellter beim Meldeamt, bei der Staatsanwaltschaft, beim Steueramt. Im August 1916 wurde Ludwig Unseld wieder eingezogen und war bis November 1918 im Feld.

Der Kriegsheimkehrer begann dann bei der neu ins Leben gerufenen Bezirksfürsorgestelle der Kriegsbeschädigten- und Kriegshinterbliebenenfürsorge als Hilfsarbeiter. Das erwies sich als zukunftsträchtig. 1920 wurde er hier angestellt, 1921 ins Beamtenverhältnis übernommen, als Verwaltungssekretär wurde er Beamter auf Lebenszeit. 1928 wechselte er in die Kreisverbandsverwaltung Ulm Land. Dort war Unseld als Verwaltungsobersekretär und Stellvertreter für die Geschäftsführung der Bezirksfürsorgestelle zuständig. Seine Aufgaben: Führung der vereinigten Kassen der Kreispflege, Rechnungsführung des Kreiswohlfahrtsamtes, Kriegs-, Sozial-, Kleinrentner-, Wochenbett- und Tuberkulosefürsorge, Familienunterstützung, Unterstützung der Angehörigen Sterilisierter, Stellvertreter des Kreispflegers als Geschäftsführer des Kreiswohlfahrtsausschusses. In diesen Funktionen lernte der junge Siegfried also seinen Vater kennen; manchmal begleitete er ihn in den Außendienst, dann sah er, wie schlecht es einem gehen konnte.

Ludwig Unseld hatte einen zähen Kampf um sein berufliches

Fortkommen geführt. Jetzt hatte er seine Stelle gefunden, an der zu bleiben er sich vorstellen konnte. Darauf war er stolz, fortan verstand er sich als Fürsorgebeamter, in Fürsorgeämtern hatte er die meiste Zeit seiner Karriere verbracht, diese Variante des Beamtendaseins lag ihm. »Ich habe die Entwicklung des Fürsorgewesens von Grund auf mitgemacht...« In seinem Amt galt er als tüchtig und verlässlich.

Ludwig Unseld war ein markant wirkender, aber auch etwas träumerisch veranlagter Mann; er war gern in seinem Gesangsverein »Liedertafel« und zog sich zur Lektüre zurück. Gern kümmerte er sich auch um seinen Sohn. Er nahm ihn nicht nur mit auf seine beruflichen Gänge und zur »Liedertafel«, er brachte ihm im Alter von fünf oder sechs Jahren in der Donau Schwimmen bei, spielte mit ihm Schach und bastelte mit ihm Holzburgen, worum den Knaben so manches Nachbarskind beneidete. Aber der Vater war auch ein strenges Familienoberhaupt, dessen körperliche Züchtigungen gefürchtet waren. Manchmal, vor allem an Feiertagen, gab es konfessionelle Auseinandersetzungen zwischen den Eltern, der Vater war Protestant, die Mutter Katholikin. Die Kinder gingen mit der Mutter zum katholischen Gottesdienst, später begleitete Siegfried den Vater zu Orgelkonzerten im – protestantischen – Ulmer Münster.

Lina Unseld, die bedingungslos zu ihrer Familie stand, litt unter der wirtschaftlichen Not mehr als ihr Mann. Ihre Familie hatte ihren Hof verkauft und das Geld dann in der Weltwirtschaftskrise verloren. Am 28. September 1924 gebar sie den ersten Sohn Karl Siegfried. Vier Jahre später, am 27. Juli 1928, kam sein Bruder Walter zur Welt, das zweite und letzte Kind der Unselds. Die Zeiten waren hart, auch der Lohn eines Beamten war zu knapp in diesen Jahren; die Auswirkungen der Weltwirtschaftskrise waren auch bei den Unselds deutlich zu spüren. Die Mutter war über diese Geldknappheit verzweifelt. Kein Unglück wollte sie über ihre Kinder kommen lassen. Und der Vater erlebte als Fürsorgebeamter die neue Armut und Bedrohung hautnah.

Siegfried Unseld hat über diese Zeit, genauso wie über seinen Vater, nichts berichtet. Es gibt aber ein Buch seiner zweiten Frau

Ulla Berkéwicz von 1992, das immer wieder den Gedanken nahe legt, Unseld habe seiner Frau erzählt, wie das damals für ihn gewesen ist, vor und während des Krieges, mit der Mutter und mit dem Vater. Tatsächlich ist Unseld in der Zeit vor der Entstehung von *Engel sind schwarz und weiß* mit Ulla Berkéwicz an Orte seiner Kindheit und Jugend gefahren. Es findet sich in dem Buch eine große Zahl von Vorgängen und Geschehnissen, die an Siegfried Unselds Leben erinnern. Unseld erzählt, schon weit über 60 Jahre alt, seiner einzigen wirklichen Vertrauensperson seine Geschichte. Und sie macht nicht Geschichte, Historie, sondern eine Geschichte, einen Roman, Fiktion und Emphase daraus.

Der erste Satz des Buches – »Ein deutscher Junge weint nicht!« – verweist bereits auf den von Siegfried Unseld immer wieder als die Maxime seiner Erfahrung im Dritten Reich zitierten Satz vom harten Kruppstahl. Reinhold Fischer heißt der junge Held des Buches. »…mit zweiundzwanzig zurück vom Krieg, war er Kreissekretär beim Fürsorgeamt geworden«, heißt es über Reinholds Vater Heinrich. »Die Schwester der Mutter, die den Heinrich nicht gewollt hatte, hatte den reichen Eberhard geheiratet. Der besaß ein Haus mit einem Schuhgeschäft und einer großen Wohnung.« Auch das stimmt mit der wirklichen Geschichte überein: Die Ratters waren ein Zweig der Familie der Mutter, den die Unselds neidisch beäugten. Der Karriere von Reinholds Vater ist wie der von Ludwig Unseld durch seine Schulbildung eine Grenze gesetzt. Der Vater bringt dem Sohn im Buch wie im Leben das Schachspiel bei, der Sohn kommt ins Realgymnasium und in das Deutsche Jungvolk; er wird dort Scharführer. »Reinhold aber tauchte ein in Jungvolkdienst, in Kameradschaft und Gemeinschaft. Er wurde Rottenführer, dann Jungenschaftsführer und, als Hanno Fähnleinführer wurde, Jungzugführer.«

Erzählt wird dann von Armut und Hunger der Familie Fischer, das Fleisch ist stinkig, der Kohl welk, das Brot pappig. Nur die Mutter hält, auch nach der Geburt des zweiten Sohnes, unverbrüchlich zu Reinhold, kommt an sein Bett, spricht seinen Namen, gibt ihm ihren Anteil am Essen. Wenn Vater und Mutter im Buch streiten, weint die Mutter, und der Vater schlägt sie. Das Buch beschreibt, oft eindringlich, wie sich Reinhold in der Familie gefühlt hat. Seine Rolle ist die des Vertrauten der Mutter. Ein solch enges Verhältnis zur Mutter reklamiert auch Siegfried Unseld für sich. Dabei stellt er sie als äußerst liebevollen Menschen dar. »Sie hat mich, solange ich denken kann, einfach und schlechthin geliebt.« Lina Unseld war eine willensstarke Person, vom Charakter her unerschütterlich, nirgends aber so fest wie im Glauben. Genauso unverbrüchlich stand sie zu ihrem ältesten Sohn, den sie über alles stellte.

Ulm war als Verwaltungszentrum, Garnisonsstadt und Industriestandort seit dem 19. Jahrhundert eine aufstrebende Gemeinde, die um 1930 knapp 60 000 Einwohner hatte. Die Stadt selbst war evangelisch, während das Umland katholisch geblieben war. So ist die unterschiedliche Konfession der Eltern leicht erklärbar. Konfessionelle Auseinandersetzungen waren an der Tagesordnung. Aber alle Schulen waren konfessionell gemischt, so auch die Sedelhofschule, die beide Unseld-Jungen besuchten. Politisch war die Stadt bürgerlich national bestimmt. 1932 stellte die NSDAP sieben der 44 Gemeinderäte. Nichts, so heißt es an solchen Stellen in Biographien gern, deutete darauf hin, dass er später einmal ein großer Mann werden würde. Auch Siegfried Unseld hat diese Formel immer wieder gern benutzt, wenn er über bedeutende Verlegerkollegen schrieb, etwa über den Goethe-Verleger Cotta.

Siegfried Unseld begann jetzt Erfahrungen zu machen, die er mit hunderttausenden Heranwachsenden teilte. Erfahrungen, die deshalb als normal gelten, und die doch höchst außergewöhnlich waren. »Ein deutscher Junge weint nicht«, ist der erste Satz von *Engel sind schwarz und weiß*. »Flink wie die Windhunde, zäh wie Leder und hart wie Kruppstahl«, so hat Siegfried Unseld und so haben mit ihm hunderttausende anderer ihre Erfahrungen mit dem Dritten Reich zusammengefasst; zwei Sätze, die die Nazizeit immer wieder charakterisierten. Die Mutter von Reinhold Fischer weint, der Vater schlägt. Die Mutter ist weich, der Vater hart. Die Mutter ist gut, der Vater böse. Der Vater ist ein Nazi, die Mutter gläubig. Solche Sätze machen die Welt einfach, und genauso ist das Verhältnis, das Siegfried Unseld zu seiner Kindheit und Jugend haben möchte: einfach und klar.

Dafür ist der Umgang mit einer Szene aus *Engel sind schwarz und weiß* typisch. Am Anfang des Buches tobt der Vater, weil der Sohn mit einem Mädchen Vater und Mutter gespielt und sie sich nebeneinander gelegt hatten. Der Sohn will das Mädchen, das ihm weiß und heilig vorkommt, vor dem Zorn des Vaters schützen. Der schlägt den Sohn mit einem Brett, aus dem er ihm eigentlich eine Ritterburg bauen wollte. Diese Szene hat sich tatsächlich in der Familie Unseld abgespielt. Unseld erinnert sich, dass sein Vater bebend vor Zorn auf ihn eingeschlagen habe, als er ihn mit einem jüdischen Mädchen auf dem Sofa liegend fand. In Ulla Berkéwicz' Buch trägt das Mädchen den Namen Rachele. Unselds spätere Frau Hilde sagte dagegen, das sei kein jüdisches Mädchen, sondern ein ganz normales Nachbarskind gewesen. Für das Buch und Unselds Leben klingt die Geschichte stimmiger, wenn das Mädchen Jüdin war. Dann ist die Botschaft klar: Die harten Deutschen und der harte Vater stehen gegen das weiche Mädchen und den weichen Sohn, Engel sind schwarz und weiß.

Mit neun Jahren, im Juni 1933, kam Siegfried zum Jungvolk, in der Hitlerjugend bekanntlich die »Pimpfe« geheißen. Die acht Jahre dauernden Erfahrungen in der Jugendorganisation des Dritten Reichs waren bedeutsam für den Heranwachsenden; widerwillig hat Unseld später zugegeben, dass er sich hier habe anstecken lassen. »Beim rückschauenden Durchdenken des Irrtums wurde mir erschreckend klar, wie anfällig junge Menschen für politische Demagogie sind – und daraus resultiert so etwas wie eine Immunisierung…« Die Wendung ist charakteristisch, so wollte Unseld später seine Jugendjahre verstanden wissen. So war es im Nachhinein keine verlorene Zeit, immerhin.

Die Hitlerjugend wurde 1924 gegründet, jenem Jahr, in dem Siegfried Unseld geboren wurde. In ihren Anfängen knüpfte sie an die zivilisationskritische Jugendbewegung an, die seit Beginn des Jahrhunderts gegen die Welt der Erwachsenen aufbegehrte. Allerdings war diese erste aller Jugendbewegungen – der sich Peter Suhrkamp zeitlebens verbunden fühlte und die auch für Siegfried Unseld später positiv besetzt war – mehr als der Ausdruck eines Generationskonflikts. In ihren Anfängen als Wandervogelbewegung war es eine – zunächst genuin männliche – Gegenbewegung zur fortschreitenden Urbanisierung. In diesen Anfängen war die Bewegung nicht hierarchisch organisiert, Erziehung zu Selbstständigkeit und gesunde Lebensführung genossen hohes Ansehen; im Zentrum der Aktivitäten stand das Fahrtentum, zentral war die Erfahrung der Gemeinschaft. Einer der Vorbereiter des Wandervogels als naturnaher Bewegung war der Steglitzer Reformpädagoge Gustav Wyneken, er war auch der Begründer der Freien Schulgemeinde Wickersdorf, an der nicht nur Peter Suhrkamp unterrichtete, sondern für die auch Walter Benjamin schwärmte.

In der Abgrenzung von der degenerierten urbanen Kultur lag allerdings auch ein Generationsimpuls: Man gab sich »Gesetze«, die unabhängig von der Welt der Väter waren und streng befolgt wurden. Bald stellte man ebenso kategorisch eigene Hierarchien und Rangfolgen auf. Das Bedürfnis nach Freundschaft und Einigkeit, Kameradschaft genannt, konnte in diesem Korsett hervorragend befriedigt werden. Erst war es die Horde, dann der fester gefügte Bund, der in die freie Natur loszog. Dieses untergründige männerbündische Element war für Peter Suhrkamp genauso wichtig wie später für Siegfried Unseld, der die pervertierten Reste noch in der Hitlerjugend mitbekam. Für Siegfried Unseld war die Wandervogelbewegung später eine ideale, entideologisierte Form des Jungvolks: »... jene kulturkritische Strömung nach 1900, die, unter Berufung auf Nietzsche und Goethe, Einfachheit und Naturverbundenheit und eine auf Freundschaft gegründete Gemeinsamkeit suchte.«

Schon früh bildete die so genannte »Bündische Jugend« ein Zentrum der Jugendopposition im Dritten Reich. Sie war sowohl Vorbild für die Hitlerjugend wie auch später stärkste Kraft der Opposition. Dieser ambivalente Hintergrund ist in Unselds Zusammenhang wichtig, da die auf die Jugendbewegung zurückgehenden Gemeinschaftsformen und Haltungen für ihn den positiven Teil seiner Jugenderfahrungen darstellen. Es gibt für ihn ein sich von der Jugendbewegung her schreibendes Gemeinschaftsgefühl, eben das Männerbündische, das auch in der Hitlerjugend weiterlebte. Das faszinierende Gemisch aus Aufbruch, Romantik, Massenzwang, Nationalismus und Kampfeslust muss auch dem jungen, schwärmerischen Hans Scholl imponiert haben, als er gegen den Willen des protestantischen Vaters im Herbst 1933 in die HJ eintrat und dort als Jungvolkführer tätig wurde. Die Familie Scholl war 1932 nach Ulm gezogen, Hans, geboren 1918, war damals fast 14 Jahre alt. Er steckte mit seiner Begeisterung für die HJ seine Geschwister an und setzte damit die Familie Scholl einer schweren Belastungsprobe aus. Durch Max von Neubeck, einen ehemals bündischen HJ-Führer, geriet Hans Scholl im Frühjahr 1934 bei der Hitlerjugend mit den Überbleibseln der bündischen Jugendkultur in Berührung. Von Neubeck hatte damals noch offizielle Einheiten gegründet, aus denen sich der Führernachwuchs der nationalsozialistischen Jugendorganisation rekrutieren sollte. Eine solche Gruppe führte auch Hans Scholl. Sie verstand sich als Elite innerhalb des Jungvolks. In diesem Umfeld wurden aber auch die verbotenen bündischen Traditionen, besonders die der »deutschen Jungenschaft vom 1.11. 1929«, weiter gepflegt, besser bekannt als »dj 1.11«. Im Frühjahr 1935 wurden diese Elitegruppen, auch die von Hans Scholl, aufgelöst. Zu dieser Zeit kam Siegfried Unseld, damals elf Jahre alt, in das »Fähnlein« des fast genau sechs Jahre älteren Hans Scholl, der allerdings neben dieser offiziellen Tätigkeit seine bündischen Unternehmungen im Verborgenen fortsetzte.

Der weitere Weg von Hans Scholl ist bekannt: Hingerichtet wurde er, nachdem er mit seinen Freunden in München Flugblätter verteilt hatte, am 22. Februar 1943. Obwohl der Kontakt eher von kurzer Dauer war, hat Siegfried Unseld sich noch Jahrzehnte später mit Hans Scholl identifiziert. In einem Fernsehinterview versprach er sich und verlegte Scholls Wirkungsort von München nach Tübingen – dort hatte Unseld später studiert. Und er hat eine Erinnerung an Hans Scholl bewahrt, die er bis heute immer wieder gern erzählt. Sie ist sozusagen zu seiner Standarderzählung aus dem Dritten Reich geworden. Bei den Heimabenden der Hitlerjugend habe Scholl im Jungvolkheim auf dem Kuhberg viel vorgelesen, er habe dort mit Scholl über Literatur diskutiert. Es ist der erste kulturelle Eindruck, von dem Unseld berichtet. So sei seine erste Begegnung mit Literatur zu Stande gekommen, es seien – ein Umstand, der später höchst bedeutsam werden sollte – drei Insel-

Bändchen gewesen, die er damals in die Hände bekam: eines von Laotse, eines von Konfuzius und vor allem Rilkes *Cornet*, den er seitdem fast auswendig könne.

Dieser *Cornet* wurde von Anton Kippenberg 1912 fast hellseherisch zum Band 1 der »Insel Bücherei« gemacht: Insgesamt verkaufte sich der Band über eine Million Mal. Das Buch ist, obwohl das erfolgreichste Werk von Rilke und in den Kanon der hohen Literatur aufgenommen, ein kleines, höchst merkwürdiges, fast anrüchiges Stück Literatur. Der lyrische Prosatext verbindet fast bruchlos rauschhafte Phantasien vom einsamen Heldentod mit Vorstellungen von der Frau, die fast zugleich als Mutter, Geliebte, Dirne, Dämonin und Gräfin erscheint. *Die Weise von Liebe und Tod des Cornets Christoph Rilke*, wie das Büchlein vollständig heißt, ist eine Vermählung von Erotik und von Mutterliebe, von Männerbund und Einsamkeit. »Meine gute Mutter, seid stolz: Ich trage die Fahne, seid ohne Sorge: Ich trage die Fahne, habt mich lieb: Ich trage die Fahne –«, schrieb der Cornet Christoph Rilke in einem berühmten Brief nach Hause. Eigentlich eine eigenartige Lektüre für einen Elfjährigen, aber eben auch ein Buch wie aus dem Inneren der Jugendbewegung selbst, wie ihr geheimster, homoerotischer, rauschhafter Teil. Unseld selbst hat später die massenweise Verbreitung dieses Buches referiert: 1934 war es bereits in der Auflage von einer halben Million verbreitet. Der *Cornet* war bezeichnend für die damalige Atmosphäre.

In einer Rede zur Hundertjahrfeier seiner Schule hat sich Siegfried Unseld vergleichsweise zurückhaltend über die Bedeutung von Hans Scholl geäußert. Damals sagte er: »Wir, die Generation von 1924, hatten Ziele und Ideale, viele waren wie griechisch geprägte Jünglinge, so wie Hans Scholl, der, aus der Jugendbewegung stammend, uns noch im Deutschen Jungvolk Werte vorlebte und uns Literatur vorlas und vorlesen ließ. Wir erfuhren noch als Tugenden Würde, Ehre, Mut, Bescheidenheit, Dankbarkeit, Demut, wir erfuhren dann aber auch später, wie diese Tugenden unter dem Druck des Unmenschlichen pervertierten.« Hier wird Hans Scholl offenkundig stilisiert dargestellt, er war in diesen Tagen kein griechisch geprägter Jüngling, sondern ein junger Nazi. Egal von welchem Buch aus dieser Zeit Unseld später erzählte, immer wurde es von Hans Scholl vorgelesen: Man scheint für anderes als Lesen in dem Jugendheim auf dem nahe bei Ulm gelegenen Kuhberg damals kaum Sinn und Zeit gehabt zu haben.

Es findet sich eine scheinbar weniger bedeutsame, dafür aber glaubwürdigere Schilderung von Unselds erster prägender Lektüreerfahrung. »G. A. Hentys *Der Löwe von Sankt Markus, Erzählung aus Venedigs Vergangenheit* habe ich in meinen frühen Jahren nach einem Zeichenschema, an das ich mich noch heute exakt erinnere, über vierzigmal gelesen…«, schrieb Unseld im Vorwort zu einem von ihm herausgegebenen Buch über erste Leseerlebnisse. Das Buch des damals erfolgreichen Kinderbuchautors Henty ist einer der üblichen Abenteuerromane für Jugendliche. »Die Venetianer waren wie die Römer. Schicksalsschläge beugten sie nicht. Mißgeschick trieb sie nur zu größeren Wagnissen an, und nach jeder Niederlage erhoben sie sich stärker als zuvor.« So lautet einer der ersten Absätze des Buches. Erst der Krieg habe die wiederholte Lektüre des kindlich wirkenden Abenteuerbuchs gestoppt, Unseld war damals 17 Jahre alt.

»Es muß das Venedig des 13. oder 14. Jahrhunderts gewesen sein«, fuhr Siegfried Unseld 1975 in seiner offenherzigen Schilderung fort. »Die Stadt sonnte sich noch in Erfolgen ihres Dogen Enrico Dandolo, der für Venedig Konstantinopel erobert hatte, und der Held meines Buches, der junge Enrico, nahm an den wechselvollen Kriegen Venedigs mit Genua teil: Ich haßte mit ihm die Genuesen, die ihn immer wieder zum Kampf und zur Trennung von Giulia zwangen. Die Beziehung zwischen den beiden war ein dauerndes Spiel zwischen Abschied und Wiederfinden, zwischen Schmerz und Glück, zwischen Leben und Tod. […] Venedig wuchs für mich über seine Geschichte hinaus. Es wurde zum Ort meiner Phantasie. Die über den Wassern schwebende Stadt wurde zum Sinnbild von Paradies und Glück, von Abenteuer und Liebe, von Heldentum und Schönheit.« In diesem Bericht deutet sich an, was für Siegfried Unseld zeitlebens Bedeutung behalten sollte. Lesen begriff er, darin liegt eine seiner größten Stärken, vor allem als eine Begegnung mit sich selbst, ein Identifikationsangebot.

Unseld gibt seiner Erinnerung im Folgenden aber eine merkwürdige Wendung: »In einem Schulaufsatz während der Nazijahre widersprach ich dem Horazischen ›Dulce et decorum est pro patria mori‹; mein Lehrer nahm es mir übel, aber er hatte ja nicht jenes Buch gelesen.« Er stilisiert sein Jugendbuch, eine einfache Helden- und Liebesgeschichte, zu einem Quell des Widerstands gegen nationalsozialistische Kriegstreiberei. Da sind Zweifel angebracht. In der bereits zitierten Rede zum 100-jährigen Bestehen des Schubart-Gymnasiums erinnert sich Unseld denn auch gegensätzlich: »Der Lehrer des Latein (dieser, zu meinem späteren Kummer einzigen Fremdsprache, die ich in der Schule erlernte), der meinen in einem Aufsatz vorgetragenen Widerspruch gegen Horazens ›Dulce et decorum est pro patria mori‹, es sei nützlicher fürs Vaterland zu leben denn zu sterben, mir nicht mit schlechter Note nachtrug.«

Stilisierungen sind typisch für Siegfried Unseld, insbesondere was die Zeit des Nationalsozialismus anbelangt. Seine auf reale Ereignisse gestützten, dann aber doch verdrehten Sätze wirken wie das Ergebnis der unausgesetzten Bemühung, der Zeit zwischen 1933 und 1945, zwischen dem neunten und dem 21. Lebensjahr Sinn zu geben. Außerdem wurzelt Unselds Stilisierungslust in der Verdrängung wesentlicher Aspekte der Nazizeit, in einer an sich unbegründeten Scham. Was in seinen Berichten und Erinnerungen über die Kinder- und Jugendjahre ausgespart bleibt, ist der lange Zeitraum von 1935 bis Ende 1942, als er in den Krieg zog, jene Zeit, als kein Hans Scholl da war, an dem er sich nachträglich aufrichten konnte, als er aber immer noch im Jungvolk beziehungsweise in der Hitlerjugend war und diese sich mehr und mehr veränderten. Tatsächlich war auch das Jungvolk in erster Linie kein Sammelbecken spätromantischer Jugendideale mehr, sondern eine straff organisierte Erziehungs- und Militärrekrutierungsorganisation. Ab 1937 wurde in der HJ die bündische Jugend konsequent ausgemerzt, das Fahrtenwesen im Stil des Wandervogels unterbunden. An die Stelle der wandernden Gruppe trat die marschierende Kolonne. Übernommen wurden aus der Jugendbewegung dagegen die Einheiten von »Kameradschaft« bis »Stamm«, die Heimabende und das Lagerleben. Der paramilitärische Charakter der HJ und auch des Jungvolks trat deutlich hervor, es ging schlicht um Wehrertüchtigung: Marschieren, Antreten, Exerzieren. Siegfried Unseld fühlte sich in dieser Atmosphäre wohl.

Ludwig Unseld konnte mit seinen beiden Söhnen sehr streng sein. Beide hatten damals Angst vor seinen Schlägen. Trotzdem hatte Siegfried gegenüber seinem Bruder später ein schlechtes Gewissen. Er war ein Kind, auf das die Eltern stolz sind, Walter galt dagegen als schwieriges Kind, er drückte sich im Gegensatz zu Siegfried so gut es ging vor dem Jungvolk. Die Polizei kam zu den Unselds nach Hause und fragte nach. Warum ist Walter nicht zum Dienst erschienen? Außerdem war seine Versetzung in der Schule öfter gefährdet. Siegfried, brachte der tobende Vater gegenüber Walter zum Ausdruck, macht mir keine Sorgen. Und was machst du? So ist es nicht weiter verwunderlich, dass der junge Siegfried Unseld das Gefühl hatte, beim Jungvolk richtig zu sein. Noch dazu passte er mit seinem sportiven Wesen wunderbar hierher.

Trotzdem hatten Jungvolk und HJ natürlich auch jene andere, ideologische Seite, die Millionen von Erwachsenen aus Unselds Generation später das Gefühl gab, mit den Nazis gemeinsame Sache gemacht zu haben. Die so genannten »Schwertworte« der Pimpfe lauteten: »Jungvolkjungen sind hart, schweigsam und treu; Jungvolkjungen sind Kameraden, des Jungvolkjungen höchstes ist die Ehre.« Eine Art kleines Glaubensbekenntnis – und die Härte, an die Unseld sich immer wieder erinnerte, stand im Zentrum. Auf dem Reichsparteitag 1934 hatte Hitler das Thema angeschlagen: »Wir wollen, daß dieses Volk einst nicht verweichlicht wird, sondern daß es hart sei, daß es den Unbilden des menschlichen Lebens Widerstand zu leisten vermag, und ihr müßt euch in der Jugend dafür stählen. Ihr müßt lernen, hart zu sein, Entbehrungen auf euch zu nehmen, ohne jemals zusammenzubrechen.«

Im Jungvolk machte Siegfried Unseld eine nicht unbedeutende Karriere. In seiner Schule ist vermerkt, dass er 1942 Fähnleinführer war. Das heißt, dass der damals Siebzehnjährige das Kommando über 160 Jungens gehabt hätte. 1943 heißt es dann sogar, dass er Stammführer war, da hätte er schon das Kommando über 600 Jungens gehabt. Siegfried Unseld schweigt darüber auch gegenüber engeren Vertrauten. Die Ulmer HJ-Unterlagen sind verbrannt. Immer legte Siegfried Unseld Wert darauf, dass er nie in der Hitlerjugend, sondern nur beim Jungvolk gewesen sei − eine künstliche Unterscheidung, da auch das Jungvolk zur HJ gehörte.

1963 gab Unseld seiner Heimatzeitung, der *Schwäbischen Donau-Zeitung*, ein Interview. »Eine Erfahrung aus meinen Ulmer Jugendjahren, die mich sehr prägt und bestimmt, ist meine Tätigkeit als Jungvolkführer«, sagte Unseld da. Sicher ist: Siegfried Unseld gehörte zu den ersten Jahrgängen, die der Führer vorgesehen hatte, um die Herrenrasse zu züchten, den neuen Herrenmenschen zu schaffen. Durch die ständige Obhut in nationalsozialistischen Organisationen, erst Jungvolk, dann reguläre Hitlerjugend und Arbeitsdienst, sollte die erste Generation entstehen, die der bürgerlichen Welt entwuchs. »Eine gewalttätige, herrische, unerschrockene grausame Jugend will ich«, hatte Hitler den jungen Ohren entgegengeschleudert. Siegfried Unseld hat dieses Spiel mitgespielt und ist später gehörig darüber erschrocken. Die Scham darüber ist so tief, dass er sie bis heute nicht zugeben mag.

Wie etwas später sein Bruder besuchte auch Siegfried Unseld das Realgymnasium am Blauring, das ab 1938 Hans-Schemm-Oberschule hieß. Der Volksschullehrer Hans Schemm war bayerischer Kultusminister und Funktionär im nationalsozialistischen Lehrerbund. Nach dem Dritten Reich wurde die Schule Schubart-Gymnasium genannt. So heißt sie bis heute. Sie war eine von »drei höheren Schulen für Jungen und ein wichtiges Institut der lokalen Bildungslandschaft«. Es handelte sich um ein Gymnasium alter Schule: Die Reformbewegung hatte mit Ausnahme der Wandertage und von Schullandheimbesuchen keine Spuren hinterlassen. Damit war das Realgymnasium am Blauring aber in Württemberg kein Sonderfall. Die Schule zählte im Schnitt etwas weniger als 400 Schüler, die vor allem aus der Beamtenschaft stammten, nach 1933 waren es sehr wenige Mädchen, die an das Realgymnasium gingen. Gegenüber der Oberrealschule galt das Realgymnasium als die vornehmere Einrichtung. Acht Jahre brauchte man damals bis zum Abitur.

Siegfried Unseld besuchte dieses Realgymnasium seit 1935. »Diese Schule war für mich kein Nachtmahr, keine Drillstation, gelegentlich wurde geschlagen, aber ich wurde nicht zu dem gemacht, was heute auf Kongressen von Psychoanalytikern unter dem Thema ›battered child‹ diskutiert wird«, sagte er in seiner Rede an der Schule. »Freundlich sind auch die Erinnerungen an meine Lehrer. Sie konnten uns die Wahrheit ja nicht direkt ins Angesicht sagen. Einer, der es tat, Dr. Bauer, genannt Galli, büßte seinen aufklärerischen Freimut mit dem Tod des Erschießens durch die Waffen-SS. Die Rolle der Lehrer war schwierig, und so verlegten sie sich mehr aufs Detail ihrer Sache als aufs Ganze der Ideologie.« Diese Rede fand 1978 in Ulm und der Schule großen Anklang. Am Vorabend der Rede hatte Siegfried Unseld – bereits in Ulm – erzählt, dass dieser Lehrer Bauer für ihn große Bedeutung gehabt hatte. Ob etwas dran ist, an dieser Identifikation des jungen Siegfried mit dem wackeren Widerständler Bauer, lässt sich natürlich nicht mehr ermitteln. Aber für ein Erschießen Bauers durch die Waffen-SS lassen sich keinerlei Belege finden. Siegfried Unseld bog sich wieder einmal die Vergangenheit nach seinen Bedürfnissen zurecht. Am Ulmer Schubart-Gymnasium erinnert man ihn eher als individualistischen und weltoffenen Typ, der bereits in den USA gewesen war, denn als Widerständler. Bauer war auf jeden Fall jung, gut aussehend, hatte Talent zur Selbstdarstellung und war von sich sehr überzeugt. Entsprechend waren sein Auftreten und sein Erfolg beim weiblichen Teil der Schüler. 1944 verlieren sich Fritz Bauers Spuren. Siegfried Unseld hat später seine Schulkameraden brieflich gefragt, ob jemand etwas über den Verbleib des Englischlehrers weiß. Seine Nachforschungen blieben ohne Ergebnis.

Einer von Unselds Mitschülern war Heinz Weglein, ein Jude, dessen Eltern nach Theresienstadt deportiert wurden. Weglein selbst lebt heute als Henry Watson in England. Er will nicht über seine damaligen Erfahrungen reden, nur dass er ganz gern in die Schule gegangen sei, bis sie ihn rausgeworfen haben. Beide, Weglein und Unseld, hatten gemeinsam in einer Fußballmannschaft gespielt. Weitere Mitschüler waren Heinz Kässbohrer, Sohn eines lokalen Industriegiganten, der im Krieg gestorben ist, und Hans und Richard

Schwenk aus der Zementfabrikantenfamilie in Blautal. In die Parallelklasse ging Hans Jochen Schale, der später Redakteur beim Süddeutschen Rundfunk in Stuttgart wurde. Unselds beste Freunde aber waren Hanno Wolfrom und Walter Beilhardt, der eine fünf, der andere drei Jahre älter als Unseld. Beide stiegen vor Unseld im Jungvolk die Führerleiter hinauf, sodass er sich in ihren Fußstapfen fühlte. Gemeinsam unternahmen sie Radfahrten, bei einer kamen sie nach Salzburg, wo sie den »Führer« sahen. Sie empfanden das damals als bedeutendes Erlebnis. Beilhardt und Unseld waren sehr gut im Schwimmen, beide nahmen erfolgreich an den württembergischen Jugendschwimmmeisterschaften teil. Sowohl Beilhardt als auch Wolfrom, der auch in Ulla Berkéwicz' Roman auftaucht, sind vor einigen Jahren gestorben.

In der Schule ist der junge Unseld kaum mit dem Nationalsozialismus konfrontiert worden. Zwar wurde der Unterricht durch viele Sonderaktivitäten im Lauf des NS-Jahres – Gedenktage, Sammlungen, Erntehilfe – auch vor Kriegsbeginn beeinträchtigt, die Hans-Schemm-Oberschule war jedoch keine braune Schule. Das Schulleben war durch permanente Auseinandersetzung mit der HJ geprägt. Das bürgerliche und national gesinnte Kollegium war gegen Einflussnahme von außen sehr sensibel, auch gegen die NSDAP, selbst wenn hier viele Lehrer Mitglieder waren, oder gegen die HJ, in der fast alle Schüler organisiert waren.

Das Kollegium war sehr alt, das Durchschnittsalter lag bei 49 Jahren. Es gab nur zwei nationalsozialistische Lehrer an der Schule, die allerdings Außenseiter blieben. Bis 1937 war lediglich ein Drittel des Kollegiums in der NSDAP. Allerdings war – nachdem der vorherige Direktor diffamiert und entlassen worden war – von 1936 bis 1939 die Schulleitung in der Hand eines NSDAP-Mitglieds; damals kamen mehrere neue NS-Lehrer ins Kollegium. Ab 1939 kamen kriegsbedingt wieder vermehrt Frauen und alte Lehrer – der Anteil der Lehrer, die in der NSDAP waren, ging zurück.

In den Sommerferien 1940 und 1941 arbeitete Unseld, er war Zeitungsausträger der damaligen *Ulmer Zeitung*. Er musste dafür morgens um fünf in der Druckerei einige Zeitungsstapel abholen, wurde zum Bahnhof gefahren, bestieg den Personenzug nach Geislingen und gab an jeder Haltestelle die für den jeweiligen Ort bestimmte Anzahl von Exemplaren ab. Noch 1995 weiß er die Namen der Orte: Beimerstetten, Westerstetten, Lonsee, Urspring, Amstetten, zwei Stunden Geislingen, dann zurück nach Ulm. Er bekam 60 Pfennig die Stunde, und er nutzte die Zeit, wie er später sagte, zum Dichten und Trachten. In Unselds Schilderungen war die Schule – mit Ausnahme des Lehrers Bauer – für ihn nicht prägend, sie hat keinen nachhaltigen Eindruck hinterlassen. Unseld war ein mittelmäßiger Schüler, er hat recht gut angefangen und später nachgelassen. In Deutsch war er immer gut, sehr gut aber war er in Sport. Bis zum Schuljahr 1942/43 war er an der Schule, der Tag des Austritts ist mit dem 20.10.1942 angegeben. Kurz davor hatte er ein Abitur gemacht, das nur mehr ein Notabitur war. Es umfasste nicht mehr das volle Programm, denn seit 1942 war der Unterricht verkürzt. Es ist von seiner »vorbildlichen Einsatzbereitschaft«, seinem »kameradschaftlichen Wesen« und seiner »Verantwortlichkeit in der Jugendführung« die Rede.

1932 wurde Ludwig Unseld noch einmal befördert, vom Verwaltungsobersekretär zum Verwaltungsinspektor. Damit war für ihn eine Karriereleiter endgültig beschritten. Wenig später, im März 1933, mit dem Eintritt in die SA, begann jedoch eine zweite. Zwei Monate danach trat Ludwig Unseld auch in die Partei ein. Ludwig Unseld selbst gab später an, er sei schon im März in die Partei eingetreten, allerdings sei seine Anmeldung verlegt worden, sodass als offizieller Termin der 1. Mai geführt werde. Siegfried Unseld hat später gesagt, dass der Eintritt seines Vaters in die NSDAP und die SA aus Unzufriedenheit mit seiner Position als mittlerer Beamter zusammengehangen habe, dem es verwehrt war, Rat zu werden. 1934 wurde Ludwig Unseld zum Scharführer in der SA befördert und erreichte dann über den Truppführer 1937 die Position des SA-Sturmführers. Etwa zur gleichen Zeit war er wegen seiner Tätigkeit in der Verwaltung unabkömmlich gestellt worden. Selbst in dieser Zeit führte Ludwig Unseld noch zähe Auseinandersetzungen um Hebung in eine höhere Besoldungsgruppe. In diesem Zusammenhang bescheinigte ihm die Kreisleitung Ulm der NSDAP politische Zuverlässigkeit. Kurz nach den Pogromen des 9. November ist Ludwig Unseld aus der evangelischen Landeskirche ausgetreten, und ebenfalls in diesem Monat, im November 1938, ist er zum Obersturmführer der SA-Reserve I befördert worden. Siegfried Unselds Vater hat also durchaus eine Karriere im Dritten Reich gemacht, jedoch keine, die die schamvolle Zurückhaltung des Sohnes gegenüber der Rolle seines Vaters erklären würde.

Der wahre Grund für Siegfried Unselds Scham wird in Ulm immer noch wie eine geheime Staatssache behandelt. In der »Kristallnacht« war Ludwig Unseld bei Anschlägen der Ulmer SA beteiligt, heißt es bis heute bestenfalls hinter vorgehaltener Hand. Tatsächlich war Ludwig Unseld an zwei Aktionen beteiligt, wie das Landgericht Ravensburg feststellte. »Der Angeklagte Unseld wurde in der Nacht vom 9./10. November 1938 alarmiert und erhielt vom Standartenführer Wendling den Befehl, bei der Aktion gegen die Juden in Ulm mitzuwirken.« Die Synagoge wurde niedergebrannt, und die Juden, die man zusammengetrieben hatte, mussten im Kreis marschieren. Auch die Synagoge im südlich von Ulm gelegenen Buchau, wo es eine verhältnismäßig große jüdische Gemeinde gab, sollte in dieser Nacht angesteckt werden, was die Buchauer jedoch verhindern konnten.

In der folgenden Nacht leistete die SA dann aber ganze Arbeit. »Zur Durchführung der Inbrandsetzung fuhren am späten Abend des 10.11.1938 der Angeklagte Hagenmeyer und Standartenführer Wendling, die beide inzwischen nach Ulm zurückgekehrt waren, von dort nochmals nach Buchau. Der Angeklagte Unseld nahm auf Befehl von Wendling an dieser Fahrt teil, die in zwei Personenkraftwagen ausgeführt wurde. Dabei hat der Angeklagte Unseld, wie die Strafkammer trotz seines Bestreitens nach den ganzen Umständen angenommen hat, spätestens bei der Abfahrt in Ulm Kenntnis davon erhalten, daß die Synagoge in Buchau ebenso wie in der vergangenen Nacht die Synagoge in Laupheim niedergebrannt werden sollte ... Unseld hielt sich weiterhin in der Nähe von Wendling auf, während unter dessen Leitung die Synagoge in Brand gesetzt wurde, mit dem Erfolg, daß sie in den ersten Morgenstunden des 11. November 1938 bis auf die Grundmauern niederbrannte.«

Vielleicht liegt in diesem Vorfall bis heute die ambivalente Haltung des Sohnes zum Dritten Reich und das Verschweigen der Geschichte seines Vaters begründet. Ein Jahr nach den Pogromen des 9. November und kurz nach Beginn des Zweiten Weltkriegs scheint Ludwig Unseld begonnen zu haben, sich vom NS-Staat zu distanzieren. Er hatte sich zurückhaltend, er selbst sagte später abfällig, über den »Führer« geäußert. Es gab Ende '39 ein Untersuchungsverfahren, bei dem sich die Familie Unseld schlecht behandelt fühlte und das ihm den Glauben an das Dritte Reich nahm, wie Unseld senior später bei der Verhandlung des Falles in Buchau sagte. Seitdem, gab er zu Protokoll, sei er kein Nationalsozialist mehr gewesen, habe er keinen SA-Dienst mehr gemacht und habe keine Dienststellung in der SA mehr innegehabt.

Sein Sohn sollte jetzt die weite Welt kennen lernen. Siegfried Unseld kam zur Marine. Er war noch keine 18 Jahre alt, als er Ende 1942 eingezogen wurde. In der Schule gab er an, dass er nach Kiel gehe. In Aurich bei Emden wurde er zum Funker ausgebildet. Warum Unseld gerade zur Marine kam, ist schwer zu sagen. Sportlich wurde hier am meisten verlangt, das machte sie für ihn interessant, aber er hatte ansonsten kein besonderes Interesse für die Seefahrt. Die Ausbildung dauerte neun Monate. Im Sommer 1943 kam er, bereits im Rang eines Gefreiten, noch einmal zurück nach Ulm. Hier kam er Hans Jochen Schale wieder näher, einem Schüler aus der Parallelklasse, mit dem er eine Zeit lang den Schulweg geteilt hatte. Sie unterhielten sich damals über Literatur. Schale hatte ein fünfaktiges Drama geschrieben. Unseld erzählte begeistert von seinem Plan, alle Dramen Shakespeares zu lesen. Nach dem Urlaub kam Unseld zurück nach Aurich, von wo aus es nach Russland gehen sollte. Zufällig fuhr Schale auch im selben Zug nach Ostfriesland. Der unsportliche Schale war ebenfalls bei der Marine gelandet – er hatte ein Seesportabzeichen. Der Zug, in dem sie fuhren, war ein überfüllter Fronturlaubszug. Unseld beschützte Schale hier fürsorglich wie ein großer Bruder und besorgte dem ängstlichen Neuling einen Sitzplatz.

Von Ostfriesland kam Unseld im Sommer 1943 als Marinefunker auf die Krim, wo er über ein Jahr stationiert war. Die Krim war im Zuge der Sommeroffensive, bei der die Deutschen bis nach

Stalingrad gekommen waren, im Juni 1942 erobert worden. Die Gegenoffensive begann bereits im November desselben Jahres, die Kapitulation von Stalingrad war am 31. Januar beziehungsweise 2. Februar 1943; spätestens von da an war für die Deutschen die Situation in Russland unsicher. Trotzdem stellten die deutschen Truppen von Januar bis März 1943 die Südfront wieder her. Im März 1943 standen die Russen aber bereits am Schwarzen Meer, Rostow am Don war wieder in russischer Hand, und am 1. November 1943 wurde die Krim durch den Durchbruch der Russen zum Dnjepr von den anderen deutschen Einheiten abgeschnitten. Bis Mai 1944 räumten die deutschen Truppen die Krim, im Juni standen die Russen schon in Minsk, auf dem Balkan und im Weichselgebiet, Rumänien wurde im August erobert.

Tatsächlich wurde Unseld zuerst am Kuban-Brückenkopf stationiert, einem exponierten Punkt, den die deutsche Armee nach dem Rückzug aus dem Kaukasus im Februar 1943 zu halten suchte. Das gelang bis September, dann begann die 17. Armee die planmäßige Räumung. Der nächste Punkt, an dessen Verteidigung der Marinefunker Unseld beteiligt war, ist die Halbinsel Kertsch, dann war er in Simferopol, bis man sich schließlich in die Festung Sewastopol zurückzog – die stärkste Festung der Welt, wie man 1942 bei der Eroberung stolz gesagt hatte.

Wie sich Siegfried Unseld aus der Umzingelung durch die Russen in Sewastopol rettete, hat er immer wieder erzählt: Als die Einnahme der Krim durch die Russen unmittelbar bevorstand, wahrscheinlich am 12. Mai 1944, flüchtete Unseld mit zwei Kameraden. Abends um neun Uhr stiegen sie die Felsklippen hinab, in der Hoffnung auf ein deutsches Schiff, von deren Anwesenheit sie als Funker wussten, und schwammen ins Meer. Nach neun Stunden griff ihn am nächsten Morgen tatsächlich ein deutsches Schnellboot auf. Seitdem, und das macht diese Geschichte für ihn so attraktiv, ist für Siegfried Unseld Schwimmen symbolisch, es bedeutet Überleben und damit Leben überhaupt. Er hatte sich auf sich selbst verlassen und hatte damit Erfolg gehabt.

Die ausführlichste öffentliche Schilderung, die Unseld von diesem Ereignis gegeben hat, lautet wörtlich: »Und ich war auf der Insel Krim, und dort war die letzte Bastion, die die Deutschen noch hielten, sechs Kilometer südlich von Sewastopol, das Fort Maxim Gorki. Die Russen waren schon eingebrochen, hatten Sewastopol eingenommen. Und wir waren immer noch die kleine Funkstelle, die die Führerbefehle entgegennehmen mußte – kämpfen bis zur letzten Minute. Nun war es so, daß die Russen keine Marine gefangen genommen hat, sondern wenn sie auf Marineangehörige traf, wurden diese sofort erschossen. Das hing damit zusammen, daß der Krim-Kommandant ein Admiral der Marine war. Wir konnten uns also ausrechnen, was geschah. Die Russen kamen, und da hat ein Offizier dann zu mir gesagt: Wollen wir nicht einfach versuchen, von den Steilfelsen zu klettern oder zu springen oder was auch immer und einfach ins Meer hinauszuschwimmen und einfach versuchen, Glück zu haben? Und so haben wir es gemacht. Wir waren drei Leute, einer ist untergegangen, weil ihn eine Granate getroffen hat, ein anderer aus Schwäche, und ich bin geschwommen, geschwommen, geschwommen und irgendwann … Wir sind abends um neun ins Wasser gesprungen, gegen fünf oder so etwas war da ein schwarzer Schemen, das konnte natürlich ein deutsches wie ein russisches Boot sein. Es war aber ein deutsches Schnellboot.«

Im privaten Kreis erzählte Unseld weitere gespenstische Einzelheiten: Vor dem Fort seien bereits Haufen toter deutscher Soldaten gelegen, auf einem Lastwagen mit Galgen war ein Marineangehöriger aufgeknüpft, die Steilküste seien sie durch einen unterirdischen Gang hinabgestiegen, der voll mit Verwundeten war. Die hielten sie fest oder wurden aggressiv gegen die Gesunden, die ihnen nicht halfen. Als der noch lebende Kamerad nach einigen Stunden des Schwimmens nicht mehr konnte, wollte er ebenfalls, dass Unseld ihm half. Was sollte er tun? Es gemeinsam versuchen und dabei wahrscheinlich sterben oder den Kameraden sterben lassen und dafür eine größere Chance des Überlebens haben? Mit diesen Gedanken schwamm er dann durch die stumme Nacht.

Eine andere Version dieser Geschichte, ebenfalls aus Unselds Umfeld stammend, hört sich so an: Viele deutsche Soldaten, darunter Verwundete, warteten am Strand, weil sie darauf hofften, hier doch noch von einem Boot abgeholt zu werden, unter ihnen auch

Unseld. Als nachts ein Boot kam, ist Unseld mit einigen Kameraden ins Wasser gesprungen, auf das Schiff zugeschwommen und wurde an Bord gehievt. Viele, auch Verwundete, aber mussten am Ufer zurückbleiben. Die sangen, den Untergang vor Augen, dem abdrehenden Schiff »Wir sind die Ehrenbürger der Nation« hinterher. Unterlagen darüber, was wirklich passiert ist, gibt es nicht mehr.

Das Schnellboot brachte Unseld nach Varna in Rumänien. Seine nächste Station als Funker war Griechenland. Inzwischen war absehbar, dass es mit dem Deutschen Reich nicht mehr lange weitergehen würde. In Athen, es war Ende Juni 1944, war Unseld für ein paar Tage einem Obergefreiten unterstellt, der die Nazis verachtete. Unseld nahm später für sich in Anspruch, dass ihm damals die Augen über das Dritte Reich aufgegangen seien. Er wurde in der Ägäis, auf der Insel Syra, stationiert und übte dort seinen Funkdienst aus, dorthin bekam er dann auch von einer Freundin aus Deutschland Literatur zugesandt, unter anderem das Gedicht »Seltsam im Nebel zu wandern«, das er auswendig lernte. »Seltsam, im Nebel zu wandern! Leben ist Einsamsein. Kein Mensch kennt den andern, jeder ist allein.« Dass das Gedicht von Hermann Hesse ist, war ein Umstand, der erst später bedeutsam erschien, damals sagte ihm der Name nichts. Er hat in diesen Tagen auch selbst Gedichte geschrieben, zum Glück, sagte er später, sei das alles vernichtet worden.

Wichtiger war eine Nebenbeschäftigung, die der Gefreite und dort zum Obergefreiten ernannte Unseld auf der Insel Syra hatte. Es gab hier ein Bordell, Unseld war der Kontaktmann der deutschen Funkstelle, der für die »Aufrechterhaltung der militärischen Ordnung« zuständig war. Diese außerordentliche Vergünstigung hatte damit zu tun, dass er als Abiturient eigentlich Offiziersanwärter war, aber nie die Gelegenheit gehabt hatte, in Deutschland einen Offizierslehrgang zu besuchen. Unseld wusste seine privilegierte Stellung zu nutzen und unterhielt gute Beziehungen zu den Damen des »Soldatenheim zwei«, wie das Bordell genannt wurde.

Über seine Verbindungen hatte Unseld manches Souvenir bekommen, darunter zehn Meter Stoff. Am Vorabend des Rückzugs von der Insel luden Unseld und seine Kameraden ihre Habseligkeiten in ein Khaiki, ein kleines griechisches Fischerboot. Am nächsten Morgen wollten sie mit den Schiffchen die Insel verlassen. Aber vorher gab es noch ein Abschiedsfest – mit den Damen und reichlich Alkohol. Als die Soldaten am nächsten Morgen – immer noch betrunken – ablegen wollten, mussten sie feststellen, dass die Schiffchen verschwunden waren. Die Funker nahmen Verbindung mit Kreta auf. Es wurde vereinbart, dass ein Truppentransporter einen Umweg über Syra machen sollte, um die etwa 30 deutschen Soldaten mitzunehmen. Unseld war sich sicher, dass dieser Transporter eine leichte Beute für Kampfflugzeuge sein dürfte.

So kam es. Der mit hunderten von Soldaten voll beladene Dampfer wurde von britischen Bombern angegriffen. Das Schiff brach in der Mitte auseinander. Die meisten Soldaten schwammen auf die nächste Insel. Unseld aber, als Funker gut informiert, hatte Angst vor Partisanen und suchte sein Glück wieder im Wasser. Er angelte sich ein Stück Holz, schwamm und vertraute darauf, dass der Funkspruch, der noch vom Dampfer aufgegeben worden war, Rettung bringen würde. So war es dann auch. Wieder wurde Siegfried Unseld gerettet, nachdem er mehrere Stunden allein geschwommen war.

Als Unseld Ende 1944 zu einem letzten Heimaturlaub in Ulm war, erlebte er den Krieg zum ersten Mal von der Heimatseite. Die Wohnung seiner Eltern wurde ausgebombt. Zwei Nächte und einen Tag dauerten die Angriffe, und er verlor sein Schiffchen, das typische Marineküppchen. Bis ein neues besorgt war, und das dauerte eine Woche, durfte er Ulm nicht verlassen. Immer wieder wurde er auf der Straße nach seinem Ausweis gefragt. Dass ein junger Mann zu Hause war, machte ihn verdächtig. Ein Bruder der Mutter, Onkel Otto, erzählte damals Sachen über das Dritte Reich, die Unseld nicht glauben konnte. Als er dann doch wieder zu seiner Einheit fahren konnte, er sollte jetzt wieder nach Kiel, hörte Unseld im Zug von den Konzentrationslagern. Er war mit der Frau des ehemaligen Leipziger Oberbürgermeisters und späteren Widerstandskämpfers, Carl Friedrich Goerdeler, allein in einem Abteil. Unseld glaubte damals noch an Deutschland, seine Reisegefährtin wollte ihm die Augen öffnen.

Gegen Ende des Krieges war der Funktrupp, zu dem Unseld gehörte, direkt Admiral Dönitz unterstellt. Im Januar 1945 war er bei Rathenow im Bezirk Potsdam für das Oberkommando der Kriegsmarine als Funker weiter ausgebildet worden. Da die Alliierten damals bereits den Luftraum beherrschten, war er unter dauerndem Beschuss amerikanischer und englischer Flugzeuge. Dann kam er nach Plön, wohin Dönitz sein Hauptquartier verlegt hatte. Weiter ging es nach Wilhelmshaven, wohin nachts marschiert wurde, und nach Flensburg. Dort erlebte Unseld das Kriegsende am 8. Mai 1945. Unseld gehörte einem kleinen Trupp Nachrichtensoldaten an, der einen Sender und Empfänger bediente, der in einem 5-Tonner-Citroën eingebaut war. Über diesen Sender hörten die Soldaten die Kriegsmeldungen ab und waren somit von der Kapitulation nicht überrascht. Der kleine Flensburger Trupp war eine der letzten funktionierenden Funkeinheiten, deshalb hatte er gegen Kriegsende viel zu tun; er erhielt den Funkspruch, der Dönitz zum Nachfolger Hitlers machte, und er verbreitete die Nachricht von dessen Selbstmord an die letzten Truppeneinheiten. »Es waren erregende Tage mit dem Gefühl, zwischen den Zeiten oder in einer Niemandszeit zu leben, erregend für uns, die ohnmächtigen Handlanger der Mächtigen, deren Macht freilich von Tag zu Tag verfiel; wir konnten nun das Ende des Tausendjährigen Reichs hautnah wahrnehmen.«

Am 8. Mai übernahm ein englischer Major das Kommando, am 9. hörte Unseld den Admiral Dönitz, wie er im Gelände der Marineschule Mürwick eine Ansprache hielt und verlangte, in der Stunde der Niederlage Würde und Disziplin zu wahren. Unseld wurde von den Engländern verhört und gefragt, wie er in den Stab von Dönitz gekommen sei. Danach erhielt er eine Bescheinigung, dass er für die Engländer arbeiten und sich im Raum Flensburg bewegen dürfe. Über seine Englischkenntnisse, die mehr vorgespiegelt als wirklich vorhanden waren, in der Schule hatte er nur zwei Jahre Englisch gehabt, lernte Unseld den englischen Major kennen, mit dem ihn die gemeinsame Leidenschaft für das Schachspiel verband. Unseld schien, als hegte der Major väterliche Gefühle für den zwanzigjährigen Obergefreiten. Der Funktrupp arbeitete dann noch einige Monate für die Engländer weiter. Dieser Major hat Unseld endgültig über die Naziverbrechen aufgeklärt.

Noch war die Bedrohung aber nicht vorbei. Nachdem er ein halbes Jahr für die Engländer gearbeitet hatte, bestanden die Sowjets darauf, dass auch die letzten Wehrmachtsreste aufgelöst würden. Die Einheit Adler, zu der Unseld gehörte, sollte in das Gefangenenlager Rostock, das damals noch den Engländern unterstand, aber bald unter russische Aufsicht kam, eingeliefert werden. Am Vorabend des Transports steckte der Major Unseld ein Papier zu, mit dem er vom Bürgermeisteramt Flensburg als Dolmetscher angefordert wurde. Zwar wurde Unseld in das Lager eingeliefert, aber noch am selben Abend wurde er durch das Papier wieder entlassen. So fiel er in Rostock nicht in die Hände der Russen. Im Unglück hatte ich immer das größtmögliche Glück, sagte Siegfried Unseld über die Gefahren, die er in den zweieinhalb Jahren als Soldat durchgestanden hat. Jetzt, zu Beginn des Jahres 1946, konnte er nach Hause fahren.

Der Teil von Siegfried Unselds Geschichte, in dem es vor allem ums Überleben ging, war vorbei. Die Kinder- und Jugendjahre Unselds stehen im Zeichen einer merkwürdigen Konstellation. Man kann sie mit einem Dreieck vergleichen. An einem Eckpunkt steht ein junger Mann aus dem ersten Jahrgang, auf den der große Führer hatte bauen wollen, ein Mann, der jetzt keine Orientierung mehr hat. Aber auch die zweite Ecke des Dreiecks ist nicht richtig besetzt. Hier steht der Vater, ein ehemaliger Nazi, auf den der Sohn seine eigene Ambivalenz gegenüber dem Dritten Reich überträgt. Auch in einem übertragenen Sinn ist die Ecke des Vaters in dem Dreieck unbesetzt, weil sich der Staat, der »Führer«, die NS-Ideologie als Schimäre erwiesen haben. Richtungs- und haltlos steht der junge Mann also am Ende des Zweiten Weltkriegs und am Beginn dessen, was nun sein Leben werden soll. Darin gleicht er tausenden, aber das hilft ihm jetzt natürlich nicht weiter.

An der dritten Ecke steht die Mutter. Und sie steht. Jetzt können sich Lina Unselds Willens- und Glaubensstärke bewähren. Jetzt wird sie das Oberhaupt der Familie. Zum Glaube an den Herrn kommt der Glaube, dass ihr Sohn zu Höherem bestimmt ist, der beiden, Mutter wie Sohn, Halt gibt. »Sigmund Freud hatte mindestens in einem Punkt recht: Die bedingungslose Zuversicht der Mutter zum Kind sichert fast allein schon den Lebenserfolg«, sagte Siegfried Unseld zu seinem 50. Geburtstag. »Ich hatte eine Mutter, die mich liebte und die mir Sicherheit gab (erst später stieß ich auf das Wort von Freud: Wenn man der unbestrittene Liebling der Mutter gewesen ist, so behält man fürs Leben jenes Eroberergefühl, jene Zuversicht des Erfolges, welche nicht selten wirklich den Erfolg nach sich zieht!).« Alle positiven Gefühle wurden auf die Mutter übertragen, die jetzt die Identifikationsfigur war.

Lehre. Studium. Hesse.
1946–1951

Als der junge Soldat zu Hause ankam, es war Januar 1946, war von der Welt, die er verlassen hatte, nichts mehr übrig. Deutschland war am Ende, es hatte nicht nur den Krieg, sondern auch sich selbst verloren. Der Vater war – wie das Land – gebrochen. Als Vorbild kam er nicht mehr in Frage. Die Wohnung der Familie war zerbombt. Die Gräueltaten der Deutschen waren bekannt, aber immer noch schwer vorstellbar. Jetzt vermischten sich Unselds eigene Schuldgefühle, die Schuld des Vaters und die Schuld des Landes. Es war kalt. Im Krieg war Unseld ein beherzter, zupackender junger Mann geworden. Aber jetzt stand er vor einem großen Nichts. Er war 21 Jahre alt, genau das Alter, in dem man das Leben vor sich hat.

An diesem Punkt geschieht etwas oft Erzähltes, aber immer noch Merkwürdiges. Am Anfang steht ein orientierungsloser Kriegsheimkehrer, den man sich etwa so wie Beckmann aus Wolfgang Borcherts Drama *Draußen vor der Tür* vorstellen muss, verzweifelt, suchend, anklagend, voller Pathos und Nihilismus. Für Borchert sollte sich Siegfried Unseld bald begeistern. Sechs Jahre später haben wir den Mitarbeiter des Suhrkamp Verlages vor uns, schon damals einer der wichtigsten literarischen Verlage der Bundesrepublik, fest eingefügt in Traditionen, deren Größe er damals noch gar nicht übersehen konnte. Von einem Verlorenen war Siegfried Unseld zum Teil einer bedeutsamen, sinnvollen Geschichte geworden. Und es war eine Geschichte, zu der man ohne Vorbehalte, ohne Einschränkung stehen konnte, zu der man mit ganzem Herzen Ja sagen konnte. Für Siegfried Unseld ist die Verbindung zwischen diesen beiden weit auseinander liegenden Punkten Hermann Hesse, er spannt sich für ihn wie ein Seil aus dem Krieg in den Verlag. Das ist ein schwer glaubhafter Vorgang, der dadurch, dass ihn Siegfried Unseld so oft erzählt hat, nicht nachvollziehbarer wird. Wie also war das möglich?

1974, als Unseld noch einmal Grund hatte, sich seiner selbst zu versichern, beschrieb er in seinem Buch *Begegnungen mit Hermann Hesse*, seinem persönlichsten Werk, seinen Deutschlehrer Eugen Zeller, der ihn 1946 zu einem Besuch in sein Haus in Schorndorf eingeladen hatte. »Dort war alles noch heil, und er hatte seine ganze Bibliothek über den Krieg hinweg gerettet.« Zeller lieh dem jungen Unseld verschiedene, in blaues Leinen gebundene Bücher. Hier ist eine Liebe zur Farbe Blau entstanden, die sich bis heute in einer Art Aberglaube fortsetzt. Alle Jubiläumsbücher von und über Siegfried Unseld im Suhrkamp Verlag sind in blaues Leinen gebunden. Noch heute trägt Unseld am liebsten blaue Krawatten. »Aufs neue hatte ich das Erlebnis, was eine Bibliothek, die sinnvoll geordnet ist, bewirken kann«, schreibt er über das Erlebnis mit Zeller, »ein Leben mit Büchern; man läßt die Blicke streichen von Autor zu Autor, von Titel zu Titel, und irgendwann springt der eigene Geist, von fremden Träumen, Assoziationen und Erfahrungen geleitet, in die eigene Bahn.« Das Leben nimmt, das sagen diese Zeilen, dank der Bücher wieder Formen an.

Die in blaues Leinen gebundenen Bücher waren *Siddhartha* und *Der Steppenwolf* von Hermann Hesse. Zeller war, wie Unseld jetzt erfuhr, mit Hesse befreundet. Er las diese beiden Bücher immer wieder. Er hatte das Gefühl, dass ihm hier ein Weg gezeigt werde. »Ich las nun Hermann Hesse und entdeckte für mich eines. Es kommt jetzt nicht mehr darauf an, zu hören, was andere zu dir sagen, was du machen mußt, sondern sei du selbst, werde der du bist, gehe deinen eigenen Weg, entwickle deinen Eigensinn«, erinnerte er 1994. So oder ähnlich hatte er es schon oft gesagt. Sei du selbst! Höre nur auf dich! Das war im Juni 1946.

Später zog Unseld aus der Begegnung mit Hesse auch jene Schlussfolgerung, die die klassische Unseld-Formulierung geworden ist. Schriftlich hat er sie erstmals 1972 niedergelegt. »Wenn das Leben eines Menschen richtig angelegt ist, dann gibt es anfänglich Zufälle, dann aber, nach einer Initialzündung, nur mehr Kettenreaktionen.« Die Lektüre Hesses sei eine Initialzündung gewesen, aus der sich die Kettenreaktion bis hin zum Hesse- und Suhrkamp-Verleger Siegfried Unseld ergeben hätte.

Ende 1946 machte Unseld bereits in einem Ulmer Verlag eine Lehre. Dort fand die Beschäftigung mit Hesse ihre Fortsetzung: »Für Weihnachten desselben Jahres hatte der Suhrkamp Verlag als Buchereignis die erste deutsche Ausgabe des *Glasperlenspiels* angekündigt; die Auslieferung erfolgte im Zuteilungsverfahren. Von unserem Verlag wurden drei Exemplare bestellt; ich hatte die Bestellung mit einem Brief an den mir persönlich unbekannten, jedoch legendären Verleger Peter Suhrkamp geschrieben, in dem ich begründete, warum ich unbedingt dieses Buch lesen müßte; und das Wunder traf ein, nicht der Chef des Verlages, sondern der junge Adept bekam ein Exemplar des *Glasperlenspiels*; ich kann nicht beschreiben, was dieser Besitz für mich bedeutete; ich ließ die beiden Pappbände neu in Leder binden, damit sie dem zu erwartenden Gebrauch standhalten könnten. Die Lektüre dieses Buches war sicherlich ein solches Leseerlebnis, wie es sich im Leben nicht oft ereignen kann. In ihm war alles zusammengefaßt, was ein Mensch für dieses Dasein an intellektueller Hilfe benötigte, ein Buch, durch das ich mich und meine Situation, aber auch meine Möglichkeiten deutlicher sah und das mir Mut gab, von vorne anzufangen, in ungesicherte Regionen aufzubrechen, nicht an Berufsstudium und Karriere zu denken, sondern das zu machen, was mir persönlich wichtig war. Die Forderung Josef Knechts: ›Wir sollen heiter Raum und Raum durchschreiten, an keinem wie an einer Heimat hängen...‹, wurde zum Leitmotiv dieser Jahre. Und ich versuchte auch den Rat des Altmusikmeisters im *Glasperlenspiel* zu befolgen: ›Du sollst dich nicht nach einer vollkommenen Lehre sehnen, sondern nach einer Vervollkommnung deiner selbst.‹«

Der Weg, den Unseld beschreibt, setzt sich mit ganz erstaunlicher Folgerichtigkeit fort: »Und dann habe ich einen Aufsatz geschrieben über *Das Glasperlenspiel*, in dem ich kühn genug war, dem Autor Hesse bei aller Verehrung drei poetologische Fehler nachzuweisen, daß er die erzählerische Perspektive im *Glasperlenspiel* nicht immer eingehalten habe, und dieser Aufsatz kam zu Hesses

Augen, und er schrieb dem unbekannten jungen Mann via *Tübinger Studentische Blätter* einen Brief, es hätte ihn sehr gefreut, und falls ich mal in die Schweiz komme, er würde sich freuen, mich kennenzulernen. Und so kam ich in die Schweiz, und wir trafen uns zufällig im Bremgarten, und er führte mich in dem Park herum und war überrascht, daß der junge Mann aus Deutschland den Park, den er zum ersten Mal gesehen hatte, einfach dadurch kannte, daß er die Gegebenheiten von Hesses *Morgenlandfahrt* sehr genau wußte. Und dann sagte Hesse zu mir: ›Ja sagen Sie, was machen Sie denn?‹ Da sagte ich: ›Ja, ich bin jetzt im Augenblick Buchhändler in Heidenheim, aber ich möchte einen eigenen Verlag aufmachen.‹ ›Oh‹, sagte Hesse, ›also da muß ich sagen, ich habe gerade erlebt, wie mein Freund Peter Suhrkamp sich von Bermann Fischer getrennt hat und einen eigenen Verlag aufgemacht hat. Wie schwierig es ist, einen eigenen Verlag zu gründen. Also das sollten sie sich 27mal überlegen. Aber‹, sagte Hesse, ›warum gehen Sie nicht zu meinem Freund Suhrkamp? Der sucht doch einen jungen Mann als Nachfolger.‹« Und so war der junge orientierungslose Mann von 1946 bereits im Sommer 1951 – da fand das Treffen mit Hesse statt – auf dem besten Wege, der große Verleger zu werden.

Davor lagen jedoch noch die schwierigen Nachkriegsjahre. Am 24. April 1945 hatten die Amerikaner Ulm besetzt. Weite Teile der Stadt lagen in Trümmern. Die Wohnung der Unselds war am 1. März 1945 bei einem Luftangriff zerstört worden. Die Familie wohnte danach im »Gasthaus zum Ochsen« in Ulm, ab Ende '45 im Wohnheim der Landfrauenschule in Blaubeuren, die Unseld kurz besuchte. Im Juni dieses Jahres war der Vater aus dem Staatsdienst ausgeschieden. Das Geld war mehr als knapp und die Zeiten noch unsicherer und verzweifelter als vor dem Dritten Reich. Wieder erlebte die Familie Unseld Zeiten der Not.

Dem jungen Unseld mangelte es an jeglicher Orientierung, er war ohne Weltbild, es gab nichts und niemanden, was ihm hätte weiterhelfen können. Er war kein Widerstandskämpfer gewesen, im Gegenteil, er hatte an die Nazis geglaubt. Jetzt wohnte er mit den Eltern in Blaubeuren. »Nachdem die Devise der letzten Kriegszeit, ›Überstehen ist alles‹, sich erfüllt hatte, nachdem die erste Euphorie, tatsächlich Überlebender zu sein, sich in den Alltagssorgen des ersten Nachkriegsjahres aufgelöst hatte, wurde jenes bis heute weder zu verdrängende noch zu vergessende geistige Vakuum deutlich und schmerzlich spürbar, jenes Bewußtsein von Schuld und Scham und persönlichem Versagen, jenes Wissen, persönlich nie schuldig geworden zu sein und doch auch nichts beigetragen zu haben, was das hätte verhindern oder auch nur schwächen können, was damals im deutschen Namen geschah. Ich hatte nichts getan, was ich mir vorwerfen mußte, wenig aber auch, was mir jetzt in der Stunde Null hätte helfen können. Ich existierte und wußte nicht woraufhin.«

In seiner alten Schule wurde gerade – mit inhaltlichen Auflagen – der Unterricht wieder aufgenommen. Unseld besuchte sie ein halbes Jahr lang und legte im Sommer 1946 ein reguläres Abitur ab. Der Unterricht musste zuerst in Notquartieren abgehalten werden, aber bereits 1946 hatte die Schule eine neue Bleibe in der Kuhbergkaserne gefunden. Die Lage begann sich zu konsolidieren – und Siegfried Unseld war wieder auf dem Kuhberg, dort wo er einst im Alter von elf und zwölf Jahren Hans Scholl und die Bücher kennen gelernt hatte. Hier, an der Schule, fand er jetzt auch einen Lehrer, der ihn beeindruckte. Eugen Zeller, 1871 geboren, der bereits seit 1934 im Ruhestand gewesen war, hatte seit 1939 wieder unterrichtet und tat es auch jetzt noch. Zeller war kein Nazi, viel mehr ein Kulturbürger alter Schule und ein Liebhaber der Dichtung. Zeller las, mit einer Ausnahme, keine zeitgenössische Dichtung: Goethe und Mörike waren seine geistige Heimat. In dieser Welt hielt sich auch Unseld auf. »Faust und Wagner – zwei Menschen, zwei Welten« war der Titel seines Abituraufsatzes. Zeller hatte Hesse kennen gelernt, als der Dichter auf einer Reise durch Ulm gekommen war. Dieser Zeller wies Unseld nicht nur auf Siddhartha, sondern auch auf Peter Camenzind, Demian, Klingsor und den Steppenwolf hin. Er starb 1953.

Identifikation hin, Dichtung her, die Frage, wie es weitergehen sollte, war nicht beantwortet. Die Mutter, die jetzt die Regentschaft im Haus übernommen hatte, vergötterte ihren Erstgeborenen, sie tat alles für ihn. Siegfried Unseld hatte gegenüber seinem Bruder

Walter auch deswegen ein schlechtes Gewissen. Aber um den vier Jahre jüngeren Bruder, der später als das schwarze Schaf der Familie galt und den der erfolgreiche Verleger dann bei seinem Elektrohandel unterstützte, musste man sich zu diesem Zeitpunkt keine Sorgen machen. Er konnte gut mit den Amerikanern, bald hatte er eine Lehrstelle beim neu gegründeten Aegis Verlag. Für ihren Ältesten wünschte sich die Mutter, dass er Arzt würde, aber er bekam keinen Studienplatz und hatte auch sonst keine Lust auf diesen Beruf. Der lebenslustige Siegfried trug sich mit dem Gedanken, Schauspieler zu werden. Aber auch hierfür gab es keine konkreten Aussichten.

Unseld besuchte das Theater, sooft es ging. »Diese ›Städtische Bühne‹ hatte trotz (oder wegen) dürftigster äußerer Umstände ein qualitatives, den Zeitproblemen sich stellendes Programm und entfaltete in den Pausengesprächen und anschließenden Diskussionen eine ungemein wichtige kommunikative Funktion.« Hier wurde getrunken, heftig diskutiert, die Welt verbessert. Wie kann es vorwärts gehen, was muss geschehen, was braucht das Land? Die Menschheit wurde jeden Abend neu erfunden. Hier, im provisorischen Theaterraum des Hauses Wieland und später auf der Bühne in der Turnhalle der Wagnerschule, lernte Unseld im Herbst 1946 Kurt Fried kennen. »Fried schuf einen kleinen Kreis junger Leute, die sich nicht ›umerziehen‹ lassen, sondern die selbst das ihnen freilich noch unerkannte demokratische Bewußtsein entwickeln wollten und die berieten, wie nun und jetzt zu handeln, was zweckvoll zu tun und wie öffentlich zu wirken sei.« Diesen Kreis versammelte Fried manchmal sogar in seiner Wohnung. Er war Mitherausgeber und Feuilletonchef der Schwäbischen Donau-Zeitung, später wurde er in Ulm ein bekannter und geachteter Kunstförderer. »Ihm war das bekannt, was uns Jüngeren verschlossen geblieben und nur als Mythos vorhanden war, Kafka, Hofmannsthal, Thomas Mann und Bertolt Brecht, von denen nun manche Passagen auf Frieds Feuilletonseite ›Zur guten Stunde‹ zu lesen waren.«

Ein anderer Treffpunkt waren die Donnerstagsvorträge der Volkshochschule, die Inge Aicher Scholl leitete. Unseld neigte später dazu, sich durch diese Verbindung dem Kreis des Widerstands verbunden zu fühlen und die Ulmer Volkshochschule als Intellektuellenzentrale zu sehen, »wo all die großen Gesichter dieser Zeit versammelt gewesen« seien. Tatsächlich aber war Kurt Fried damals die entscheidende Figur. »Für mich war er einer der Kristallisationspunkte der neuen Bewußtheit, daß es nun auf den einzelnen ankäme, und daß jeder sich selbst zu suchen und möglichst zu finden habe; und das Böse sollte nie vergessen, sondern stets erinnert sein, nur so vermöchten wir uns von ihm zu lösen.« Nach Eugen Zeller wurde Fried die zweite Gestalt, die Unseld Orientierung gab.

»Mein Bruder ist hier, dem es sicherlich nicht immer leicht fiel, mein Bruder zu sein. Doch auch ohne ihn wäre dies alles nicht so: Er nämlich, der vier Jahre jüngere, hatte die Idee Verlagsbuchhändler zu werden, als ich noch gar nicht wußte, was das ist. Nur als er dann nicht mehr wollte, wollte ich«, sagte Unseld an seinem 50. Geburtstag. Tatsächlich wollte Walter schon, aber er hatte Pech. Und dieses Pech wurde zum Glück des Bruders. Walter hängte sich mit dem Fahrrad an einen Lastwagen, um sich mitziehen zu lassen, stürzte dabei und verletzte sich so schwer an der Hand, dass er seine Arbeit als Lehrling beim Aegis Verlag nicht mehr ausüben konnte. Das war die Gelegenheit für Siegfried Unseld. Er ging zu Ernst Bauer und konnte den Verleger überzeugen, dass er ebenfalls ein geeigneter Verlagsbuchhändler werden könne. Im Oktober 1946 begann Siegfried Unseld seine Lehre. Der Aegis Verlag war eine der vielen Neugründungen der Zeit. Ernst G. S. Bauer hatte von der amerikanischen Militärregierung schnell die Lizenz zum Vertrieb der *Neuen Zeitung* bekommen und aus dem Erlös einen Verlag gegründet, den er nach dem Schutzschild von Zeus benannte.

Unseld blieb elf Monate. »Es war eine lebendige Zeit, denn bei Aegis mußte ich sozusagen Mädchen für alles sein.« Unseld schrieb selbst, lektorierte, arbeitete mit den Druckern, kümmerte sich um den Vertrieb. Er arbeitete sich auch ins Verlagsrecht ein und referierte darüber beim monatlichen Treffen der Ulmer Buchhandelslehrlinge. Es ergaben sich Kontakte mit Buchhändlern, so mit dem Hamburger Kurt Sauke, von dem er den Satz hörte: »Es kommt nicht darauf an, daß Sie viele Bücher verkaufen, sondern die richtigen an die Richtigen.« Unseld fuhr oft nach Memmingen, wo

Theo Schuster die Bücher von Aegis setzte, umbrach und druckte. Learning by doing nannte man das später, damals hatte es noch keinen Namen, aber alle machten es.

1947 konnte man Hesse nur in Frakturschrift lesen. Damals stritt man sich nicht nur über die Groß- und Kleinschreibung, auch die Frage, ob Antiqua oder Fraktur, wurde ähnlich grundsätzlich diskutiert. Zumindest der zweite Punkt ist heute entschieden. Damals beschäftigte auch Unseld sich mit dieser Alternative, er las die einschlägigen Standardwerke zur schwarzen Kunst: Bauer hatte ihm zu Beginn der Lehre Otto Krügers *Satz, Druck, Einband und verwandte Dinge* und H. Bargs *Geschichte der Buchdrucker-Kunst von den Anfängen bis zur Gegenwart* in die Hand gedrückt. Und in der Stuttgarter Bibliothek entlieh er sich Stanley Morisons *Handbuch der Drucker-Kunst* mit Antiquadruckbeispielen aus vier Jahrhunderten. Dieses Buch wurde für ihn maßgebend. Trotzdem wählte er bei seinem Gesellenstück, einem Gedichtbuch der damals in der Region bekannten Dichterin Maria Müller-Gögler, noch die Unger-Fraktur, genau die Schrift, in der auch Hesses Bücher gedruckt waren.

Weil die Amerikaner unter den Texten, die in Heft 5 der Aegis-Verlagszeitschrift *Pandora* erscheinen sollten, einen Text von einem vorbelasteten Autor entdeckten, der nicht erscheinen durfte, kam es dazu, dass Unseld seinen ersten größeren Aufsatz schrieb. Bauer bestimmte Unseld als Ersatzautor, der setzte sich in die Stuttgarter Staatsbibliothek und schrieb über George Bernard Shaw und den Weltfrieden. Unseld ergreift hier so bedingungslos für seinen Autor Partei, wie er das später oft tat. Shaw habe uns politisch etwas zu sagen, aber keiner begreife den Komödienschreiber als politischen Kopf. Das sei die Tragik von Shaws Leben. »Shaw weist uns neue Wege, wenn er uns den Mut zur Wahrheit und die natürliche Einfachheit predigt und über sein Wohl die Tätigkeit für das Glück anderer stellt. Und gerade für uns, die wir an der Arbeit sind, Deutschlands Ruinen aufzuräumen und es neu zu bauen, wird der immer frische Windstoß seines aufrüttelnden und aufreizenden Spottes gut tun, um auch den geistigen Schutt zu beseitigen, um unsere Gesinnungsweise zu läutern, um uns zu reinigen vom Gestrigen, und uns vorzubereiten für das Morgige.«

Unseld verstand sich gut mit seinem Verleger. Manchmal kam der Lehrling, der dann Großmeister seines Fachs wurde, in seinem alten Verlag vorbei, wenn er später in Ulm war. 1991 starb Ernst Bauer, zufällig war Unseld an diesem Tag gerade in der Stadt. Zwei Monate später schrieb er seinen Nachruf. »Als ich am Ende meiner Lehrzeit in Stuttgart die Gehilfenprüfung ablegen mußte, brachte mich Ernst G. S. Bauer mit seinem klapprigen Auto in Ulm an die Bahn: ›Machet Se mir koi Schand‹, rief er mir vom Auto aus nach.« Faktisch war Ernst Bauer der wichtigste Lehrer in Unselds Ulmer Zeit, trotzdem stellte er ihn nie in jene magische Reihe von Vatergestalten, die mit Zeller und Hesse begonnen haben. Vielleicht war der Kontakt zu Bauer zu real, um in einen Mythos eingebaut zu werden.

Unseld war nicht entgangen, dass Eugen Zeller in Frieds Feuilleton »Zur guten Stunde« über Hermann Hesse schrieb, so etwa 1946 über das *Glasperlenspiel*, und dass hier sogar Texte von Hesse abgedruckt wurden. Dieses Feuilleton war, wie damals üblich, durchtränkt vom Streben nach Vervollkommnung, vom Glaube an das Allgemein-Menschliche, ein inbrünstiger Appell an das Moralische. Hier wollte Unseld jetzt auch Literaturkritiken schreiben. Der erste Artikel von Siegfried Unseld, der sich am 19. April 1947 in der *Schwäbischen Donau-Zeitung* findet, heißt »Ein Jahr Aegis-Verlag«. Unseld zählt dort auf, was der Verlag in sein Programm aufnehmen möchte. Unter den Autoren, die im Herbst veröffentlicht werden sollten, waren Josef Mühlberger – ein sudetendeutscher Dichter, der jetzt bei Göppingen lebte und den Kurt Fried dem Verlag empfohlen hatte – und der Tübinger Philosoph Wilhelm Weischedel. Auch Mühlberger schrieb in der *Schwäbischen Donau-Zeitung*. Weischedel war 1946 an der Ulmer Volkshochschule zu Gast. Anfang 1947 fuhr Unseld im Auftrag des Verlags nach Tübingen zu Weischedel. Er arbeitete an einem *Pandora*-Heft über Ernst Jünger mit und wollte Weischedel als Beiträger gewinnen. Ein Kontakt, der später für Unseld sehr wichtig werden sollte. Ein weiterer Autor der *Schwäbischen Donau-Zeitung* war Albrecht Goes, ein dichtender Pfarrer und Hansdampf in allen Gassen, dem Unseld in den kommenden Jahren ebenfalls noch begegnen würde. Und hier, in »seiner« Zeitung, konnte er auch etwas über die Geschichte des Suhrkamp Verlages erfahren: »1936 wurde der S. Fischer Verlag in Berlin gewaltsam aufgelöst. Während Peter Suhrkamp die Tradition, so gut es gehen mochte (und es ging durchaus nicht immer gut, denn der tapfere Verleger landete im KZ), übernahm, wurde in Amsterdam und später in Stockholm der Bermann-Fischer-Verlag weitergeführt. Mit der S. Fischer Bibliothek nehmen beide Verlage die Zusammenarbeit erstmals wieder auf.«

Später erzählte Unseld, er habe mit Maria Müller-Gögler oder Hermann Hesse seine Rezensententätigkeit begonnen. Für beides lassen sich die Belege nicht finden. »Kurt Fried ermunterte mich, gab mir Aufträge über die ›großen‹, dem weiten Leserkreis freilich noch unbekannten Autoren zu schreiben, über Sartre, Camus, Gide, Thornton Wilder, Hemingway, aber auch über die neuen jungen Autoren, über Wolfgang Borchert, Heinrich Böll, Max Frisch, Ilse Aichinger, Günter Eich und viele andere.« Die meisten dieser Aufsätze in der *Schwäbischen Donau-Zeitung* sind ebenfalls nicht auffindbar. Es waren andere Bücher, über die Unseld schrieb, etwa *Pastorale* von Josef Mühlberger. »Von der Kirschblüte bis zum Verströmen der ›letzten Süße des Sommers‹ reicht der zeitliche Rahmen, in den Mühlberger die ›Geschichte und Geschichten eines Dorfsommers‹ stellt, deren Titel, *Pastorale*, auf die römischen Dichtungen weist, die das Glück des ländlichen Lebens schildern.« Oder er besprach Graham Greenes Roman *Der Ausgangspunkt*. Und unter dem Titel »Zeugnis hoher Menschlichkeit« schrieb er über die Suhrkamp-Ausgabe der Briefe Hermann Hesses: »Diese Briefe zeigen die edle Gesinnung des Menschen Hesse, seine Weisheit und seinen Humor; sie schließen aber auch die ungeheuren Spannungen in seinem Wesen auf, die unablässig sein Leben und Schaffen bedrohen.« Diese Besprechungen stammen alle aus einer Zeit, als Unseld längst studierte. Trotzdem hat Siegfried Unseld sich Kurt Fried zu seinem dritten wichtigen Lehrer, Mentor und Förderer erkoren, der erkannt hatte, was in dem Jungen steckt.

Die Gesellenprüfung vor der Stuttgarter Industrie- und Handelskammer war im September 1947. Einer der Prüfer war Paul Siebeck, einer der Inhaber des Verlags J. C. B. Mohr in Tübingen. Unseld bestand die Prüfung mit Auszeichnung, und Siebeck fragte den jungen Ulmer daraufhin, ob er nicht nach Tübingen in seinen Verlag kommen wolle. Unseld griff beherzt zu und begann sofort mit der Arbeit. Der wissenschaftliche Verlag J. C. B. Mohr war ein altehrwürdiges Unternehmen, damals 165 Jahre alt. Fast gleichzeitig konnte Unseld durch einen glücklichen Zufall im Oktober 1947 das Studium in Tübingen, der Ulm nächsten Uni, beginnen. Als er bei Wilhelm Weischedel gewesen war, um den Ernst-Jünger-Aufsatz zu erbitten, erfuhr der Philosoph, dass Unseld nicht zum Studium zugelassen worden war. Als Vorsitzender des Zulassungsausschusses änderte er das schnell. »Weischedel fragte mich, ob ich warten wolle oder reinkommen zu den Studenten, mit denen er in seinem Zimmer tagte. Ich ging mit, und nun war es gerade Ernst Jünger, über den er mit ihnen diskutierte. Es versteht sich, dass der Buchhandelslehrling, dreimal abgewiesen von der Universität, sich zurückhielt vor diesen Studenten, die ja nur bedeutend und privilegiert sein konnten, weil sie aufgenommen waren. Nach einer Weile aber fand ich ihre Thesen zweifelhaft und beteiligte mich an der Diskussion. Dabei erwies sich, daß ich den Studenten um einiges voraus war, wegen meiner Materialkenntnis und des Gesprächs mit dem Autor. In der folgenden Unterredung mit Weischedel sagte er mir einen Beitrag zu, und zum Abschied fragte er: ›Was machen Sie eigentlich?‹ Als er vom Aegis-Verlag hörte, wollte er wissen, warum ich nicht studierte. Ich konnte ihm nur sagen: ›Das täte ich mit Vergnügen, aber ich habe es hier schon dreimal umsonst versucht.‹ Darauf er: ›Das gibt es ja gar nicht, Leute wie Sie suchen wir, ich bin der Vorsitzende des Zulassungsausschusses, Leute wie Sie lehnen wir nie ab!‹ Er griff zum Telefon, erkundigte sich bei seiner Sekretärin, und in der Tat stellte sich heraus: Er war es, der mich dreimal abgelehnt hatte. Im Augenblick, ohne jede Formalität, nahm er mich auf, und so habe ich ganze sieben Semester in Tübingen außerhalb des Numerus clausus zugebracht.«

Damit hatte Unseld in Tübingen eine Arbeitsstelle und einen Studienplatz, aber er hatte auch ein Problem: Wie sollte er beides verbinden? Er besprach das mit Hans-Georg Siebeck, dem zweiten Inhaber des Verlags. Siebeck schlug Unseld vor, er solle neben der

Arbeit, morgens, mittags und abends von 17 Uhr an, studieren. So lief er zwischen dem Verlag in der Wilhelmstraße und der nur wenige Minuten entfernten Universität mehrmals täglich hin und her. Was seinen Arbeitsbereich anging, sollte Unseld so etwas wie ein Neuerer im Hause werden, es sollte mit ihm eine Werbeabteilung neu aufgebaut werden. »Es gab selbstverständlich im Hause die Bereiche Vertrieb und Auslieferung, aber Werbung, das schien dieser berühmte, auf ein großes Reservoir bedeutender Bücher aufbauende und einem treuen Autorenstamm vertrauende Verlag nicht nötig gehabt zu haben.« Wegen dieser Ganztagesstelle konnte Unseld viel weniger Vorlesungen hören, als er später – aus verständlichen Gründen – suggerieren wollte. Allerdings war ihm seine Arbeit mindestens so wichtig wie die Uni: Ein Angebot Weischedels, ihm ein Stipendium der Studienstiftung zu besorgen, lehnte er ab. Er wollte sich – das hatte er im Schwarzen Meer gelernt – auf sich selbst verlassen.

Unseld zog zum zweiten Semester nach Tübingen um und bewohnte ein Zimmer in der Christophstraße 32. Tübingen war damals Regierungsstadt Württemberg-Hohenzollerns geworden, nachdem die Amerikaner die Franzosen dazu gebracht hatten, sich aus Stuttgart zurückzuziehen. Ein merkwürdiger, lebendiger Kleinstaat in der französischen Besatzungszone mit etwa einer Million Einwohnern war da für kurze Zeit entstanden. Die Franzosen ernannten Carlo Schmid zum Regierungschef, Theodor Eschenburg stand ihm als Flüchtlingskommissar zur Seite. Beide, der berühmte Vater des Grundgesetzes und der spätere Rektor der Tübinger Uni, unterrichteten hier bereits, als Unseld kam. Schmids Themen waren Machiavelli und »Der Gestaltwandel in der Reichsidee«, Eschenburg las ab dem Wintersemester 46/47 über die Weimarer Republik: Das gab es sonst in keinem anderen Teil Deutschlands, dass die gerade vergangene Geschichte gelehrt werden durfte.

Die Franzosen kümmerten sich mehr um die Kultur als die Versorgung der Bevölkerung. Die Lebensmittelknappheit des Agrarstaates, hervorgerufen auch durch Lebensmittelexporte der Franzosen ins Saarland und nach Rheinland-Pfalz, verbitterte die Bevölkerung. Gleichzeitig war das Kulturleben äußerst reich und lebendig.

Davon allerdings bekam der junge Siegfried Unseld wenig mit. Er stürzte sich mit seinem ganzen ungestümen Elan in seine Doppelaufgabe, tagsüber arbeiten, nachts studieren. Das Lesen der Zeitung ersparte er sich aus Zeitgründen, Nachrichten hörte er nebenbei im Radio. Zum Schlafen kam er wenig, manchmal schlief er am Schreibtisch ein. »Carlo Schmid [kam] meist erst freitags abends aus Bonn zu seinen Tübinger Vorlesungen, und auch Theodor Eschenburg bevorzugte den späten Nachmittag. Und die mir so wichtigen Studienkreise um Carlo Schmid, Wilhelm Weischedel und Walter F. Otto begannen ebenfalls spät und dehnten sich weit über Mitternacht aus. Auch sonnabendvormittags durfte ich studieren, und damals las über zwei Jahre hinweg ein Dozent chinesische Philosophie und chinesische Sprache.« So wären es zwar die Möglichkeiten seines Studienplans gewesen, die Unseld seine Vorlesungen diktierten, das aber wäre nicht sein Nachteil gewesen, waren es doch gerade die besten Leute, die zu den passenden Zeiten ihre Lehrveranstaltungen abhielten.

Es sind aber Zweifel an dieser Darstellung angebracht. In Schmids Studienkreis habe er durch die Lektüre von Dante und Machiavelli begriffen, was Literatur sei, und sei in seinem Demokratieverständnis, das er sich bereits in Ulm zurechtgelegt habe, bestärkt worden, erzählt Unseld in seiner wichtigsten Äußerung über die Studienzeit. Schmid war jedoch bereits 1948 vollauf im Parlamentarischen Rat und mit den Beratungen zum Grundgesetz beschäftigt. In Tübingen war er nur mehr selten. Unseld hätte also schon in seinem ersten Studienjahr in Schmids halb privaten Kreis, in den Inner Circle aus Doktoranden aufgenommen werden müssen. Und die Vorlesungen Schmids und auch Eschenburgs, die Unseld besucht haben will, bezeichnet Unseld in dem sorgfältig redigierten Interview mit Roos als juristische – nun waren beide zwar Juristen, die Vorlesungen, die sie hielten, waren aber historische. Immer wieder erzählte Unseld – erinnerte er sich an seine Zeit in Tübingen – von Kreisen, wo Entscheidenderes passiert sei als in den offiziellen Lehrveranstaltungen. Für solche Zirkel hatte Unseld auch später noch ein großes Faible.

Prägender als der Einfluss Schmids ist der des Kreises um Wilhelm Weischedel. Weischedel, 1905 geboren, hatte 1932 bei Heidegger promoviert, war im Dritten Reich Angestellter eines Wirtschaftsprüfers gewesen, 1945 Dozent für Philosophie und 1946 Professor in Tübingen geworden. Er hatte Unseld persönlich zur Uni zugelassen und war damit so etwas wie sein Mentor. Seine philosophischen Lehrveranstaltungen hatten etwas Besonderes: »In diesen philosophischen Ferien haben wir uns regelmäßig ein konkretes Thema vorgenommen, und eines ist mir unvergeßlich: Heideggers *Holzwege*, das damals herausgekommen war. In diesen zehn Tagen haben wir uns morgens von neun bis ein Uhr zusammengesetzt, den Text gelesen und diskutiert, und am Nachmittag ging es weiter von drei bis sechs mit Lektüre und Diskussion, um dem ganzen wirklich auf den Grund zu kommen, es zu begreifen und zu verstehen.« Weischedel bewegte sich ganz in Heideggers Fahrwasser. »Fremd und vom Gedanken unbewältigt steht das Kunstwerk vor dem Menschen. Es sieht aus wie ein Ding unserer Wirklichkeit. Und doch scheint es aus einer anderen Welt zu sprechen.« So etwa beginnt der *Entwurf einer Metaphysik der Kunst* Weischedels, der 1952 im Verlag J. C. B. Mohr erschien. So klang die Wortwelt, in die Unseld jetzt, in Verlag und Uni, eintauchte. Kunst ist da etwas Gewaltiges. Sie steht vor dem Menschen, größer als er. »Fragt man nach der Erfahrung des Kunstwerkes, so ist entscheidend wichtig, sie vor aller Theorie zu fassen. Die Aufklärung muß also mit den scheinbar selbstverständlichsten Momenten dieser Erfahrung beginnen.« Dass es dann um Heidegger, Hegel und Platon, um Tiefe, Ursprung und das Absolute geht, versteht sich da fast von selbst: »Von Gnaden seiner Tiefe auch hat das Kunstwerk die Macht, den Betrachter zu verwandeln.« Oder: »Doch weil die Tiefe des Künstlers bedarf, um ins Werk treten zu können, kann sie nicht rein als solche erscheinen.«

Die größte Herausforderung Unselds während der Verlagsarbeit bei J. C. B. Mohr war die Werbung für die *Philosophie der Neuen Musik* von Theodor W. Adorno. Es war das erste Buch Adornos in Deutschland und erschien 1949. Das war neu und das war schwierig. Man musste erst einmal verstehen, worum es ging. Als Unseld für dieses Buch den Schutzumschlag entwarf, war er bereits infiziert von Suhrkamp. »Ich war, als junger Hersteller bei Verlag J. C. B. Mohr, Paul Siebeck, in Tübingen so von dieser Versaltypographie der Suhrkamp-Umschläge eingenommen, daß ich den ersten Umschlag, den ich bei Mohr selbständig gestalten durfte, den Umschlag für Theodor W. Adornos *Philosophie der neuen Musik,* ganz nach der Manier dieser Suhrkamp-Umschläge entwarf.« Auf einer so genannten »Bauchbinde« wurde mit einem Satz von Thomas Mann geworben: »Ich wüßte nicht, wer über die gegenwärtige Situation der Musik klügere und erfahrenere Auskunft zu geben wüßte als Theodor W. Adorno.« Darauf war Unseld stolz. »Wie erfolgreich wir waren, weiß ich nicht mehr, jedenfalls wurde angeblich noch nie so individuell für ein einzelnes Verlagswerk geworben, und das hieß etwas bei den großen Juristen, Soziologen, Philosophen und Theologen, die Autoren des Hauses waren.«

Unselds Doktorvater war Friedrich Beißner, bis heute bekannt durch seine Stuttgarter Hölderlin-Ausgabe, die damals den absoluten Gipfel der Editionstechnik darstellte. Bei J. C. B. Mohr gab Beißner zusammen mit Paul Kluckhohn auch das Hölderlin-Jahrbuch heraus. Unseld hatte also einen direkten Anknüpfungspunkt. Er landete bei einem Lehrer, der 1933 promoviert und 1943 im Auftrag des Hauptkulturamts der NSDAP eine Hölderlin-Feldauswahl herausgegeben hatte. Beißner blieb, auch nach dem Dritten Reich, ein strenger Philologe und Hermetiker, der die Dichtung ganz aus ihr innewohnenden Gesetzen und nicht aus sozialen oder anderen Zusammenhängen begreifen wollte. Ein typisches Beispiel für seine Geisteshaltung ist jenes kalkulable Gesetz, das Siegfried Unseld in seinem Nachruf auf Beißner zitierte. »Diese Dichtungen«, erinnert er sich an Beißners emphatisch vorgetragene Kritik an der zeitgenössischen Dichtung, »seien bis jetzt mehr nach Eindrücken beurteilt worden, die sie machten, als nach ihrem gesetzlichen Kalkül und sonstiger Verfahrensart, wodurch das Schöne hervorgebracht wird. Der modernen Poesie fehlt es aber besonders an der Schule und am Handwerksmäßigen.«

Beißners Zauberformel, was die Prosa anging, war die Einheit der erzählerischen Perspektive. Genau das kommt immer wieder in Unselds Arbeit vor. Inkonsequenzen bei der Perspektive sind es gewesen, die Unseld an Hesses *Glasperlenspiel* auffielen und wonach er Hesse später fragte. Beißner hatte einen rechthaberischen, oberlehrerhaften Zug, der sich in diesem Punkt auf Unseld übertrug. Überhaupt war er ein schwieriger Zeitgenosse. Eng war das Verhältnis von Doktorvater und Student jedenfalls nicht. Bei der Abschlussprüfung ließ Beißner Unseld auflaufen und sorgte dafür, dass er in der mündlichen Prüfung am 24. Juli 1951 nur »rite«, die schlechtest mögliche Note, bekam. Beißner prüfte Unseld, weil er von Hesse in einem veröffentlichten Brief bereits als Doktor angesprochen worden war, nur im Fach Althochdeutsch, eine Sprache, die Unseld nie gelernt hatte.

Beißners vollkommen ahistorische Perspektive auf die Dichtung hat allerdings noch mehr zu bedeuten, als es auf den ersten Blick scheint und als Unseld wahrhaben wollte. Beißner hatte eine Vorliebe für Kafka und veröffentlichte 1952 das Werk *Der Erzähler Franz Kafka*. In der Debatte um die Kafka-Editionen von Max Brod spielte er eine höchst unrühmliche und die deutsche Diskussion lange prägende Rolle. Beißner ignorierte vollkommen, dass Kafkas Manuskripte von Brod gerade noch vor den Nazis gerettet worden waren und er damit mehr für die Lesbarkeit dieses Schriftstellers geleistet hatte, als Beißner je für Hölderlin und alle Editoren je für Kafka zu tun im Stande waren. Diese bewusste Verkennung war der Ausgangspunkt für die lange Herausgeberkritik an Brod, die auf Beißner zurückgeht. Dass das auch auf Unseld Auswirkungen hatte, und zwar bis heute, stellte sich bald heraus.

Im Doktorandenseminar von Beißner saßen Walter Jens, Gerhard Storz, Johannes Poethen, Peter Meuer und Martin Walser. Walser und Unseld lernten sich also bereits in Tübingen kennen, auch wenn Walser hier nicht sehr intensiv studierte, denn er arbeitete bereits beim Rundfunk in Stuttgart. Eine enge Freundschaft verband die beiden hier allerdings noch nicht. Unseld erzählte später, dass er bereits hier, im Oberseminar, daran dachte, Verleger zu werden, und zwar mit einem eigenen Verlag. In diesem Verlag sollten neben Josef Mühlberger und Maria Müller-Gögler, die er in der Zeit bei Aegis kennen gelernt hatte, auch die Freunde und Bekannten von der Uni erscheinen, Jens, Poethen, Walser. Der Lyriker

Johannes Poethen hat noch kurz vor seinem Tod beteuert, nie mit Unseld über einen Verlag gesprochen zu haben, überhaupt habe er mit Unseld eigentlich so gut wie gar nicht gesprochen.

Tatsächlich befreundet war der strebsame Unseld damals mit Peter Meuer. Meuers Vater hatte in Heidenheim eine Buchhandlung. Gerade als der Sohn mit dem Studium fertig war und eine Stelle als Lektor antreten wollte, starb der Vater im Juni 1950, und mit der erträumten Lektorenkarriere war es vorbei. Peter Meuer musste die Buchhandlung übernehmen. Und Unseld, das Projekt des eigenen Verlags doch noch einmal hintan stellend, begann bereits vor Abschluss des Promotionsverfahrens in Heidenheim mitzuarbeiten. Er war hier enorm fleißig, lernte die Arbeit des Sortimenters kennen und begeisterte die Heidenheimer für Hesse. Hier traf er auch den Pfarrer und Hesse-Freund Albrecht Goes wieder, der mit einer Mitarbeiterin der Buchhandlung liiert war.

Am 14. April 1951 heiratete Karl Siegfried Unseld im Ulmer Münster Hildegard Schmid – Unselds Frau war um zwei Jahre älter als er und evangelisch getauft –, die Tochter von Johannes Schmid, Landwirtschaftsrat in Ulm, und Anna Hintz. Sie hatten entschiedene Einwände gegen die Heirat ihrer Tochter mit dem aus einfachen Verhältnissen stammenden Unseld. Das Paar Unseld–Schmid hatte sich im Sommer 1946 bei einem Fest der Landfrauenschule in Blaubeuren kennen gelernt, die Unseld kurzzeitig besuchte. Hildegard Schmid war hier Hauswirtschaftslehrerin. Sie verabredeten sich, Treffpunkt war der Blautopf. Das ist ein kleiner, aber sehr tiefer See, der in der ganzen Gegend bekannt war. Hilde war groß und blond und strahlte Zuverlässigkeit aus. Außerdem war sie eine Bekannte der Geschwister Scholl gewesen, was Unseld sehr beeindruckte. Aber es sollte vier Jahre dauern, bis er, als Liebhaber ein ungestümer Eroberer, einen konkurrierenden Physikstudenten ausgestochen hatte.

Das Jahr 1951 hielt neben Heirat und Promotion Entscheidendes für Siegfried Unseld bereit: Im August dieses Jahres traf er Hermann Hesse in Schloss Bremgarten bei Bern. Der Weg zu diesem Treffen ist etwas anders, als Unseld ihn immer wieder erzählt. Unselds Besprechung des *Glasperlenspiels* für die *Tübinger Studentischen*

Blätter war im Dezember 1948 erschienen. Von einer »vorsichtigen Kritik« an Hesse findet sich hier nichts. Hesse las die durchweg sehr positive Rezension auch nicht zufällig. Am 22. Dezember schrieb Unseld seinen ersten Brief an Hesse: »Darf ich mir erlauben, Ihnen den beiliegenden kleinen Sonderdruck zu überreichen, der eine Besprechung Ihres Glasperlenspiels enthält und dessen Übersendung mich anlässlich des bevorstehenden Festes besonders freut.« Der Brief war im Ton demutsvoll, geschrieben in schönster Schönschrift, »anlässlich« ist nach Schweizer Manier mit Doppel-S und nicht mit scharfem »S« geschrieben. Mehr Entgegenkommen war selten. Auf Hesses Antwort reagierte Unseld, indem er sein Dissertationsvorhaben über »Hesses Anschauung vom Beruf des Dichters« beichtete. Es entwickelte sich dann in den Jahren 1949/50 ein Briefwechsel, in dem Hesse immer wieder betonte, er dürfe ihn wegen seiner Arbeitsbelastung eigentlich gar nicht führen. Erst hier fragte Unseld Hesse dann auch nach einer Unstimmigkeit in der Perspektive im *Glasperlenspiel*. Hesse antwortete auch hier. Und er lud den eifrigen Studenten zu sich nach Montagnola ein.

Im August 1951 machte Unseld mit seiner Frau das erste Mal Urlaub. Und wo fuhren sie hin? Natürlich nach Lugano und Locarno, um hier auf den Wegen zu wandern, die Hesse in verschiedenen Büchern beschrieben hatte. So gewappnet machten sie sich auf zu Hesses Haus in Montagnola. Aber der Meister war nicht da. Erst später trafen sich Hesse und Unseld in Schloss Bremgarten bei Bern. Und wieder bewegte sich Unseld auf den Spuren von Hesses Literatur. *Die Morgenlandfahrt* spielt in diesem Garten.

Friedrich Beißner hat gegenüber Unseld etwas für die damalige Zeit ziemlich Einzigartiges zugelassen und einen lebenden, noch dazu nicht unumstrittenen Dichter als Promotionsthema angenommen. Siegfried Unseld durfte seine Dissertation über sein großes Thema schreiben, so wie er es sich vorgenommen hatte. Unseld warf sich mit ungeheurem Elan auf Hesse. Er interpretierte das Gesamtwerk, Dichtung für Dichtung, im Hinblick auf die Frage, als wen Hesse den Dichter begreift. Die Dissertation ist für die damalige Zeit aufwändig und umfangreich, es ist ohne weiteres zu glauben, dass Unseld viele fast schlaflose Nächte über ihr gebrütet hat. Auch hier wird Unselds ausgeprägter Wille erkennbar: Er will Hesse mit missionarischem Eifer als vollständigen Dichter verstanden wissen, er interpretiert seine »Anschauung vom Beruf des Dichters«, wie wenn es um Goethe ginge, er kämpft für seinen Hesse. Man spürt auf fast jeder Seite ein Beben, und noch heute vermittelt sich die heiße Feder, mit der diese Seiten geschrieben sind.

Natürlich ist die Arbeit den Maximen ihrer Zeit und der lokalen Tradition – insbesondere Heidegger und Hölderlin, daneben auch Goethe und Rilke – in ihrem Begriff vom Dichter verhaftet. Das führt manchmal zu heideggerisierenden Formulierungen, etwa »Sein Streben nach Wirklichkeit zielt auf das Wirkliche dieser Wirklichkeit; mit diesem Wirklichen ergreift der Dichter zugleich das Allgemeine und macht es für den Leser sichtbar...«, oder unfreiwilligem Hölderlin: »Aber nicht nur die Natur und die menschlichen Dinge soll der Dichter besingen.« Arbeiten, in denen solche Sätze stehen, waren damals allerdings eher die Norm.

Unseld hatte noch eine Zeit kennen gelernt, in der der Dichter ein Seher, ein Führer, ein Weiser war, in der die Verbindung von Dichtung und Göttlichem noch denkbar schien und in der der Glaube an die Kraft der Dichtung noch lebendig war. Diesen Glauben verteidigte er bereits in der Arbeit. Und diese Verteidigungshaltung wird er von da an beibehalten. In seiner Dissertation begegnete Siegfried Unseld der Dichtung mit »Ehrfurcht und Verständnis«. Seine Lektüremaxime entnahm er dem *Siddhartha*, dem Erweckungsbuch von 1946. Dort heißt es: »Wenn einer eine Schrift liest, deren Sinn er suchen will, so verachtet er nicht die Zeichen und Buchstaben und nennt sie Täuschung, Zufall und wertlose Schule, sondern er liest sie, er studiert und liebt sie, Buchstabe um Buchstabe.« Das passt auf den ersten Blick sehr gut zu Friedrich Beißners Betonung des Handwerklichen. Unseld konnte seinem Doktorvater Tribut zollen, er simulierte sozusagen Sprachanalyse. Das macht die Arbeit streckenweise kurios. Unseld warb darum, dass sein Hesse von den Autoritäten der Universität anerkannt wird. Das ist der unausgesprochene Kampf, den er mit Beißner führt.

Außerdem wollte Unseld Hesse gegen die auch damals weit verbreiteten Vorwürfe in Schutz nehmen, ein nur dem Privaten verpflichteter Dichter zu sein, und zeigen, dass Hesses Dichtung keine Bekenntnisdichtung ist. Er sprach deshalb von Hesses immer währender Suche nach dem Ideal des Menschentums, seinem Bestreben, mit dem Ausdruck für das Ewige seine innersten Seelenbilder nach außen zu stellen und das ihm in seiner dichterischen Entwicklung erwachsene Vermögen in allgemeinen und überpersönlichen Bildern in einer ehrfurchtlosen Zeit Maß und Ordnung zu bewahren: »Seine Werke sind in hohem Maße Ausdruck seiner Berufenheit«, heißt es schon auf der zweiten Seite. Unseld sah in Hesse tatsächlich einen Seher.

Gleichzeitig zur Annäherung an Hesse starb der Vater. Gesundheitlich wie beruflich waren die Jahre nach dem Krieg alles andere als gut gewesen. Im Juni 1945, noch bevor sein Sohn Siegfried aus dem Krieg zurück war, hatte ihn – aus politischen Gründen – die amerikanische Militärregierung aus dem Beamtendienst entlassen. Kurz danach trat er wieder in die evangelische Landeskirche ein. Die Füße bekam er nicht mehr auf den Boden. Er arbeitete bei einer Baufirma, in der Holzindustrie, in einem Stahlwarengroßhandel. Im März 1951 trat er in den Ruhestand. Anfang 1951 hatte Siegfried Unseld nach sieben Semestern seine Dissertation abgegeben. Die Prüfung, die zu Verstimmungen mit Friedrich Beißner führte, war am 24. Juli. Zwei Tage später starb Ludwig Unseld an Magenkrebs. Der Vater hatte also gerade noch mitbekommen, dass der Sohn endgültig erwachsen geworden war, und war auf seinen tüchtigen Sohn ungeheuer stolz. Am Krankenbett, so erzählt Unseld, habe der Vater immer wieder gesagt: »So, du bist also jetzt Doktor.« »Man muß also jetzt Doktor zu dir sagen.« »Dann ist es ja gut.« Darauf sei er verstorben. Die Unselds wohnten damals bei der Familie Ratter, der Schwester von Lina. Die hatten, wie die Unselds damals sagten, Glück gehabt. Sie hatten Geld und ein Haus. Und sie betrieben ein Schuhgeschäft, das es in Ulm heute noch gibt. Lina, die Mutter Siegfried Unselds, wohnte bis zu ihrem Tod in einer Wohnung der Ratters. Die Ratters und Walter Unseld haben sich im Wesentlichen um die Mutter gekümmert. Dass Siegfried zu ihnen freundlich war, solange sie lebte, sich dann aber nicht mehr hat blicken lassen, sorgte später für Verbitterung.

Die Hauptverhandlung gegen Ludwig Unseld wegen der Brandstiftung in Buchau fand im März 1947 statt. Die ersten Anzeigen wegen der Brandstiftung gingen im März 1946 ein, damals war von Unseld allerdings noch nicht die Rede. Trotzdem lebte er jetzt in ständiger Angst, vor Gericht gestellt zu werden. Sein Sohn Siegfried fühlte sich – von der Mutter bestätigt – jetzt als der eigentliche Mann im Haus. Von Mai bis August 1947 wurde der Vater vom Amtsgericht Ulm wegen Landfriedensbruch in Untersuchungshaft genommen. Der Antrag der Staatsanwaltschaft lautete acht Monate Zuchthaus wegen Verbrechen gegen die Menschlichkeit, Beihilfe zur Brandstiftung und Freiheitsberaubung. Unseld plädierte auf Freispruch. Verhängt wurden schließlich zehn Monate. Im März 1948 legte Unseld Revision ein. Im April wurde das Urteil bestätigt. Wenn der Vater darauf zu sprechen kam, wurde er vom Sohn zurechtgewiesen. Der Vater knurrte und kuschte dann.

Hermann Hesses Romane, so die traditionelle Rezeptionsgeschichte, haben die Entwicklung des Menschen zum Gegenstand, sie beschreiben den Prozess der Individuation, sie verteidigen das Individuelle, das Eigene, den Eigensinn gegen alle Formen von Vereinnahmung, von der Familie über die Kirche bis zum Staat und damit natürlich zum Nationalsozialismus. »Hesse, der sich sieben Jahrzehnte von keinem politischen System beeindrucken ließ, hatte auch gegenüber den Nazis von vornherein die richtige Haltung.« Hesses Individuationsphantasien erschienen als das probate Mittel gegen den nationalsozialistischen Massenwahn. So hat Unseld Hesse 1946 gelesen, und so liest er ihn bis heute. Als er auf die Romane Hesses traf, hatte Siegfried Unseld das Gefühl, gefunden zu haben, wonach er suchte, dass hier geformt war, was seinen unbestimmten Vorstellungen entsprach. In Hesse glaubte Unseld das Modell zu finden, mit dem er das Dritte Reich überwinden oder hinter sich lassen konnte.

Seit dieser Zeit wird Hesse falsch gelesen. Er wird – als einziger deutscher Schriftsteller von Bedeutung im vergangenen Jahrhundert – ausschließlich werkimmanent wahrgenommen. Alles, was

Hesse über sich und seinen Schaffensprozess erzählt, wird ihm eins zu eins abgekauft. Das ist genau die Art und Weise, wie es Unseld in seiner Dissertation vorgemacht hat. Die Hesse-Rezeption ist von wenigen Ausnahmen abgesehen nicht als Aufarbeitung und Interpretation, sondern als Hagiographie, als Erforschung und Beschreibung eines Heiligenlebens, betrieben worden. Nur dieser Dichter wird bis heute aus allen literaturhistorischen Bezügen herausgenommen, wie wenn seine selbst gewählte Rolle als Außenseiter, als der Eremit von Montagnola, immer weiter tradiert werden müsste. Wie wenn es tatsächlich religiöse Inhalte wären, die hier an die Nachfolgenden weitergegeben werden müssen. Für diese Form der Rezeption ist Unselds Dissertation, die zwar fast niemand gelesen hat, die sich aber millionenfach durch den Suhrkamp Verlag vervielfältigt hat, der zentrale Text. Bis heute machen sich fast nur mediokre Germanisten an Hesses Werk. Möglicherweise entspricht diesem Desinteresse auf wissenschaftlicher Seite das Interesse auf der Seite des Publikums nicht von ungefähr: Hesse wurde nie angezweifelt, bis heute kann er gläubig gelesen werden, bis heute kann seine Haltung, die die Moderne ins Religiöse zurückbiegt, die die Epiphanie als die zentrale Erfahrung der Moderne resakralisiert, bruchlos aufgenommen werden.

Die Hesse-Erfahrung Unselds lässt sich in drei Maximen zusammenfassen: Beginne noch einmal von vorne, vertraue dabei nur dir selbst, auch wenn du eigensinnig erscheinen magst, geh deinen Weg. Das geht zusammen in der alten, immer währenden mythischen Formel: Werde, der du bist! Es ist jener Moment der Individuation, der in der Literatur immer und immer wieder bearbeitet und gestaltet wurde, der in neuen Versuchsanordnungen immer wieder von neuem durchgespielt wurde. Seit der vorletzten Jahrhundertwende bewegte sich die Literatur in einem wahren Taumel der juvenilen Selbstfindung, junge Männer als Söhne bevölkerten die Bücher dieser jugendbewegten Zeiten wie nie zuvor. Was aber geschieht in diesen mythischen Lesemomenten? »Der Vater wird zum Kind seines Kindes, das Kind wird zum Vater seines Vaters ... Es ist die Sekunde, wo der Machtwechsel zwischen den Generationen besiegelt wird und damit auch die Jugend der Kinder endet und ihr eigenes Altern beginnt.« Der Literaturwissenschaftler Peter von Matt beschreibt in seinem schönen Buch *Verkommene Söhne, missratene Töchter* zwar Kafka, man könnte von Matts Satz aber auch auf Frank Wedekind oder Thomas Mann, Bertolt Brecht oder eben Hesse anwenden. Immer werden solche Leseerfahrungen höchst individuell empfunden, gleichzeitig sind sie aber auch die Imitation des immergleichen Generationsprozesses.

Für Unseld begann die Zeit des Rollentauschs 1946. 1951 war sie abgeschlossen, Unseld wurde promoviert, und der Vater starb: der einmal groß und mächtig war, lag jetzt am Boden, körperlich, seelisch und moralisch. Der Sohn dagegen war groß, stark und lebenstüchtig geworden. Neben die Trauer trat der Glaube an die eigene Berufung, der entscheidende Schritt ins eigene Leben fand damals statt. Innerlich hatte Unseld den Prozess mit Hesse bereits vollzogen. 1951 trat er diesem Mann, der allein bei ihm die Stelle des Vaters einnehmen konnte, leibhaftig gegenüber.

Unseld wählte nicht Kafka als seinen Autor, er wählte Hesse. Bedeutet diese Entscheidung für Hesse und gegen Kafka etwas? Hesse hält gegenüber Kafka, wo die Initiation misslingt, eine melodramatische Leseweise des Generationenkonflikts aufrecht. Hier gelingt die Initiation noch auf den traditionellen Wegen, hier bleibt das alte Verhältnis zwischen Vater und Sohn unangetastet. Hesse klagt den Vater an, aber er bestätigt ihn auch. Es ist nicht die abgründige Schwellenerfahrung Kafkas, die Ausweglosigkeit des Generationenkampfes, sondern die Bestätigung des alten Sinnhorizonts: Ein junger Mann sucht im Leben nach Wahrheit, und er kann sie finden. Wenn Kafka modern ist, ist Hesse vormodern geblieben. Das ist es, was Hesse vielen so suspekt erscheinen lässt. Es ist, wie wenn einer im 20. Jahrhundert ungebrochen Märchen erzählt. Unseld ersetzte seinen Vater mit Hesse durch eine göttliche Figur. »Freundlich sah mich mein Vater an und sagte: Ich lehre dich nicht, ich erinnere dich nur. Und indem er dies sagte, war er nicht mein Vater mehr; sein Gesicht lächelte eine Sekunde lang genauso wie das Gesicht, mit welchen in den Träumen unser Führer, der Guru, zu lächeln pflegt, und im selben Augenblick erlosch das Lächeln, und das Gesicht war rund und still wie die Lotusblüte und glich genau dem goldenen Bildnis Buddhas, des Vollendeten, und wieder lächelte es, und es war das reife, schmerzliche Lächeln des Heilandes«, hatte Hesse in einem Nebenwerk geschrieben. Unseld zitiert die Stelle in seiner Dissertation vollständig, und man fragt sich, warum er diesen Text einschiebt. Bis klar wird: Hier geht es um die Botschaft, dieser Text steht für sich selbst.

Siegfried Unseld hat sich eine Galerie von Förderern erfunden, Zeller, Fried, Weischedel, Beißner, Hesse. Menschen, die dazu da waren, ihn auf seine Bestimmung zu lenken, lauter Ahnen, die die Stelle des Vaters besetzten. Fast vergisst man dabei, dass Unseld, der sich seine Geschichte erfindet, kein Schriftsteller ist. Unseld versuchte sich nicht in der Literatur, sondern in der Wirklichkeit neu zu erschaffen. Was Hesse in der Literatur machte, sich ein Leben lang in seinen Figuren seine Lebensgeschichte immer wieder neu zu imaginieren, das versuchte Unseld in der Wirklichkeit. Er versuchte dabei mehr zu werden, als er ist oder war. Das ist die zentrale Bewegung, das Motiv dieses Lebens, der Grund für seine Größe. Daher wird viel später die Verachtung für den Sohn kommen, für den Sohn, der den väterlichen Vorstellungen nicht entsprach, der das Sorglose und Arrogante des Sohnes aus gutem Hause hat, das Siegfried Unseld angekränkelt und schwach erscheinen muss. Es ist ein bekanntes, oft aufgeführtes Drama, gleichwohl für alle Beteiligten eine Tragödie.

Ein Novize im Bücherorden.
1952–1959

Im Juli 2000 wurde in Frankfurt am Main ein Jubiläum begangen, das einem uneingeweihten Besucher den Eindruck vermitteln konnte, dass es hier so zuging wie bei anderen Jubiläumsveranstaltungen auch. Man gedachte der Vergangenheit, es wurden Freundlichkeiten und Verbindlichkeiten getauscht und alte Rechnungen beglichen. Und doch war es an diesem Abend anders. Fast drei Stunden zelebrierte im Frankfurter Schauspiel ein Verlag sich und die Welt des Lesens, als ginge es um den Heiligen Gral. Es lag nicht nur daran, dass Bundeskanzler Gerhard Schröder in der ersten Reihe saß und so etwas wie ein Hauch von 50 Jahre Bundesrepublik in der Luft lag, es war ein wenig so, wie wenn die intellektuelle Republik ihre Gründung und ihr Bestehen feierte.

13 Autoren des Verlags lasen, an einem Tisch wie zu da Vincis Abendmahl aufgereiht. 13 Lebende lasen Literatur von 13 Toten. Das war nicht nur wie eine Totenmesse, das war nicht nur Geisterbeschwörung, es war auch die Demonstration einer großen Tradition, das waren Väter und ihre Söhne. Und über allen schwebte jener gute Geist, Siegfried Unseld, dem Jürgen Habermas an diesem Abend »mentalitätsbildende Kraft« bescheinigte und den Amos Oz einen »sanften Herrscher« nannte.

Im Hintergrund leuchtete als Altarbild eine riesige Projektion der Namen aller Autoren des Verlags. Davor las Bichsel Frisch, Muschg las Nossack, Dorst las Johnson, Krauß (Angela) las Krolow, Becker (Jürgen) las Weiss, Walser (Martin) las Walser (Robert), Enzensberger las Sachs, Gstrein las Bernhard, Grünbein las Celan, Braun las Huchel, Rothmann las Becker (Jurek), Berkéwicz las Koeppen, Hein las Müller (Heiner). Die Abfolge der Lesung wurde bestimmt durch den Eintritt der Vorgelesenen in die gemeinsame Buchkirche, und die hieß immer noch Suhrkamp Verlag.

Diese Veranstaltung in Frankfurt war der Höhepunkt einer langen Reihe von Jubiläumsfeiern, mit denen der Suhrkamp Verlag und sein Leiter die Gründung seit jeher als wahrhaft historisches Datum interpretierten. Zu diesen Jubiläen erscheint regelmäßig – in blaues Leinen gebunden, wie die Bücher Hesses, mit denen Siegfried Unseld in die Literatur »eingeführt« wurde – die Suhrkamp-Verlagsgeschichte. Traditionell beginnen diese Verlagsgeschichten mit einem Porträt Peter Suhrkamps, geschrieben von Siegfried Unseld. Es folgt dann, Jahr für Jahr erzählt, die Geschichte des Verlags.

Immer lässt Unseld das Werk mit folgenden Sätzen beginnen: »Die Geschichte des Suhrkamp Verlages beginnt mit dem Brief vom 2. Mai 1950, den Dr. Bermann Fischer und Peter Suhrkamp gemeinsam unterzeichneten: 48 Autoren, deren Werke nach 1936 von Suhrkamp im damaligen S. Fischer Verlag oder später im Suhrkamp Verlag vorm. S. Fischer verlegt worden waren, können für den alten S. Fischer Verlag oder für einen neu zu gründenden Suhrkamp Verlag optieren.« Das ist nicht falsch, aber es ist nur die halbe Wahrheit. »Alter«, »vormaliger«, »damaliger« S. Fischer Verlag? Man spürt den Wunsch nach Exaktheit, in dem Unseld sich verheddert, und den ebenso großen Wunsch, die Uneindeutigkeit, die in diesem Datum, die in der Gründung des Suhrkamp Verlags steckt, zu überspielen.

Diese verwickelte Geschichte ist von Siegfried Unseld nie wirklich geleugnet worden, aber er hat sie zu glätten versucht. Durch viele Publikationen hat er eine vereinfachte und gereinigte Geschichte zur offiziellen Version erhoben. Sie nennt als Gründungsdatum den 1. Juli 1950 – zu diesem Datum wurde der Verlag tatsächlich in das Frankfurter Handelsregister eingetragen – und tut so, als habe sich der Verlag von hier an wie aus einem jungfräulichen Stadium entwickelt. Es soll wie alle großen Daten für sich stehen, wie in Stein gemeißelt sein. Dabei ist die Vorgeschichte für den Verlag – und auch für Unseld – von entscheidender Bedeutung. Sie prägte das Unternehmen, in das Unseld bald eintreten sollte, nachhaltig.

Das Gründungsdatum 1950 ist allerdings nur wenig mehr als eine willkürliche Setzung. Man kann den Suhrkamp Verlag mit gleichem Recht auch 1932, 1936, 1942 oder 1945 beginnen lassen. Das entscheidende Jahr ist wohl 1936, als Peter Suhrkamp von Gottfried Bermann Fischer unter dem Druck der Nazis der Verlag übertragen wurde. Der Verlag hat sich jedenfalls in einem durch die Nazizeit bestimmten Prozess langsam entwickelt, er reifte unter widrigen Umständen, fast widerwillig, heran und fand dabei seine Konturen. Dieser Ansicht war auch Peter Suhrkamp selbst: »Es ist nicht richtig, wenn Sie sagen, dass ich einen eigenen Verlag ganz neu begründen will, sondern es ist so, dass ich einen Teil des bis jetzt von mir geführten Verlages zu mir übernehme und von dort aus weiterbaue«, ist auf einer unveröffentlichten Schallplatte zu hören, die sich im Archiv des Suhrkamp Verlags befindet. Siegfried Unseld ist dagegen beseelt von dem Wunsch nach einem eindeutigen Anfang, nach einem deutlichen Schnitt.

Suhrkamp, der 1932 als Herausgeber der *Neuen Rundschau* zum S. Fischer Verlag gekommen war, hatte in einem nicht anders als heroisch zu nennenden Kampf den Verlag, den er von Gottfried Bermann Fischer als S. Fischer Verlag übernommen hatte und der 1942 dann zwangsweise Suhrkamp Verlag genannt werden musste, über die Nazizeit gebracht. 1936, als die Situation für Bermann Fischer, der ins Exil ging, unhaltbar geworden war, wurde der Verlag zu einer von dem Bankier Hermann Josef Abs gegründeten Kommanditgesellschaft umgewandelt, der noch sein Bruder Clemens Abs, Philipp Reemtsma und Christoph Ratjen angehörten. Dieses Konsortium bestellte Peter Suhrkamp zum Leiter und haftenden Gesellschafter des Verlags. Der vertrauenswürdige und verlässliche Suhrkamp unterhielt stabile Beziehungen zu den Autoren; er entwickelte ausgezeichnete Ideen, die den Verlag, als er nichts mehr drucken durfte, vor dem finanziellen Ruin retteten. Seine Anthologie *Deutscher Geist* von 1940 etwa verkaufte sich hervorragend. Suhrkamp setzte sich selbstlos und hartnäckig für den Verlag ein, er agierte mit größter Selbstdisziplin und regierte manchmal mit soldatischer Attitüde. Militärisches Auftreten machte dem alten Stoßtruppführer kaum Schwierigkeiten, sodass es manchmal scheinen mochte, als passe der Verleger in dieses Deutschland. Das aber täuschte.

Suhrkamps Freund Carl Zuckmayer charakterisierte Suhrkamp am Ende des Dritten Reichs für die Amerikaner. Er tat dies treffend und differenziert: »Natürlich mußte er, als ›Erbe‹ des verhaßten Hauses Fischer, der dauernden Gefährdung durch Denunziation, Neid, Verdächtigungen usw. Rechnung tragen und konnte sich nach außen hin nicht exponieren. Dies hat manchmal zu Mißdeutungen von seiten ausgewanderter Kreise geführt, die sich die Situation nicht vorstellen konnten.« Früh beginnt das alte Dilemma zwischen dem inneren und äußeren Exil. Zuckmayer, der Suhrkamp persönlich gut kannte, charakterisierte auch den Mensch treffend: »Persönlich ist Suhrkamp ein sehr tief veranlagter, etwas versponnener, etwas vergrübelter, etwas querköpfischer Charakter, mehr depressiv als optimistisch, mehr norddeutscher ›Spökenkieker‹ als Philosoph, schriftstellerisch mehr eigenwilliger Amateur als echtes Talent, mit künstlerischem Empfinden, aber leicht puristischer Attitüde, in seinen Grundanschauungen und seinem inneren Wesen klar und sauber. Äußerst leistungsfähiger Arbeiter, vorzüglich als Leiter einer Arbeitsgemeinschaft. Man würde ihm eine innere Auflockerung wünschen, einen Tropfen keltischen, romanischen, jüdischen Bluts – aber leider waren wohl alle seine Vorfahren entschlossene Niedersachsen.«

Suhrkamps Verhalten in dieser Zeit nötigte auch dem schon lange in der Schweiz lebenden Fischer-Autor Hermann Hesse größte Bewunderung ab. Zwischen beiden entstand in der Nazizeit über die Entfernung hinweg, vorher hatten sie sich kaum gesehen und wenn, dann nicht besonders gut verstanden, eine tragfähige Verbindung, die sich später als entscheidend erweisen sollte.

Die Nazis hatten es an Versuchen nicht fehlen lassen, Suhrkamps inneren Widerstand zu brechen. Aber etwas von ihm war stärker als sechsmonatige Untersuchungshaft, Misshandlung, das KZ Sachsenhausen, eine Wirbelsäulenverletzung und eine schwere, doppelseitige Lungen- und Rippenfellentzündung, mit der er mitten im Winter, am 8. Februar 1945, an die frische Luft gesetzt worden war. Gesund wurde Suhrkamp nie mehr – aber er überlebte. Im Oktober 1945 erhielt er die erste britische Verlagslizenz in Berlin und begann mit dem »Suhrkamp Verlag, vorm. S. Fischer« seine Arbeit von neuem. Suhrkamps Programm, stark von der inneren Emigration geprägt, zeigte jetzt ganz deutlich das Bestreben, sich auf eine bestimmte Form von Innerlichkeit zu konzentrieren. Der erste Band der Reihe *Beiträge zur Humanität* war das von ihm herausgegebene *Taschenbuch für junge Menschen*, ein typisches Suhrkamp-Buch, hier wurde ein gesellschaftsabgewandtes, kulturkonservatives, auf das Innere der Person zielendes Leitbild vertreten. Die Figur des Heimkehrers stehe im Mittelpunkt des Buches, meinte Siegfried Unseld. Es ging um eine »Elite der Geistigen«. Im Verlag wurde in dieser Zeit eine Kartei bevorzugt zu behandelnder Kunden angelegt, die Suhrkamp diesem Kreis der Geistigen zurechnete, »Aristokratenkartei« war die verlagsinterne Bezeichnung. Suhrkamp sah in der Beschränkung auf den kleinen Kreis die einzige Möglichkeit kultureller Erneuerung.

Die sich dann seit 1948 langsam offenbarenden Differenzen zwischen Suhrkamp und dem aus dem Exil zurückgekehrten Gottfried Bermann Fischer sind sowohl für den S. Fischer als auch den Suhrkamp Verlag entscheidend geworden. Es ging um die Rückgabe des Verlags und die Stellung, die Suhrkamp im Verlag einnehmen sollte. Goffi und Tutti, wie Bermann Fischer und seine Frau Brigitte genannt wurden, wollten Suhrkamp entmachten. Diese traurige Geschichte einer unmöglichen Verständigung trotz zeitweilig täglicher und heftiger Aussprachen ist oft erzählt worden; die Geschichte von der Unvereinbarkeit zweier Positionen: Die Erfahrungen des Exils bedingten eine weltläufige, liberale und marktorientierte Einstellung, dagegen standen die Erlebnisse der inneren Emigration, wo sich der äußere Zusammenbruch mit dem Stolz auf ein im Eigensinn intakt gebliebenes Inneres verband. Es ist die Geschichte gegenseitigen Misstrauens, das durch zögerliches und reserviertes Verhalten auf Seiten Suhrkamps und ein für die Belange ihres deutschen Statthalters vollkommen unsensibles Verhalten auf Seiten Goffis und Tuttis, die auf der Leitung bestanden, immer weiter verstärkt wurde und sich bis zu böswilligen Unterstellungen und gegenseitigen Verletzungen steigerte.

Das Entscheidende dieser Geschichte ist aber bisher nicht herausgearbeitet worden – überraschenderweise auch nicht von Siegfried Unseld, der doch sonst unermüdlich auf die Bedeutung Hesses für den Suhrkamp Verlag hingewiesen hat. Tatsächlich war nämlich der Fischer-Autor Hesse bei der Ausgliederung und Gründung des eigenständigen Suhrkamp Verlags die treibende Kraft. Etwa Mitte Dezember 1949 hatten sich Suhrkamp und Hesse in Baden bei Zürich getroffen und über den Streit mit Bermann Fischer gesprochen. Am ersten Weihnachtsfeiertag schrieb Suhrkamp dann an Hesse und bezog sich auf dieses Treffen: »Unsere Gespräche über die Verlagssituation haben bei mir eine Entscheidung geklärt, die sich dunkel in mir schon vorbereitet hatte. Vielleicht neigte ich aber, bevor wir uns sprachen, mehr dazu, mich ganz aus allem herauszuziehen, um noch still für mich einiges zu lesen und vielleicht auch noch einiges zu schreiben. Sie haben mit Recht die andere Position betont: meine Verantwortung vor den Autoren und Freunden im Verlag. Auch diese lag meinem Wesen nur zu nah. Und daß ich sehen mußte, wie ich selbst ihnen Schwierigkeiten aufladen würde, wenn ich mich einfach herausziehen wollte ins Private, das hat mich bestimmt, mein Feld im Fischer Verlag klar zu behaupten.« Das ist eindeutig. Hesse hat Suhrkamp umgestimmt, er hat ihn, der sich zurückziehen wollte, überzeugt, im Verlag zu bleiben und sich gegen Bermann Fischer durchzusetzen. Das entscheidende Argument dabei war die Verantwortung.

Die Übereinstimmung zwischen dem Autor und seinem alten und neuen Verleger hatte aber noch eine Art Subtext: Sowohl Hesse als auch Suhrkamp fühlten sich mit der Vorstellung wohl, gegen einen größeren Gegner bestehen zu müssen, der zwar mächtig war, dessen Position ihnen aber nicht integer schien. Das stärkte den Zusammenhalt und förderte das Elitebewusstsein, das befriedigte das Bedürfnis, auch in unterlegener Position durch Überzeugung stark zu sein und so gegen die Übermacht bestehen zu können. Und das erinnerte an die Situation während der Nazizeit. Was hier stattfand, was von Hesse wesentlich betrieben wurde, war die Gründung eines Bundes. Da half ein scheinbar übermächtiger Gegner.

Gottfried Bermann Fischer glaubte zu diesem Zeitpunkt noch, Hesses Position sei unentschieden. Hesse beließ ihn bewusst in dieser Illusion, zog er es doch vor, sich selbst als Unbeteiligten und über kleinliches Gezänk Erhabenen zu sehen. Dabei war er längst Partei, ja mehr als das. Hesse war es, der das erste Mal die Idee eines eigenen Verlages aussprach: »Oder sollen wir beide zusammen einen neuen Verlag anfangen?« Als sich Hesse und Suhrkamp das nächste Mal trafen, es war der 12. Juni 1950 und es stand bereits fest, dass Hesses Idee verwirklicht werden würde, war der Bund perfekt: Die beiden duzten sich jetzt. »Nochmals herzlichen Dank für alle Freundschaft und Liebe. Die Tage bei Euch waren für mich sehr sehr schön. Hoffentlich bin ich Euch nicht nur eine Last gewesen«, schrieb Suhrkamp danach.

Wenn die Trennungsentscheidung Suhrkamps auch berechtigt und nachvollziehbar ist, so steckt doch etwas Sezessionistisches, Untreues in der Abspaltung Suhrkamps von S. Fischer. Das empfand Suhrkamp mehr als Hesse. Das letzte Wort mussten die Gerichte haben. Der Vergleich zwischen Suhrkamp und Bermann Fischer, der hier in der Nacht vor dem ersten offiziellen Gerichtstermin doch noch gefunden wurde, war klug. Die Autoren des deutschen Verlags, es waren 48, durften votieren, welchem Verlag sie angehören wollten, dem wieder von Bermann Fischer übernommenen und in S. Fischer zurückbenannten Verlag oder dem Suhrkamp Verlag, der jetzt neu begründet werden sollte. Die Situation erinnert an Brechts *Kaukasischen Kreidekreis*. Die Entscheidung war ebenso klug wie in Brechts Drama, weil sie das moralische Problem ausklammerte, an dem sich Suhrkamp und Bermann Fischer zerstritten hatten. Sie ließ die Frage, wer der legitime Nachfolger des S. Fischer Verlags gewesen war, was der legitimen Mutter bei Brecht entspräche, erst gar nicht aufkommen. Und so machte die Entscheidung eine Situation offiziell und manifest, die sich in mindestens zwölf Jahren, zwischen 1936 und 1948, entwickelt hatte und sich als dauerhafter erwies, als man zunächst glauben mochte. Beide Betriebe, der Suhrkamp Verlag und der Bermann Fischer Verlag, waren in Wahrheit schon vor der Entscheidung von 1950 getrennt. Und den alten S. Fischer Verlag gab es zu diesem Zeitpunkt nicht mehr.

Suhrkamp hat – aus seiner dienenden Haltung heraus, einer Position, die ihre Stärke dadurch gewann, dass sie jeden Anschein von Eigennutz zu vermeiden wusste – vor allem den Fehler gemacht, lange gegen Gottfried Bermann Fischer zu bescheiden aufgetreten zu sein, eben als hätte er selbst keinerlei eigene Interessen. Und Bermann Fischers Selbstherrlichkeit (mit anschließender Fassungslosigkeit über die Untreue Suhrkamps) verhinderte die Einsicht, dass in den vielen Jahren seines Exils etwas Eigenes gewachsen war, was nicht so leicht aufzugeben oder rückgängig zu machen war. Hesse hatte, durchaus hellsichtig und ganz auf den Kern der Auseinandersetzung zielend, auch das erkannt: »Sie waren einst allzu enthusiastisch, ein edler Don Quichote, dem seine ritterlichen Schwüre nun, wohl aufbewahrt, vom Partner vorgehalten werden«, schrieb er am 14. April 1950 an Suhrkamp.

Hesse war der gute Geist des gesamten Unternehmens. Er war nicht nur der Stifter eines neuen Bundes, der hellsichtige Berater, der in den entscheidenden Momenten mit den richtigen Anmerkungen und Vorschlägen zur Stelle war und durch den Erfolg seiner Bücher die ökonomische Voraussetzung für das Gelingen des neuen Verlags sicherte, er war auch noch der pragmatische Vermittler notwendiger Beziehungen. Hatte er erst die für Suhrkamp wichtige Verbindung zum Stuttgarter Rechtsanwalt Edmund Natter vermittelt, stellte er 1950 auch den Kontakt zur Winterthurer Unternehmerfamilie Reinhart her. Georg Reinhart sagte eine Einlage von 50 000,– Mark in einer KG zu. 1951 schlugen dann zwei andere Geldakquisitionsversuche Suhrkamps fehl. Noch einmal wandte Hesse sich deswegen an Georg Reinhart, 1952 wurde die KG gegründet, und Reinhart legte 150 000,– Mark ein.

Hesse, der Stifter, erkannte in Suhrkamp einen Garanten jener geistigen Welt, die er vom Untergang bedroht sah und die er retten wollte. Um die Gefahr zu ermessen, für die Hesse sehr sensibel war, muss man sich nur vergegenwärtigen, dass genau zur gleichen Zeit, als der Suhrkamp Verlag gegründet wurde, im Juni 1950, der Ernst-Rowohlt-Verlag seine ersten fünf Taschenbücher mit einer Auflage von je 50 000 Exemplaren auslieferte: Fallada, Greene, Kipling, Tucholsky, Hemingway. Das war die neue Zeit, das wussten Hesse und Suhrkamp. Aber das war nicht ihre Welt: holzhaltiges Papier, kleine Type, geklebter Rücken, Zigarettenreklame im Innern. Es war das Buch für die Massen. Das war Hesse zutiefst zuwider, und Suhrkamp hätte sich dafür nie hergegeben. Was Hesse betrieb, war die Gründung einer Gegenreligion, die als erstes Gebot »Du sollst nicht an die Massen denken« angenommen hatte. Es war ein Schisma, eine Abspaltung von der breiten Bewegung der Buchkultur, um den wahren Glauben zu retten.

Entworfen wurde der neue Bund in der Zeit des Dritten Reichs. »Im 21. Jahrhundert gibt es in einem Lande von unbestimmter Lage, allem Anschein nach aber in Europa, eine zu dem Orden der Kastilier zusammengeschlossene geistige Elite. Die Kastilier sind etwa einem geistlichen Orden gleichzusetzen, die kirchlichen Kenntnisse gelten jedoch als überwunden. Der Orden kümmert sich auch nicht um das Seelenheil, sondern sieht als seine Aufgabe die Reinerhaltung und Sicherung des geistigen Lebens im Lande. Das religiöse Leben ist als eine Provinz des geistigen Lebens angesehen. Der Orden entstand als Reaktion auf das ›feuilletonistische Zeitalter‹, das zu Beginn des 20. Jahrhunderts gedacht ist. Dieses ist charakterisiert als die Zeit unverbindlichen und zu nichts verpflichtenden Intellektualismus und allgemeiner Auflösung des Geistes.« So beschrieb Peter Suhrkamp 1942 Hesses gerade fertig gewordenes *Glasperlenspiel*, das er zu dieser Zeit nicht verlegen durfte, das aber für ihn das ideale Buch dieser Zeit war. Als er 1945 seine Verlagslizenz bekam, war sein erster Plan, *Das Glasperlenspiel* zu veröffentlichen. Diese Schrift über die im Orden der Kastilier zusammengeschlossene geistige Elite ist das inoffizielle, aber eigentliche Gründungsmanifest des Suhrkamp Verlags – das Buch für alle, die sich in trüben Zeiten in eine bessere Welt zurückziehen wollten, das Zeugnis, dass man auch in diesen Zeiten ein Mensch bleiben konnte.

Anfang Juni 1951 war der neue alte Suhrkamp Verlag in die Villa am Schaumainkai im Frankfurter Stadtteil Sachsenhausen eingezogen, in der sich heute das Postmuseum befindet. Am 23. Oktober dieses Jahres war hier ein junger Mann zu Gast, der das *Glasperlenspiel* wie eine heilige Schrift gelesen und sich in Leder hatte binden lassen. Er wurde von Peter Suhrkamp, wie er es immer tat, wenn sich jemand vorstellte, in einem eingehenden Gespräch unter die Lupe genommen. Dieser junge Mann war Siegfried Unseld. Auch diese Verbindung hatte Hesse angeregt. Im August war Unseld das erste Mal mit Hesse zusammengetroffen, unter dem Eindruck dieser Begegnung wagte Unseld es am 3. Oktober 1951, er war da noch Buchhändler in Heidenheim, sich an den Suhrkamp Verlag zu wenden. Unseld bereitete sich auf dieses Gespräch mit einem Spaziergang durch einige Frankfurter Buchhandlungen vor. In der Buchhandlung Beneke am Rossmarkt sah er die gerade neu erschienenen Bände der Bibliothek Suhrkamp, Peter Suhrkamps Reihe moderner Weltliteratur, im Fenster liegen. Der Buchhändler, ein Anhänger Rowohlts, sagte Unseld, dass die Reihe mit ihren Umschlägen ein tot geborenes Kind sei. Unseld erzählte das an Suhrkamp weiter. Der rief den Buchhändler Beneke sofort an und drohte mit einer Auslieferungssperre. »Dieser Vorfall war aber auch der Anlaß, daß Suhrkamp mich nach meinem Urteil fragte, und vielleicht hat es ihn beeindruckt, daß auch ich keine Begeisterung zeigen konnte.«

Suhrkamp war sich nicht ganz sicher, was er von dem jungen Unseld halten sollte. Einerseits war er von dessen Vitalität und Agilität fasziniert und hatte eine Schwäche für gefühlsstarke, ungestüme Personen, andererseits spürte er aber auch deutlich, dass Unseld keine geistige Reife, wenig intellektuelles Format mitbrachte. Er sagte ihm nach dem mehrstündigen Gespräch, er könne als »Mädchen für alles« im Verlag anfangen. Anfang November war die Sache besiegelt. Unseld berichtete sogleich an Hesse. Und der antwortete Erstaunliches: »Als ich im Sommer in Bremgarten beim Kaffee saß, erst wenig erfreut über die Störung durch Besuch, dann auf Ihren Namen hin erfreut, dachte ich nicht, das könnte etwa mein mutmaßlicher künftiger Verleger sein.« Wieder nahm Hesse eine Entwicklung vorweg, die sich noch nicht einmal in der Ferne abzeichnete.

Unseld selbst hat seine Aufnahme in den Verlag am präzisesten in einer Erinnerung an Andreas Wolff geschildert: »Ich war am Dienstag, dem 23. Oktober 1951, von Peter Suhrkamp in seinem Frankfurter Büro empfangen worden, nachdem ich mich bei ihm beworben, ihm eine Festschrift für Hermann Hesse und als Autor den Tübinger Philosoph Wilhelm Weischedel vorgeschlagen hatte.

In diesem Gespräch bot mir Suhrkamp eine Mitarbeit im Suhrkamp Verlag an; diese Zusammenarbeit wurde dann, im Dezember 1951, von Andreas Wolff, dem Geschäftsführer des neuen Suhrkamp Verlages, brieflich bestätigt. In seinem Brief heißt es, ich sei zur Probe im Suhrkamp Verlag angestellt und meine Arbeitsbereiche seien Herstellung, Vertrieb, Propaganda, und ›Sie sollten auch gelegentlich zur Arbeit im Lektorat herangezogen werden‹. Kein klares Arbeitsfeld also. Das Gehalt betrug brutto DM 400,–. Übrigens: beim ›zur Probe angestellt‹ sollte es fünf Jahre lang bleiben, erst dann erfolgte eine definitive rechtliche Bindung.« Andere, die damals dabei waren, empfanden seinen Status als den eines Volontärs oder Lehrlings. Siegfried Unseld war gekommen, um sich einzuarbeiten, dann würde man weitersehen.

Jetzt waren die drei wesentlichen Protagonisten beisammen, jetzt war der Bund auf seine Stärke angewachsen, die aus ihm mehr machte als eine private Beziehung zwischem einem Autor und seinem Verleger. Suhrkamp sah das zu diesem Zeitpunkt noch nicht so, aber Hesse war davon überzeugt, in Unseld seinen künftigen Verleger vor sich zu haben. Was aber verband diese drei Männer, den fünfundsiebzigjährigen Schriftsteller in der Schweiz, den einundsechzigjährigen, kranken Verleger in Frankfurt und den achtundzwanzigjährigen Dynamiker und Berufsanfänger aus Ulm? Hesse stellte sich die Frage kurz zuvor in einem Glückwunschschreiben zu Suhrkamps 60. Geburtstag selbst. Zweimal ist hier von Treue die Rede: die Treue Suhrkamps, der seine Verantwortung gegenüber dem Autor Hesse im Dritten Reich vorbildlich wahrgenommen habe, die Treue Hesses, die er jetzt im Gegenzug Suhrkamp erweisen kann. »Vielmehr war es so, daß ich überall gerade da, wo du gefährdet, geplagt und schutzbedürftig schienest, in deinem Wesen und in deinem Dulden eine meinem eigenen Wesen verwandte Art der Gefährdung und Verletzbarkeit spürte. Oft habe ich dir, mit Wut beinahe, mehr Härte, mehr Abwehrkraft und Angriffslust und weniger Duldsamkeit, weniger Ergebenheit gewünscht, und doch war es gerade dieser Mangel an Härte, diese Duldsamkeit und Leidensbereitschaft, die ich im Innersten verstand und mitfühlte und die mein Herz für dich gewann.«

Was ist das für eine eigenartige Art der Verletzbarkeit? Weiter geht Hesse nicht. Suhrkamp hatte in einem Geburtstagsbrief vom 30. Juni 1937, auch zum 60. Geburtstag, an Hesse geschrieben: »Sie haben mit Ihrem Werk einige Male in mein Leben eingegriffen.« Er zählt *Peter Camenzind* und andere Bücher Hesses auf, um schließlich zum *Demian* zu gelangen, diesem Buch über das geistige Vakuum nach dem Ersten Weltkrieg, mit dem sich nicht nur Hesse nach dem Tod seines Vaters und der Trennung von Frau und Kindern selbst therapierte, sondern in dem sich eine ganze Generation wieder fand: »Entscheidend wurde dann wieder *Demian*. Ich hatte den Krieg an schwersten Stellen und in exponierten Lagen mitgemacht, war 1918 völlig an ihm zerbrochen gewesen. Kurz gesagt: er hatte mich ins Irrenhaus gebracht gehabt – und nachher lebte ich irgendwo verkrochen und innen ganz verkapselt: *Demian* löste die Verkapselung.« Suhrkamp war, wie übrigens auch Ernst Jünger, im Ersten Weltkrieg Stoßtruppführer gewesen und hatte damit zu jener Infanterieelite gehört, bei der Schneid gefragt war. Kameraden schilderten den Stoßtruppführer als unerschrockenen Draufgänger. Hatten diese Stoßtruppführer ihre ersten Einsätze überlebt, wurden sie zu charismatischen, überlebensgroßen Figuren. Im Januar 1918 aber erlebte Suhrkamp seinen Zusammenbruch, ein Jahr Sanatoriumsaufenthalt und psychiatrische Behandlung brauchte er, um wieder zu genesen.

Hesse war dagegen nie Soldat gewesen. Aber so durchweg pazifistisch, wie man heute glaubt, war er ebenfalls nicht. Auch Hesse hatte im Krieg seinen Zusammenbruch erlebt. Seit 1915 arbeitete er in der Kriegsgefangenenfürsorge bis an den Rand der Zerrüttung, er sammelte und verschickte – den Interessen der Empfänger entsprechend sortiert – Bücher für die Soldaten. Er empfand das durchaus als Auftrag. Es gibt von ihm nicht nur die bekannte pazifistische Schrift *O Freunde, nicht diese Töne!* von 1914, sondern auch die weithin unbekannte Einleitung zu einem 1915 im Stuttgarter Verlag »Die Lese« erschienenen und *Zum Sieg* geheißenen Brevier für die Soldaten im Felde. Hesse versetzte sich hier, in der für ihn typischen Manier, ins Innere der Soldaten und fragte sich, was sie bewegen mag. Er betonte, dass es wichtig sei, mit den Soldaten an der Front einig zu sein. »Wir denken daheim in unseren Studierstuben allerlei, wir studieren, lesen, phantasieren manches, wozu der Soldat jetzt nicht kommt, und wenn wir auch nichts anderes tun, als daß wir an die Front denken und versuchen, alles was dort geschieht, in seinem wirklichen Wert und in seiner Bedeutung für später zu erfassen, arbeiten wir schon Hand in Hand mit unseren Brüdern im Felde.« Es gehe um eine Reinigung Europas von Schäden und Krankheiten – ein Stahlgewitter – und, man staune, um die Weltherrschaft. »Es geht darum, daß man sich darüber klar werden will, ob Geld und Geschäft allein die Welt weiter regieren sollen oder ob Liebe, Gerechtigkeit und Edelsinn daran teilhaben sollen. Das kann sich einer vereinfacht so vorstellen, daß er einfach Deutschland an die Stelle Englands als Weltmacht setzt.« Am deutschen Wesen sollte also auch bei Hesse die Welt genesen. Der Kampf sei eine Probe um die Beschaffenheit der kriegführenden Völker. Und da werde Deutschland sich beweisen, da werde es zeigen, dass es im Weltkonzert zu Recht mittun will, dazu aber müssten Soldaten und Daheimgebliebene zusammenhalten. Der Soldat sei für die Daheimgebliebenen ein Vorbild in Ausdauer, Disziplin, vor allem aber Ernsthaftigkeit. »Ihr solltet uns aus dem Kriege den Geist mit heimbringen, der den Schmerz und den Tod nicht fürchtet, wenn es Großes gilt. Den Krieg in ›seiner herrlichen Unerbittlichkeit‹ will niemand von den ›Stubensitzern‹ aus den Augen verlieren«, sagt Hesse.

Damit befand sich Hesse nicht nur voll im Strom der Zeit – es gibt keine geistige Strömung in dieser Zeit, die nicht versucht hätte, den Krieg als Kraftquelle zu verstehen –, er beschrieb auch das soldatische Element, das die Wurzel der Verbindung zwischen ihm und Suhrkamp war: Ausdauer, Disziplin, Unerschrockenheit, sogar Unerbittlichkeit – mit einem Wort: Aushalten. Suhrkamp verkörperte das nach dem Zweiten Weltkrieg in seiner aufrechten Duldsamkeit, seinem standhaltenden Heroismus unter den neuen, nach innen gewendeten Vorzeichen perfekt. Und genau diese Wendung nach innen war es, die Hesse bereits 1917 mit dem *Demian* vollzog. Der im Übrigen auch kein Antikriegsbuch ist: Demian zieht in einen Krieg, den er notwendig findet, in dem er eine Katharsis europäischen Ausmaßes erwartet.

Es sind nicht der sanfte und zarte Pazifist Hesse und der Draufgänger Suhrkamp, es sind nicht zwei Männer mit sehr verschiedenen Lebenstemperaturen, wie Siegfried Unseld vermutet, die sich hier wunderbarerweise treffen. Es sind eine kriegerische Erwartung, ihre Enttäuschung und Umwendung in ein Ideal des Aushaltens, der inneren Stärke, die diese beiden Männer verbindet. Hesse und Suhrkamp erscheinen, trotz des Unterschieds von 14 Jahren, als Generationsgenossen.

Welche Rolle aber spielte der junge Unseld in diesem Bund? In seiner Dissertation, geschrieben nur wenige Jahre, nachdem er selbst aus dem Krieg heimgekehrt war, einem Krieg, in dem er zwar keine Erfahrungen als Stoßtruppführer, aber eindringliche Erfahrungen mit dem Tod gemacht hatte, löste Unseld den *Demian* vollkommen vom zeitgeschichtlichen Hintergrund. Unseld begriff den Text als Ergebnis der inneren Neuordnung Hesses, eines Bruches mit seiner bisherigen Dichtung und der überlieferten Moral, als Zeugnis eines neuen Menschenbildes. Und dieses Menschenideal lasse sich in einem Satz zusammenfassen: »Tugend ist: Gehorsam«, Gehorsam gegen den »Eigen-Sinn«. Letztlich habe im Krieg, so der *Demian*, so Unseld, eine Erneuerung stattgefunden. Allerdings eine, bei der der Krieg zu Gunsten einer Neuorientierung aus sich selbst heraus vergessen wird. So destilliert Unseld aus einer Auseinandersetzung mit dem Krieg ein ahistorisches Substrat bloßer innerer Auseinandersetzung, als habe Demian sich nur mit sich beschäftigt. Unseld wollte nichts von politischen Ebenen im *Demian* wissen. Damit aber ging er noch weiter als der Autor und sein Verleger.

Ist es überzogen, in der Verbindung von Suhrkamp, Hesse und Unseld den Zusammenschluss dreier zu einer Kultur spiritueller Gemeinschaften bekehrter, dreier nach innen gewendeter Krieger zu sehen? Dreier, die wirklich oder geistig in den Krieg gezogen waren und die vom Krieg desillusioniert, aber auch in eine standhaltende Eigensinnigkeit entlassen worden waren, die dem Nihilismus erfolgreich widerstanden hatten, die ihre Bestätigung dann in der Auseinandersetzung mit sich selbst suchten, die so etwas wie eine innere Kraft, die ihnen keiner mehr nehmen konnte, kennen gelernt hatten? Dass er aus eigener Kraft schwimmend überlebte, ist für Unseld das zentrale Kriegserlebnis gewesen. Dass er gegenüber den Autoren, die manchmal Unmögliches verlangten, durchhalten konnte, würde seine wichtigste Qualität als Verleger werden.

Woher aber kommt die erstaunliche Sicherheit, mit der Hesse die wesentlichen Geschicke des Suhrkamp Verlags aus der Ferne übersehen und lenken konnte? Sicherlich ist sein Wirken nicht kalkuliert oder taktisch gewesen. Vielmehr verwirklichte sich im Suhrkamp Verlag die Konstellation, aus der heraus Hesse auch sein Werk geschaffen hatte. Hesse war von der Klosterschule in Maulbronn zwar traumatisiert, hing aber trotzdem sein Leben lang am Vorbild der internatsorganisierten spirituellen Gemeinschaften – die im zerrütteten Deutschland und Europa dann die Funktion geistiger Erneuerung übernehmen sollten. Eine solche Gemeinschaft, die das *Glasperlenspiel* in die endgültige, hermetische literarische Form gebracht hatte, war der Suhrkamp Verlag in der Wirklichkeit. Da sich hier Hesses Innenwelt in die Realität umsetzte, konnte er wie im Traum mit der entsprechenden Sicherheit agieren.

Deshalb konnte Hesse den Zusammenschluss der drei ungleichen, aber auch verwandten Männer voraussehen. Er hat die Sache in die Wege geleitet, er setzte Unseld die Idee ins Ohr, und – das ist allerdings nicht belegt und nur aus dem sorgsamen Ton herauszulesen, in dem Suhrkamp gegenüber Hesse über Unseld spricht – er lenkte Suhrkamp immer wieder sanft in Richtung Unseld. Diesem war das wohl bewusst. 1958, nachdem sich das Wort von Hesse, dass Unseld sein künftiger Verleger sei, bewahrheitet hatte, schrieb er an seinen »Erfinder«: »Es war nicht zuletzt Ihr Wohlwollen, das ich fühlte, das mich trug, das mich bestärkte, im Auf und Ab der Krisen und Hochstimmungen, das mich sicher machte.« Unseld gesteht Hesse dann, dass er es sei, der seine tiefste Loyalität habe. »Ich möchte Ihnen hier einen Satz schreiben, den ich noch niemandem geschrieben und noch nie zu jemandem gesagt habe, und ich werde es auch in Zukunft niemandem schreiben oder sagen: In dieser Ullsteingeschichte, im Durchdenken dessen, wo innere Bindungen lösbar gewesen wären, waren es im allerletzten nicht meine jungen Schriftstellerfreunde, die durch mich zum Verlag kamen (irgendwie wären wir doch wieder zusammengekommen), war es im allertiefsten Grunde auch nicht Suhrkamp (eine Trennung im Guten schien mir für beide möglicher und würdiger als die pure Möglichkeit einer Trennung im Zerwürfnis), die mich an den Verlag banden und mir von innen her die Trennung unmöglich machten, sondern Sie, lieber Herr Hesse: irgendeine Resultante, eine Summe Ihres Werkes und Ihrer Haltung schoß da in mir zusammen und machte mir klar, was einfach Verrat wäre und was Ruf ist.«

Solche Sätze schreibt man Religionsgründern, nicht aber Partnern in einer Geschäftsbeziehung. Das spürte Unseld genau: Es war hier zu so etwas wie der Gründung einer Glaubensgemeinschaft gekommen, der er sich rückhaltlos anvertraute und überantwortete. Spätestens jetzt war Treue auch für Unseld eines der bestimmenden Motive seines Verhältnisses zum Verlag geworden. Sie würde für seine Karriere als Verleger immer zentral bleiben. Und die Geschichte von Männern und Vertrauen, Krieg und Glauben ist die Geschichte im Hintergrund des Suhrkamp Verlages geworden. Sie ist sein Mythos. Dieser Mythos ist es, den Siegfried Unseld in den endlos zelebrierten Jubiläen wie dem im Jahr 2000 in Frankfurt wieder belebt.

Im Vordergrund aber war ganz anderes maßgebend. Siegfried Unseld musste sich Anfang und Mitte der Fünfzigerjahre im Verlag bewähren, er musste einen Platz finden, vor allem musste er ein Verhältnis für den täglichen Umgang mit Suhrkamp finden. Und das war gar nicht einfach. Solange Peter Suhrkamp lebte, bestimmte er den Verlag allein. Dennoch war es zu jedem Zeitpunkt klar, dass Suhrkamp nicht mehr lange zu leben hatte. Auch wenn er in der Krankheit und unter Schmerzen ein disziplinierter, beherrschter und absolute Subordination einfordernder Autokrat blieb, seine Tage waren gezählt.

Suhrkamp war – selbst für die damalige Zeit – eine durchaus altmodische Erscheinung. Von seiner Krankheit gezeichnet, sehr langsam und immer mit Stock gehend, trug er Züge eines gestrengen Paukers. Auch wenn er sich einen charmanten Zug bewahrte, Suhrkamp wurde gegen Ende auch für seine engsten Mitarbeiter unnahbar und sehr schwierig. »Ich hatte es mit Suhrkamp schon ganz schön schwer. Er war ein sehr eigenwilliger Mann. Im Gegensatz zu mir, wie ich meine, bestimmte nur er das Programm, nur er legte jeden einzelnen Titel fest. Man durfte ihm überhaupt keine Vorschläge machen. Machte man einen Vorschlag, war er schon beleidigt, und es war klar, daß das überhaupt nicht mehr zu Stande kommen konnte.« Suhrkamp verhinderte auch, dass Unseld in näheren Kontakt zu den Autoren kam, die Beziehung zu Hesse blieb vorerst privat. Und die zu Bertolt Brecht, Rudolf Alexander Schröder oder Max Frisch blieb beschränkt.

Trotzdem baute Unseld seine Position im Verlag geschickt aus. Eine seiner ersten Arbeiten wurde – als Begleitung zur sechsbändigen Werkausgabe – eine Werbebroschüre über das Entstehen von Hesses Gesamtwerk, die er zu einem kleinen entstehungsgeschichtlichen Brevier machte. Und nach einem Konflikt um verbilligte Ausgaben in hoher Auflage, die Unseld vorschlug und Suhrkamp ablehnte, lernte er schnell, wie weit er mit seinem Verleger in dieser für beide zentralen Frage gehen konnte. Er hatte verstanden: Das Thema »Volksausgaben«, um nicht vom Taschenbuch zu reden, war für die nächsten Jahre vom Tisch. Suhrkamp legte fest, mit welchen Büchern sich das Lektorat beschäftigen sollte, welche Bücher es, als das Lektorat dann 1955 aus mehr als einer Person bestand, zu diskutieren hatte. Einzig Walter Höllerer, der aus Heidelberg nach Frankfurt gekommen war und hier bis 1959 blieb, hatte nach dem Ausscheiden von Suhrkamps altem Weggefährten Wolfgang Kasack das Recht, neue Autoren in einem kleinen Referat vorzustellen. Höllerer konnte sogar, was sonst undenkbar war, widersprechen. Unseld lernte Höllerer Ende 1953 kennen, sie trafen sich mehrfach in der »Tenne«, damals ein Lokal in der Frankfurter Innenstadt. Da schwärmten sie für Günter Eichs Gedichte, insbesondere *Inventur* und *Latrine*.

Eich, der im selben Jahr durch den Lektor Friedrich Podszus zu Suhrkamp gekommen war, erschien den beiden jungen Verlagsmitarbeitern damals als Neuerer. »Diese Gedichte erschienen uns beispielhaft für das Neue, das nach 1945 kommen mußte. Für den kühnen Versuch nach dem großen Schock und der lähmenden Leere wieder Worte zu finden.« Eich prägte Unselds Begriff vom Dichter im engeren Sinn nachhaltig, er kam noch aus der Welt von

Kasack und Loerke – Dichter, die Unseld etwas fremd waren, um die er sich dennoch sehr eingehend bemühte. Eich war gegen sich selbst schonungslos und betont uneitel, was in diesen Jahren zum guten Ton gehobenen Dichtertums gehörte. Karl Krolow, auch er ein Autor mit Fühlung zum Dichtertum, prägte für Eich das treffende Wort vom »Existenzernst«. Als verschwiegenes, vor Wahrhaftigkeit bebendes Werk nahm auch Siegfried Unseld Eichs Dichtung auf. »Der Einbruch des Elementaren ist zentral für Eichs Werk. Schmal an Äußerem wirkt es innerlich schwer. Er ist ein Dichter der Botschaft und deswegen bekennen wir uns leidenschaftlich zu ihm. Daß einer unser Unglück bewältigte, das war der Trost, der damals in trostloser Zeit von Eich ausging.«

Von heute aus betrachtet stellt sich die Rolle Eichs etwas anders dar. Günter Eich war auch einer jener Dichter, die sich nicht über Privates äußerten. Das mag der Uneitelkeit geschuldet gewesen sein, war in der Zeit nach 1945 aber selbstredend auch politisch, denn es bedeutete ein Schweigen über das Dritte Reich. Was Anteile von Verdrängung hatte, wurde durch Figuren wie Eich in einer eigenartigen, typischen Geste zu einem zurückhaltenden Heroismus umgeformt. 1947 sagte Eich knapp: »Ich habe dem Nationalsozialismus keinen aktiven Widerstand entgegengesetzt. Jetzt so zu tun als ob, liegt mir nicht.« Mit solchen Sätzen war Eich in der Nachkriegszeit zum führenden Dichter der inneren Emigration geworden, er passte in die allgemeine Tendenz der Abwendung von allem Politischen, der Zuflucht zu Natur, Gemeinschaft und Selbst. Und damit passte er zu der Welt von Peter Suhrkamp, die sich Unseld jetzt glühend zu Eigen machte.

Ein anderes Thema, bei dem sich Höllerer und Unseld damals gut verstanden, waren die Kurzgeschichten von Wolfgang Borchert. Das war ihre, das war die neue Dichtung. Unseld, erinnert sich Höllerer, glaubte an die Kurzgeschichte, er dachte, sie sei die Form der Zukunft. Höllerer machte 1955 ein Heft der *Akzente* über Borchert, Unseld schrieb für dieses Heft einen Aufsatz über Borchert und die Kurzgeschichte. Borchert sieht er hier als Generationsgenossen, »Menschen die in irgendeine Grenzsituation hineingestoßen sind, in Schuld, Tod, Schicksal oder in die immerwährende grausige Zwecklosigkeit des Krieges«. Die geschlossene Form, beispielsweise der Novelle, lehnte Unseld zur Beschreibung solcher Erfahrungen ab. Als Vergleich zog er den Roman heran. »Der moderne nachproustische Roman (Beckett, Broch, Faulkner, Frisch, Musil, Woolf) ist nicht mehr so geschlossen wie der klassische; auch ihm ist eine Lösung verdächtig, auch seine epische Ruhe ist eine Ruhe der Unruhe, und seine Sammlung ist eine Sammlung des Geistes auf das Wache, auf das Offene hin.« Der Aufsatz zeigt bereits erste Spuren von Unselds Adorno-Lektüre: »Das Wesen unserer Zeit ist unbestimmt, vieldeutig, gestaltlos, gleitend. Unsere Welt ist durch die neuen physikalischen Entdeckungen zweigespalten in eine vorstellbare, bekannte und eine nur mathematisch faßbare Welt; wir haben kein ›Weltbild‹, weil wir kein eindeutiges Bild von der Welt mehr haben.«

Höllerer wohnte damals ganz in der Nähe der Unselds, die gerade in eine winzige Wohnung mit wenig repräsentativen Möbeln in der Eschersheimer Landstraße gezogen waren. Unseld wurde, wie die anderen Mitarbeiter auch, von Suhrkamp knapp gehalten. Suhrkamp selbst war dabei Vorbild, er wohnte bescheiden in einer Zweizimmerwohnung in Königstein im Taunus. Askese gehörte zu den Ordensregeln. Die ehemalige Hauswirtschaftslehrerin Hilde hatte den Haushalt trotzdem gut im Griff. Stilsicher aber war das Ehepaar Unseld damals noch nicht: Man servierte Tee mit Kartoffelsalat. Bald, wie mancher Besucher halb anerkennend, halb spottend bemerkte, hing moderne Kunst (Miró) in der Wohnung. Die werden es schaffen, raunte man sich da bereits zu. Auch die alten Essgewohnheiten ließen sich nicht ohne weiteres mit in die neue Welt übernehmen. »Frisch verheiratet zogen 1952 zwei Schwaben nach Frankfurt um. Da zu Anfang einer Ehe die Liebe deutlicher durch den Magen geht als später, versuchte meine Frau immer wieder, mir mein Gericht zu bereiten. Doch das war in Frankfurt schwer, denn dort, horribile dictu, gab es Kutteln nur für Hunde. Als es meiner Frau zum dritten Mal widerfuhr, dass die Metzgersfrau vor ihrer Kundschaft lauthals in die Wurstküche rief: ›Zwei Pfund Kutteln für Menschen‹, und die einkaufenden Damen allzu neugierig und mitleidig sich nach meiner Frau umdrehten, als gelte es, einen Mitmenschen zu retten, da gab sie es auf.« Aber was machten solche Kleinigkeiten, was machte die Beschränkung, das frisch verheiratete Paar hatte das Gefühl, die Zukunft vor sich zu haben.

Es ging jedoch nicht immer leicht und zukunftsfroh in der Unseldschen Wohnung zu. Ein Zwillingspaar kam als Frühgeburt zur Welt, im sechsten Monat, die beiden starben kurz nach der Geburt. Trotzdem blieb Unseld der optimistische, gut gelaunte und voranstürmende junge Mann aus Ulm, der morgens mit seiner Aktentasche erwartungsvoll und ereignishungrig zum Verlag über die Mainbrücke trabte. Dieser Mann, das sahen seine neuen Kollegen sehr schnell, war schwer zu zügeln. Bald darauf, 1953, kam der Sohn Joachim auf die Welt. Der junge Siegfried Unseld machte Eindruck. Es war Max Frisch, der die charakteristische Erinnerung an diese ersten Tage des jungen Unseld im Verlag notiert hat: »Ich äußerte mich zu den Satzproben, nicht zu dem jungen Mann aus Ulm, den Suhrkamp mit einer jungen Dogge verglich – daran erinnere ich mich mit Bestimmtheit, denn der Vergleich war genauer als meine Wahrnehmung: Doggen wirken neben einem Schreibtisch immer etwas groß-ungelenk-brünstig, man wünscht ihnen ein weites Gelände wie auf Kupferstichen von großer Jagd.«

Als Unseld in den Verlag kam, waren Helene Ritzerfeld und Andreas Wolff bereits da. Ritzerfeld, dem Gerücht nach Geliebte Suhrkamps, war später für Lizenzen zuständig, eine gefürchtete, wichtige und absolut loyale Mitarbeiterin, bald die »fromme Helene« geheißen und für Jahrzehnte eine der Säulen des Verlags. Wolff dagegen war ein zurückhaltender, ja schüchterner fünfzigjähriger Mann, der erst Sankt Petersburg verlassen und 1931 in Berlin in der heutigen Bundesallee eine Buchhandlung aufgemacht hatte, dann 1948 auf Bitte von Suhrkamp, der Hilfe suchte, nach Frankfurt gekommen war – die Situation in Berlin damals war äußerst ungewiss, insbesondere für staatenlose Exilrussen. Wolff war damals eine entscheidende Figur. Er trug die ersten Jahre, in ökonomisch höchst schwieriger Zeit, als Geschäftsführer des Verlags neben Suhrkamp die entscheidende Verantwortung. Wolff war für das Finanzielle und damit die ökonomische Sicherheit zuständig – und arbeitete trotzdem wie alle für sehr wenig Geld. Er war ein Mann unbestreitbarer Noblesse aus einer vergangenen Petersburger Welt, feinsinnig und höchst behutsam, altmodisch und äußerst konservativ, der immer noch Schwierigkeiten mit der deutschen Sprache hatte.

Wer Wolff damals miterlebt hat, ist heute noch der Ansicht, dass er den Verlag schließlich wegen des aufstrebenden Siegfried Unseld verlassen habe, der in geschäftlichen Fragen immer mehr mitredete. Unseld führte in dem Unternehmen einen anderen Ton ein, er war jung und ehrgeizig, manchmal forsch und fordernd. Da passte ein Mann wie Andreas Wolff nicht mehr. Zweieinhalb Jahre verbrachten Wolff und Unseld in einem Zimmer. Im Oktober 1955 ging Wolff zurück nach Berlin in seine noch existierende Buchhandlung und gründete 1964 den Verlag »friedenauer presse«, gewissermaßen die erste Abspaltung von Suhrkamp. Sein Nachfolger wurde Konrad Jost. Unseld schrieb 1981 seine eingehendste Erinnerung an Wolff: »Die persönliche Begegnung mit Andreas Wolff geschah am 2. Januar 1952. An diesem Tag begann ich meine Arbeit in Frankfurt, wartete in Suhrkamps Büro mit Fräulein Ritzerfeld auf Peter Suhrkamp und, nachdem er eingetroffen war, brachte er mich in den Raum, in dem ich arbeiten sollte. Da standen zwei Schreibtische, die es in sich hatten. An dem einen dirigierte Andreas Wolff, der andere, Schleudersitz eines Vorgängers, sollte der meine werden. Es war das Zimmer, das wir uns dann zweieinhalb Jahre teilten. Gleich in der ersten Woche lud Wolff mich zu sich nach Hause in die Mechthildstraße zum Abendessen; wir nahmen für den Weg in die Nähe des Hessischen Rundfunks den Bus, denn ein Auto hatte damals weder der Verleger noch der Geschäftsführer, vom Neuling zu schweigen. Andreas Wolffs Zuhause war für mich irgendwie exotisch; ich war zwar über ein Jahr als Marinefunker in Russland gewesen, auf der Krim war Krieg, und Privates fand nicht statt. Irgendwie wurde das bei Andreas Wolff nachgeholt: Es war eine kleine Wohnung, an den Wänden hingen Gemälde und Dekorationen, die russische Atmosphäre widerspiegelten. Auffallend war, daß es bei Wolffs immer Tee gab, der einem golden geschmückten Samowar entnommen wurde, der auch während des ganzen Abends in Betrieb war. Alkoholorgien, wie in anderen Frankfurter Quartieren, gab es bei Wolffs nie. Und dann verschwanden Frau Nadina und die mich damals durchaus irritierende Tochter Katja, und Andreas Wolff und ich hatten nur ein Thema: Peter Suhrkamp und dieser Verlag.«

Kurz bevor Wolff ging, stand für Unseld im Juli und August 1955 eine große Reise an. Er fuhr das erste Mal nach Amerika, in das Land der Befreier, der Schwarzen, der unbegrenzten Möglichkeiten und der beginnenden Massenkultur. Henry Kissinger hatte in Cambridge, Massachusetts, an der »Harvard Summer School of Arts and Sciences and of Education« ein »International Seminar« eingerichtet. Hesse schrieb ein Empfehlungsschreiben für Unseld. Suhrkamp unterstützte seine Bewerbung, empfand die Abwesenheit seines »jungen Hundes« dann aber schon damals als Verlust. Über diesen Aufenthalt schrieb Unseld einen Aufsatz in der *Frankfurter Allgemeinen Zeitung*. Am meisten hatten ihn demnach das Airconditioning und die amerikanische Faszination fürs Auto beeindruckt: »Die Highways führen stundenlang durch das, was man bei uns Wald nennen würde, das aber dort entweder Park oder Wildnis ist. Amerika muß man von der Straße, nicht von der Bahn aus erforschen. Was dort geschieht, geschieht im Wagen – Geschäfte, Essen, Trinken, Schlafen. Das Drive-in, das Autokino, ist ebenso beliebt wie die zahllosen Raststätten, die heiße Würste oder eine der 28 Sorten von Johnsons Icecream in die Wagen servieren, oder die Motels, die Hotels der Straßen, bei denen man im Wagen bis ins Schlafzimmer fährt.« Ein anderes Erlebnis scheint ihn allerdings noch nachhaltiger beeinflusst zu haben: Zurück in Deutschland erklärte er seine ungezügelte Energie beim Zugehen auf das andere Geschlecht mit der Ablehnung, die er bei den Amerikanerinnen erfahren habe.

In Harvard lernte Unseld auch Ingeborg Bachmann kennen. Unseld war von der jungen, leicht somnambul wirkenden und launenhaften Dichterin fasziniert. 16 Jahre würde es noch dauern, bis er sie in seinen Verlag ziehen konnte. Aber seit dem Treffen in Harvard verband die beiden eine vergleichsweise stabile Beziehung. Auf der Rückfahrt von Amerika spielten sie ausgiebig Schach miteinander. »Nach ganz kurzer Zeit beherrschte Ingeborg Bachmann das Spiel, und sie spielte es immer souveräner. Am Ende der fünftägigen Reise mußte man sich mühen, gegen sie zu bestehen.« Später fragte Kissinger beide nach möglichen Teilnehmern für das Seminar. 1956 schlug Unseld Höllerer vor, als Ingeborg Bachmann 1957 Martin Walser ins Spiel brachte, stimmte sie das mit Unseld ab. Und Unseld hat seiner Begeisterung für die Autorin schon bald in einer Besprechung Ausdruck gegeben: 1956 hat er in der *FAZ* über Bachmanns Gedichtband *Anrufung des Großen Bären* geschrieben. Die Interpretation Unselds ist einfühlsam, und man spürt auch die persönliche Bekanntschaft mit der Dichterin: »Wieder stehen wir vor einem durch besondere sensuelle Energien gespeisten Ich, das tief zwiespältig ist, nirgendwo beheimatet, immer in Fahrt von Küste zu Küste, grenzgängerisch, fluchtgewohnt, nachterfahren, auf Unverwandtes aus, doch immer bedacht, das Gewohnte neu zu sehen und die Welt in Einklang mit dem Wort zu bringen.« Seitdem herrschte zwischen Unseld und Bachmann ein stetiger Austausch, auf institutioneller und persönlicher Ebene.

Der Verlag erlebte in dieser und der folgenden Zeit seinen ersten Umbruch. Wolff ging, Hans Schwab-Felisch kam im Mai 1955, blieb aber nur ein Jahr. Er verließ gleichzeitig mit Friedrich Podszus den Verlag im Juli 1956. Mit Wolff und Podszus hatten die neben Suhrkamp entscheidenden Mitarbeiter der Anfangszeit den Verlag verlassen. Das Lektorat wuchs trotzdem. Siegfried Unseld zählte sich bereits 1955 dazu, ab Beginn dieses Jahres hatte er Prokura. Im November 1956 ersetzte Walter Maria Guggenheimer Hans Schwab-Felisch. Guggenheimer war mit der Gruppe 47 seit den Anfängen vertraut, eine damals nicht zu unterschätzende Qualifikation. Ab September 1957 ergänzte dann Walter Boehlich das Lektorat zum Trio. Boehlichs Einstellungsgrund war so kurios wie typisch für Suhrkamp. Er hatte eine deutlich negative, aber nicht unbegründete Kritik der Proust-Ausgabe des Suhrkamp Verlags geschrieben, neben den Schriften Benjamins das risikoreichste Projekt des Verlags in dieser Zeit. Insbesondere hatte Boehlich die Übersetzung von Eva Rechel-Mertens kritisiert. Das ließ Suhrkamp aufhorchen. Er schrieb nach Madrid, wo Boehlich Lektor war. Bei einem Besuch in Deutschland machte Boehlich daraufhin einen Abstecher nach Frankfurt – und wurde Cheflektor. Aber Suhrkamp ließ auch jetzt keinerlei Zweifel daran, dass er derjenige war, der das Unternehmen leitete.

Obwohl Peter Suhrkamp die Zügel fest in der Hand behielt, obwohl er sie insbesondere bei dem vorwärts stürmenden Naturell seines jungen Mitarbeiters immer wieder fest anzog, obwohl er sich gegenüber Unseld reserviert und zurückhaltend verhalten hatte und obwohl die Konkurrenz mit den neuen Lektoren wuchs, konnte sich Unseld langsam immer weiter exponieren. Er wuchs zunehmend in eine Position, die ihn immer unentbehrlicher werden ließ. Der Wechsel vom Vertrieb ins Lektorat bedeutete nicht nur eine intellektuelle Aufwertung, Unseld bekam endlich auch einen ordentlichen Anstellungsvertrag. Aus dem Volontär oder Assistenten mit unbestimmter Stellung und auf Probe war ein vollwertiger Mitarbeiter geworden. 1957 konnte Unseld sich erstmals ernsthafte Chancen ausrechnen, Suhrkamps Nachfolger zu werden.

Das hatte die ersten Jahre ganz anders ausgesehen. Neben Andreas Wolff, wenn natürlich auch weit nach Suhrkamp, war der erste Lektor Friedrich Podszus damals die prägende Gestalt des Verlags. Auch für Unseld war Podszus wichtig gewesen, er hatte ihn, nachdem er ein halbes Jahr beim Verlag war, in die Schriften Benjamins und mit Benjamin auch in die Schriften von Robert Walser und Bertolt Brecht eingeführt. Er hatte sich für Martin Walser eingesetzt, für den Unselds Votum bei Suhrkamp nicht ausgereicht hätte. Walsers erstes Buch erschien 1955 bei Suhrkamp. Bereits 1954 war Suhrkamps Frau Annemarie Seidel nach München gezogen. Podszus folgte ihr 1956, Suhrkamp und er hatten sich wegen der Benjamin-Ausgabe zerstritten. Seitdem ist Friedrich Podszus die vergessenste der wichtigen Figuren in der Suhrkamp-Geschichte.

Podszus und Annemarie Seidel, immer noch war sie mit Suhrkamp verheiratet, hatten ein enges, wenn auch kein intimes Verhältnis. Beide hatten ernsthafte Alkoholprobleme. Das hinderte den einstigen Lektor und die Immer-noch-Ehefrau nicht daran, für sich die Nachfolge im Verlag zu reklamieren und den Konkurrenten Unseld spüren zu lassen, was sie von ihm hielten. Was Unseld denn machen würde, wenn sie den Verlag übernommen hätten, fragte Mirl, wie Annemarie Seidel genannt wurde, Unselds Frau Hilde in ihrer Wohnung in der Freiherr-vom-Stein-Straße. Sie gab sich gnädig und sagte, sie wolle ihn als Vertreter beschäftigen. Und dass Mirl ihn selbst bei den feuchtfröhlichen Einladungen aushorchte, merkte Unseld erst, als er von Suhrkamp darauf angesprochen wurde, was er denn seiner Frau für Dinge erzähle. Sowohl Suhrkamp als auch Unseld weigerten sich später, einen Roman von Podszus zu verlegen. Und Podszus war, als Unseld schon Verlagsleiter war, nicht mehr gut auf ihn zu sprechen. Wenn er es doch tat, dann versuchte er ihn an seiner empfindlichsten Stelle zu treffen und sprach gern vom »Fähnleinführer«.

Unseld hatte einfach nichts von jenen Geistesmenschen an sich, die Podszus und Boehlich so souverän, spöttisch und kenntnisreich verkörperten. Er war literarisch auch weniger versiert als Gleichaltrige, etwa Walter Höllerer. Um diese Schwäche zu überspielen, entwickelte Unseld, die guten Verbindungen des Verlags zur *Frankfurter Allgemeinen Zeitung* nutzend, eine rege Aufsatztätigkeit. 1954 schrieb er – strategisch geschickt – über Suhrkamps einstmals wichtigsten Mitarbeiter Oskar Loerke. »Wie Goethe nach der Urpflanze, Bach nach der Urmusik drängten, so fühlte Loerke in seiner überrationalen Deutung der Natur einer Urform, einer naturischen Einheit entgegen.« Durch diesen Aufsatz lernte er Wilhelm Lehmann kennen, einen Dichter aus gleichem Geist und Holz wie etwa Loerke. Lehmann veröffentlichte durch diese Verbindung einen Gedichtband bei Suhrkamp, als selbst verantwortlicher Verleger distanzierte Unseld sich dann aber wieder von ihm: Er war zu altmodisch. Ein Jahr später schrieb er in der *Frankfurter Allgemeinen Zeitung* über seine Amerikareise, dann besprach er Ingeborg Bachmanns neuen Gedichtband, und dann vor allem Autoren, die den Suhrkamp Verlag prägten.

Im *Morgenblatt für Freunde der Literatur* schrieb Unseld 1954 einen folgenreichen Aufsatz über Max Frischs neuen Roman *Stiller*. Er stellte Frischs Roman in die Tradition der erzählerischen Moderne, Proust und Joyce, Thomas Wolfe und Virginia Woolf, Beckett und Musil, und interpretierte ihn als gelungenes zeitgenössisches Kunstwerk. Frisch reagierte prompt und dankte Unseld, es entspann sich ein loser Briefwechsel, der bereits Ende 1955 regelmäßiger wurde.

Unseld war in praktischen Verlagsfragen bereits ein wichtiger Ansprechpartner für Frisch.

1957 schrieb Unseld anlässlich einer Frankfurter Aufführung über Brechts *Heilige Johanna der Schlachthöfe* und im Jahr darauf über die *Mutter Courage*. Das Stück hat ihn nicht sehr berührt. »Brechts Chronik zeigt, daß im Kriege der gute Mensch an seinen guten Eigenschaften zugrunde geht, zugrunde gehen muß«, ist sein Fazit. Anlässlich einer Aufführung von *Die chinesische Mauer* in Mannheim schrieb er 1957 über Max Frisch. »Von allen Zeilen des Autors Frisch hat mich keine tiefer beeindruckt, keine habe ich einschneidender in mein eigenes Dasein übernommen und keine wird mir unvergeßlicher sein, als jener Satz aus seinem *Tagebuch 1946–1949*: Du sollst Dir kein Bildnis machen.« Mit Brecht, so Unseld, teile Frisch die Überzeugung von der Veränderbarkeit der Welt. »Die Kobaltbombe des Jahres 1955 macht die Sintflut herstellbar, nur mit dem Unterschied, daß es diesmal keine Arche gegen Radioaktivität gibt. Die durch die moderne Physik und Technik veränderte Welt verlangt die Veränderung des politischen und gesellschaftlichen Verhaltens. Das perpetuum mobile menschlichen Irrens – wie sich Geschichte uns leider darstellt – darf sich so nicht weiter drehen.« *Biedermann und die Brandstifter* interpretierte er 1959 als Stück vom Gebot des Lebendigen. Hier steht auch die Formulierung, »Die Weltgeschichte, ein Lehrstück ohne Lehre«, eine der schönsten, die Siegfried Unseld je gefunden hat. Unseld war jetzt mit Frisch und seinem Werk vertraut.

Alte Freunde wusste Unseld schon früh in den Verlag zu integrieren: 1953 schrieb Josef Mühlberger über Truman Capote in der von Unseld betreuten Verlagsvorschau *Dichten und Trachten*, später spöttisch »Dirndl und Trachten« genannt. 1955 äußerte sich Maria Müller-Gögler in der Broschüre über Hermann Hesse. In dieser Zeit hatte Unseld auch erste Konflikte mit Autoren auszustehen. Er musste Maria Müller-Gögler mitteilen, dass ihre Prosa nicht den Rang ihrer Gedichte habe und deshalb nicht von Suhrkamp publiziert würde. »Es scheint, daß an meiner Offenheit unsere jahrelange Freundschaft zerbrochen ist«, schrieb Unseld im März 1954 an Hesse. Seit ihm Peter Suhrkamp Anfang 1953 erzählt hatte, wie er eine neue Brecht-Ausgabe anlegen wolle, hatten Brecht-Ausgaben für Unseld etwas Großartiges: Sie waren die größte verlegerische Herausforderung. 1955 durfte Unseld Brecht vom Bahnhof abholen, da hatte er das erste Mal persönlichen Kontakt mit dem herausragenden Dichter, der damals eine umstrittene, aufregende, undurchsichtige, in Westdeutschland noch wenig rezipierte Figur war. Richtig kennen lernen sollte er ihn allerdings erst kurz darauf: 1956, kurz vor Brechts Tod, fragte Unseld nach, ob Brecht sich, mit Kosten und schriftlicher Gratulation, an einem Privatdruck zu Peter Suhrkamps 65. Geburtstag beteiligen wolle. Brecht sagte zu, beschwerte sich dann, weil er in dem Druck als letzter Gratulant genannt werden sollte. Als Unseld ihm mitteilte, dass sich die Reihenfolge nach der Höhe des Druckkostenzuschusses richtet, zahlte er gar nichts. Zu diesem Zeitpunkt führte Unseld für Brecht gerade Verhandlungen mit Londoner Verlagen wegen Lizenzfragen. Und die Editionsprobleme mit Brechts Texten begannen durch die Lizenzausgabe des Aufbau-Verlags, die von Brecht eingefügte Veränderungen enthielt (und obendrein billiger war), deutlich zu werden. Editionsfragen wurden sozusagen ein politisches Thema – ein Problem, dem sich Unseld immer wieder stellen musste. Brecht zeigte Unseld früh, welche Schwierigkeiten ein einzelner Autor machen konnte, in persönlicher, politischer und geschäftlicher Hinsicht. Das faszinierte ihn, weil es ihn herausforderte. Unselds Beziehung zu dem Schriftsteller Brecht war, wie seine Aufsätze zeigen, dagegen keine innige.

Unseld lernte gleichwohl, dass Brecht entscheidend war. 1952, als Unseld in den Verlag kam, war Brecht zwar noch kein Erfolgsautor, aber er war eine Institution. Da war der Brief, der heute noch im Suhrkamp Verlag ausgestellt ist, in dem es heißt, dass Brecht »natürlich« in Suhrkamps neuem Verlag sein wolle. Unseld erfuhr, dass Suhrkamp und Brecht sich schon lange, sei 1919, kannten, dass Hermann Kasack, damals beim Gustav Kiepenheuer Verlag, 1921 der erste Lektor Brechts gewesen war. Brecht war für Kasack ein Autor, der ihn so erregte, dass er ihn sofort seinem Freund Oskar Loerke zeigte. Kasack und Loerke waren für Suhrkamp später die wichtigsten Begleiter bei seinem verlegerischen Werdegang.

Unseld erfuhr außerdem, dass Brecht und Suhrkamp gemeinsam vor dem Krieg die *Versuche* entwickelt hatten und dass Brecht sie 1949 beim S. Fischer Verlag, das heißt damals noch bei Peter Suhrkamp, weiterführen wollte. Brecht, das war für Unseld eine unerreichbare Figur; dass Suhrkamp ihn so lange kannte, machte viel von seinem Nimbus aus. Was seitdem gern vergessen wird: Brecht verwandte große Sorgfalt darauf, dass seine Bücher auch bei Aufbau erscheinen konnten. Er handelte aus, dass der Ost-Verlag nicht in Devisen zahlen musste. Anfangs druckte Suhrkamp im Osten, das war die Bezahlung. Genau diese Devisenschwierigkeiten überzeugten Brecht aber auch, dass ein Verlag im Westen Vorteile hatte. So war Suhrkamp die beste Alternative.

Für Unseld war Brechts Unvorhersehbarkeit und die Unübersichtlichkeit seines Werks aber nicht nur eine Herausforderung, sie war auch ein Albtraum. In einer Auswahl aus Brechts *Schriften zum Theater*, die er 1957 für die Bibliothek Suhrkamp treffen durfte, nahm Unseld einen Text auf, der nicht von Brecht, sondern von Hans Bunge war, dem Leiter des Brecht-Archivs in Ostberlin. Natürlich musste Suhrkamp ihm das ankreiden.

Erfolgreicher war Unseld mit Hesse. Die amerikanischen Übersetzungen waren miserabel, das Geschäft dort lief nicht. Mit Hesses Frau Ninon vereinbarte Unseld, dass er versuchen würde, die Rechte an Hesse zurückzukaufen, um dann bessere Übersetzungen erstellen zu lassen. 1957 war er damit erfolgreich. Das würde sich bald als genialer Schachzug erweisen. Die USA erlebten in den Sechzigerjahren bekanntlich einen ungeheuren Hesse-Boom. Die Tantiemen kamen da nicht mehr amerikanischen Verlagen, sondern vollständig dem Suhrkamp Verlag zugute.

In diesem Jahr 1957, in dem sich die Ereignisse beschleunigten, gelang es Unseld auch, eine engere Bindung zu Peter Suhrkamp herzustellen. So oft es ging besuchte er ihn an den arbeitsfreien Sonntagen. Er kümmerte sich um den schwer kranken Mann. Bereits 1956 waren drei Lungenlappen Suhrkamps derart angegriffen, dass er nicht mehr operiert werden konnte. Unseld brachte Suhrkamp jetzt jeden Tag mit seinem VW nach Königstein. Ende Juni machte Unseld, gerade von einem Familienurlaub in Sylt zurückgekehrt, mit Suhrkamp eine kleine Reise. Sie fuhren zusammen nach Stuttgart zu einer großen Hesse-Feier, sie waren zusammen in mehreren Buchhandlungen, besuchten Hermann Kasack und wohnten einer Brecht-Aufführung bei. Einen Tag später ging es über Hesses Geburtsort Calw weiter nach Baden-Baden, wo eine Ausstellung von Gunter Böhmer zu sehen war, dem wichtigsten Buchgestalter des Verlags in den ersten Jahren. Auf der Fahrt diskutierten Suhrkamp und Unseld kontrovers über das erste Manuskript eines jungen Autors: *Ingrid Babendererde* von Uwe Johnson. Eine Auseinandersetzung, die die beiden trotz des Streits näher zusammenbrachte: »Die lange Fahrt ermöglichte eine mehrstündige Diskussion, in der das Manuskript hin- und hergewendet wurde. Als sachliche Einwände bei Suhrkamp nichts fruchteten, mußten emotionale herhalten. Ich warf dem Text Provinzialität vor, mich störte die mehr künstliche als kunstvolle Naturverbundenheit, die ewige Segelei auf den sicherlich schönen mecklenburgischen Seen, überhaupt das Norddeutsche, dann das Platt, wer verstünde das schon… Ich kann noch genau den Ort bezeichnen, an dem dieser Satz gesprochen wurde, ein Forellengut mitten in den Wäldern kurz vor Baden-Baden. Wußte Suhrkamp damals vielleicht, was ich mir heute zurechtlege? Daß das Hadern gegen das Fremde in *Ingrid Babendererde* auch ein wenig ein Hadern gegen das mir Fremde in ihm war? Jedenfalls lud er mich mitten in heftigem Streit ganz gegen die Regel zu einer üppigen Mahlzeit ein. In der Hitze des Disputs muß dann auch das Wort von Blut und Boden gefallen sein.«

Und am Abend waren Suhrkamp und Unseld in Baden-Baden dabei, als Martin Walser den Hermann-Hesse-Preis bekam. So gut, wie es aus der späteren Perspektive intensiver Freundschaft scheint, hatten sich Unseld und Walser damals noch nicht kennen gelernt. In der Studienzeit war Walser vergleichsweise selten an der Uni gewesen, er arbeitete ja bereits beim Südfunk in Stuttgart. Und auch die Kontakte zu Suhrkamp verliefen im Wesentlichen nicht über Unseld: Walsers Eintritt in die Welt der Literatur war die Gruppe 47. 1951 hatte die Tagung der noch jungen Gruppe in Laufenmühle bei Ulm stattgefunden, Unseld war damals noch nicht dabei, es war das erste Mal, dass eine Tagung der Gruppe vom Rundfunk aufgenommen wurde. Gruppenchef Hans Werner Richter kam während einer Pause in den Ü-Wagen des Süddeutschen Rundfunks, um sich zu erkundigen, wie es liefe. »Technisch einwandfrei«, sagte der junge Mann, der an den Geräten saß. Und fuhr dann fort: »Was da gelesen wird, das kann ich besser.« Oder er sagte, da differiert die Überlieferung: »Wie dieser Text beurteilt wurde, finde ich nicht richtig.« Dieser junge Mann war Martin Walser, der bereits im folgenden Jahr bei der Gruppe 47 dabei war und vier Jahre später sogar den Preis gewann – das fast unfehlbare Entrée zu einer Karriere als Autor. Und im selben Jahr 1955 erschien das erste Buch von Walser, der Erzählungsband *Ein Flugzeug über dem Haus* bei Suhrkamp. Die Annahme dieses Buches war noch ganz die Entscheidung von Peter Suhrkamp, empfohlen wurde er ihm nicht nur von seinem jungen Verlagsmitarbeiter Siegfried Unseld, sondern auch von seinem Lektor Friedrich Podszus, der Walser in der Gruppe 47 kennen gelernt hatte.

Kurz nach dieser Begegnung ging Walser auf Vorschlag von Ingeborg Bachmann nach Harvard. Er war damals nicht nur verheiratet, sondern auch mit Corinne Pulver liiert, Schwester der Schauspielerin Liselotte Pulver und eine der ersten Redakteurinnen des Deutschen Fernsehens. Pulver hat über diese Zeit ein eigenartiges Erinnerungsbuch verfasst: Es schwankt unentschieden zwischen hingebungsvoller Confession d'amour und aufrechtem Emanzipationsbemühen. Sie war 1955 zum Süddeutschen Rundfunk gekommen und die Geliebte Walsers geworden, der in ihr die mondäne Schweizerin bewunderte. Nachdem Walser das Land gen Amerika verlassen hatte, erreichte Pulver ein Anruf Unselds, Walser habe von ihrem Romanmanuskript erzählt, er wolle sie deswegen in Stuttgart treffen. In der Empfangshalle des Funkhauses sprachen sie das erste Mal miteinander. Corinne Pulver fand Unseld nicht sehr anziehend, aber gleichzeitig ungeheuer fesselnd und imponierend.

Unseld versuchte Pulver durch Exotik zu beeindrucken, er bestellte Pêche Melba und lud sie zum Abendessen in ein chinesisches Restaurant ein, damals beides noch ganz ungewöhnlich. Sie stellte sich dumm und fragte den immer noch jungen Literatureleven, wie man Lektor wird, was Unseld ungemein frech fand: Nachdem er seine Karriere aufwändig beschrieben hatte, erklärte sie ihm, dass sie beim Fernsehen ebenfalls lektoriere. In der Wohnung Pulvers ging Unseld aufs Ganze, blieb aber noch erfolglos. »Die nächsten Tage wurde ich aus Frankfurt mit Avancen, Telefonanrufen, Botschaften und Telegrammen bombardiert, als säße da nicht ein schöngeistiger Verleger, sondern ein kleiner Napoleon, für den es galt, eine Schlacht zu gewinnen. Es war schwer, einem solchen Ansturm zu widerstehen. Denn in der Art, wie er es machte, war er so dynamisch und genial, daß ich bereits eine Ahnung davon bekam, wie er seine Bücher und Autoren – später seinen Verlag – hochbrachte. Nach einer Woche hatte er mich weichgeklopft. Und es geschah, was ich nicht für möglich gehalten hätte: Er ließ mich Walser vergessen.« Das Manuskript interessierte Unseld da nicht mehr besonders, er ließ sich lieber selbst inspirieren: 160 mitreißende Liebesbriefe schrieb er nach Stuttgart. Als Walser aus Amerika zurückkam, war er nicht sauer, dass sein Verleger ihm seine Freundin ausgespannt hatte. Im Gegenteil, er fühlte sich geschmeichelt. Eine Frau auszuspannen, das war das Höchste. Das wertete sie für beide auf. Und man stellte sich gegenseitig enorme Männlichkeit unter Beweis. In diesen Jahren festigte sich Unselds Freundschaft zu Walser. Freundinnen, die sie gegenseitig vor den Ehefrauen geheim hielten, spielten dabei eine wichtige Rolle.

Natürlich bemerkten in Frankfurt auch die anderen Mitarbeiter, die sich teilweise Unseld deutlich überlegen fühlten, dass er nicht mehr zu bremsen war und dass er eine besondere Verbindung zum Verleger hatte. Man konnte sich nicht erklären, was der an ihm fand, man vermutete, dass Hesse hier seinen Einfluss geltend mache, man erklärte es mit einer Spaltung Suhrkamps, der Unseld einerseits verachte, andererseits sehe, dass er begeisterungsfähig und schlagkräftig war. Und er stand ja unter dem Druck, einen Nachfolger aufzubauen. Und so war das Billet, das Unseld für die Weihen des Nachfolgers in spe hinnehmen musste, der Neid und die zeitweilige Verachtung der Kollegen.

Niemand weiß, auch Unseld nicht, wann sich Peter Suhrkamp entschied, Unseld zu seinem Nachfolger zu machen. Unseld schrieb einige Jahre später an Hesse, dass er und Suhrkamp 1954 einmal über die Nachfolgefrage geredet hätten. Das erscheint sehr früh. Später sagte Unseld, dass Suhrkamp mit ihm nie über diese Frage geredet habe. Vielleicht wollte Suhrkamp der Frage überhaupt ausweichen. So kam es seinen Mitarbeitern vor. Oder hatte er schon 1955, bedrängt von seiner Krankheit, im Geheimen der Nachfolgefrage ins Auge geblickt und erkannt, dass es – nach dem Weggang von Wolff und Podszus – zu Unseld kaum eine Alternative gab? Suhrkamp war ein Erzieher. In seinen Augen musste der junge Mensch allerdings aus sich heraus wachsen, im Wesentlichen nicht bedrängt von seinen Lehrern. Es gibt allen Grund anzunehmen, dass Suhrkamp auf Unselds Entwicklung genau schaute, dass er es aber auch für zuträglich hielt, ihn nicht als Nachfolger einzusetzen, dass er es sogar für richtig hielt, wenn Unseld sich gegen ihn durchsetzen musste. Fördern hieß für Suhrkamp fordern. Ihm gefiel es, sein Gegenüber herauszufordern, warum sollte er gerade bei dem, den er als Nachfolger ins Auge gefasst hatte, anders verfahren. Die Nachfolgefrage wurde so diejenige, an die im Verlag am meisten gedacht und über die am wenigsten geredet wurde. Es war nicht statthaft, über einen Nachfolger des Königs zu reden, solange der König lebte.

Es war ein äußeres Ereignis, das dann die Weichen stellte. Im Sommer 1957 bekam Unseld ein Angebot vom Ullstein Verlag in Berlin. Nachdem er erst einmal abgelehnt hatte, bekam er einen Sitz im Vorstand der Ullstein AG angeboten, was natürlich ein äußerst reizvolles Angebot war. Bevor Unseld darüber mit Suhrkamp sprach, zog er Bimba Baldner zurate, deren Sohn Thomas etwa so alt war wie Unseld und der Gabriele Bermann Fischer, eine Tochter von Gottfried Bermann Fischer, geheiratet hatte. Sie kannte das Verlagsgeschäft und riet Unseld, bei Suhrkamp zu bleiben. Sie mochte den kranken Suhrkamp und wusste, dass er einen Nachfolger brauchte. Dann diskutierte Unseld mit Suhrkamp die Entscheidung in charakteristischer Weise: »Suhrkamp und ich sprachen immer wieder über das Projekt, oft mit verkehrten Fronten, er mit der These, das Angebot sei so gewaltig, dass ich es wohl beachten müsse, ich von meiner inneren Bindung an den Verlag.« Suhrkamp sagte damals nie zu Unseld, dass er ihn als Nachfolger wolle, aber er offerierte Unseld einen Gesellschafter-, das heißt Komplementärsvertrag, der Unseld in die gleichen Rechte wie Suhrkamp einsetzte.

»Im Herbst 1957 wurde ich von Suhrkamp ohne jede Vorbereitung in das Büro des Rechtsanwalts Dr. Barz in Frankfurt gebeten. Suhrkamp hatte die Idee, mir einen unkündbaren Arbeitsvertrag anzubieten, aber Dr. Barz überzeugte ihn zu anderem; als ich das Büro Dr. Barz verließ, sollte ich dieselbe Stellung bekleiden, die Suhrkamp innehatte, nämlich Komplementär der Suhrkamp KG, d. h. wie Suhrkamp haftender und verantwortlicher Verleger.« Was sich hier so nüchtern anhört, war ein höchst kurioses Treffen. Suhrkamp sagte dem Anwalt, dass er einen Anstellungsvertrag aufsetzen solle, nach dem Unseld nicht kündigen kann. »Ich muß Ihnen leider sagen, Herr Dr. Suhrkamp, daß es so etwas nicht gibt.« »Dann machen Sie ihn zum Gesellschafter«, sagte Suhrkamp. »Hat er denn Geld?« »Ja, er bekommt von mir 10 000 Mark.« »Ich muß Sie allerdings darauf aufmerksam machen, Herr Unseld kann bei Ihnen Gesellschafter sein und gleichzeitig beim S. Fischer Verlag Geschäftsführer sein.« Der Anwalt, der genau wusste, was er sagte, hatte mit der Erwähnung von S. Fischer Suhrkamps wundesten Punkt getroffen.

»Herrgott, es muß doch irgend etwas geben, was Herrn Unseld an den Verlag bindet.« »Ja, Herr Suhrkamp, da gibt es nur eins: Machen Sie ihn zum Komplementär.« »Ja bitte, dann machen Sie ihn eben zum Komplementär.« Eine genaue Vorstellung, was das bedeutete, hatte Suhrkamp offenbar nicht. »Ich muß Sie allerdings darauf aufmerksam machen«, hob der Anwalt wieder an, »daß Herr Unseld dann die gleiche Stellung wie Sie hat.« »Moment mal, Autorenverträge unterschreibe doch nur ich.« »Entschuldigung, das geht nicht, er kann alle Verträge unterschreiben, er kann an alle Konten des Verlages heran, er kann kommen und gehen, wie er will. Er ist dann wie Sie.« Da sagte Suhrkamp zu Unseld, bitte gehen Sie mal raus. Nach 20 Minuten wurde Unseld wieder reingerufen, und Suhrkamp war damit einverstanden, Unseld zum Komplementär zu machen. Was in diesen 20 Minuten geschehen war, hat er nie erfahren. Suhrkamp lieh Unseld 10 000 Mark, gleichzeitig wollte er dem jungen Mitgesellschafter jetzt zeigen, wie man Verträge macht: Sollte die Mark an Wert verlieren, ist der Betrag in Schweizer Franken zurückzubezahlen, vereinbarten die beiden. Darauf war Suhrkamp ungeheuer stolz.

Unseld war seitdem nicht mehr kündbar. Er stellte sich jetzt auch den Zürcher Kommanditisten vor, mit Peter Reinhart bestand seit dem ersten Treffen in Frankfurt Einvernehmen, und der Schweizer war mit dem neuen Komplementär einverstanden. Unseld erfuhr bei dieser Gelegenheit erstmals, wie entscheidend der Anteil der Gebrüder Reinhart am Welthandel mit Kaffee und Baumwolle war, und war zutiefst beeindruckt. Jetzt hatte er Verbindung zu den allerhöchsten Kreisen. Unseld schwelgte in diesen Tagen in außerordentlichen Glücksgefühlen, jetzt war er nicht nur ganz in der Welt der Literatur angekommen, jetzt war er, was ihn fast noch mehr beeindruckte, auch Teil eines weltumspannenden Wirtschaftsunternehmens.

Alles schien geregelt. Unseld wurde am 1. Januar 1958 offiziell gleichberechtigter Komplementär. Fast aber wäre die Vereinbarung noch einmal rückgängig gemacht worden. Auch schon zu Suhrkamps Zeiten gab es bei Suhrkamp broschierte Bücher, Brecht und Eliot erschienen so. Die Lehrer, für die diese Bücher vor allem gedacht waren, beklagten sich darüber, dass die Finger sich auf dem Umschlagpapier leicht abdrückten. Walter Boehlich schlug damals vor, zwei Umschläge zu machen, und Suhrkamp stimmte dem zu. Unseld machte dann statt der zwei Umschläge ohne Rücksprache einen einzigen aus Pergamin. Er handelte in der Annahme, er sei als Komplementär entscheidungsbefugt. Aber er hatte nicht bedacht, dass Suhrkamp sich nach wie vor als alleiniger Chef, als unumstrittener erster Mann sah. An Hans Erich Nossack beispielsweise hatte Suhrkamp geschrieben: »Nach wie vor wird der Verlag von mir allein oder gemeinsam von Herrn Dr. Unseld und Herrn Jost vertreten.« Suhrkamp konnte einfach nichts abgeben. Er tobte, als er von Unselds Eigenmächtigkeit erfuhr, und drohte den Komplementärvertrag wieder zurückzunehmen. Unseld, formal berechtigt, hatte die Spielregeln verletzt. Den Mitarbeitern, die seinen Aufstieg mit leisem Argwohn und Spott verfolgten, bereitete die Situation natürlich größtes Vergnügen, ganz besonders aber die Tatsache, dass Unseld in dieser Zeit seine Angst nicht mehr verbergen konnte. Sie bemerkten mit Genugtuung, dass Unseld wie damals, als es um die Nachfolge ging, von dem Ort, den auch der König allein besucht, kaum mehr runterkam.

Hanns W. Eppelsheimer, der nach dem Umzug des Verlags in das Untermainkai über dem Verlag seine Wohnung hatte und der Suhrkamps größter Vertrauensmann war, redete ihm wegen Unseld gut zu: Er brauche einen Nachfolger, er könne ihn nicht wegen einer solchen Lappalie rausschmeißen. Was offenbar, trotz Unselds Vertrag, als realistische Option erschien. So überstand Unseld auch diese Krise. Suhrkamp schrieb am 29. Juni 1958 an Hesse: »Dr. Unseld hilft mir viel, doch kostet es mich auch immer wieder große Anstrengungen, ihn zu zügeln und zu bedachter verständiger Arbeit anzuhalten. Die Fülle der Arbeit verführt nur zu leicht, die vitale Mechanik einzusetzen. Andererseits ist er für seine Jugend mir gegenüber immer wieder von erstaunlicher Gutartigkeit.«

Auch Max Frisch freute sich über den neuen Verlagsleiter. Nachdem Peter Suhrkamp ihn unterrichtet hatte, schrieb er an Unseld: »Die Kunde hat mich ja nicht überrascht; ich bin meinerseits froh, daß Peter Suhrkamp sich dazu entschlossen hat, froh für ihn und das Haus. Zweitens: – wem soll ich nun schreiben, wenn es sich um Verlagsangelegenheiten handelt?«

Trotzdem: Nicht nur von innen, auch von außen fühlte Unseld sich immer noch in seiner Stellung bedroht. Da waren nicht nur Podszus und Annemarie Seidel, die für sich immer noch die Nachfolge reklamierten, da waren auch Andreas Wolff und Hermann Kasack, die daran dachten, gemeinsam den Verlag zu übernehmen. Und auch ein Herr Rosenthal, den Unseld nie kennen gelernt hatte, weil er vor ihm im Verlag gewesen war, spekulierte anscheinend immer noch damit, den Verlag zu führen. Alle diese Versuche hatten kaum Aussicht auf Erfolg, aber subjektiv mussten Podszus, Wolff und Kasack dem jungen Unseld doch berechtigter erscheinen, den Verlag zu leiten als er selbst.

Im Herbst 1958 nahm Unseld das zweite Mal an einer Tagung der Gruppe 47 teil. Im heißen Jahr 1957 war er bereits in Niederpöcking am Starnberger See gewesen und hatte erlebt, wie sich die Verleger hier um die jungen Talente rissen. Als er jetzt mitbekam,

dass mit Ruth Rehmann eine hoffnungsvolle Dichterin in Groß-
holzleute im Allgäu lesen würde, rief er sie an und bat sie, ob er mit
ihr von München aus mit dem Auto zum Tagungsort fahren dürfe.
Die kleine Reise mit Rehmanns himmelblauem Fiat 500 war für
beide eine glückliche Fahrt. Unseld war im Hochgefühl seiner bevorstehenden Aufgabe als Verleger und schwoll vor Lebens- und
Arbeitslust, Rehmann sah sich am Anfang einer glänzenden Lauf-
bahn als Schriftstellerin, und gegenseitig bestärkten sie sich in ihrem Optimismus. Es war wunderbares Herbstwetter, beide waren in
angespannter und trotzdem ausgelassener Stimmung, Unseld erzählte von Hesse, sie stellten sich beim Fahren hin und schauten aus
dem offenen Dach, sie kletterten auf Bäume, sie wollten die Welt
von oben sehen. Da musste man sich verlieben.

Und da musste auch die Tagung ein Erfolg werden. Eingehüllt in
die obligatorischen Tabakschwaden las Rehmann schamhaft schnell
ein gar nicht schamhaftes Stück Prosa von erstaunlicher psycholo-
gischer Feinfühligkeit, wie man feststellte. Sie bekam den Preis
nicht – aber nur weil mit Günter Grass' *Blechtrommel* ein übermächtiger Gegner antrat. Unseld sicherte sich nicht nur die Rechte an
Ruth Rehmanns erstem Buch *Illusionen*, er war jetzt bereits einer
der Verleger, die in der Gruppe eine maßgebliche Rolle spielten.
Unseld machte Politik. Er regte an, dass der Preis der Gruppe 47,
der das letzte Mal 1955 an Martin Walser gegangen war, diesmal
wieder vergeben werden müsse. Richter stimmte zu, jeder Verleger
gab 500 Mark, und so konnte Grass mit 6500 Mark nach Hause
fahren.

Corinne Pulver, immer noch Unselds Geliebte, verkam in dieser
Zeit vor Eifersucht. Sie war schwanger. Und sie spürte, dass ihr
Siegfried mit seinen Gedanken schon wieder bei einer anderen war.
Und so wurde über das Kind hin und her diskutiert, Unseld wollte
es nicht, aber er traute sich nicht, so der Eindruck der werdenden
Mutter, das zu sagen, wie er sich überhaupt scheute, Privates aus-
zusprechen. Händeringend ging er auf und ab und sagte immer
wieder: »Wir müssen etwas tun.« Am meisten befürchtete Unseld
einen Skandal. Er hatte Angst vor den Reinharts: Corinne war
Schweizerin. Noch weniger als das Kind wollte er, dass seine Her-

kunft bekannt wird. So wurde die Tochter am 14. Juli 1959 geboren, und man einigte sich auf den Namen Ninon, der Name von Hesses Frau. Unseld besuchte die Mutter seiner Tochter, und die beiden verstanden sich weiterhin. Er fuhr mit zu ihrer Familie nach Bern und hinterließ dort einen munteren Eindruck. Aber mit der Zeit wuchsen die Vorwürfe, und nach zwei Jahren hatte er seiner Geliebten die Geburt so übel genommen, dass die Beziehung beendet war.

Suhrkamp starb am 31. März 1959, es war der Dienstag nach Ostern. Während der Karwoche litt er an starken Schmerzen. Trotzdem war Unseld noch am Gründonnerstag unterwegs, um ein Zimmer zu suchen, in dem Suhrkamp sich mit einer Krankenschwester zum Schäferstündchen treffen konnte. Er hatte ihr gesagt, sie solle sich scheiden lassen, er würde sie heiraten. Ähnlich hatte er vorher mit der Frau eines Kritikers und mit seiner Ärztin Ingeborg Ansorge gesprochen. Außerdem suchte Unseld eine Stadtwohnung für den alten Verleger – er hatte sogar angeboten, für die Familie Unseld und Suhrkamp gemeinsam ein Haus zu suchen.

»Das Unfaßliche ist geschehen: Suhrkamp ist am vergangenen Dienstag gestorben. Du weißt, was dies für mich bedeutet, im Vordergründigen wie im Hintergründigen«, schrieb Unseld zwei Tage nach dem Tod Suhrkamps an Corinne Pulver. »Fast schelmisch lächelte er mir zu, als er sagte: ›Machen Sie die Dinge gut.‹« Später zitierte Unseld diese Worte Suhrkamps anders: »Versuchen Sie nie, den Verlag so zu machen, wie ich ihn gemacht habe – das können Sie gar nicht! Versuchen Sie den Verlag so zu machen, wie Sie selbst es für richtig halten, und wenn Sie dann Glück haben, wird's gut.« Es wurden für Unseld die Worte, die Suhrkamp ihm mit auf den Weg gegeben hat. Es war für Unseld das einzige Mal, dass Suhrkamp mit ihm über die Nachfolge sprach – und auch dann nur, ohne es direkt anzusprechen. Bis heute zitiert Unseld diesen Satz so schelmisch, wie er im Brief an seine Geliebte die einfacheren Worte »machen Sie die Dinge gut« vergegenwärtigt. Der Brief an Corinne endet: »Welch traurige Woche! Corinne, denk bitte an mich. Ich brauche jetzt Deinen Zuspruch, Deine Zärtlichkeit. Corinne, Du! Dein S.«

Mit Peter Suhrkamp endet für Siegfried Unseld die Reihe der Ersatzväter. Es war ein schwieriges Vater-Sohn-Verhältnis, das Bindeglied zwischen beiden war Hesse. Unseld ist von Suhrkamp nicht nur gefördert worden, er hat auch unter ihm zu leiden gehabt – wie alle, die ihm zu nahe kamen, hat Suhrkamp Unseld auch gedemütigt. Dabei mag das Bewusstsein mitgespielt haben, dass Unseld kein Verleger in seinem Sinne war. Trotzdem hat er den Mann, der zuerst Mädchen für alles war, dessen Stärken Werbung und Marketing waren, der manchem im Verlag geistig nicht gewachsen war, zu seinem Nachfolger bestimmt. Suhrkamp, der Mann des geschlossenen Ordens, hat den einzigen Popularisierer in seinen Reihen, vor den Lektoren, vor Guggenheimer, vor Podszus, Schwab-Felisch, vor Boehlich, vor Höllerer, vor Wolff und Kasack, zu seinem Nachfolger erkoren. Niemand weiß, was dabei in Peter Suhrkamp vorging. Aber es sieht so aus, als habe er vor allem an die Verbreitung dessen, was er schon geschaffen hatte, gedacht. Es ist schon eigenartig: Suhrkamp, der Mann, der angeblich an die intime Macht des gedruckten Wortes und an seine fast automatische Wirkung jenseits aller Ökonomie geglaubt hatte, glaubte an seinem Ende am meisten an Unseld.

Zu diesem Zeitpunkt hatte der Verlag 17 Mitarbeiter, machte einen Umsatz von 800 000 Mark, und es erschienen etwa 30 Bücher im Jahr. Das sollte bald anders werden. Während der Fünfzigerjahre und bis in die Sechzigerjahre hinein war der Verlag ein winziges Unternehmen, das kaum Gewinne machte. Ökonomisch war der Suhrkamp Verlag, verglich man ihn etwa mit Ullstein, ein Zwerg. Aber er wuchs, und er würde noch viel schneller wachsen. Das vor allem bedeutete die Entscheidung von Suhrkamp für Unseld. Es schien alles zu passen. Gleichzeitig wuchs auch die noch von Suhrkamp ungeliebte Stadt Frankfurt. Sie wurde zum zentralen Buchhandelsplatz mit der Deutschen Bibliothek, der Buchmesse, dem Buchhändlerhaus und dem Börsenverein. Unseld konnte hier bereits in den Fünfzigerjahren, die heute zu Unrecht nur als prüde, dröge und erstarrt gelten, im Gefühl des Aufbruchs, des Bangens, des Kampfes und vor allem des Aufstiegs leben. Er hatte das Gefühl, am richtigen Ort zu sein.

Dynamiker. Mannschaftsspieler. Bandleader.
1959–1966

Zum guten Ton gehörten jetzt Existenzialismus und Rock 'n' Roll, hinter dem Wirtschaftswunder gähnte eine Leere, die wahrzunehmen sich die meisten standhaft weigerten, zur gerade zaghaft wiedergewonnenen Sorglosigkeit und Unbeschwertheit gesellte sich engagierter Ernst, durch die Ritzen des festgefahrenen politischen Systems krochen Musik, Sex und Zigarettenqualm: Man neigt dazu, sich die Sechzigerjahre als Inkubationszeit vorzustellen. Hans Magnus Enzensberger liebt es immer noch, diese Zeit als eine Periode unerträglichen Dumpfsinns, gähnender Langeweile und vollkommener Verlogenheit zu brandmarken. Nur schwache Anzeichen des Kommenden sind es, die Hoffnung machen.

Für Siegfried Unseld war es die Hochzeit. Nie mehr sollte er mit sich, der Welt und der Zeit so in Einklang sein wie in den Jahren bis 1967. Die borniete Adenauerregierung, die immer wieder auf die Schriftsteller schimpfte, war das ideale Hintergrundrauschen. Es reichte, wenn man sich die Krawatte auszog und den oberen Hemdknopf öffnete, um als Dissident Aufmerksamkeit auf sich zu ziehen. Es war wirklich sehr einfach in dieser Zeit, sich so richtig gut und überlegen zu fühlen. Für ein paar Jahre hatten Schriftsteller eine überragende Bedeutung. Ganz gleich, ob sie offen politische Opposition betrieben oder sich eher in der sensiblen Wahrnehmung der Leere, die das neue Wirtschaftswunder auch produziert hatte, hervortaten, allen eignete moralische Überlegenheit. Literatur hatte die Dignität einer langen Tradition und war vorauseilende und -fühlende Künderin einer neuen Zeit. Ganz vorne standen da ein paar nicht mehr ganz junge, aber immer noch sehr smarte Jungs, die sich bald blind gegenseitig die Bälle zuspielen konnten. »Haben

Sie *Die Zeit* gelesen? Da hat der Walser den Enzensberger porträtiert; und der Enzensberger den Walser; und jetzt wollen beide den Johnson; aber der Johnson will nicht; dafür wollen die beiden ihren Verleger, den Unseld; und mit Hilfe der Lektoren will der Unseld die beiden nochmals und den Johnson extra ...«, schrieb Günter Grass in Walter Höllerers Zeitschrift *Sprache im technischen Zeitalter* ohne besondere Übertreibung.

Suhrkamp, der Oberpriester, war tot, jetzt spielte die Suhrkamp-Band im Kollektiv, und zwar virtuos: nicht mit Gitarren, nicht nur mit Bällen, sondern auch mit dem Feuer. Da versuchten ein paar junge Männer die Welt. Getauscht wurden nicht nur die Frauen, getauscht wurden Manuskripte, war das nicht noch verwegener, intimer? Bald las Walser Johnson, Enzensberger beugte sich über Walser, und Unseld versenkte sich in alle drei.

Es war wie eine Fügung. Am letzten Tag des März hatte Unseld mittags Martin Walser angerufen, um ihm zu erzählen, dass Suhrkamp gerade gestorben war. Walser hatte für den großen Roman, an dem er schrieb, einen Titel gefunden: *Halbzeit*. Passte das nicht wunderbar? War jetzt nicht die Halbzeit in beider Leben? Begann nicht etwas gänzlich Neues? Die Zukunft? Das musste der Roman über die Fünfzigerjahre werden, das musste der große Deutschlandroman werden, und Walser musste, da waren sie sich einig, ein Bestsellerautor werden. Jetzt wurden Walser und Unseld zur Keimzelle des neuen Suhrkamp Verlags. Walser war derjenige, zu dem Unseld lange die intensivste, vertrauensvollste Beziehung hatte. »Ich war sehr mit Walser befreundet, es war eine herrliche Männerfreundschaft«, sagte er selbst. Sie telefonierten täglich, Verlagsentscheidungen wurden mit Walser diskutiert. Walser und Unseld stammen aus der gleichen südwestdeutschen Landschaft, sie hatten damals ähnlich gelagerte literarische Interessen – die Funktion, die Hesse für Unseld hatte, hatte Kafka für Walser, sie blickten auf ähnliche Erfahrungen zurück und waren zudem beide etwas ungestüm. Sie teilten ihre Begeisterung für Frauen, fürs Schachspielen, Skifahren und Weißweintrinken.

Die Vermählung mit Johnson, die ebenfalls in diesen Tagen stattfand, ist dagegen ein höchst merkwürdiger Vorgang. Aber er ist für

Unseld ebenso zentral. Die Geschichte ist oft erzählt worden, seit Siegfried Unseld und Uwe Johnson sie 1965 das erste Mal aufgeschrieben haben. 1957 hatte Johnson, vermittelt durch Hans Mayer, sein erstes Manuskript, den Roman *Ingrid Babendererde*, an den Suhrkamp Verlag geschickt. Peter Suhrkamp und der Lektor Walter Maria Guggenheimer waren sich einig, ein Buch daraus zu machen. Dann las Unseld das Manuskript, war gegen eine Veröffentlichung und ließ nicht locker. Auf ihrer gemeinsamen Fahrt durch den Schwarzwald redeten Suhrkamp und Unseld darüber, und noch vor dem Durchgang zur Maschine, die Suhrkamp von Frankfurt nach Berlin zu Johnson brachte, riet Unseld dem Verleger von der Publikation des Buches ab. Er fühlte sich durch die im Buch vorkommende Freie Deutsche Jugend an seine Jahre in der Hitlerjugend erinnert, das roch diffus nach Blut und Boden. Es wurde, wie er sich ausdrückte, zu viel gesegelt.

Es ist unverzichtbarer Bestandteil der Suhrkamp-Mythologie geworden, dass es Siegfried Unseld war, der durch seine ablehnende Haltung gegenüber dem Manuskript – wenn auch unfreiwillig und unwissentlich – die *Mutmassungen über Jakob* herausgefordert, ja regelrecht miterzeugt habe. Jubelnd zitierte Siegfried Unseld immer wieder, was Uwe Johnson über Peter Suhrkamp gesagt hatte: Dass er ihn zur Mitarbeit an der Ablehnung seines Manuskripts aufgefordert habe. Das faszinierte Unseld: Der Schriftsteller, der an den Verleger glaubt, und der Verleger, der von einer höheren Warte aus die Bücher machte. Johnson erschien so von Anfang an wie ein Produkt des Verlags. Wäre *Ingrid Babendererde* nicht abgelehnt worden, Johnson hätte nie die *Mutmassungen* geschrieben. Und dass dieser Roman ein für die deutsche Literatur entscheidendes Buch geworden ist, darüber besteht kein Zweifel.

Auch für Johnson war diese Interpretation akzeptabel, wurde doch so das Vorvertragliche in der Beziehung zwischen dem Autor und seinem jungen Verleger unterstrichen: Sie hatten sogar gegen ihren bewussten Willen zueinander gefunden, also waren sie gewissermaßen füreinander bestimmt.

Dieses Moment des Schicksalshaften findet sich auch in Unselds Darstellungen der Vereinigung von Johnson und dem Verlag: »Im

März 1959 erhielt Suhrkamp, schon im Krankenzimmer liegend, ein zweites Manuskript, die *Mutmassungen über Jakob*. Ich sehe es noch jetzt, wie er das Manuskript im Bett entgegennahm, wie er es anblätterte, wie er mich anschaute, aller früheren Diskussionen eingedenk. Doch er hat das Manuskript nicht mehr gelesen. Ich hole es am Sterbetag aus seinem Zimmer auf meinen Schreibtisch. Dort lag es einige Zeit, ich hatte nach Suhrkamps Tod anderes zu tun, als mich sofort um das Manuskript eines Autors zu kümmern, mit dem ich jetzt, ohne den Widerpart Suhrkamp in dieser Sache, doch leichter fertig zu werden hoffte.«

Uwe Johnson stellt die Sache etwas anders dar: »Im März vor zwanzig Jahren hast du etwas von mir angenommen«, schreibt er am 1. April 1979, 20 Jahre später, an seinen Verleger, »daraus ein Buch zu machen‹; im Hotel Huster an der Schloss-Straße von Steglitz. Du wirst dich erinnern: Ich hatte jemand mitgebracht als Beistand, da ich ihn mehr vertraut glaubte mit den Listen der westlichen Gesellschaft, der ich nun überantwortet werden sollte ...« Vom März 1959, nicht vom April, schreibt Johnson, da lebte Suhrkamp noch. Unseld erinnert es anders. »Unsere erste persönliche Begegnung fand im Mai 1959 in Berlin im Hotel Hustler an der Schloßstraße von Steglitz statt. Damals kannte ich sein homerisches Gedächtnis noch nicht, das Max Frisch später so rühmen sollte. Aber es war überdeutlich, und man sah es diesem jungen Mann in allen Gesten an, daß er an seine Begegnung mit Suhrkamp dachte. Es trat ein skeptischer Autor auf mich zu, doch zu unserer beider Überraschung: Wir verstanden uns auf Anhieb.« Wer will, kann in Johnsons Zeilen eine Mahnung lesen. Uwe Johnson unterschrieb den Verlagsvertrag über die *Mutmassungen* am 2. März, Unseld am 9. März. Die Entscheidung konnte also nur mit Suhrkamps Zustimmung erfolgen. Daran erinnerte Johnson. Gelesen hatten die *Mutmassungen* neben Unseld auch Guggenheimer und Boehlich. Hilde Unseld hat das Manuskript über mehrere Tage am Küchentisch der Familie gelesen und ihrem Mann gesagt, dass er dieses Buch unbedingt machen müsse. Sie hat ihm sogar die entscheidenden Stellen angestrichen. Johnson bedankte sich mit einer Widmung.

Peter Suhrkamp hatte seine Ablehnung gegenüber Johnson mit

»Weltlosigkeit« begründet. Jetzt sah sich Siegfried Unseld einem Manuskript gegenüber, dessen Wirklichkeitsnähe, Wahrnehmungsgenauigkeit und zeitgeschichtliche Bedeutung ihn mit deutscher Welt in einer Dichte und Komplexität konfrontierte, die alles Bisherige in den Schatten stellte. Das war eine Herausforderung, die Unseld erkannte und annahm. Früh einigte man sich auf die Formel vom Dichter der beiden Deutschland. Uwe Johnson soll diese Formel abgelehnt haben. Noch 1992 schreibt Unseld, die Kritik habe das Klischee gegen den Willen des Autors erfunden. Auch das ist nicht wahr. Er habe, hat Johnson sich nach der Niederschrift der *Mutmassungen* notiert, etwas geschaffen, das es nicht gibt: »den gesamtdeutschen Roman«. Und Unseld selbst führte die erste Lesung Johnsons überhaupt, 1959 im Suhrkamp Verlag, mit folgenden Worten ein: »Zum ersten Mal wird in einem Roman das brennendste Thema für uns Deutsche, die Spaltung unseres Landes, aufgenommen und literarisch bewältigt.« Vorausgegangen war eine Tagung der Gruppe 47, dort hatte Hans Magnus Enzensberger gesagt, dass das Erscheinen des ersten deutschen Romans anzuzeigen sei. Es sind die Suhrkamp-Bälle, die hin und her rollten. Vielleicht wollte man einfach, dass es nicht so aussah, als liefe die Sache zu geschmiert: Da war es gut, wenn der Autor gegen seine Klassifizierung war.

Kurz vor Drucklegung der *Mutmassungen über Jakob* entschied sich Uwe Johnson, das Buch doch nicht unter Pseudonym, sondern unter seinem eigenen Namen zu veröffentlichen und aus der DDR auszureisen. Unseld hatte damit so etwas wie die Verkörperung seines Verlegertraums in Händen: ein Schriftsteller, in dessen erstes Buch er eingeschrieben war, ein Buch, das ihm bestätigte, dass er in der Lage war, Peter Suhrkamps Tradition fortzusetzen und über den alten Übervater hinauszuwachsen, ein Mensch, der das Leben im Westen nicht kannte und sich über vielfache Hilfe freute. Unseld gewährte sie generös. »Stehe Ihnen jederzeit zur Seite«, telegrafierte er nach dem Grenzübertritt. Das sollte er in der 25 Jahre währenden Freundschaft wahr machen. Gleichzeitig bedeutete es aber auch, dass hier einer begann, sein Medium in das literarische Leben der Bundesrepublik einzuspeisen. Unseld half Johnson, seine Wohnung in der Berliner Niedstraße zu bekommen. Er gab ihm von

Anfang an ein monatliches Grundgehalt – freundliche Geste und Vereinnahmung in einem. Es ging Schlag auf Schlag. Unseld führte Johnson schnell in den Kreis der Suhrkamp-Autoren ein, unter anderem lernte er Adorno, Enzensberger, Krolow, Nossack und Walser kennen. Beim Kritikerempfang zur Buchmesse 1959 las Johnson zusammen mit Ruth Rehmann. Zum zweiten Suhrkamp-Verlagsabend, einer viele Jahre währenden Tradition, wurde Uwe Johnson zusammen mit Günter Eich vorgestellt. Unseld vermittelte Presse- und Fernsehkontakte, schlug Johnson für Preise vor, brachte ihn in die Gruppe 47 und bezog ihn in die Verlagsarbeit mit ein. Der Verleger schlug seinen Autor für das Sommerseminar in Harvard vor, er besorgte ihm ein Stipendium für die Villa Massimo. Sogar einen Urlaubsort an der holsteinischen Ostseeküste vermittelte Unseld an Johnson. Es war eine perfekte Rundumbetreuung. In Rekordzeit machte Unseld Uwe Johnson zu einer öffentlichen Person. So sah es auch Unseld selbst. Gleichzeitig verhinderte Unseld aber, dass Johnson eigene soziale Erfahrungen machte, selbst Widerstände überwand und an ihnen in der neuen westlichen Welt lernte. Und er verpflichtete sich diesen Schriftsteller.

Kaum war Johnson im Westen, begannen die Auseinandersetzungen um dessen politische Haltung. Unseld entschied, Ernst Bloch zusammen mit Johnson bei der Buchmesse 1959 groß zu präsentieren. Die DDR-Verlage protestierten. Unseld versuchte zu vermitteln, ihm war, insbesondere wegen der Brecht-Lizenzen, die er dem deutschen Osten verkaufen wollte, an einem guten Verhältnis zur DDR gelegen. Unseld verhielt sich da geschickt, einerseits trommelte er für seine Autoren im Westen auch mit dem brisanten politischen Kontext, in dem sie standen, andererseits sprach er vermittelnd und beruhigend mit Klaus Gysi, dem Leiter des Aufbau-Verlags. Und obwohl in der DDR übel gegen Johnson polemisiert wurde, schickte er alle neuen Bücher an den Aufbau-Verlag. Durch diese Doppelstrategie waren Unselds Mannen in der politischen Diskussion, die Verlagsgeschäfte waren trotzdem nicht bedroht.

1959 traten die jungen Suhrkamp-Autoren auf der Tagung der Gruppe 47 in Schloss Elmau gemeinsam auf. Walser musste es einfädeln, er schrieb an Hans Werner Richter: »Wenn ich noch etwas anmerken darf: die Gruppe hat wieder einen preiswürdigen Autor, Du kennst ihn sicher schon: Uwe Johnson.« Johnson kam, las aber nicht, weil die *Mutmassungen* gerade erschienen waren. Unseld hatte ihn überredet. Gemeinsam mit dem Verleger fuhr er in dessen VW Käfer in die finsteren bayrischen Alpen. Hier wurde das erste Mal bei einer Gruppentagung ein Mikro verwendet, die Gruppe wuchs und wuchs: Allein 15 Verleger waren anwesend. Höllerer, Bachmann, Klaus Röhler lasen. Da befolgte Johnson noch Unselds Rat, sich als Neuling bei den Diskussionen zurückzuhalten. Dann trat Enzensberger ans Mikro und las das lange, überinstrumentierte, metaphernschwere und aufs große Ganze zielende Gedicht *Schaum* vor. Und Johnson brach eine Diskussion um die politische Dimension von Literatur vom Zaun, Enzensberger als Autor durfte ausnahmsweise replizieren. Langsam verwandelte sich die Gruppe 47 in eine Suhrkamp-Veranstaltung.

Ähnlich wie Johnson ist auch Peter Weiss für Unseld mit seiner nachgeholten Stunde null verbunden. Walter Höllerer hatte für die *Akzente* von Weiss *Den Schatten des Körpers des Kutschers* bekommen. Auch jetzt gab es einen Ablehnungsgrund: Der Text war für das Heft zu lang. Höllerer gab ihn an Suhrkamp weiter, dort diskutierten ihn Boehlich, Guggenheimer und der gerade dem Lektorat beigetretene Enzensberger ausführlich. Sie entschieden sich für den Druck des schwierigen Textes, allerdings in limitierter Auflage, eine Unseld-Idee. Erst später erfuhr Unseld dann, dass das Manuskript mehr als ein Jahrzehnt lang durch die deutschen Verlage gewandert war, dass es Peter Suhrkamp 1948 abgelehnt hatte. Was Unseld an diesem Vorgang so sehr gefiel, war die Idee, dass die Annahme des Buches Weiss für die deutsche Literatur gerettet habe. Sonst, so Unseld immer wieder, wäre er ein schwedischer Autor geworden. Wieder ein Autor, der durch den Suhrkamp Verlag entstanden war.

Ernst Bloch war der nächste Suhrkamp-Autor, den die junge Mannschaft ins Boot holte. Noch von Peter Suhrkamp stammte der Plan, die *Spuren*, die erstmals 1930 veröffentlicht worden waren, in Auszügen zu veröffentlichen. Unseld hatte Bloch deswegen schon 1958 in Frankfurt kennen gelernt. Jetzt traf ihn Walter Maria

Guggenheimer in der Schweiz. Er erfuhr hier, dass der Aufbau Verlag Schwierigkeiten mit den Bänden 2 und 3 von *Das Prinzip Hoffnung* machte. Unseld reagierte schnell. Er traf die Entscheidung, alle drei Bände von Blochs Hauptwerk zu drucken. Das verband dann Unseld und den alten Bloch. Die primäre Verleger-Verbindung Blochs in den Westen war zwar eigentlich die zu Günther Neske, der in diesen Jahren einer der hippsten Verleger der Republik war. Neske wollte ebenfalls *Das Prinzip Hoffnung* veröffentlichen, bekam aber keine Lizenz, weil er Heidegger im Programm hatte. Dem Suhrkamp Verlag aber konnte man die Lizenz nicht verweigern, er hatte ja die Rechte für Brecht, auf den wiederum die DDR nicht verzichten konnte. So kam Unseld zu Bloch, und zwar, wie wir sehen werden, dem ganzen Bloch.

Problematisch war nur noch, dass Bloch mit Adorno zerstritten war. 1959 kam Bloch zu einer Hegel-Tagung nach Frankfurt, wo die beiden aufeinander trafen. Bloch, so berichtet es seine Frau Carola, sei aber direkt auf Adorno zugegangen und habe mit einem »Guten Tag, Teddy« das Eis gebrochen. Das war typisch für Bloch – und das war Unseld von seinem Naturell her näher als die Art Adornos. Bloch war wortgewaltig, aber auch etwas unsensibel, Adorno dagegen war der strenge Feingeist. »Beim dritten Mal, glaube ich, hat er mir leid getan, weil er dem die Nacht und uns alle verschlingenden Redestrom Ernst Blochs nur filigrane Gesten entgegensetzen konnte …«, schrieb etwa Martin Walser über die beiden Großphilosophen. Adorno dagegen schrieb 1960 nach einem Vortrag Blochs beim Suhrkamp-Verlagsabend an Max Horkheimer: »Es war übrigens ziemlich trostlos. Persönlich ist Bloch nett und frei, und man hat tant bien que mal allerlei Positionen mit ihm gemeinsam. Aber damit ist es ja nicht getan. Die richtigsten Einsichten nutzen nichts, wenn sie schwadroniert werden und nicht gedacht.« Wie auch immer, Bloch hat bei persönlichen Begegnungen gegenüber Adorno dominiert.

Der Mann gefiel seinem neuen jungen Verleger ungemein. Er wollte Bloch bereits bei dessen Besuch von 1959 überzeugen, im Westen zu bleiben. Walter Boehlich war dagegen. Er argumentierte und hatte zu diesem Zeitpunkt Bloch noch auf seiner Seite, dass er nur in der DDR Einfluss auf die Entwicklung des Sozialismus nehmen könne. Im Juli 1960 brachte Unseld dann Bloch zu seinem 75. Geburtstag nach Leipzig ein kleines Büchlein mit. Es war ein schöner, schmaler Querschnitt durch Blochs Werk. Dort verkündete Unseld: »Lassen Sie uns Ihnen heute offen und öffentlich sagen, welche Genugtuung es für uns ist, Sie unter unseren Autoren zu wissen. Zwei Bücher von Ihnen sind bisher bei uns erschienen, weitere neue und ältere Arbeiten werden folgen, uns und Ihnen zur Freude.« Er machte seine Ankündigung in erstaunlichem Tempo wahr. An diesem Abend aber, glaubt Friedrich Dieckmann sich zu erinnern, sei mehr über das Auto Unselds, ein neuer, weißer Citroën, diskutiert worden als die Auswahl von Blochs Texten oder das kommende Editionsvorhaben. In jedem Fall schlossen Unseld und Bloch einen Generalvertrag, der die Herausgabe aller Werke vorsah. Es erschienen tatsächlich 17 Bände, eine Ausgabe vergleichbar der Brechts. Diese Gesamtausgabe war in ihrem Umfang nicht abzusehen, da damals von Bloch längst noch nicht alles erschienen war. Das war mutig, in der Tat. Schon 1959 hatte Bloch die *Spuren*, sein schönstes Buch, seinem neuen Verleger gewidmet, dem ersten echten, den er hatte.

Und Unseld hatte einen weiteren Autor gefunden, an den er glauben konnte. Es gefiel ihm, dass Bloch Begriffe wie »Heimat« rehabilitierte: »Die Wurzel der Geschichte aber ist der arbeitende, schaffende, die Gegebenheiten umbildende und überholende Mensch. Hat er sich erfaßt und das Seine ohne Entäußerung und Entfremdung in realer Demokratie begründet, so entsteht in der Welt etwas, das allen in die Kindheit scheint und worin noch niemand war. Heimat.« Damit beschloss Unseld seine Bloch-Anthologie, das musste ihm in der Tat wie ein Messiaswort erscheinen, da wurde durch eine Gedankenwendung, das »worin noch niemand war«, wieder etwas möglich, was für immer verloren schien, woran Unseld aber hing. Bloch war für Unseld der Autor, mit dem er stundenlang über die letzten Dinge sprechen konnte.

1960 wurde Bloch dann das erste Mal nach Tübingen, die Stadt, in der Unseld studiert hatte, zu einem Vortrag eingeladen. Noch im selben Jahr kam er ein zweites Mal. Ein dritter Besuch folgte im Sommer 1961. Dort wurden die Eheleute Bloch dann von den Unselds abgeholt, gemeinsam fuhr man zu den Festspielen nach Bayreuth. »Es wurde eine lustige und lange Reise, weil wir unterwegs ausgiebig tafelten.« Während die Unselds wieder nach Frankfurt zurückkehrten, fuhren die Blochs weiter nach München, wo sie am 13. August die Nachricht vom Mauerbau erreichte. Unseld sah seine Chance, er kam sofort nach München und äußerte die Befürchtung, dass Bloch seine Manuskripte nicht mehr von Leipzig nach Frankfurt bringen könne. Er riet dazu, im Westen zu bleiben. Diesmal hatte er Erfolg. Bereits im selben Jahr bekam Bloch dann durch den Kultusminister Gerhard Storz, einen Bekannten Blochs, und den Rektor Theodor Eschenburg, der sich gegen erheblichen universitären Widerstand durchsetzen musste, die Gastprofessur in Tübingen vermittelt. So hatte der Verleger seinen Autor in der alten Heimat. Es gab sie also wirklich, die Heimat.

Mit Brecht war die Sache schwieriger. Er war, das wurde in den Sechzigerjahren auch ökonomisch immer deutlicher, der wichtigste Autor des Suhrkamp Verlags. 1961 versuchte Unseld in den USA – vorausschauend und erfolgreich – die Brecht-Rechte zu ordnen. Neben Thomas Mann und Franz Kafka ist Brecht ohne Zweifel die dritte überragende Figur der deutschsprachigen Literatur des 20. Jahrhunderts. Das sah auch Unseld. Für Mann interessierte er sich nie besonders, er war bei S. Fischer, Kafka dagegen hätte für ihn in den Suhrkamp Verlag gehört. Erneute Bemühungen, diesen Autor zu bekommen, scheiterten 1963. So blieb für den Suhrkamp Verlag als dem Verlag des 20. Jahrhunderts, so wie es Unseld sehen wollte, allein Brecht übrig. Hesse hatte für ihn zwar den gleichen Rang, hatte sich jedoch als führender Schriftsteller nicht durchgesetzt. Obschon geschäftlich ebenfalls erfolgreich und mit wichtigen Autoren des Verlags bekannt, konnte er mit ihm nicht die gleiche Anerkennung erringen. Außerdem überstieg die ökonomische Bedeutung Brechts bald die Hesses, Brecht erwies sich als das Lebenselixier des Verlages.

Damit stand der Verleger vor einem Problem, er musste zu diesem für ihn spröden Didaktiker Bertolt Brecht eine innige, emphatische Beziehung aufbauen. Das war nicht leicht, denn obwohl er ihn getroffen hatte, obwohl er früh einige Aufsätze über ihn geschrieben hatte, fand sich kein identifikatorischer Zugang – und das ist immer der Weg geblieben, auf dem Unseld Dichtung wahrgenommen hat. Meist ist das für einen Verleger eine Stärke, denn so wollen die allermeisten Menschen Literatur lesen. Bei Brecht allerdings half ihm dieser Weg nicht weiter. Unselds Schriften zu Brecht zeigen, dass er Schwierigkeiten mit diesem Autor hatte, inhaltlich bleibt es immer ein äußerliches Verhältnis, wirklich anfreunden konnte sich Unseld mit Brechts Ästhetik der Verfremdung nie. Emphatisch wurde Unselds Verhältnis zu Brecht vor allem dann, wenn er auf ein – an sich marginales – Brecht-Wort zu sprechen kam: das Paradox von »der geheiligten Ware Buch«. Unseld dürfte der einzige Mensch sein, der dieses Wort aus dem *Leben des Galilei* als zentrale Aussage Brechts wahrnimmt. Er zitierte den Ausspruch immer wieder wie eine Beschwörungsformel. Im Goethebuch, wo er am ausführlichsten auf diese Stelle eingeht, schreibt er: »Bertolt Brecht legt diese wichtige kulturgeschichtliche Einsicht seinem Helden Galilei eher als beiläufige Bemerkung in den Mund… Ich kenne keine schönere und zugleich treffendere Definition des Buches als diese paradoxe Zusammenführung von ›Geheiligtem‹ und ›Ware‹. Die Paradoxie besteht, seit es das Buch gibt; jeder Schriftsteller, Verleger, Buchhändler weiß es.«

Für Siegfried Unseld ist Brecht in erster Linie eine editorische Angelegenheit. Auf diesem Gebiet kann er sich für sein wichtigstes Pferd im Stall begeistern. Immer wieder hat er bei Brecht betont, welche enormen Schwierigkeiten die Edition seiner Werke aufgibt: Das dauernde Umschreiben der Texte, die Gemeinschaftsproduktionen, die Unabgeschlossenheit und Offenheit Brechts machen Editoren schwer zu schaffen. Die Probleme wurden über viele Jahre hinweg durch die politische Lage, durch den Anspruch der DDR auf Brecht, erschwert. Wer die bessere Ausgabe hatte, hatte das – wenn nicht finanzielle, so doch moralische – Recht an Brecht. Und das war in einer Zeit, in der man es nach einem Wort Hans Mayers liebte, den marxistischen Brecht und den reinen Dichter auseinander zu dividieren, natürlich das Entscheidende.

Die Frage der Edition der Werke Brechts begann für Unseld bereits unmittelbar nach Suhrkamps Tod brisant zu werden. Im April

1959 fand in Ostberlin eine Beratung über eine historisch-kritische Ausgabe statt. Hans Bunge, der Leiter des Brecht-Archivs, der Unseld bei seiner Brecht-Auswahl 1957 so viele Sorgen bereitet hatte, regte im selben Jahr, kurz nach Brechts Tod, eine gesamtdeutsche historisch-kritische Ausgabe an. Eine solche Ausgabe war für Unseld ein Schreckgespenst. Bei Suhrkamp hatte er alles über die Unwägbarkeiten, vor allem bei den Kosten, dieses Editionstyps erfahren, bei Brecht, das war klar, würden sich die Probleme potenzieren. Auf der anderen Seite war ebenfalls klar, dass sie der beste Schutz gegen jede Form ideologischer Vereinnahmung oder Verfälschung Brechts wäre und also sowohl für den Osten wie den Westen große Bedeutung haben könnte. Unseld musste vorsichtig agieren. Helene Weigel konnte die Rechte an den Werken Brechts durchaus von Suhrkamp zu Aufbau geben. Walter Janka, der damalige Leiter des Aufbau-Verlages, behauptete später sogar, dass Brecht nach Suhrkamps Tod Rechte an den Aufbau-Verlag habe übertragen wollen. Weigel tat das nie, weil sie den DDR-Kulturfunktionären misstraute. Aber die Gefahr eines Wechsels war durchaus präsent, zumal nicht nur die Brecht-Erbin, sondern auch das Brecht-Archiv, die Materialbasis, in Ostberlin waren. Und außerdem reklamierte die DDR Brecht für sich.

Von der Sitzung im April 1959 existiert ein Protokollband. Eine der genauesten Erforscherinnen von Brechts Umfeld, Sabine Kebir, ist dieses Band durchgegangen. Es ging bei der mehrtägigen Sitzung um die Prinzipien einer künftigen Brecht-Ausgabe. Unseld hatte seinen Doktorvater Friedrich Beißner mitgebracht. Eine historisch-kritische Ausgabe wurde damals nicht mehr ernsthaft in Erwägung gezogen, Unseld glaubte, sie nicht verkaufen zu können. Dabei wurde er von Beißner, dem führenden Editionsphilologen, unterstützt! Helene Weigel machte sich dafür stark, den Kollektivcharakter des Werkes von Brecht in der neuen Ausgabe deutlich herauszustellen. Das, so betonte sie laut Kebir immer wieder, sei auch heute durchaus noch möglich und in den Manuskripten nachvollziehbar. Weigel hielt diese Arbeitsmethode Brechts für etwas Neues. »Ich glaube, das ist noch nicht ganz als Mit-Wichtigstes empfunden worden.« Unseld und Beißner fürchteten aber, dass durch die Einarbeitung dieser Kollektivproblematik die Ausgabe zu schwerfällig werde und nur für Spezialisten interessant sei. Sie waren überhaupt gegen einen größeren Anmerkungsapparat. Die östliche Seite meinte dagegen, dass auch Dramaturgen philologisch arbeiteten oder Interesse an dramaturgischen Fragen hätten. Das wiederum bestritt die westliche Seite vehement, Beißner immer an der Seite von Unseld. Unselds Ziel war klar: Er wollte den ganzen Brecht, aber mit möglichst wenig Risiko und Aufwand. Mit der Entscheidung gegen eine Ausgabe, die den schwierigen Kollektivcharakter herausstellt und für den Typus, der den Werkstattcharakter unterstreicht, indem er Materialien versammelt, gegen die östliche und für die westliche Sicht, legte Unseld einerseits den Grundstock für den enormen Erfolg, den Brecht die kommenden Jahrzehnte haben würde, aber auch für die Probleme und Vorwürfe, die er sich fast 40 Jahre später anhören musste.

Hesse dagegen konnte sich anfangs erfolgreich gegen Unselds neumodisch anmutende Editionsprojekte wehren. »Sie haben den Drang zum Gestalten und Redigieren, schrieb er mir, während ich mehr für das Schonen und Erhalten des natürlich Gewachsenen bin.« Lange brauchte Unseld, um ihn von der Auswahl aus den Gedichten zu überzeugen, die 1961 erschien. Fast ebenso schwierig war es, ihn für eine Hesse-Bildchronik einzunehmen. Hesse war der Meinung, dass das Werk, nicht die Person des Autors zähle.

Aus dem Kreis der Spieler, die nach Suhrkamps Tod die Suhrkamp-Mannschaft bildeten, war auch Ingeborg Bachmann nicht wegzudenken. Unseld konnte sie überzeugen, im Herbst 1959 als erste Poetikdozentin nach Frankfurt zu kommen. Anfangs scheute sie davor zurück, sich vor einer Menschenmasse theoretisch zu offenbaren. Der Erfolg war dann aber enorm. Und Unselds Erinnerung spricht für sich: »Die Frankfurter Studentenzeitung *Diskurs* geriet ins Schwärmen: daß die langen tizianroten Haare der Dichterin, als sie das Haupt senkte, von den Seiten nach vorn fielen und das Gesicht schützend umhüllten, dessen Augen wie hinter einer gläsernen Wand verschwanden, nachdem sie, scheinbar unbeholfen, die dunkel gerändete Brille aufgesetzt hatte. Aus dieser Verborgenheit erklang eine dünne, aber nicht unmelodische, nur selten trauervolle

Stimme, über deren Klang man die Sätze vergaß, die sie aneinanderreihte, weil sie in jedem Augenblick in der Gefahr zu schweben schien, teils von der Neugier, teils von der in wuchtigen Quadraten geäderten Betondecke des weiten Hörsaals zum Verstummen gebracht zu werden. So lag der Eindruck fast weniger darin, was, sondern wie sie formulierte. Sie tat dies wie betäubt, glich darin mehr einem späten Herbstfalter mit blauumrandeten Augen auf den Flügeldecken, der sich zu uns in den November verirrt hatte und schwermütig in einem gänzlich fremden Raum schwebte.« Alle – auch Unseld – waren irgendwie in Ingeborg Bachmann verliebt. In einem Kreis von Männern war sie die einzige Frau, so etwas wie eine heimliche Verbindung.

Sie war damals bereits mit Max Frisch zusammen, der – Brecht war tot, Hesse war fern – großen Respekt genoss und Primus inter Pares war. Als Unseld im April nach Winterthur fuhr, um die Reinharts zu treffen, besuchte er das erste Mal Max Frisch – und Ingeborg Bachmann – in Uetikon, um die Situation nach Suhrkamps Tod, einen »Generalvertrag« und das neue Stück, für das Ingeborg Bachmann den Titel »Zeit für Andorra« vorgeschlagen hatte, zu besprechen. Offenbar glückte das Treffen in der heiklen Dreierkonstellation. Danach erkrankte Max Frisch schwer, und Unseld kümmerte sich umfassend um den passenden Kurort, was Frisch und Unseld einander weiter annäherte, auch wenn Frisch es in Bad Mergentheim unter lauter »Hosenträgerkleinbürgern« dann nicht aushielt. Wieder genesen, mit neuer Partnerin und Umzug nach Rom kaufte Frisch sich auch ein neues Auto. Zwar wurde es, wie ursprünglich geplant, kein Porsche, sondern ein Fiat Cabrio, trotzdem schrieb Unseld: »Fahren Sie langsam, langsam, langsam!« Frisch und Unseld verstanden sich gut in dieser Zeit, sie trafen sich öfter, wanderten gemeinsam, tranken Whisky, spielten Schach. Die Fertigstellung von *Andorra* allerdings verzögerte sich über das gesamte Jahr 1960. Die Öffentlichkeit spekulierte, dass Frisch wegen seiner Beziehung zu Ingeborg Bachmann in einer Krise stecke, Unseld trat den Gerüchten entgegen, die Nerven lagen blank.

Gleichzeitig fragte Unseld Ingeborg Bachmann, ob sie die Herausgabe Wittgensteins übernehmen wolle. Sie hatte sich ausgiebig mit Wittgenstein beschäftigt. Enzensberger, der damals enge Kontakte zu Ingeborg Bachmann unterhielt, machte sich ebenfalls für den Autor stark, der neben der Frankfurter Schule die wesentliche Säule des philosophischen Programms wurde. Seit Unseld und Ingeborg Bachmann 1955 die gemeinsamen Wochen in Harvard verbracht hatten, standen sie in regelmäßigem Briefkontakt. Während und nach der Beziehung mit Frisch, lange bevor Unseld ihr Verleger wurde, bombardierte sie ihn mit Titeln aus der italienischen und französischen Literatur. In den Sechzigerjahren wurde das so viel, dass Unseld ihr klagte, das alles sei nicht mehr zu schaffen. Sie schlug ihm daraufhin vor, dem Verlag die italienischen und französischen Sachen abzunehmen. Auf Bachmanns Vermittlung geht zum Beispiel die Übersetzung von Thomas Bernhard bei Adelphi und die Lizenzausgaben von Elsa Morante bei Suhrkamp zurück.

Die Familie Unseld zog in die – für einen Verleger standesgemäße – Doppelhaushälfte in der Frankfurter Klettenbergstraße um, deren unteres Stockwerk für Suhrkamp gedacht gewesen war. Das Haus wurde schnell so etwas wie die eigentliche Zentrale des Suhrkamp Verlags. Wie in einem Ritual trafen sich hier jeden Samstagnachmittag der Kopf und das Herz des neuen Hauses Suhrkamp, Boehlich und Unseld. Boehlich kam wie immer mit weißem Hemd, einem Lacoste-Pulli mit V-Ausschnitt, einer Fliege, ausgebeulten Hosen und seinem Hund, der im Verlag unter dem Schreibtisch lag. Hilde servierte den Tee. Trotz dieses Rituals gelang es Boehlich, der Einzige zu bleiben, den Unseld nicht duzte. Am Freitagnachmittag zu Hildes Fischsuppe fand sich die kleine Runde ein, meist sechs Personen, abends war dann die große Runde. Hilde war so etwas wie die Seele dieses Kreises, sie sah ihre Aufgabe schlicht darin, es allen gut gehen zu lassen – und das gelang ihr. Es waren Frisch und Enzensberger, Walser und Johnson, manchmal auch Mitscherlich oder Weiss, die diesem Kreis angehörten. Die Bachmann schwirrte ab und an herum, gelegentlich waren Nossack und Eppelsheimer da. Bald kam Habermas als einziger Wissenschaftler dazu, Bernhard und Handke blieben eher Solitäre. Zur Buchmesse schliefen die Autoren bereits in der Klettenbergstraße im oberen Stockwerk. Im ersten Jahr 1959 waren das Johnson, Walser und Ruth Rehmann. Unseld wollte, dass Johnson auf Walser aufpasste. Er solle im Spielcasino nicht zu viel Geld ausgeben. Walser sollte sich aber auch um Johnson kümmern. Und Unseld brachte Rehmann ins Fernsehen, wo sie zu Gitarre und Harmonika Brecht-Gedichte gesungen hat.

1959 kam es zu einer weiteren entscheidenden Begegnung. Jürgen Becker hatte Unseld für jenen Hesse-Bildband, gegen den sich der Abzubildende so sträubte, Willy Fleckhaus als Gestalter vorgeschlagen. Auf der Fahrt, die sie im Sommer '59 gemeinsam nach Marbach unternahmen, sah Fleckhaus auf einem kleinen Regal, das Unseld sich in seinen VW hatte einziehen lassen, die Entwürfe für eine Neugestaltung der Bibliothek Suhrkamp. Fleckhaus hielt den Umschlag sowohl für den Suhrkamp Verlag als auch für die Bibliothek Suhrkamp für unmöglich. Man könne nicht Brecht, den Klassiker der Vernunft, verlegen, nicht Adorno und Benjamin, die den Geist gegenwärtiger Zeit ausdrückten, und dann Bücher mit Umschlägen ausrüsten, die dieser Gegenwärtigkeit nicht entsprächen. Das beeindruckte Unseld: Er bat Fleckhaus um einen eigenen Entwurf. Nach vier Wochen traf er ein, und im Verlag entschied man sich ohne zu zögern und einstimmig. Fleckhaus' Arbeit war einfach zu überzeugend: Es ist der Umschlag, den jeder kennt. Seine rein grafische Modernität erregte dann zwar die Gemüter, vor allem die damals vorherrschende Farbe Weiß wurde als unpraktisch empfunden, war aber bald Teil der Corporate Identity. Fleckhaus hatte etwas fast Unmögliches geschafft, er hatte das alte Elitebewusstsein in einen Umschlag integriert, der nach industrieller Massenproduktion aussah. Das war jetzt tatsächlich Kunst im Zeitalter der technischen Reproduzierbarkeit. Diese Bücher waren Gebrauchsobjekte und trotzdem Kultgegenstände. Fleckhaus gestaltete über lange Zeit fast alle Suhrkamp-Bücher, er gab dem Verlag sein unverwechselbares Gesicht. Da konnte selbst Hesse nichts daran ändern, der mit seinem Umschlag nicht zufrieden war: »Ihr Umschlag ist, nach unserem Urteil, geschmacklos und knallig... das hätte durchgekämpft werden müssen, statt hinter unserem Rücken gemacht.«

Unseld hat die Möglichkeiten, die sich nach dem Tod Suhrkamps boten, entschieden, mutig und zupackend ergriffen. Seinen Erfahrungen entsprechend machte er die Zeit von Suhrkamps Tod zu einem Moment, in dem der Schüler Meister wird, der Sohn Vater. Seit dieser Zeit wird Unseld wie eine Naturgewalt wahrgenommen. Seine Kraft und Vitalität sind ein Mythos geworden. Die Geschichte seines Überlebens im Schwarzen Meer und der Ägäis war damals noch nicht bekannt, aber man spürte: Da ist ein Mann, der kraft seines Willens vieles erreichen kann.

Zunächst aber stand Unseld vor dem grundsätzlichen Problem, wie er die Linie Suhrkamps weiterziehen und die elitäre Tradition pflegen sollte und dennoch zeitgemäß, offen und modern sein konnte. Der Ausweg war frappierend einfach. Bereits beim ersten Suhrkamp-Verlagsabend 1959 dozierte Unseld mit jener merkwürdig holpernden Diktion, dass die Literatur heruntergeredet werde, dass sie bedroht sei, dass das Buch gegen Sport und Fernsehen eingetauscht werden solle. Davon war zwar kein Wort wahr, aber es erfüllte seinen Zweck: Indem er sich für das angeblich bedrohte Buch engagierte, egal wie, trug er den Stab weiter.

Wie Unseld sich eine Ausgabe der Werke Brechts vorstellte, zeigte eine seiner ersten wirklich selbstständigen Taten als Editor. 1960 gab er das *Dreigroschenbuch* heraus. Er versammelte hier als so genanntes »Suhrkamp Hausbuch« zu günstigem Preis und mit Schallplatte alle bedeutenden Texte, primär und sekundär, aus dem Dreigroschenkomplex, Brechts populärstem Werk. Das Ganze erschien in einem Band, von vornherein in hoher Auflage und somit zu günstigem Preis. Das war eine Richtungsentscheidung. Mit diesem Hausbuch war auch der Beginn einer anderen großen Unseld-Domäne markiert, nämlich Texte immer und immer wieder neu erscheinen zu lassen. Die Texte, die Unseld im *Dreigroschenbuch* publizierte, lagen zum allergrößten Teil schon vor, trotzdem erschien der Band durch die Zusammenstellung wie eine Neuerscheinung. Das *Dreigroschenbuch* wurde damals enthusiastisch aufgenommen, Ivan Nagel sprach von einem »Denkmal der Weltliteratur«, Wolfgang Weyrauch sagte sogar: »Es könnte von Brecht selbst konzipiert und ausgeführt sein.« Das Buch vereinigte wegweisend den Klassiker mit der Werkstatt, Walhall und Walstatt. Und das, erstaunliche Wendung, lernte Unseld bei Brecht. »Brecht hat seine Gründe gehabt, sich immer wieder mit

121

diesem Stoff zu beschäftigen; mutmaßlich wird es die Einsicht in die Möglichkeit gewesen sein, den Erfolg der Oper dazu auszunutzen, um durch immer neue Mittel und Formen die dargestellte Kritik der Gesellschaft weiteren Kreisen dieser Gesellschaft nahe zu bringen«, schrieb er im Nachwort. Die gesamte Gesellschaft mit Gesellschaftskritik überziehen: So konnte Unseld Suhrkamps elitäres Konzept aufweichen, ohne es zu verraten.

Ebenfalls 1960 startete Unseld die »Suhrkamp Texte«, cellophanierte Hefte in moderner Aufmachung, fast schon Taschenbücher, aber im Format eher in Hardcovergröße. Eine Reihe, die in den Verlagsannalen schon lange nicht mehr vorkommt, weil sie kein Erfolg wurde, die aber tatsächlich der Vorläufer der edition suhrkamp ist. Hier versuchte Unseld das erste Mal so etwas wie ein Taschenbuch eigener Art. Die ersten beiden Bände waren von Günter Eich, als dritten Band der Reihe wählte er, wieder eigenhändig, Gedichte von Brecht aus. Aber im Gegensatz zum *Dreigroschenbuch* war dieser Versuch noch unausgegoren, Unseld wollte eine moderne, gebrauchsnahe Reihe, seine Brecht-Auswahl aber sollte – durchaus konservativ – die Meisterschaft des Dichters zeigen, wie er im Vorwort schrieb. Das zusammen ist als Konzept nicht schlüssig. Noch war die »edition suhrkamp« nicht erfunden.

In den ersten Tagen der Selbstständigkeit, 1960 bis 61, schaffte es Unseld sogar, Hans Magnus Enzensberger, den drängendsten der jungen Spieler, die drauf und dran waren, das kulturelle Leben der Bundesrepublik wie im Handstreich zu nehmen, zum fest angestellten Lektor des Verlags zu machen. Nebenbei war Enzensberger Autor, sein zweiter Gedichtband *Landessprache* erschien, und er war als Herausgeber für den Verlag tätig: 1960 erschien *Das Museum der modernen Poesie*. Für ein Jahr war Enzensberger ganz Suhrkamp, gehörte er ganz dazu. Allerdings nahm er sich bald wieder die Freiheit, zu tun, was er wollte. Im Mai 1961 schrieb Unseld an Johnson: »Mir widerfährt die hohe Ehre, mit ihm sprechen zu dürfen.« Enzensberger brachte damals – wenn auch nur für eineinhalb Jahre – das Kunststück fertig, gleichzeitig zum Inner Circle zu gehören und eigenständig zu bleiben.

1960 erhielt Nelly Sachs in Meersburg den Droste-Preis, es war das erste Mal, dass die Dichterin nach dem Dritten Reich deutschen Boden betrat. Sie wurde von Ingeborg Bachmann und Paul Celan vom Flughafen Zürich abgeholt. In Meersburg traf sie mit Unseld zusammen, der ihr Werk damals bereits kannte, Enzensberger und Bachmann hatten ihm die Lektüre nahe gelegt. Sachs hatte mit Suhrkamp 1958 erste Beziehungen aufgenommen, aber er hatte kein Buch von ihr veröffentlicht. Das wollte Unseld jetzt ändern. Daraus resultierte eine freundschaftliche Beziehung, Unseld besuchte Sachs manchmal in Stockholm. Die Nobelpreisträgerin Nelly Sachs war eine der ersten Dichterinnen, bei der das später von Unseld so oft und so erfolgreich verwendete Modell »Dichter empfehlen Dichter« funktioniert hatte. Auch Paul Nizon kam auf diesem Weg in den Verlag. Im Herbst 1961 trafen Unseld und Boehlich Nizon im Züricher Hotel Urban auf Empfehlung von Max Frisch. Nizon erinnert sich, wie er das Projekt, das dann *Canto* werden würde, vorstellte: »Ich sehe ihn mit Boehlich einen Blick wechseln. Anstelle eines Kommentars ein Verhör. Es betrifft den raschestmöglichen Abgabetermin, meine finanziellen Bedürfnisse zur Überbrückung fehlenden Einkommens, das Vorgehen – Modalitäten, die gleich in einen Vertragsentwurf aufgenommen werden.« Es wurde für Nizon eine entscheidende Begegnung. »Wäre der Canto dasselbe Buch geworden (oder überhaupt geworden), wenn Siegfried ihn mir im Urban nicht geglaubt hätte? Im Grunde werden viele Bücher nicht nur für sondern an den Verleger geschrieben«, stellte er fest. Das musste Unseld gefallen.

Alle waren eng verbunden in dieser Zeit, mit einem gemeinsamen Projekt beschäftigt, im Aufbruch. Walser, Johnson und Unseld waren ein absolut eingeschworenes Team. Als 1960, auf dem Weg nach Aschaffenburg zur Tagung der Gruppe 47, Walser mit Uwe Johnson im Auto auf den vor ihnen fahrenden Unseld auffuhr, war das kein Anlass zu Ärger oder Streit, sondern den Glücklichen nur ein weiteres Dokument der Nähe. Mit Uwe Johnson wurde nicht nur zu dritt besprochen, wie er sein Geld anlegen solle, 1961 gab Unseld Walser auch das Manuskript von Johnsons *Das dritte Buch über Achim*, der redete dann beim Titel des Buches mit. Außerdem schalteten sich Enzensberger und Walter Boehlich ein, beide aber auch hier nicht ganz im Zentrum des Geschehens. Walser schrieb noch eine Einleitung zu dem Buch. Dann verschwand er mit Unseld mal wieder im St. Antoner Schnee. Egal, wo man hinfuhr, man verabredete sich andauernd und überall untereinander, egal wo man war, europaweit wurde das alte Netz der Beziehungen wieder aufgebaut.

Nach dem Bau der Mauer versuchte Unseld, den verstörten und besorgten Johnson – seine Freundin Elisabeth, die damals mit Nachnamen noch Schmidt hieß, war jetzt kaum mehr erreichbar – durch eine Anstellung im Lektorat in Frankfurt einzubinden. Konservativen bundesrepublikanischen Kreisen wurde der Republikflüchtling Johnson jetzt, wo sich die Lage anspannte und der Dichter politisch nicht eindeutig Stellung bezog, suspekt. Hermann Kesten beschuldigte Johnson in der Tageszeitung *Die Welt*, bei einer Diskussion in Mailand die Mauer gutgeheißen zu haben. »Gut, vernünftig und sittlich« habe er sie genannt. Der Vorwurf konnte von Unseld durch eine Tonbandaufzeichnung der Veranstaltung bei einer spektakulär in Szene gesetzten Pressekonferenz im Suhrkamp Verlag ausgeräumt werden. Johnson machte sein distanziertes Verhältnis zum Sozialismus nie mehr so deutlich wie hier. Unseld setzte damals alles daran, nicht als Verlag von Mauerbausympathisanten zu gelten. Trotzdem forderte der Vorsitzende der CDU/CSU-Fraktion und ehemalige Außenminister Heinrich von Brentano, Nachfahre Clemens Brentanos, der sich bereits als parlamentarischer Literaturkritiker dadurch hervorgetan hatte, dass er Brecht mit Horst Wessel verglichen hatte, auf Grund der falschen Berichterstattung in einer Rede vor dem Bundestag einen Tag nach der Pressekonferenz, dass Johnson sein Villa-Massimo-Stipendium aberkannt werde. Unseld verhielt sich konziliant, er wählte die stille Diplomatie und traf sich mit dem Politiker im Frankfurter Hof.

Kurios und bezeichnend für die Hilflosigkeit und damit Abhängigkeit von seinem Verleger, in der sich Johnson bereits 1962 befand, waren die Umstände seiner Hochzeit mit Elisabeth Schmidt. Sie sollte am 28. Februar 1962, nachdem sie aus der DDR geflohen war, in Frankfurt stattfinden. Johnson, der keine Freunde hatte, bestimmte Siegfried Unseld und Walter Boehlich als Trauzeugen.

Weitere Gäste gab es nicht. Unseld riet Johnson von der Heirat ab, nach seiner eigenen Erinnerung, weil es ihm zu schnell gehe und weil er der Ehe grundsätzlich reserviert gegenüberstehe, nach Johnsons Erinnerung, weil er etwas gegen die zu ehelichende weibliche Person hatte. Nach der Zeremonie zogen das Paar und die Trauzeugen in eine Dorfkneipe in der Wetterau, um ein Bauernfrühstück einzunehmen. Von dort zurückgekehrt, meinte Unseld seine Pflichten erfüllt zu haben und wollte arbeiten. Aber der ein paar Stunden verheiratete Johnson jammerte, man könne ihn jetzt nicht allein lassen. Man könne sich ja am Abend wieder treffen, entgegnete Unseld. Die vier saßen dann im Henninger-Drehrestaurant zusammen, und Johnson bestellte sich als Erstes und wie immer gleich mal zwei Bier. Schon hier zeigte sich jene egozentrische Rücksichtslosigkeit gegenüber seiner Ehefrau, die für das weitere Verhalten Uwe Johnsons und damit auch Siegfried Unselds Beziehung zu seinem treuesten und wichtigsten Autor noch so bedeutsam werden sollte.

Unseld und seine Mannen, das war ein ungemein dynamischer und kreativer, beweglicher und vielgestaltiger Haufen. Am 12. und 13. Juni 1962 ließ sich dieses Kollektivwesen bei Martin Walser in Wasserburg nieder. Jetzt ging es um Grundsätzliches. In den vergangenen Monaten waren immer wieder neue Reihenprojekte – »Opus 1«, »Vorzeichen«, »Im Dialog« – ent- und nach kurzer Erscheinungsdauer wieder verworfen worden. Unseld wollte endlich eine Reihe dauerhaft verwirklichen. Es konnte doch nicht wahr sein, dass der Deutsche Taschenbuch Verlag Hesse bekommen sollte; Heinz Friedrich hatte gerade ein Angebot für das *Glasperlenspiel* gemacht. Brecht, den immer noch als links verschrieenen, wollte der Münchner Verleger dagegen nicht haben. Es durfte nicht sein, dass Walsers *Ehen in Philippsburg* als rororo-Bändchen und Johnsons *Mutmassungen über Jakob* als Fischer-Taschenbuch erscheinen sollten. Es war ja keinesfalls so, dass der Suhrkamp Verlag schon schwarze Zahlen schrieb. Auch dafür waren Taschenbücher nötig. Sie waren das Buch der Zeit. Es musste also etwas geschehen. Aber die Lage war kompliziert: Unseld wollte eine Taschenbuchreihe, die aber nicht danach aussah. Suhrkamp war dagegen gewesen, Hesse war immer noch dagegen, er sah Ausverkauf und Verschleuderung, und die Autoren und Lektoren waren ebenfalls dagegen. Die Sitzung fand im Garten statt.

Die Konstellation war einzigartig. Alle, die Lektoren Walter Boehlich und Karl Markus Michel, die Autoren Johnson und Walser, vor allem Hans Magnus Enzensberger waren dagegen. Enzensberger beschäftigte sich in diesen Tagen ausgiebig mit der Bewusstseinsindustrie und kam dabei zu dem Schluss, dass Taschenbücher nichts daran ändern könnten, dass »die großen Werke seit eh und je den wenigen gehören«. »Meine Bedenken wegen der edition suhrkamp wollen nicht verdunsten«, schrieb Frisch. »Ich sehe in dem Plan, den auszuführen Sie vielleicht schon entschlossen sind, eine ernste Gefahr für den Verlag … Sie können es sich auch leisten, eine Idee fallen zu lassen. Nicht aus Ängstlichkeit, sondern weil ihr sicherer Erfolg sich als unwiderrufbare Selbstaufgabe erweisen könnte. Ich bin in Sorge.« Auch Boehlich war der Ansicht, dass mit einer Taschenbuchreihe Qualität in Quantität verwandelt werde und der Suhrkamp Verlag sein Profil verliere. Die meisten Autoren und Lektoren hatten den Eindruck, dass mit einer Taschenbuchreihe die Existenz des Verlags aufs Spiel gesetzt werde. Aber Siegfried Unseld war dafür. Und er ließ nicht locker. Unseld hatte eine wahre Obsession für Reihen, eine Art Verlag im Verlag. Er wollte nicht nur Taschenbücher, er wollte eine Reihe. Am Ende der zweitägigen Debatte sagte Walser resigniert: Nun, wenn er sich unbedingt ruinieren will, soll er es halt machen.

Herauskam die edition suhrkamp, die ab Mai 1963 erschien, die prägendste, wichtigste Taschenbuchreihe der bundesrepublikanischen Literatur. Sie gilt als das Forum der linken Intelligenz, als die Plattform, auf der sich die Studentenbewegung geistig formieren konnte. Boehlich und Michel erarbeiteten die Konzeption, der Lektor Günther Busch, der für die Edition vom Hanser Verlag abgeworben wurde, brachte die weiteren Autoren der Frankfurter Schule, vor allem Marcuse, bald auch Habermas, hier heraus, das Motto vom »Luxus und Leidenschaft einer Linie« kam von Enzensberger, der entscheidende Anstoß aber kam von Unseld. Genau hier, im avanciertesten Projekt, aber zeigt sich bereits ein Widerspruch, an dem das Projekt »Suhrkamp« bald zu zerbrechen drohte. Anfangs konnten Unseld, Enzensberger und die progressive Studentenschaft sich noch eins fühlen. 1962 etwa schrieb Enzensberger in *Poesie und Politik*, dass das Gedicht an sich subversiv sei. Das war und ist bis heute Unselds Grundhaltung. Den radikaleren Studenten schienen jedoch bereits in der ersten Hälfte der Sechziger die Positionen von Adorno – und auch Enzensberger – als zweifelhaft, weil etabliert. Sie würden sich noch im bürgerlichen Kulturrahmen bewegen, nur die Narrenfreiheit ausnutzen, die der ihnen lässt. Frank Böckelmann etwa machte sich über Enzensberger und Walser lustig und schlug ihnen vor, sich mit der Kulturredaktion der *Zeit* zu verschmelzen. Das war der Anfang vom Ende einer Zeit, wo die Beschäftigung mit Literatur per se ein revolutionärer Akt war.

Wenn die edition suhrkamp die Reihe einer Gruppe war, dann die einer politischen und literarischen Intelligenz, nicht aber einer revolutionären Opposition. 1965 fanden sich unter 125 Titeln nur 17 ältere deutsche Texte, darunter dreimal Hesse, aber 47 literarische Titel, die der Gruppe 47 zugerechnet werden konnten. Die edition suhrkamp übernahm genau in dem Moment, als sich die Gruppe 47 weitgehend verbraucht hatte, die Rolle als Vorhut der Modernisierung. Es sollte eine neue, junge Leserschicht angesprochen werden. Und das war damals gleichbedeutend mit Demokratisierung. Die Reihe startete mit Brecht, der damals einerseits umstritten, andererseits schon Schullektüre war; unter die Literaten mischten sich Benjamin, Adorno, Bloch und Marcuse, der der Erfolgsautor der Edition wurde. Das war jener undogmatische Marxismus, mit dem man bis 1968 im Zentrum der politischen und literarischen Bewegung war. Als im Mai 1963 die ersten Bände der edition suhrkamp auf den Markt kamen, waren die Konflikte noch nicht ausgestanden. Boehlich hatte noch im April ein großes Interview in der *Zeit* über die Bibliothek Suhrkamp gegeben und hier deutlich seine Präferenz markiert. Das Publikum der »Bibliothek«, sagte Boehlich, sei das Beste, das der Verlag hat.

Den wahrscheinlich entscheidenden Anteil am durchschlagenden Erfolg des Projekts hatte Willy Fleckhaus. Unseld hatte ihm 1962 von der neuen Reihe erzählt und ihn um einen Umschlagentwurf gebeten – mit der bekannten Auflage: Es sollten Taschenbücher und eben doch wieder keine Taschenbücher sein. Unseld entwarf gegenüber Fleckhaus ein großes Panorama von Demokratie und jungen Lesern. Fleckhaus hörte zu und entwickelte sehr schnell seine Idee. Wo in der Bibliothek Suhrkamp Weiß die dominierende Farbe war, sollte jetzt der gesamte Farbkreis Verwendung finden. »Mein Vorschlag war es«, erzählt Unseld, »den einzelnen literarischen Gattungen, Roman und Erzählung, Lyrik, Drama und Essay jeweils eine bestimmte Farbe zu geben. Zum zweiten Treffen kam Fleckhaus mit solchen Gattungsfarben, seine Erfindungskraft hatte sich in Bewegung gesetzt. Die Gattungsfarbe war nicht einheitlich, sondern eine spektral aufgelöste Palette.« Fleckhaus aber wurmte, dass durch die Gattungsgruppen seine Grundidee vom Farbkreis nicht sichtbar wurde. Deshalb entwickelte er die Idee, die Bände der jährlich auf 48 Titel geplanten Reihe fortlaufend in 48 Farben des Sonnenspektrums zu drucken. »Ich sehe ein endloses Band, das sich wieder schließt«, sagte Willy Fleckhaus dazu, »selbstverständlich wie die Natur, präzis und schön.« Das war auch für Unseld der Moment, wo er erkannte, dass das ein großartiger Einfall war, der gegen alle Widerstände realisiert werden musste. Die Front, die die Reihe nicht hatte verhindern können, stand jedoch immer noch und beklagte jetzt die knalligen »Ostereierfarben«. Da die Reihe intellektuell sei, sei Grau ihre Farbe, meinte Boehlich. Es kam zum Kompromiss: Die ersten Bände der »edition suhrkamp« waren grau, bekamen aber einen bunten Umschlag. Heute sind das die schönsten Bände der Reihe. Bald wurden die Bände jedoch nach dem ursprünglichen Konzept in den Regenbogenfarben und ohne Umschlag gedruckt: Unselds Modernisierungswille hatte sich gegen alle Bedenken durchgesetzt.

Seine damalige durch nichts zu bremsende Risikofreude zeigte sich auch in den verwandten Kämpfen, die er mit Hermann Hesse ausfocht. Hesse weigerte sich, Taschenbuchlizenzen zu vergeben. Unseld aber drängte und drängte. Außerdem hatte Unseld in der Vergangenheit – noch zusammen mit Peter Suhrkamp – mehrere Anläufe unternehmen müssen, um Hesse davon zu überzeugen, auf die Fraktur-Schrift in seinen Büchern zu verzichten.

Im August 1962 starb Hesse. Seine Beerdigung fand am 11. August nachmittags in San Abbondio bei Montagnola statt, es war ein heißer Tag. Der lokale Männerchor sang »Pie Jesu« von Palestrina. Die Gemeinde war anwesend, Hesses Jugendfreund Dekan Völter las das 13. Kapitel aus dem 1. Brief des Paulus an die Korinther: Denn unser Wissen ist Stückwerk. Nach zwei weiteren Vorrednern nahm Siegfried Unseld Abschied von seinem wichtigsten Mentor. Er wirkte sehr gefasst, drückte Dankbarkeit für die Teilhabe am Leben Hermann Hesses aus und sprach von seiner Verehrung für das Werk, in dem dieses Dasein aufgehoben sei. »Über das Unvergängliche seiner Person wie seines Werkes wird nun die Zeit und mit ihr jeder Leser befinden, dem die Begegnung mit Hermann Hesse Stufen der eigenen Lebensentwicklung bedeutete und bedeutet.« Daran, da waren sich alle sicher, würde er arbeiten. Zum Abschluss sprach er das Gedicht *Leb wohl, Frau Welt* von 1944. Es war ein bedeutsamer Moment für Siegfried Unseld. Wie bedeutsam er war, zeigt ein kleiner Lapsus. Etwas später sollte Jürgen Habermas Unseld mit Alexander Mitscherlich bekannt machen. Bis dahin kannte Unseld ihn nur von seinen Schriften. »Sein Buch *Auf dem Weg zur vaterlosen Gesellschaft* hatte mich in einem Augenblick getroffen, da auch ich im doppelten Sinn vaterlos geworden war – durch den Verlust meines Vaters und durch den erlebten Zerfall paternalistischer Großstrukturen, bei denen nun ›kein identifizierbarer einzelner‹ die Macht mehr in Händen hielt.« Mitscherlichs Buch war kurz nach Hesses Tod erschienen, Unselds wirklicher Vater aber war, wie wir wissen, 1951 gestorben.

Die Gruppe 47 traf sich 1962 am Wannsee. Bereits damals formierte sich die Ablehnung gegenüber dem übermächtig werdenden Verleger Unseld. Piper galt als verkrampft, Ledig als freigiebig, Unseld aber sah jetzt schon mancher als die große Spinne im Netz der Berater Johnson, Walser, Enzensberger. Die Suhrkamp-Band galt jetzt als Gruppe in der Gruppe, als Stoßtrupp, der das gesamte Gefüge zu manipulieren suchte und die Gruppe 47 als Werbeplattform missbrauchte. Auch Hans Werner Richter neigte zu dieser Ansicht. Unseld, sagte er bei der Tagung, sei ein guter Verleger – und sonst nichts.

Der Favorit auf den Preis, der dieses Jahr wieder vergeben werden sollte, war Peter Weiss. Wieder Suhrkamp. 14 Verlage stifteten insgesamt 7000 Mark. Weiss las aus *Gespräch der drei Gehenden*. Sein schärfster Konkurrent war Johannes Bobrowski, der für zwei Tage aus der DDR ausreisen durfte. Bobrowski hatte sich die Gedichte, die er vorlas, auf der Rückseite der Einladung notiert, bei der Preisverleihung war er nicht mehr da, weil er zurück in die DDR musste. Es kam zu einer Stichwahl zwischen Weiss und dem abwesenden Bobrowski, die Letzterer knapp für sich entscheiden konnte. Man flüsterte sich zu, allen voran Helmut Heißenbüttel, Weiss habe den Preis nicht bekommen, weil niemand ihn schon wieder einem Autor Unselds gegönnt habe. Fritz J. Raddatz, diesem Kreis verbunden, wurde in seinen Erinnerungen an Unseld deutlich: »Er war ein Schmetterlingssammler, der fein säuberlich die erlegten Pfauenaugen und Kohlweißlinge in seine Schachtel spießte. Wenige nur fanden die später so bekannte ›Suhrkamp Culture‹ zum Kotzen. Bobrowski erzählte mir voller Widerwillen von einem Gespräch, nachdem er den Preis erhalten hatte, in dessen Verlauf ihm Siegfried Unseld gesagt habe: Wissen Sie, Suhrkamp-Autor ist man von einem gewissen Moment an. Für Sie ist dieser Moment jetzt. Weswegen Bobrowski nie Suhrkamp-Autor wurde.« Diesmal musste Siegfried Unseld an die Überweisung des Preisgeldes erinnert werden. Bobrowski selbst hat seinen Eindruck der damaligen Tagung in einem Gedicht zusammengefasst: »Gefechtseinheit Unseld/Einer erteilt die Befehle, da gibt's nichts zu fragen/sonst klappt der/Kompanieeinsatz nicht, also die Büchsen geölt/und hinein ins Gefecht, erst die Schützen, und jetzt/auch Kanonen –/Ging er von sich aus so weit der Rekrut?/Paukt/ihn raus!« Ein Jahr später, bei der Tagung der Gruppe 47 in Saulgau, war die Gruppe Suhrkamp dann definitiv das Klatschthema. Stolz hatte Unseld Enzensbergers Büchnerpreisrede als Zeitung gedruckt und ausgelegt. Frisch erzählte, dass er 1000 Mark als Berater bekomme. Nach Enzensberger, Johnson, Weiss, Walser also noch ein bezahlter Zuträger des Hauses Suhrkamp, noch ein Unseld-Berater. Und Unseld hat Bobrowski bei dieser Tagung 5000 Mark Vorschuss für seinen nächsten Roman geboten. Der aber hat widerstanden.

1962 unterbrach die Nachricht von der Verhaftung Rudolf Augsteins die Tagung. Unseld unterschrieb damals eine Protestnote, Uwe Johnson nicht. Johnson versuchte sich zu diesem Zeitpunkt von seinem Verleger zu emanzipieren. Während der Tagung der Gruppe 47 am Wannsee lud er ihn nicht zu sich nach Hause ein. Das war ein Sakrileg, das verletzte die Spielregeln, Unseld fasste es als Vertrauensbruch auf. Johnson schien auf Konfrontationskurs. Dennoch ist es typisch für das Verhältnis der beiden, dass solche Streitereien am Ende mit der Versicherung, immer aufeinander zählen zu können, beigelegt wurden. Unseld war grundsätzlich bereit, sich seinem Autor unterzuordnen. Und Johnson war in seinen Emanzipationsversuchen sehr unentschieden. Das Verhältnis der beiden zueinander glich einem steten Wechsel aus scheinbaren Abnabelungsversuchen und Kränkungen auf der einen, Annäherungen und Solidaritätsschwüren auf der anderen Seite. Der mehr als 1000 Seiten umfassende, 1999 publizierte Briefwechsel zwischen Johnson und Unseld dokumentiert das auf eindrückliche, penible, bewundernswerte, manchmal aber auch fast lächerliche Weise.

Unselds Energie schien zu dieser Zeit unerschöpflich zu sein. Während des gesamten Jahres 1962 dachte er auch noch über den Erwerb des Insel Verlags nach, der nach einem Umzug von Leipzig nach Wiesbaden jetzt in Frankfurt seinen Sitz hatte. Der Verlag war finanziell ausgelaugt, Kippenbergs Tochter Jutta von Hesler wollte ihn loswerden. Über Rudolf Hirsch, der damals bei S. Fischer arbeitete, aber Unseld gut kannte, kam der Kontakt zu von Hesler zu Stande. Suhrkamp selbst schrieb noch immer keine schwarzen Zahlen, aber die Verlockung war groß. Und Mut hatte Unseld auch. Wieder stand ein Gang nach Winterthur zu den Brüdern Reinhart an. Unseld hatte damals noch Scheu vor dem Konzerngebäude, er fühlte sich hier, wo er Bittsteller war, unwohl. Aber jetzt musste es sein. Peter Reinhart prüfte dann genau die »Propositionen«, wie er Unselds Vorschläge und Überlegungen zur Entwicklung der Verlage nannte, und stimmte zu.

Unseld lernte durch Adorno den Insel Verlag als Pendant und ideale Ergänzung zu Suhrkamp zu sehen. War hier die Moderne maßgebend, war es dort die Tradition: Goethe und Rilkes *Cornet*.

Auch dass die Kant-Ausgabe seines Lehrers Wilhelm Weischedel im Programm war, hat Unseld die Entscheidung nicht schwerer gemacht. Jetzt schien sich aber auch zu zeigen, dass Unselds Liebe zur Literatur manchmal nur die Leidenschaft eines Sammlers war. Als die Entscheidung im Februar 1963 rückwirkend zum Jahresbeginn bekannt gegeben wurde, war die Kritik in der Öffentlichkeit groß, von beängstigender Konzentration war die Rede. Suhrkamp wurde jetzt weniger als Verlag denn als Konzern wahrgenommen. Man fragte sich, ob ein schöngeistiger Verlag so expandieren dürfe. Man konnte nicht glauben, dass das ein Verleger leiten könne, ohne die Übersicht zu verlieren. »Es muß immer einer dafür einstehen, ein Verlag braucht Identität durch die Verantwortung einer Person«, sagte Unseld dazu. Corinne Pulver erzählte er damals, dass er den Verlag für seine Tochter Ninon gekauft habe: Suhrkamp für Joachim, Insel für Ninon. Das schien großherzig und selbstherrlich zugleich.

Eine gewisse Selbstherrlichkeit Unselds zeigte sich jetzt auch bei Personalentscheidungen. Zuerst wurde der Verlagsleiter Fritz Arnold durch Rudolf Hirsch ersetzt, der dafür S. Fischer verließ. Er wurde neben Unseld, Peter und Balthasar Reinhart auch Gesellschafter des neuen Verlags. Der bisherige Außenlektor Klaus Reichert sollte fest angestellt werden. Dazu musste er sich auch bei Unseld vorstellen. Reichert fühlte sich hier zum Prüfling und Bittsteller degradiert und wehrte ab: »Ich will nichts von Ihnen, Herr Unseld, Herr Hirsch möchte, daß ich den Verlag mache.« »Ja, Herr Reichert, warum haben Sie noch nicht promoviert?« Der 25-jährige Reichert hatte bereits Richard Ellmann übersetzt, Hildesheimer bei der Übersetzung von Djuna Barnes geholfen und für den WDR Features gemacht. Unseld bohrte weiter: »Was ist mit Ihrem Militärdienst? Haben Sie verweigert?« Reichert hatte genug, er wollte die Stelle nicht mehr. Es war Rudolf Hirsch, der ihn dann doch überzeugte, beim Insel Verlag anzufangen.

Dann schied Hirsch als Verlagsleiter aus. Hirsch war Verlagsleiter geworden, weil die Brüder Reinhart ihn wollten. Unseld kam mit dem faszinierenden, altmodischen und hochgebildeten Mann, der die Vornehmheit und Zartheit eines jüdischen Gelehrten hatte, einfach nicht klar. Er spürte, dass Hirsch ihn etwas klobig und ungebildet fand. Offiziell hieß es, Hirsch sei nicht effizient genug. So war Unseld mit dem Beginn des Jahres 1965 auch noch alleiniger Leiter des Insel Verlags.

Er hatte sich verändert. Der Kronprinz hatte etwas von einem großzügigen Gesellschaftsmensch mit Playboyanflügen gehabt. Unseld war nicht nur ungemein vital, er hatte auch eine Art Freundschaftsenergie. Am Anfang als Verleger wollte Unseld alles, auch ein toller Chef sein. 1959 gab er noch allen Mitarbeitern zwischen den Jahren frei. Er wollte einen vorbildlichen Betrieb leiten; er hatte die Vorstellung eines Verlags, in dem alle glücklich sind. Dann aber absorbierte ihn das Geschäft sehr schnell und vollkommen; und es dauerte nicht lange, bis es Befriedigung für ihn nur im Wachsen, in der Größe, im Haben gab.

Auch das Verhältnis zu seinem engsten Mitarbeiter Walter Boehlich begann sich langsam zu verändern. Boehlich hatte kein Interesse, Geschäftsentscheidungen zu treffen. So ergänzten sich der Verleger und sein Cheflektor ideal. Meine genialste Bremse nannte Unseld ihn damals. Boehlich durfte reisen, er fuhr zu Beckett, überhaupt nach Frankreich, da Unseld kein Französisch konnte. Damit war er zufrieden. Boehlich schaffte es, Bücher auf der Leipziger Buchmesse auszustellen. Jede Nacht um fünf nach zwölf telefonierten der Verleger und sein Cheflektor. Immer noch jeden Samstag kam Boehlich zum Tee. Wenn Unseld verreist war, kam Boehlich statt um elf morgens um acht in den Verlag und schaute, wer zu spät kam. Boehlich identifizierte sich mit dem Verlag mindestens so sehr wie Unseld. Aber Unseld fühlte sich durch die überlegene Klugheit Boehlichs, die der Hirschs ganz ähnlich war, bedroht. Außerdem konnte Boehlich genauso sarkastisch wie charmant sein, was Unseld manchmal das Leben schwer machte. Boehlich liebte es, den Verleger mit seiner Unbildung zu demütigen. Der Dümmste hat den Verlag bekommen, hatte er gesagt.

Auch nach der Übernahme des Insel Verlags dachte Unseld noch an Expansion. Am 19. Februar hatte er den Traditionsverlag übernommen. Am 1. Juli 1963 tat er das Gleiche mit dem juristischen Fachverlag August Lutzeyer in Baden-Baden. Zu diesem Verlag gehörte eine Druckerei, Unselds Wirtschaftsprüfer und Berater Herbert Haag, Syndikus des Börsenvereins, schon mit Suhrkamp bekannt, riet Unseld zum Kauf. Aber Unseld überzeugte nicht die planbare und zuverlässige Rendite, die hier winkte. Ihn überzeugte vor allem die Idee, durch die Druckerei autonom zu werden. Zu dieser Zeit wurden die Verlage von einer überlasteten Druckindustrie nachgerade erpresst.

Nach den Verkaufsverhandlungen fuhr Unseld mit der Bahn zurück nach Frankfurt. Wie es der Zufall wollte, war er mit dem Freiburger Völkerrechtsprofessor Joseph H. Kaiser in einem Abteil. Unseld stellte sich vor: »Unseld, Verleger.« Kaiser entgegnete: »Kaiser, Professor beider Rechte.« »Was«, rief Unseld da, »ich habe gerade einen juristischen Verlag gekauft. Sie könnten mir helfen, einen Namen zu finden.« Kaiser schlug das griechische Wort »Nomos« vor: das weltliche Recht. Das passte. Zum Dank – und nicht zum eigenen Nachteil – hat Unseld Kaiser eine eigene Schriftenreihe bei Nomos gegeben. 1966 überlegte Unseld außerdem, ob er den heute vergessenen Rhein Verlag kaufen sollte, beschränkte sich dann aber auf den Rat von Boehlich hin auf die vier Autoren Hermann Broch, James Joyce, Adolf Portmann und Gershom Scholem. Drei von ihnen sind für den Suhrkamp Verlag bis heute von entscheidender Bedeutung.

Seit 1961 gab es außerdem noch den Plan einer internationalen Zeitschrift, an der Gallimard und Einaudi von französischer und italienischer, und an der von deutscher Seite zuerst der S. Fischer Verlag, vertreten durch den Lektor Klaus Wagenbach, beteiligt sein sollten. Diese Zeitschrift sollte in drei Sprachen alle zwei Monate erscheinen und den von Enzensberger vorgeschlagenen Titel *Gulliver* haben. In der deutschen Redaktion sollten, über den Zeitraum von gut zwei Jahren wechselnd, in dem an dem Projekt gebastelt wurde, Bachmann, Boehlich, Enzensberger, Grass, Heißenbüttel, Johnson, Rühmkorf und Martin Walser sitzen. Uwe Johnson gelang es dann, S. Fischer und Wagenbach aus dem Projekt herauszudrängen und durch Suhrkamp und sich selbst zu ersetzen. Unseld sprach mit Rudolf Hirsch, der damals noch bei S. Fischer war, und Hirsch überzeugte Bermann Fischer, die Zeitschrift an Suhrkamp und Johnson abzugeben. Johnson überschätzte sich dabei allerdings vollkommen, er wollte der deutsche Herausgeber werden und meinte, in einem Jahr dafür Französisch und Italienisch so gut lernen zu können, dass er mit seinen Verhandlungspartnern würde vernünftig korrespondieren können. Bei dem legendären Edition-Suhrkamp-Treffen in Wasserburg wurde ebenfalls über die Zeitschrift gesprochen. Und im Oktober 1962 kam Rudolf Augstein in die Klettenbergstraße zu Unseld: Er sollte für die Finanzierung der Zeitschrift gewonnen werden. Dabei waren Bachmann, Boehlich, Grass, Johnson und Walser. Aber Augstein war skeptisch, er plädierte für eine nationale Ausgabe. Dazwischen kam dann die *Spiegel*-Affäre, und als Augstein aus dem Gefängnis entlassen wurde, interessierte ihn das Projekt nicht mehr. Die Zeitschrift erschien nie. Als sich die Gremien Anfang 1963 in Zürich trafen, konnte man sich nicht auf ein gemeinsames Konzept einigen. Hinzu kam, dass Gallimard jetzt keine definitiven Zusagen mehr machte. Zum endgültigen Auseinanderbrechen kam es beim nächsten Treffen im April in Paris. Johnson lehnte damals fast alle Texte der Italiener und Franzosen ab, man konnte sich nicht auf die Art der Artikel einigen. Das erste Zeitschriftenprojekt, das Unseld verfolgt hatte, war gescheitert.

Als Ingeborg Bachmann im Sommer 1963 im Krankenhaus lag, hatte sie das dringende Bedürfnis, mit Siegfried Unseld zu reden. Kurz zuvor hatten Max Frisch und sie sich getrennt. Uwe Johnson versuchte mehrfach, den Kontakt herzustellen, aber Unseld konnte sich dazu nur widerwillig entschließen. Sowohl Bachmann als auch Frisch taten sich schwer, ihre Beziehung und die Trennung zu verarbeiten. Unseld kam hier in einen jener Interessenkonflikte, die zu den schwierigsten Aufgaben eines Verlegers gehören und die seit 1961 die Beziehungen zu Bachmann und Frisch schwierig gemacht hatten. Noch als er im Juli 1971 Max Frisch besuchte, war seine größte Sorge, dass Ingeborg Bachmann auf keinen Fall davon erfahren dürfe. Max Frisch wurde von Unseld verehrt, gleichzeitig hatte er ein schwieriges Verhältnis zu ihm. Er war eine der übergroßen Figuren des Verlags. Suhrkamp und Frisch kannten sich seit 1949, Frisch war bei der Gründung des Suhrkamp Verlags dabei gewesen, er war Suhrkamp damals beiseite gestanden und hatte dessen Vertrauen. Als Unseld bei Suhrkamp noch am Anfang stand, 1954, traf das Manuskript von *Stiller* ein, ein entscheidendes Buch nicht nur für Frisch, sondern auch für die Geschichte und Entwicklung des Verlags und Unselds selbst. Unseld las es, er las es seiner Frau vor, sie las es, und beide hatten das Gefühl, dass hier ihre ureigene Sache verhandelt wurde. So gegenwärtig konnte Literatur also sein! Frisch fühlte sich Unseld nah, und gleichzeitig scheute er vor ihm zurück. Vor allem in Brecht und Frisch hatte sich Unseld in den ersten Jahren bei Suhrkamp eingearbeitet. Er war ihr Lehrling. Und dann wurde er 1959 Verleger dieses großen, übergroßen Autors, der im Gegensatz zu Brecht noch lebte und auch noch mit Ingeborg Bachmann zusammen war.

Man stelle sich also vor: Frisch und Bachmann, dazu noch Walser, Johnson und Enzensberger, sie alle in hochemotionalen, freundschaftlichen, aber auch höchst angespannten Beziehungen zueinander, und dazwischen dann der Verleger Siegfried Unseld, nicht nur als kaufmännische, sondern auch als in allen anderen Bereichen übergeordnete Instanz, die es aber gleichzeitig allen recht machen musste – ein unmögliches Unterfangen. Kein Wunder, dass Unseld über all den Rücksichtnahmen seine eigenen Belange manchmal vollkommen zu vergessen drohte. Und darüber, über diesem System, das um Unseld herumkreiste und arbeitete, dieses unüberschaubare Geflecht aus Liebe, Bewunderung, Eifersucht, Lebenslust, Verletzung und Kränkung bis zum Tod schrieben die Herren (und vereinzelt auch Damen) dann ihre Bücher. Von dieser Zeit an wurde das eine bedeutende Sparte im Verlag Unselds. Ein gleichermaßen beängstigendes wie berauschendes Gemisch.

Während der Beziehung Frischs mit Ingeborg Bachmann war der Kontakt zwischen Frisch und Unseld nicht so eng, wie der sich das wünschte. Frisch sagte Treffen immer wieder ab. Für die beiden Bände mit gesammelten Stücken Frischs, die Unseld 1962 verlegte, dankte Frisch doch etwas gewunden: »Lieber Herr Unseld, ich habe Ihnen zu danken für die beiden Stücke-Bände, für das Wagnis, das Sie da eingegangen sind, für die große Sorgfalt, die Sie haben walten lassen, für das Ergebnis, das mir sehr gefällt und wohl eine vorbildliche Buchmacherei ist, für die Liebe, die Sie diesem Teil meiner

Arbeit entgegengebracht haben. Ich selbst, Sie werden es verstehen, bin einigermaßen betreten, stehe so da, das Buch in Händen, drehe es, blättere, ohne aber darin lesen zu wollen...« Immer enger, das konnte Unseld nicht entgehen, wurde dagegen Frischs Kontakt zu Walter Boehlich. In der Auseinandersetzung um die edition suhr-kamp waren Frisch und Boehlich einer Meinung.

Dann kam die Trennung von Ingeborg, und es kamen die »700 Seiten«, die später *Mein Name sei Gantenbein* wurden. Unseld fuhr im Oktober 1963 zu Frisch und seiner neuen Geliebten Marianne Oellers nach Italien, es gab auch eine neue Chance für die Bezie-hung zwischen Unseld und Frisch. Das fertige Manuskript las zu-erst Ingeborg Bachmann, dann ging es kurz vor Weihnachten an den Verlag, wo es Boehlich, Karl Markus Michel und Unseld unter Hochdruck lasen. Das wurde ein entscheidender Moment, er führte zu einem Knacks in der Beziehung zwischen Frisch und Boehlich. Walter Boehlich lehnte das Buch zwar nicht ab, konnte aber auch nichts mit ihm anfangen. Er schrieb einen fast entschul-digenden Brief an Frisch, in dem er seine grundsätzlichen Schwie-rigkeiten mit der Geschichte gestand. Das Verhältnis erholte sich davon nie. Auch Unseld äußerte sich kritisch, vor allem zum Titel, aber mit seinem grundsätzlich positiv gestimmten, sachlicheren Ton konnte Frisch umgehen. Frisch war im April 1964 wegen seines Romans in Frankfurt, anwesend waren auch Johnson, Walser und Enzensberger, und schrieb danach an Unseld: »Sie kennen ja den weisen Brauch der Chinesen: einmal im Jahr kommt die Verwandt-schaft zusammen, knetet sich Lehm in jedes Ohr, worauf jeder einmal sagt, was er so im Lauf des höflichen Jahres über den ande-ren denkt, dann wieder raus mit dem Lehm, und man lädt sich ge-genseitig zum höflichen Wiedersehen bei Tee. Sie sehen daraus, wie verwandt ich mich gefühlt haben muß. Dies im Ernst. Meine Ge-fühle gegenüber Walser, Johnson, Enzensberger sind eine bewegli-che Mischung von Zärtlichkeit und Verehrung, und was immer ich gesprochen haben mag, nehmt alles nur in allem: Sympathie.«

Wieder ging es in dem neuen Buch Frischs um jene eigentüm-liche Mischung von Leben und Literatur, deren Erfinder Frisch war und der sich bald wesentliche Teile des Suhrkamp Verlags verpflichtet fühlten. Literatur wurde von Frisch aus dem eigenen Leben abgeleitet, auch auf Kosten dieses Lebens, und das Leben leitete sich aus der Literatur her und folgte ihren Mustern. Wieder gab es Gerüchte um das Buch, Frisch müsse es umarbeiten, da Ingeborg Bachmann protestiere. Johnson, Walser und auch Ingeborg Bachmann folgten Frisch dabei gläubig nach. Im Gantenbein-Roman bearbeitete Frisch seine Beziehung zu Ingeborg Bachmann, wie sie später in *Malina*, das Buch, mit dem sie in den Suhrkamp Verlag eintrat, ihre Beziehung zu Frisch bearbeitete. Noch heute ist erstaunlich, dass dabei große Literatur und Verkaufserfolge herauskamen. *Mein Name sei Gantenbein* wurde bereits zwei Wochen nach Erscheinen auf der Bestsellerliste notiert. 43 628 Exemplare vorbestellt, meldete der Suhrkamp Verlag.

Unseld versetzte Berge. Alle dachten, mit der Insel, das geht nicht, aber er bekam es hin. So, dachte sich mancher, müssen die großen Feldherren gewesen sein: diese Überzeugungskraft, überhaupt diese Kraft. Es war, als könne er einfach nicht genug bekommen. Seit 1963 arbeitete er auch noch im Börsenverein mit, bereits 1964 sprach er in dem damals stockkonservativen Verlegerverband über sein Lieblingsthema »Fortbildung«. Unseld hatte an der Berufsschule gelehrt, und seit einiger Zeit nahm er die Gehilfenprüfung ab: »Ich mag mich irren, doch immer spürbarer schlägt mir seit einiger Zeit aus meinen Gesprächen mit Gehilfen im Sortiment der Eindruck einer Ernüchterung, einer Enttäuschung, einer Ermüdung entgegen, Symptome also, die zeigen, daß die jungen Leute für sich im Beruf wenig Hoffnung, wenig Chancen mehr sehen«, sagte er. Man lebte in Zeiten der Vollbeschäftigung. Unseld wollte den Geist des Aufbruchs in jene Mauern tragen, die – wie für andere die Talare – den Muff von tausend Jahren bargen. Seine Idee war eine Eliteklasse. Er wünschte sich eine Einrichtung, die er selbst gerne besucht hätte. Das Referat schlug Wellen, Unseld ging sofort weiter und schlug ein »Deutsches Buchhändler-Seminar« vor, erarbeitete detaillierte Vorschläge, all dies getragen von der für ihn typischen Emphase: »Ich kann nur wiederholen, was ich schon einmal schrieb: Ein Berufsstand hat für die Zukunft immer die Aussichten, die er selbst seinem Nachwuchs einräumt.«

Nie mehr sollte auch das politische Engagement so einfach sein wie in diesem Jahr 1964. Mit Bachmann, Enzensberger, Johnson, Grass und Walser engagierte sich Unseld in einer Bürgerinitiative für die SPD, die damals noch weit von der Macht entfernt schien. Von daher stammen Unselds gute Kontakte in die Politik. Offizielle Politik und avancierte Literatur schienen damals im Geist der Opposition und Veränderung vereinbar. 1965 kam dann schon die große Koalition. Aber noch konnte Unseld seine Rolle als der große Integrator und Vorreiter fortsetzen. 1965 ging er das erste Mal zur Buchmesse nach Leipzig. Vor allem durch die Kooperation mit dem Aufbau-Verlag hatte er ja dauernd Kontakt mit der DDR. Im Börsenverein setzte er sich für eine verbesserte Präsentation der DDR-Verlage bei der Frankfurter Buchmesse ein. Dauernd sprengte Unseld Grenzen. In Frankfurt gab er einen Empfang für DDR-Verleger, er wollte – damals noch unter dem Einfluss Boehlichs – Öffnung, Kommunikation, Verbindung. Er fuhr zur Buchmesse nach Prag, wo er »das Feuerwerk künstlerischer Hochleistungen wie die Filme Formans, Krejčas Inszenierungen, Holans Gedichte, Havels Stücke« erlebte, er machte Věra Linhartová den Hof und wollte sie zusammen mit Hrabal nach Frankfurt holen. Er fuhr zur Buchmesse nach Polen, wo er Jan Kott traf, den einflussreichsten Theaterwissenschaftler der Sechziger- und Siebzigerjahre.

Und intensiv arbeitete das Haus, vor allem Boehlich und Unseld, am Konzept des Insel Verlags. Adorno gab den Vordenker. »Tradition kommt von tradere, weitergeben. Gedacht ist an den Generationszusammenhang, an das, was von Glied zu Glied sich vererbt.« Dieser Satz ist Unseld wichtig. Man kam auf die geniale, von Adorno inspirierte Idee – »Tradition aber ist gegenwärtige Zeit«, hatte er bei der Präsentation von Brechts *Über Klassiker* im Frankfurter Palmengarten gesagt –, nicht die Gegenwart von der Vergangenheit abzuleiten, sondern die Gegenwart sollte das Gewesene neu definieren. Die neue Sammlung Insel, sozusagen Boehlichs und Reicherts Reihe, brachte vergessene Werke der Aufklärung. Boehlichs großes Thema war die verschüttete deutsche radikaldemokratische Tradition, Reichert war der Lektor. Die Einleitung dazu schrieben die Suhrkamp-Autoren. Die Reihe war ein historisches

Pendant zur Edition. Unseld selbst schrieb eine Einleitung zu einem Band von Georg Weerth, eine solide und couragierte Darstellung. Ein zweiter Plan war eine Bibliothek der Weltliteratur, entsprechend der Bibliothek Suhrkamp. Sie sollte 1966 begonnen werden. Aber nachdem die Sammlung Insel nicht so gut lief – die Zeit gierte nicht gerade nach Historischem –, entschloss Unseld sich, dieses Vorhaben aufzugeben.

Im Sommer 1964 lernte Unseld dann auch noch den Letzten derer kennen, die den inneren Kreis des Verlags ausmachten. Ein paar Mal hatten Unseld und Jürgen Habermas sich in Frankfurt schon gesehen, aber jetzt fuhr Unseld mit Hilde zu dem jungen Philosophen und seiner Frau Ute nach Heidelberg. Er hatte einen Plan. Unseld wollte, dass Habermas zusammen mit Hans Heinz Holz eine wissenschaftliche Reihe für den Verlag herausgeben sollte. Das war damals etwas Neues: wissenschaftliche Bücher in einem Publikumsverlag. Der Erfolg von Ludwig Wittgensteins *Tractatus logico philosophicus* in der edition suhrkamp hatte Unseld auf die Idee gebracht. Wir haben Adorno, Benjamin und Bloch, wir haben Wittgenstein. Der Suhrkamp Verlag soll der Verlag der modernen Klassiker der Philosophie werden, sagte er sich. Weitergehende inhaltliche Vorstellungen hatte er nicht, Intellektualität strahlte er nicht aus, dafür aber eine enorme Zukunftsgewissheit, mit der er Habermas zum Nachdenken anregte. Das Ehepaar Habermas war vollkommen frappiert vom gewinnenden, siegesgewissen Auftreten Unselds. Schon beim ersten Treffen schaffte Unseld es, eine Atmosphäre von Freundschaft zu erzeugen, nach wenigen Stunden hatte man das Gefühl, sich ewig zu kennen. Damit war der Boden bereitet, auf dem die Beziehung jahrzehntelang gedieh. So war Habermas schnell begeistert, hatte jedoch etwas gegen Holz als Mitherausgeber, der ihm zu orthodox war. Unseld irritierte das nicht, hier folgte er Habermas.

1965 zog das Ehepaar Habermas nach Frankfurt um. Der Kontakt wurde jetzt sehr eng, Habermas war regelmäßiger Gast in der »kleinen Runde« am Freitagnachmittag und wurde bezahlter Berater des Verlags. Die Planungen der »Reihe Theorie«, wie die Wissenschaft heißen sollte, liefen an. Habermas schlug den Philosophen

Dieter Henrich und Jacob Taubes als weitere Herausgeber vor, Unseld meinte, dass man dann auch Hans Blumenberg dazunehmen müsse. Damit stand der Stab.

Wieder hatte Unseld mit Bedenken zu kämpfen: »Ich weiß ja, was Sie der Entwicklung meiner verlegerischen Pläne gegenüber denken. Glauben Sie nicht, dass ich dies je vergessen würde, im Gegenteil, bei der Formulierung und Abfassung dieses Prospektes war mir Ihre Skepsis gegenwärtig. Und doch leben wir in einer verwandelten und sich wandelnden Welt«, schrieb Unseld 1966 an den skeptischen Max Frisch.

Habermas und der Lektor Karl Markus Michel bereiteten die ab Ende 1966 erscheinende Reihe vor. Die Herausgeber trafen sich einmal im Jahr mit einer Liste ihrer Titel. Die analytische Philosophie, Quine und Davidson, kam von Henrich, die sozialwissenschaftlichen Titel waren Habermas' Domäne, Taubes und Henrich akquirierten eher für den historischen Teil, der einen blauen Punkt hatte, Habermas die aktuellen Titel mit einem roten Punkt. Der Eigenbrötler Blumenberg, der Habermas eher für einen kenntnislosen Parvenü hielt, bewegte sich am Rand. Durch Karl Markus Michel kamen bald die Franzosen dazu, vor allem Foucault. Auf Vorschlag von Habermas wurde 1972 Niklas Luhmann der Nachfolger von Blumenberg.

So begann ein Wissenschaftsprogramm, das für mindestens zwei Generationen von Studenten kanonisch wurde – unangefochtener noch als das Literaturprogramm des Verlags. In zentralen Sparten der Geisteswissenschaften wird es über Jahrzehnte zum guten Ton gehören, bei Suhrkamp verlegt zu sein. Unselds Vertrauensmann im Gelehrtenzirkus war Habermas. Durch ihn hatte er das Gefühl, die Übersicht und die Zügel in der Hand zu behalten. Und Habermas entfaltete bei Suhrkamp eine breite und nachhaltige Tätigkeit. Er stellte die Verbindungen her, etwa zur Thyssen-Stiftung, die die Finanzierung der Benjamin-Ausgabe übernahm. Er setzte sich dafür ein, dass Alexander Mitscherlich seine psychoanalytische Reihe machen konnte. Unseld und Habermas, das wurde schnell und blieb lange eine der prägenden Paarungen.

Umstrittenstes Projekt dieser Jahre war Enzensbergers *Kursbuch*, die einzige Zeitschrift, die Siegfried Unseld – trotz vieler Anläufe – je verlegt hat. Zwar wollte er von Anfang an unbedingt eine Zeitschrift haben, war sich aber über Form und Herausgeber unsicher. Enzensberger, der das Gras des Zeitgeistes wie kein anderer wachsen hörte, erschien als der ideale Zeitschriftenmacher, auch wenn er aus Sicht Unselds ein unsicherer Kantonist war. Enzensberger war eine zu eigenständige Person. Aus diesem Grund fragte Unseld erst Walser und Johnson, die die Zeitschrift aber nicht machen wollten. Schließlich blieb nur Enzensberger, der sich die Sache auch aus dem norwegischen Tjøme, wohin er sich zurückgezogen hatte, zutraute und sein Geschick dazu ausnutzte, vollständige Autonomie des Herausgebers auszuhandeln.

Schon das erste Heft sorgte für Ärger. Als Unseld Karl Markus Michel, den Redakteur des *Kursbuchs*, fragte, welche Beiträge geplant seien, fiel auch der Name Grass. Unseld horchte auf: In der Tat, es war ein Auszug aus dem Stück *Die Plebejer proben den Aufstand*, in dem Bertolt Brechts Rolle im Arbeiteraufstand 1953 kritisiert wurde. Unseld kannte den Text, Grass hatte ihn 1964 bei der Tagung der Gruppe 47 in Sigtuna gelesen, und Unseld hatte sich mit Grass über das Stück gestritten. Damals, in Schweden, wollte Unseld mit Nelly Sachs, die er zur Tagung mitbrachte, renommieren. Grass, dessen Abneigung nach dem Streit voll durchschlug, versaute ihm den Auftritt. Grass war ähnlich machtbewusst wie Unseld, er konnte ihn wie kein anderer parodieren. Und in Sigtuna dekretierte er über Unseld: »Ein pompöser Mann, der alles zweimal sagt.« Was damals auf weit offene Ohren stieß. Hinzu kam, dass Unseld gerade seine große Brecht-Ausgabe plante. Da war er auf die tätige Mithilfe von Helene Weigel und des Brecht-Archivs angewiesen, und eine brechtkritische Publikation aus seinem Hause wäre nicht gerade hilfreich gewesen. Und überhaupt fand er es ungehörig, eine Hauszeitung mit der Kritik an einem der wichtigsten Hausautoren zu beginnen. Und dann noch von Grass.

Unseld saß also in der Zwickmühle. Enzensberger ließ nicht zu, dass ihm reingeredet wurde. Der Grass wird gedruckt, hieß es von seiner Seite, er hatte ihm bereits zugesagt. Walser wurde zu einer Krisensitzung nach Frankreich gerufen. Er verfiel auf die Idee, Johnson zu überreden, mit Grass – die beiden verstanden sich gut – ein Bier zu trinken und ihn zur Rücknahme des Textes zu bewegen. Das Suhrkamp-Räderwerk arbeitete gleich einer geheimen Staatsaktion auf Hochtouren – Johnson als literarischer Undercoveragent! Nicht auszudenken, wie die Öffentlichkeit, wie Grass, wie die Weigel reagiert hätten, wenn die Geschichte aufgeflogen wäre. Dann aber stellte sich heraus, dass die Sache sich von selbst löste. Denn Günter klagte Uwe beim Bier, dass er angesichts der Proben zur Uraufführung noch Verbesserungen anbringen wolle, dann aber der *Kursbuch*-Text von dem der Aufführung abweiche. Die Chance für Johnson, dem Zweifelnden energisch zuzureden, dass die Aufführung natürlich Vorrang vor dem Abdruck habe. Später konnte Johnson dann in Frankfurt bei Walser Entwarnung geben.

Die Schwierigkeiten mit dem *Kursbuch* setzten sich fort. Fing der Kreis um Unseld bereits an zu zerbrechen? 1966 erregte eine Kontroverse zwischen dem sich gerade heftig politisierenden Enzensberger und Peter Weiss um das Verhältnis von Literatur und Wirklichkeit, ein Lieblingsthema dieser Tage, das Missfallen des Verlegers. Johnson sah darin »einen fälligen Streit« und stellte fest, dass »seit dem vorigen Herbst noch viel mehr Meinungen unserer besseren und schlechteren Bekannten gegeneinander« gingen. Unselds Beziehung zu Enzensberger schwankte. 1967 schrieb er über Enzensberger an Johnson: »We are again on a speaking level.« Unseld hielt Enzensberger bereits zu diesem Zeitpunkt das Fehlen von Literatur in der Zeitschrift vor. Immer wieder führte Unseld »die Schweizer« ins Feld, also die Reinharts: »Das gibt Ärger. Da müssen wir uns was ausdenken.« Natürlich wollte Enzensberger wissen, was der Verleger sich denn überhaupt überlegt habe. »Wir müssen die Zeitung ausgründen.« Das Wort machte damals die Runde: »ausgründen«. »Du und ich, wir machen einen Kursbuch-Verlag, ich gebe Geld dazu. Das heißt aber auch, daß ich inhaltliches Mitspracherecht habe.« »Nein, das kommt nicht in Frage.« »Das ist doch ein Verlustgeschäft, da muß ich doch auch etwas davon haben.« Da fragte Enzensberger bei Wagenbach und Boehlich nach, die ihm erklärten, dass man bei 50 000 verkauften Büchern schlecht Verluste machen kann. Auslöser der definitiven Trennung von Suhrkamp und *Kurs-*

buch, die ebenfalls eine – wenn auch nur vorläufige – von Unseld und Enzensberger war, ist dann der Plan geworden, *Kursbuch 21* unter das Thema »Kapitalismus in der BRD« zu stellen. Das soll auch der Familie Reinhart in Winterthur zu Ohren gekommen sein, die das erträgliche Maß kapitalismuskritischer Schriften erreicht sah. Unseld sollte die Trennung später allerdings immer auf die Nummer 15, in der der angebliche Tod der Literatur verkündet worden war, und das Jahr 1968 datieren. Für ihn wurde dieses Jahr die entscheidende Zäsur.

Der Hauptkonflikt aber, so zeigte sich langsam, war der zwischen Unseld und Boehlich. Immer deutlicher wurde, dass Unseld den ihm gegenüber manchmal abfälligen, im Lektorat aber beliebten Boehlich loswerden wollte. Es ging um die gesamte Richtung: Unseld war gerade dabei, den Verlag in einen modernen Geisteskonzern zu verwandeln, in den Jahren 65/66 war die wirtschaftliche Situation des Verlags immer noch nicht entspannt, Boehlich glaubte an das Konzept des kleinen Autorenverlags. Er akzeptierte Herbert Nabbefeld nicht, der 1966 kaufmännischer Geschäftsführer geworden war und vorher in einem Essener Großbetrieb für Schuhherstellung gearbeitet hatte. Nabbefeld sollte die Zusammenführung zwischen den Betrieben Insel und Suhrkamp bewerkstelligen. Das Betriebsklima verschlechterte sich, die Fluktuation der Mitarbeiter stieg. Niemand kannte mehr alle Mitarbeiter des Hauses, aus einem kleinen Unternehmen war ein anonymer Betrieb geworden. Und das ging Boehlich gegen den Strich.

Außerdem wollte das Lektorat versammelt in die Gewerkschaft eintreten, weil die Gewerkschaften damals die einzige gesellschaftliche Kraft waren, die gegen die Notstandsgesetze Front gemacht hatte. Es musste ein Betriebsrat gegründet werden, dazu wurde 1967 eine Betriebsversammlung einberufen, und Boehlich wurde als Betriebsratsvorsitzender gewählt. Damit war er unkündbar. Unseld hat sich dagegen mit Händen und Füßen gewehrt. Unselds Rechtsanwalt Ferdinand Sieger aus Stuttgart kam auf die Idee, dass in einem Verlag als einem Tendenzbetrieb ein Betriebsrat nicht möglich sei. Aber es nützte nichts. Die Zeichen zwischen dem Verleger und seinem Cheflektor standen auf Konfrontation.

Flaschenpost.
1965–1967

Nach 1965 war Siegfried Unseld ein rastloser, kaum irgendwo zu erwischender Arbeiter der Literatur. Er hetzte durch die Gegend, mit dem Flugzeug, mit seinem Citroën, damals das schickste Automobil, das der Automobilmarkt hergab. Er versuchte, immer mindestens an zwei Orten gleichzeitig zu sein – was er mitunter schaffte. Dennoch begann Unseld – wacheren Geistern ist das seinerzeit nicht entgangen –, den Anschluss an den progressiven Zeitgeist zu verlieren. Auch wenn er gerade noch eine Erklärung gegen die Vorgänge bei der Erschießung Benno Ohnesorgs unterzeichnet hatte, das vorwärts stürmende Zeitgeschehen und der Verleger wurden einander fremder. Die Studenten, die gegen die Erschießung von Ohnesorg demonstrierten, standen, wenn sie sich überhaupt für ästhetische Fragen interessierten, auf Abstrakte Malerei oder Pop-Art, auf die französische Nouvelle Vague, und in der Literatur auf Konkrete Poesie, auf Heißenbüttel oder gleich auf Bukowski.

Unseld aber fand in dieser Zeit erstmals Gefallen an einer ganz anderen Tradition. Er begann, sich für Paul Celan zu interessieren, einen Dichter, für den die meisten seiner Lektoren überhaupt kein Verständnis hatten. Celans Übertritt von S. Fischer zu Suhrkamp hing eng mit Peter Szondi zusammen. Der wiederum hatte eine Vorgeschichte mit Suhrkamp, die keineswegs von früher Liebe zeugt. Es war noch Peter Suhrkamp, der sich 1955 entschlossen hatte, Szondis Dissertation *Die Theorie des modernen Dramas* zu drucken. Siegfried Unseld war bei diesem Buch, wie in dieser Zeit so oft, mit der Gestaltung und dem Klappentext, der Biographie Szondis und der Buchherstellung befasst. Kurz vor seinem Tod konnte sich Peter Suhrkamp nicht zu einer Neuauflage der *Theorie des modernen Dra-*

mas entschließen. 1960 hatte Unseld dann Szondis Habilitations-schrift *Versuch über das Tragische* abgelehnt: »Sie erheben einen An-spruch, den Sie mit diesen kurzen Arbeiten nicht erfüllen können.« Hinter dem Schreiben stand Walter Boehlich, der andere Vorstel-lungen von einer Habilitation hatte.

»Vier Seiten über Othello!«, schimpfte er. Unseld wollte Szondi mit seinem Ablehnungsschreiben, noch ganz aus Suhrkamps Geist, zu einer grundlegenderen und persönlicheren Arbeit ermutigen. Aber er hatte keinen Erfolg. Szondi wandte sich an Fritz Arnold vom Insel Verlag, mit dem er bereits 1956 in Kontakt stand, und der nahm das Buch sofort an. So war Szondi bei einem anderen Verlag – allerdings nur für drei Jahre, bis Insel zu Suhrkamp gehörte.

Als Celan 1966 von S. Fischer zu Suhrkamp wechselte, war es für Gottfried Bermann Fischer eine enorm kränkende Wiederauflage der alten Trennungsgeschichte von 1950. Noch zwei Jahre zuvor wollte Celan ein Jahr lang als Lektor bei S. Fischer arbeiten, Ber-mann Fischer und Celan redeten sich bereits mit Vornamen an. Viel wurde gerätselt, was die Gründe für diesen Wechsel gewesen sein mögen. Der S. Fischer Verlag hält sich an einen Bericht von Janos Szasz, wonach in einer Fischer-Anthologie ungefragt ein Motto von Celan verwendet worden sei. Celan hatte verboten, seine Gedichte dort abzudrucken, da er unter den Beiträgern ehemalige Nazis ent-deckt hatte. Celans Biograph John Felstiner vermutet, dass Celans lange Krankheit in der ersten Hälfte des Jahres 1966 ausschlagge-bend war.

Peter Szondi hatte 1959 brieflich Kontakt zu seinem Seelenver-wandten Celan aufgenommen. Als sie sich im April dieses Jahres erstmals in Paris trafen, verstanden sich die beiden sofort. Die Ver-bindung wurde für den Wechsel entscheidend. Als Szondi durch den Kauf der Insel wieder ins Suhrkamp-Imperium gelangt war, bahnte er sich bereits an. Szondis Lektor Klaus Reichert riet Un-seld, Celan abzuwerben. Szondi unterstützte das, 1965 schrieb er an Unseld: »In Paris war ich auch mit Celan wiederholt zusam-men. Ich hatte den Eindruck, daß er es nicht recht verstand, wa-rum Sie ihm nicht direkt geschrieben haben. Ich versuchte es zu erklären, aber ohne Erfolg. Er ist im Augenblick sicher nicht entschlossen, von Fischer wegzugehen, aber ein Brief von Ihnen könnte nicht schaden. (Schreiben Sie aber bitte nichts über diese Zeilen.)«

Ende 1966 fragte Celan Szondi dann, zu welchem Verlag er wechseln solle. Szondi bemühte sich um Objektivität: »Sie kennen ja wie ich die beiden Verlage und ihre Leiter. Feststehen dürfte, daß Suhrkamp der bessere Verlag, Walter der angenehmere Mensch ist. Aber auch das macht die Entscheidung bzw. den Rat nicht einfacher. Denn Unseld ist trotz seinen Fehlern ein guter Verleger, der sich um seine Autoren kümmert, während Walter (…) trotz seiner menschlichen Qualitäten vielleicht nicht immer tun kann, was er selber möchte. Ich kann's auch so sagen: ›man‹ würde Ihre Werke bei Suhrkamp, nicht bei Walter erwarten, aber Walter muß Ihnen näher stehen als Unseld.«

Dieses »Man« war ausschlaggebend. Auch Celan war für die Ausstrahlung empfänglich, die der Name Suhrkamp bereits hatte. Er konnte den Abwerbeversuchen Szondis und Unselds nicht widerstehen. Als Unseld im November 1966 bei Celan in Paris war, war der Wechsel bereits beschlossene Sache. Die Einstellung der meisten Lektoren, allen voran Walter Boehlich, gegenüber dem dunklen Lyriker änderte sich aber nicht. Als Celan beim Kritikerempfang in der Klettenbergstraße las und in die Lesung hinein Gläser klirrten, stellte Karl Markus Michel für alle fest: »Jetzt ist das endlich mal moderne Lyrik.« Unseld ließ sich aber nicht beirren, und Celan war, nachdem 1967 sein erster Suhrkamp-Band, *Atemwende,* erschienen war, begeistert: »Unseld fördert mich!«

Es deutete sich ein Richtungswechsel an. Zum März 1967 warf Unseld auch den Lektor Chris Bezzel raus, der für deutschsprachige Literatur zuständig, ein Anhänger Konkreter Poesie war und mit Celan gar nichts anfangen konnte. Jandl und Mayröcker waren Bezzels Helden. Damals wurde gerätselt, was Unseld zu diesem Schritt veranlasst haben mochte, vielleicht ein Streit Bezzels mit Rudolf Walter Leonhardt von der *Zeit* wegen Vietnam, dachte man. Dabei war es wohl ganz einfach: Bezzel passte nicht zu der Linie, für die Unseld sich jetzt zunehmend erwärmte.

Auf bestimmte Weise passte Celan in Unselds Welt wie kaum ein anderer. 1959 hatte Ingeborg Bachmann bei der Frankfurter Poetik-Vorlesung über Celan gesagt: »Mit einer Grabschrift, der ›Todesfuge‹, ist er zuerst unter uns getreten, und mit sehr leuchtenden dunklen Worten, die eine Reise bis ans Ende der Nacht machten.« So etwas gefiel Unseld. Wahrscheinlich dachte damals niemand daran, dass die in Stein gemeißelte, für die Nachkommen gedachte Sprache des Grabsteins große Ähnlichkeit mit einer Flaschenpost hat. Aber genau darin waren sich die Bachmann und Celan nah: Die beiden Dichter, die so lange brauchten, bis sie endlich bei Suhrkamp ankamen, waren die Versender von poetischen Flaschenbotschaften schlechthin. Und Szondi war der Deuter, der diese Art Sprache am besten verstand. Langsam braute sich da etwas zusammen, vom Verleger mehr geahnt als erkannt.

Die Flaschenpost als Metapher hatte in poetischen Kreisen damals eine erstaunliche Konjunktur. Bei der Entgegennahme des Bremer Literaturpreises 1958 hatte Paul Celan gesagt: »Das Gedicht kann, da es ja eine Erscheinungsform der Sprache und damit seinem Wesen nach dialogisch ist, eine Flaschenpost sein, aufgegeben in dem – gewiß nicht immer hoffnungsstarken – Glauben, sie könnte irgendwo und irgendwann an Land gespült werden, an Herzland vielleicht.« Diese Sätze wurden jahrzehntelang viel zitiert, sie gehörten zum Allgemeingut des westdeutschen Intellektuellen. Möglicherweise ging der häufige Gebrauch der Metapher von der Flaschenpost, die übrigens auch Adorno schriftlich zum ersten Mal 1958 verwendete, zurück auf eine Tagung 1957 in Wuppertal, auf der über Dichtung als Flaschenpost diskutiert wurde.

An der Tagung nahmen Paul Celan, Ingeborg Bachmann, Hans Mayer, Hans Magnus Enzensberger, Walter Jens, Heinrich Böll und Peter Huchel teil. Sie alle verwendeten in der Folge die Metapher. Die Flaschenpost stand also nicht nur für die Frankfurter Schule, sie wurde eine Metapher für den frühen Suhrkamp Verlag, die die damalige Kommunikationssituation für Dichtung auf den Punkt brachte. Dafür hatte Unseld ein Gespür.

Paul Celan war bis nach seinem Tod der dunkle Spiegel der deutschen Gefühlslage, einerseits Anlass für Trauerarbeit, für eine Art elitären Trauerbewusstseins in Kreisen, die einer Unfähigkeit auf diesem Gebiet sich nicht verdächtig fühlten, andererseits war Celan Gegenstand von üblen Anfeindungen, ungerechtfertigten Plagiatsunterstellungen und verstecktem Antisemitismus.

Ingeborg Bachmann und Celan ähnelten sich in ihrem zwischen höchster Sensibilität und überreizter Wachheit schwankenden Sensorium für solche Verletzungen. Die Flaschenpost als Medium: Das bedeutete in diesem Zusammenhang, dass Kommunikation weitergeführt wird in Momenten, wo sie nicht mehr existiert. Die Flaschenpost ist eine Botschaft ins Nichts, sie ist eine Mitteilung in Momenten ohne Gesprächspartner. Sie hält zumindest die Fiktion von Kommunikation aufrecht. Das bedeutet, in Celans und Bachmanns Sinn, Suhrkamp-Kultur.

Ein weiterer Autor, der eigenartige Botschaften versandte und enorme Bedeutung bekommen sollte, stieß 1965 zum Verlag. In diesem Jahr bekam Walter Boehlich einen Brief von dem Grazer Romanisten Anton Rothbauer, dessen einzige Visitenkarte war, dass er Cervantes herausgegeben hatte. Dieser Rothbauer schickte ein Manuskript eines unbekannten, noch sehr jungen Schriftstellers. Rothbauer verschwieg nicht, dass das Manuskript bereits von vier oder fünf Verlagen abgelehnt worden war. Boehlich gab den Text Chris Bezzel. Der war hingerissen. In der nächsten Lektoratssitzung hieß es dann: »Herr Unseld, Sie beklagen sich immer, daß wir keine jungen deutschen Autoren haben. Jetzt haben wir einen.« »Kann ich das Manuskript haben?«, fragte Unseld. »Ja, natürlich, das ist doch Ihr Verlag.« Schon am nächsten Tag kam Unseld mit dem Manuskript zurück und sagte bestimmt: »Das machen wir nicht.« Die Lektoren waren konsterniert: »Herr Unseld, Sie werden uns doch nicht erzählen wollen, daß Sie das Manuskript eine Nacht unter dem Kopfkissen hatten und jetzt so genau wissen, was zu tun ist.« Aber Unseld blieb bei seinem Entschluss und hat auch keinen Grund genannt – das hat er nie gemacht.

Ein paar Wochen später kam der Verleger von einer Reise zurück. »Wir machen das Buch doch«, sagte er. Alle waren verblüfft. »Er ist so schön!« Was sollte das heißen? Das Buch hieß *Die Hornissen*, und der junge, schöne Autor war Peter Handke: »Mädchenjunge« und »sanfte Haubenlerche« waren Attribute, die damals für

Handke gefunden wurden. Dann stellte sich heraus, dass Karlheinz Braun bereits zwei Stücke Handkes angenommen hatte, sie aber für unverständlich hielt. Aber Unseld wollte seinen Autor jetzt unbedingt richtig kennen lernen. Er rief Thomas Bernhard an, und der Legende nach sind sie dann in Wien zu dritt in einen Puff gegangen, um dort ein paar Bier zu trinken: eine Männerfreundschaft. Fragt man Handke heute nach dem Augenblick, an dem Unseld sein Verleger wurde, erzählt er: »Dieser Moment, als Siegfried Unseld gesagt hat, ja wir machen jetzt weiter, wir arbeiten oder bleiben zusammen, das war für mich ein Moment des Zutrauens und der Zukunftsgewißheit, wie ich das später nicht mehr oft erlebt habe.«

Handke war ein Unzeitgemäßer, der trotzdem in seine Zeit passte. Unseld hatte nun einen arroganten, unzugänglichen, dickköpfigen und schwer einzuschätzenden Autor in seine Sammlung aufgenommen, der sich nicht nur geschickt in Szene zu setzen wusste, sondern bald auch hohe Auflagen garantierte – die ersten Bücher Handkes landeten fast alle auf der Bestsellerliste. Handke stellte sich gegen den Zeitgeist und zerstritt sich alsbald mit den linken Kreisen, die ihn als Innerlichkeitsliteraten beschimpften. »Peter Handke erwartet von einem literarischen Werke eine Neuigkeit, etwas, das ihm eine gedachte, noch nicht bewußte Möglichkeit der Wirklichkeit bewußt macht, eine neue Möglichkeit zu sehen, zu sprechen, zu denken, zu existieren«, sagte Unseld dazu.

Im Jahr 1966 waren die Autoren beisammen, die Suhrkamp bis heute prägen. Will man Unseld seine Größe streitig machen, weist man darauf hin, dass alle großen Autoren des Verlags noch von Peter Suhrkamp und nicht von ihm kämen. Es stimmt zwar, dass Suhrkamp in kurzer Zeit eine erstaunliche Menge von zentralen Autoren – vor allem Hesse, Brecht, Beckett und Frisch – um sich versammelt hatte, aber in der These steckt trotzdem mehr Ressentiment als Wahrheit. Walser, Enzensberger, Weiss und Johnson gehören wesentlich zu Unseld, genauso wie Bloch, Habermas, Bernhard oder wie Hildesheimer, Joyce, Robert Walser und eben auch Handke und Celan.

Unseld hatte diese Autoren nicht allein gefunden, das Lektorat spielte eine wesentliche Rolle. Aber gerade Celan und Handke zeigen, dass Unseld damals zukunftsträchtige Entscheidungen traf, die zur allgemeinen Politisierung eher konträr standen. Hier half ihm sein ungebrochener Glaube an die Kultur. Unseld glaubte an die Kultur, wie nur einer an sie glauben kann, der sie nicht verinnerlicht hat. Es war nicht der zweifelnde und ironische Glaube des polyglotten Kulturmenschen, es war der ungebrochene Glaube des Kulturaspiranten aus der Provinz, der ihm immer noch eignete. Unseld hatte ein naives Verhältnis zur Kultur, das immer von seiner kleinbürgerlichen Herkunft geprägt blieb. Er las mit Sentiment und nicht mit Intellekt. Er musste sich die Kultur immer wieder erarbeiten, er musste sie sich immer wieder neu zu Eigen machen. Das war der wesentliche Punkt für den Spott, den er manchmal auf sich zog. Langsam aber deutete sich an: Auch in der Naivität lag eine Quelle seiner Kraft. Abgeklärt war Unseld nie.

Das große Ereignis des Jahres 1966 war die Tagung der Gruppe 47 in Princeton. Unseld meinte ernsthaft, dass alle mit dem Schiff anreisen sollten, da bei einem Flugzeugabsturz die gesamte deutsche Literatur verschwinde. Nur ein Schriftsteller wollte gar nicht nach Princeton fahren, um Unseld nicht unter die Augen treten zu müssen. Schon 1964 hatte der große, nicht schreibende Literat Wolfgang Koeppen sich nicht getraut, Unseld, Enzensberger und Boehlich zu sehen. Unseld unterstützte Koeppen regelmäßig und ausdauernd. Es ist eines der größten Geheimnisse der Verlagsgeschichte: 30 Jahre Förderung durch einen Verlag und kein richtiges Buch, kein Roman als Ergebnis. Schon in den Sechzigerjahren vermuteten manche, dass Koeppens Schreibkrise auch mit der Vereinnahmung durch Unseld zusammenhing, andere dachten, dass Koeppen durch seine Frau vom Schreiben abgehalten wurde. Einmal zitierte Unseld Koeppen nach Frankfurt, wo er – allein! – in der Schriftstellerwohnung in der Klettenbergstraße schreiben musste. Aber auch da kam Koeppen zu nichts, machte sich Sorgen um seine Frau und hatte Angst vor dem nahen Verleger. Koeppens Buch sollte damals »In Staub mit allen Feinden Brandenburgs« oder »Bismarck und all unsere Tränen« heißen. Unseld machte aus diesem Titel im Gespräch mehrfach einen: »Bismarck oder all unsere Träume«. Das war, solange Koeppen in seinem Haus schrieb oder besser nicht schrieb, im Verlag der Brüller. Man hielt es für den entlarvenden Versprecher schlechthin, Unseld, ein Bismarck seiner eigenen Träume.

Der für den Verlag in den Sechzigerjahren wichtigste Autor war ein Toter. Unselds Verhandlungen in Ostberlin mit Helene Weigel über die Konzeption einer Brecht-Gesamtausgabe hatten sich über vier Jahre hingezogen.

1963 stimmte Helene Weigel dann Unselds Plan einer populären, anmerkungsarmen Gesamtausgabe zu. Außerdem wurde vereinbart, dass der Aufbau-Verlag diese Ausgabe – auch in Auszügen – nachdrucken durfte. Diese Kooperation sorgte von Anfang an für Ärger. Am Anfang stand der Verdacht, dass Brecht im Westen in einer vollwertigen und maßgeblichen, im Osten dagegen in einer minderwertigen, möglicherweise gekürzten Fassung oder in Teilen gar nicht erscheinen würde. Helene Weigel sah sich mit schweren Vorwürfen konfrontiert. Manfred Wekwerth, Intendant des Berliner Ensembles, meinte, sie liefere Brecht dem Westen aus. Ihm war die Vermarktung Brechts, wie sie Unseld betrieb, höchst zuwider. Später war es dann Unseld, der mit der Rollenverteilung zwischen Ost und West ein Problem bekommen sollte. In der Aufbau-Ausgabe konnten Fehler der Suhrkamp-Ausgabe berichtigt werden, bald galt die Aufbau-Ausgabe deshalb als die bessere und zuverlässigere.

Entscheidend für Unselds Verhältnis zu Brecht aber wurde das Jahr 1965. Er wollte Brecht zu dem modernen Klassiker machen. Unseld ließ Chris Bezzel die Werke Brechts nach Klassikerzitaten durchforsten. Er gab sie dann unter seinem Namen, ohne Bezzel überhaupt zu nennen, unter dem Label *Über Klassiker* heraus. Im Verlag wurde das wieder als eine Bestätigung für Unselds Selbstherrlichkeit begriffen. Brecht begann sich für Unseld damals in eine Art Goethe zu verwandeln. Das hat ihm nicht nur den heftigen Widerspruch von Manfred Wekwerth, sondern auch den Spott von Max Frisch eingetragen. Schon ein Jahr zuvor hatte Frisch von der »durchschlagenden Wirkungslosigkeit« des Klassikers gesprochen.

Noch wegweisender als die Vermittlung der Gegensätze des Sozialisten mit dem Klassiker – auch Unseld selbst hielt diesen Widerspruch damals gerade noch aus – war etwas anderes. Zwischen

Weihnachten und Neujahr 1965, vor seinem Skiurlaub in St. Moritz, kam Unseld, der Gehetzte, in der Klettenbergstraße für einen Moment zum Nachdenken. In zwei Jahren stand ein Brecht-Jubiläum an, und es wurmte ihn der Vorsprung, den die verbesserten Aufbau-Lizenzausgaben gegenüber denen von Suhrkamp hatten. Er sann auf Abhilfe. Beim Jubiläum würde er sich nicht die Butter vom Brot nehmen lassen. Und er las damals in der Biographie des Verlegers Göschen, auch hier auf den Spuren Goethes, mit welcher heroischen Kraftanstrengung der den ganzen Wieland herausgegeben hatte. Da reifte in Unseld der Plan, den er dann als seine kühnste Tat als Verleger verkaufte und an dem er sich immer und immer wieder berauschen konnte. Er entschloss sich, den ganzen Brecht zu machen, und zwar in zwei Ausgaben: eine für die, die in Brecht den Klassiker sehen wollten und eine billige Taschenbuchausgabe für alle. Noch das größte Buch, das er selbst geschrieben hat, der 1991 erschienene Band *Goethe und seine Verleger*, wird auf diesen Moment zurückgeführt. Für Unseld hat diese Ausgabe etwas ungemein Großes und Pathetisches, es ist eine Unternehmung ganz nach seinem Geschmack. Da mischten sich die generalstabsmäßige Planung und das stille Pathos der Flaschenpost: ein Brecht an die Nachgeborenen. Dabei gab es die Brecht-Gesamtausgabe, die er 1959 in Angriff genommen hatte, ja bereits.

Im Februar 1966 begannen Gespräche mit Helene Weigel und Elisabeth Hauptmann. Unseld überredete die Brecht-Erben, ihren Honoraranspruch für die Ausgabe zu reduzieren. Bereits im Oktober 1967 lag die Ausgabe vor. Brecht in 20 Taschenbuchbänden, dank des Honorarverzichts für sagenhafte 96 Mark, und textgleich in acht gebundenen Bänden in enormer Auflage. »Nach meinem Wissen ist es in der Gegenwart wie in der Vergangenheit für einen zeitgenössischen literarischen Autor das umfassendste verlegerische Unternehmen«, erklärte Siegfried Unseld der versammelten deutschen Presse beim Verlagsabend am 30. September. Die Ausgabe wurde ein ungewöhnlicher Erfolg, sie stand in den Siebzigerjahren in jedem bundesdeutschen Haushalt, der mit dem Wort »links« etwas anfangen konnte.

Und doch ist hier auch etwas geschehen, das Unseld nicht beabsichtigt hatte. Da mischen sich nicht nur Brecht und Goethe, der Linke und der Klassiker, Unselds Brecht-Ausgabe markiert auch den Beginn des Pop-Zeitalters in der Buchbranche. Der Tag lässt sich genau datieren. Es war am 1. Oktober 1967. Was am vorangegangenen Tag, bei der Präsentation im Grüneburgweg, in den der Verlag umgezogen war, noch Marxismus für die Massen, Flaschenpost für die Jungen, Aufklärung für alle und damit ideologisch vollkommen korrekt war, wurde jetzt auf einmal Verpackungskunst, Konsumartikel, Showeffekt. Denn an diesem Tag präsentierte die Buchhandlung Montanus in der Frankfurter Großen Bockenheimer Landstraße Unselds Brecht. Präsentiert wurden die Bücher von jungen Damen in weißen Pullovern, auf deren Rücken die Buchstaben BB prangten. Das Spiel mit den Initialen war natürlich der Gag des Tages und wurde von der Presse begierig aufgenommen. Nein, ein Blick auf die Brüste der Damen machte deutlich, dass es sich nicht um Brigitte Bardot, sondern um den seit gut zehn Jahren toten Bertolt Brecht aus Augsburg handelte. Trotz aller Koketterie, die Damen enthüllten in der Buchhandlung dann nicht sich, sondern eben die Brecht-Ausgabe und stapelten die Buchkassetten zu Bergen beeindruckender Höhe. Die musikalische Untermalung des Events hatte Lotte Lenya übernommen, die Lieder des Duos Brecht-Weill von der Schallplatte zu Gehör brachte, man gab *Die Dreigroschenoper*. Eine der Pulli-Frauen stellte sich ins Schaufenster und las in einem Brecht-Band. Ohne Lautsprecher allerdings, denn es kam ja nicht auf den Inhalt, sondern auf die Geste an. »In den Schaufenstern wird am lebenden Objekt Brecht-Lektüre demonstriert. Eine Studentin liest Brecht. Ab und zu raucht sie und erfrischt sich durch Kaffee.« Ihre Fortsetzung fand die Veranstaltung dann noch mit 20 werbenden Plakatträgern auf der Straße, die zwei Stunden durch die Stadt zogen.

Der allseits präsente Herr der Brecht-Bücher war bei diesem ersten Brecht-Event natürlich anwesend. Er wollte das irgendwie witzige, aber auch höchst degoutante Treiben nicht unterbinden. Auch er wollte ja Brecht-Kassetten in Masse verkaufen, er war es ja, der eruiert hatte, dass lediglich 831 Menschen bisher einen vollständigen Brecht hatten, und er war es auch, dessen Marktanalyse den neuen Massen-Brecht verwirklicht hatte. Aber der Mund verzog sich ihm jetzt, wo Brecht wie ein Waschmittel daherkam, doch säuerlich. Er war der Zauberlehrling, der die Geister, die er rief, nicht mehr loswird.

Noch war Unseld in der Offensive. Die Diskussion um den Börsenverein, die seit 1964 vor allem hinter vorgehaltener Hand geführt worden war, wurde 1967 öffentlich. Die Wochenzeitung *Die Zeit* publizierte, maßgeblich unterstützt von Unseld, eine Umfrage unter Verlegern und Buchhändlern: »Ist der Frankfurter Börsenverein reformbedürftig?« Auf wiederholtes Nachfragen, warum er im *Börsenblatt*, der Zeitschrift der Buchverleger, in seinen eigenen Anzeigen die Bezeichnung »DDR« nicht verwenden dürfe, hatte Unseld keine Antwort bekommen. Auch sonst war viel Kritik gegenüber der Standesvertretung der Verleger und Buchhändler geübt worden. Unseld war dabei die Schlüsselfigur. Seine Antwort auf die Umfrage ist klar, ausgewogen, zielgerichtet und erfrischend. Er war in seinem Element. Seine Kritik war deutlich, er warf dem Börsenverein in Buchmarktforschung, Öffentlichkeitsarbeit und Ausbildung schwere Versäumnisse vor. Und auch in der hochpolitischen Frage nach der Bezeichnung der DDR bezog Unseld eindeutig Position. Er machte gegenüber dem Vorsteher des Börsenvereins, Friedrich Georgi, seine Mitarbeit im Börsenverein von einer Änderung dieser Sprachregelung abhängig. Georgi sprach daraufhin vom »Gebiet des Börsenvereins Leipzig oder der DM-Ost«. Ebenso heikel wie diese Frage war immer noch die andere nach dem Recht jener DDR-Verlage, die in der DDR enteignet worden waren und im Westen ein namensgleiches Pendant hatten, in Frankfurt bei der Buchmesse auszustellen. Bisher durften sie dies nur, wenn die westlichen Verlage zustimmten. Im Kern ging es hier um die Frage, wer welche Rechte verwerten darf, ein Problem, das auch – vor allem bei Brecht – Unseld betraf. Er sprach sich zwar nicht für eine generelle Zulassung der Ostverlage aus, drängte aber doch auf eine Lösung, die es den Ostverlagen ermöglichte auszustellen. Das war damals höchst progressiv. Unseld wurde vehement angegriffen, einer sozialistischen Gesinnung verdächtigt und als Maoist beschimpft. Bei der Buchmesse 1967 sahen viele Verleger in ihm einen Verräter, dem die DDR näher war als die Kollegen. Libri, der größte Zwischenbuchhändler des Landes, drohte, Suhrkamp-Bücher nicht mehr auszuliefern.

Acht Stunden dauerte die Aussprache in einer Sondersitzung des Vorstands. Alles wurde durchgesprochen, dabei stellte sich heraus, dass der Börsenverein doch mehr machte, als Unseld angenommen hatte. Eine Studie zur Buchmarktforschung war zu dem Zeitpunkt bereits in Auftrag gegeben, Werbung für das Buch allgemein wurde mit guten Gründen abgelehnt, aber die zentrale Frage – DDR ja oder nein – wurde nur kurz besprochen und gleich an die Abgeordnetenversammlung weitergeleitet. Dort wurde dann entschieden, dass der Name DDR verwendet werden darf. Ebenfalls heikel war Unselds Vorschlag, einen Generaldirektor einzuführen. Dieser Vorschlag wurde damals zwar gutgeheißen, aber er ist bis heute nicht umgesetzt worden. Insgesamt konnte Unseld seine Aktion aber als Erfolg betrachten: Ihm war es gelungen, eine verdeckte, festgefahrene Diskussion in Schwung zu bringen. Im Dezember sprach er sich noch einmal für absolute Öffentlichkeit aus: »Wir sollten uns nicht scheuen, unsere Probleme in den Organen der öffentlichen Meinung auszutragen, die ihrerseits dem Problem des Buches Interesse und Bedeutung abgewinnen... Der Buchhandel hat eine große Funktion in der Gesellschaft, und er soll sie durchaus öffentlich ausüben. Von ihm, und das heißt von seiner von ihm hergestellten und vertriebenen eigentümlichen Ware Buch, können und müssen Impulse für moralische Verantwortungen ausgehen.« Denkwürdige Sätze, denn schon bald würde Unseld ganz anders denken. Will man die Auseinandersetzung einordnen, die ein Jahr später seinen eigenen Verlag erfasste und fast zerstörte, sollte man diesen Appell zur Offenheit im Kopf behalten.

Die Sechzigerjahre waren für Unseld nicht nur die Zeit, in der sich seine Mannschaft formte und zu einem emotional aufgeladenen System zur Produktion von Beziehungsliteratur formierte, als er wie ein moderner Manager über Flughäfen und Autobahnen hetzte, um das Elitäre unter die Massen zu bringen und die Massen elitär zu machen, alles zum größeren Ruhme des Verlags, sie waren auch die Zeit, als er zu spüren begann, im Kontakt mit Adorno, in

Auseinandersetzung mit den Arbeiten Benjamins, später durch Szondi und Celan, dass sein Verlag der Künder eines modernen Bewusstseins ist. Letztlich hat Siegfried Unseld damals so erfolgreich wie niemand anderer in der Bundesrepublik etwas betrieben, was man wahrscheinlich am besten Bewusstseinspolitik oder Mentalitätsmarketing nennt. Ohne dass ihm das immer bewusst gewesen sein muss oder er ein ideologisches Ziel verfolgt hätte. Aber niemand beherrschte es so wie er, auf jener eigenartigen Klaviatur zu spielen, die sich zusammensetzte aus persönlichem Bewusstsein, intimen Gefühlen bis hin zu Glaubensfragen und dem, was in Öffentlichkeit und Politik stattfand. Unseld bediente auch subtilere Kanäle als die der bloßen Massenwirkung; anknüpfend an Logenbildungen und Elitedenken früherer Zeit hat er mit seinem Verlag auf das bundesrepublikanische Bewusstsein und seine Herausbildung einen unvergleichlichen Einfluss gehabt.

Einerseits war das nur möglich, weil sich die Gesellschaft, in der er Verleger war, gerade endgültig von einer Individual- zu einer Massengesellschaft wandelte, ein Übergang, den er sich bis heute geschickt zunutze macht und den er als größter Reihenerfinder des deutschen Buchhandels bis in die Achtzigerjahre hinein genau markiert hat. Andererseits war es das versteckte Erbe des Dritten Reichs, dessen Wiedergutmachung, man könnte auch Umformung oder Verwandlung sagen, er immer mehr zu seiner Aufgabe machte. Bewusstseinsgeschichtlich ist Siegfried Unselds Einfluss da kaum zu überschätzen – eine solche Wirkung ist der Wunschtraum eines jeden Verlegers. In diesem Sinn ist Siegfried Unseld ganz unangefochten der bedeutendste deutsche Verleger des gerade vergangenen Jahrhunderts. Es gibt im deutschen Nachkriegszeitalter, das bis 1989 dauerte, kein Unternehmen, das in geistiger Hinsicht auch nur im Entferntesten so erfolgreich gewesen wäre wie der Suhrkamp Verlag.

Dieser Erfolg hängt eng mit der Flaschenpost zusammen. Sie ist das beste Bild für einen Komplex von Vorstellungen und Bestrebungen, der damals im Suhrkamp Verlag wirksam war. Dazu gehört auch ein Buch, in dem die »Bewusstseinsindustrie« rundweg verteufelt wird. Die Rede ist von der *Dialektik der Aufklärung* von

Adorno und Horkheimer. Dieses Buch ist – auch wenn nicht bei Suhrkamp erschienen – ein Schlüsselwerk für den Suhrkamp Verlag und die Nachkriegsgeschichte insgesamt. Das Ressentiment der Autoren gegen die Bewusstseinsindustrie ist – bis heute – ein deutscher Dauerbrenner, bis heute wird mit jener Ablehnung des Massengeschmacks gerungen, die hier formuliert wurde. Der Einzige, den der Widerspruch zwischen individualistisch verstandener deutscher Geistesgeschichte und amerikanisch verstandener Massenkultur nicht verunsichert hat, ist Siegfried Unseld gewesen. Er hat sich vielmehr in ihm häuslich eingerichtet. Er arbeitete von Anfang an in dem Gefühl, kein Reinhard Mohn, kein Axel Springer, kein Henri Nannen und auch kein Rudolf Augstein zu sein, diese Lenker der Meinung, die sich dem Publikum mit ihren Publikationen immer auch andienen mussten. Er war, das war für Unselds Selbstverständnis fundamental, kein Konzernverleger. Unseld fühlte sich durch die junge, aber eindeutige Suhrkamp-Tradition von vorneherein gegen die Vorwürfe der Anbiederung an den Massengeschmack gefeit. Seine Botschaften, selbst wenn er es schaffte, sie ähnlich massenhaft und vielleicht sogar nachhaltiger unter das Volk zu bringen wie jene Herren der öffentlichen Meinung, waren anders. Sie entstammten der echten deutschen Geistesgeschichte und kamen aus den inneren Bezirken der Moderne, und das ist für Unseld ein sakraler Bereich gewesen.

1987 erschien über die *Dialektik der Aufklärung* – ebenfalls bei S. Fischer – das Buch *Vierzig Jahre Flaschenpost*. Adorno, der den Suhrkamp Verlag philosophisch bestimmende Kopf der Sechzigerjahre, und Horkheimer werden hier wie auch sonst als die prototypischen Flaschenpostversender dargestellt. In der Folge wurde auch das Frankfurter Institut für Sozialforschung mit dieser Metapher interpretiert. Erstaunlicherweise wurde die Metapher bisher aber nicht auf den Suhrkamp Verlag angewandt. Dabei ist es offensichtlich, dass die Flaschenpost bei Celan, Bachmann und den anderen Dichtern der Sechzigerjahre ein treffendes Sinnbild ihrer Arbeit ist. Für Adorno und Horkheimer bezeichnete die Metapher den Zustand, in dem sie sich seit dem Exil während der Nazijahre selbst sahen. Eine Flaschenpost überbrachte jene Botschaft, jenes Wissen, das durch die Nazis fast aus der Welt verschwunden wäre. So mischte sich in der Metapher das Bewusstsein von der Marginalisierung, die man im Exil erfahren hatte, mit ausgeprägtem Elitebewusstsein. Durch die Dichter des Suhrkamp Verlags wurde diese emotionale, gleichzeitig bescheidene wie heroische Komponente verstärkt, und die Metapher bekam ihre Breitenwirkung.

Siegfried Unseld begegnete dieser Art zu denken zum ersten Mal als Student, 1949 beim Verlag J. C. B. Mohr in Tübingen. Adornos *Philosophie der Neuen Musik* sollte hier erscheinen. Und Unseld sollte die Werbung machen. »Nächte habe ich mit Musikern und Studenten der Musikwissenschaft und Philosophie zugebracht, um jenes ›Richtige Bewußtsein‹ zu erhalten, das der Autor von seinen Lesern forderte. Ich wollte ja auch für dieses Buch werben, andern sagen können, was es mit diesem Buch auf sich habe und warum man es kaufen und lesen sollte«, schrieb er später über seine Adorno-Initiation. Als Unseld bei Suhrkamp anfing, waren dort bereits die *Minima Moralia* veröffentlicht, die im März 1951 erschienen waren. Mit diesem Buch, einem schwierigen philosophischen Werk, das bis heute weit über hunderttausendmal verkauft worden ist, begann für Adorno seine publizistische Wirkung. Und Unseld erlebte diese Geschichte, eine unglaubliche, wenn man sich vorstellt, welche Auflagenerwartung man heute diesem Werk gegenüber haben würde, von Anfang an mit. Er sah, wie aus einer verloren geglaubten Nachricht ein Massenerfolg wurde. Und er sah, dass dieser Erfolg auf Planung beruhte: Er begann mit einem gestrengen Brief Peter Suhrkamps an die Feuilletonredaktionen der *Welt*, des *Merkur*, der *Zeit* und der *Hamburger Hefte*, weil er eine negative Aufnahme des Buches befürchtete. Unseld lernte am durchschlagenden Erfolg dieses Schreibens, wie sehr Rezeptionsprozesse steuerbar sind, auch das wurde ein Vorbild seiner späteren Arbeit. Noch wichtiger aber war, dass er bei Suhrkamp schon wieder Adorno begegnet war. Wieder sah eine Beziehung zu einem Autor für ihn wie Schicksal aus. Allerdings war zu diesem Zeitpunkt nicht daran zu denken, was heute so selbstverständlich erscheint, nämlich dass der Suhrkamp Verlag die Zentrale im publizistischen Netzwerk Adornos und der Frankfurter Schule werden sollte. Das war dann Unselds Leistung.

Unseld kannte Adorno nach seinem Einstieg 1952 bei Suhrkamp lange nur flüchtig, erst nach Suhrkamps Tod kamen sie sich näher. Wichtiger als die Begegnung mit dem einschüchternden Großphilosophen wurde in der ersten Phase bei Suhrkamp die mit den Texten Walter Benjamins, zu denen der emotionale Kontakt offenbar einfacher herzustellen war. Friedrich Podszus machte Unseld bereits im ersten Jahr mit dem Werk des Philosophen bekannt. »Ich verdanke ihm meine erste Begegnung mit den Benjaminischen Arbeiten; an einem Sonntagvormittag im Sommer 1952 nahm er mich in seine Lektoratsklause unterm Dach des Hauses Schaumainkai 53 mit; er öffnete jene Kiste, die nach dem Krieg aus den USA an Adorno gesendet worden war, entnahm ihr Manuskripte, begann daraus vorzulesen und gab mir dann Texte zur Lektüre mit nach Hause. Diese Texte von Walter Benjamin, sagte Podszus zu mir, würden meine Literaturvorstellungen ändern – und sie taten es.« Trotz der für Unseld persönlich wichtigen Rolle von Friedrich Podszus wird dieser als erster Suhrkamp-Herausgeber Benjamins in der Verlagschronik bis heute nicht gewürdigt. Das hat neben Unselds Abneigung gegen Podszus wegen der Suhrkamp-Nachfolge auch den Grund, dass Unseld das Engagement für Benjamin in der Person Adornos konzentriert sehen wollte. Benjamin sollte Adornos Vermächtnis sein. So erinnerte auch das Werk des einzigen Märtyrers in den Suhrkamp-Reihen – Benjamin hatte sich auf der Flucht vor den Nazis umgebracht – an eine Flaschenpost.

Bis heute tut der Verleger sich schwer, die Anfänge des Suhrkamp-Engagements für Benjamin offen zu legen. Benjamin hatte Adorno kurz vor seinem Selbstmord in Port Bou 1940 als Nachlassverwalter eingesetzt. Dieser hatte die Manuskripte an Podszus weitergegeben, der sie wie einen Schatz hütete. Im November 1949 kehrte Adorno aus dem Exil zurück, kurz darauf lernte er Peter Suhrkamp kennen, der vor 1933 noch Benjamin getroffen hatte. Bereits ein knappes Jahr später redeten Suhrkamp und Adorno über eine Ausgabe der Schriften Benjamins, eines Autors, dessen gerade bei Suhrkamp erschienene *Berliner Kindheit* Suhrkamp als das am schlechtesten zu verkaufende Buch seines Verlags bezeichnete. 1952 wurde dieser Plan wieder aufgenommen, Ende 1953 sollte die zweibändige Ausgabe fertig sein. In dieser Zeit trat Siegfried Unseld in den Verlag ein. Der Marketingmann Unseld lernte Benjamin also nicht nur durch seine enigmatischen Schriften kennen, wie er es von dem Nachmittag mit Podszus berichtete, er war für ihn auch eines jener verlegerischen »Wagnisse«, das sich aller Voraussicht nach nicht rechnen würde, das den Verlag an den Rand seiner Kräfte bringen würde, das viel schwieriger und aufwändiger zu machen war, als man dachte, und das am Ende trotzdem durchgesetzt wurde.

Im Juni 1953 wurde der Plan einer Benjamin-Ausgabe von Suhrkamp widerrufen. Er hatte sich mit Friedrich Podszus wegen der Ausgabe überworfen. Unseld bezeichnete die Gründe später als »Details«, tatsächlich bestand Podszus auf einem Anmerkungsapparat für einige Schriften, Peter Suhrkamp lehnte das ab, es zerstöre die Einheit der Ausgabe und lenke den Leser ab. »Wollte ich den Forderungen des Herrn Podszus folgen, hieß das für mich, die Ausgabe von vornherein totzuverlegen«, schrieb Suhrkamp. »Details« waren das auch deshalb nicht, weil Podszus 1956, ohne sich mit Suhrkamp ausgesöhnt zu haben, den Verlag verließ.

Möglicherweise wäre also nach dem Streit mit Podszus das Werk von Walter Benjamin nie erschienen, wenigstens nicht bei Suhrkamp. Adorno aber wollte eine Ausgabe von Benjamin veröffentlicht sehen. Er versuchte es deshalb 1954 bei Schocken Books in New York, dann bei Kösel und C. H. Beck in München. Dort hatte er Erfolg: Im März 1955 schickte der Verlag C. H. Beck einen Vertrag für eine Benjamin-Ausgabe an Adorno. Als Suhrkamp davon hörte, entschied er sich am selben Tag, die Ausgabe doch noch zu machen.

1955, Unseld war jetzt bereits drei Jahre beim Verlag, erschienen also die Schriften Walter Benjamins in zwei Bänden bei Suhrkamp. 1961 ersetzte Unseld diese – dann doch wider Erwarten recht schnell verkaufte – Ausgabe durch den bis heute erwerbbaren Band *Illuminationen*, den er mit Unterstützung Adornos selbst herausgab. Von Adorno hatte Unseld erfahren, dass Rolf Tiedemann eine Bibliographie der Schriften Benjamins zusammengetragen hatte, die wollte er auch in dem Band abdrucken. Mit 50 Mark wollte er die jahrelange Arbeit honorieren – Unseld war von Anfang an knauserig.

Benjamin war für Unseld jetzt ein zentraler Autor. Kaum hatte er den Insel Verlag erworben, veröffentlichte er die erste eigenständige Buchausgabe von Benjamins Essay zu Goethes *Wahlverwandtschaften*. »Es war eine meiner ersten Entscheidungen nach der Übernahme des Insel Verlags in Frankfurt, Benjamins Essay in der Insel-Bücherei zu veröffentlichen, um der traditionsreichen Reihe neue Gegenwärtigkeit zu geben.« Auf die *Illuminationen* folgte 1966 der zweite auf die Schriften von 1955 zurückgehende Band unter dem Titel *Angelus Novus* – ohne Herausgeber. Walter Boehlich hatte diesen Band zusammengestellt. Gleichzeitig erschien 1966 die erste Briefausgabe Benjamins, ebenfalls in zwei Bänden, herausgegeben von Theodor und Gretel Adorno sowie Gershom Scholem.

Damit schien für Unseld die Arbeit an Benjamin vorerst erledigt. Er täuschte sich. Helmut Heißenbüttel und Hannah Arendt, die Benjamin gekannt hatte, hatten, auf Grund von Textauslassungen und Ungereimtheiten in den Ausgaben Anlass zu der Vermutung, dass Adorno sein Verhältnis zu Benjamin geschönt hatte, dass hier von Adorno und Verlag daran gearbeitet wurde, einen unzutreffenden Freundschaftsmythos aufzubauen. Sie vermuteten, dass die übliche Deutung, Adorno habe Benjamin in Paris in finanziell und politisch bedrängter Lage freundschaftlich unterstützt, nicht die ganze Wahrheit sei. Tatsächlich hat Adorno Benjamin wegen des von ihm für die *Zeitschrift für Sozialforschung* in Auftrag gegebenen Baudelaire-Essays in einem mittlerweile berühmt gewordenen und auch damals – allerdings unvollständig – bekannten Brief vom 10. November 1938 hart kritisiert. Adorno sprach da von seiner Enttäuschung und hat Benjamin Faktenhuberei vorgeworfen: »bloße Faktizität«, »materialistisch-historiographische Beschwörung«, falsche Tribute an den Marxismus und den Mangel an »Theorie« – auf die Adorno das Vorrecht zu haben glaubte. Benjamin, der in leisen Andeutungen von seiner katastrophalen Lage in Paris Auskunft gegeben hatte und von Adorno quasi abhängig war, musste danach seinen Aufsatz 1939, ein Jahr vor seinem Tod, überarbeiten.

Damit kulminierte etwas, das 1967 mehr zu ahnen als zu wissen war. Die Beziehung zwischen Adorno und Benjamin hatte seit dem intensiveren Kontakt Anfang der Dreißigerjahre manchmal darunter gelitten, dass sich Adorno auch taktisch verhielt, dass er sich als Cheftheoretiker neben Horkheimer institutionalisieren wollte. Adornos Wahrnehmung war auf Grund eigener Interessen eingeschränkt, sowohl für die reale Situation des Freundes Benjamin als auch für den Stellenwert von dessen Arbeit. Er war in diesem Fall einfach ein schlechter Redakteur. Obendrein mangelte es ihm an Sensibilität für die prekäre Situation des Freundes, er dachte nicht für Benjamin mit, er war ihm, kurz vor dem Ende, keine Hilfe mehr. Daraus ist an sich kein Vorwurf abzuleiten, im Kontext der Frankfurter Schule und des Suhrkamp Verlags erscheint es aber wie eine Todsünde, ein Tribut an die Nazis, es stützt den Vorwurf, man habe in New York unverbindlich theoretisiert, während andere mit dem Leben bezahlten. Dieser Vorwurf traf Versender einer Flaschenpost erlösenden Inhalts natürlich besonders empfindlich. Deshalb wollte Unseld diesen Verdacht in jedem Fall ausräumen. Und so steht dieser Makel im Zentrum seiner späteren Editionspolitik. Er bestimmte die Auslassungen in der Briefausgabe von 1966. Dass das 1967 – bei Heißenbüttel und der linken Berliner Zeitschrift *alternative* – zu der Vermutung führte, dass hier vor allem der marxistische Benjamin unterschlagen werden sollte, war erwartbar. Schlimmer aber war, dass Adornos partielle Ignoranz die New Yorker Gegenposition zum Faschismus, das Zentrum der gesamten Instituts- und Verlagsmythologie gefährlich aufweichte. Fast zwangsläufig ergab sich die Vermutung, dass der eigentliche Grund von Adornos Engagement für den toten Benjamin schlechtes Gewissen war.

Unselds zentrales Argument gegen alle Vorwürfe war ebenfalls vorhersehbar. Die Benjamin-Ausgabe sei ein fast aussichtsloses und deshalb heroisches Unternehmen gewesen, die Initialzündung dessen, wovon jetzt alle profitierten: »Erst diese Ausgabe hat die erstaunliche Rezeption Benjamins hervorgerufen, die unerwartetste und größte posthume Rezeption eines zeitgenössischen Denkers.«

1968. Der Lektorenaufstand.

Begleitet von einer Polizeiabordnung, erwartet von einer Horde Fotografen und Kameraleuten samt Scheinwerfern und Übertragungswagen, ist der Zeuge pünktlich um 9 Uhr 30 im Frankfurter Landgericht erschienen. Noch bevor der Richter den Saal betritt, nimmt er auf dem Zeugenstuhl Platz. Die Fotografen können fotografieren, die Kamerateams filmen. Die Besucherreihen sind gut gefüllt, wer sich zu spät um eine Platzkarte bemüht hatte, muss draußen bleiben.

Der Zeuge Joseph Martin Fischer, zum Zeitpunkt der Vernehmung Bundesminister des Äußeren, soll im so genannten OPEC-Prozess gegen den Ex-Terroristen Hans-Joachim Klein eine Zeugenaussage machen. Obwohl er über Klein und dessen Vergehen nichts Substanzielles auszusagen hat und so der Wahrheitsfindung nur sehr unwesentlich dienen kann, wird die Vernehmung einenhalb Stunden dauern. Fischer setzt dem Richter, den Anwälten, dem Publikum und den Journalisten auseinander, wie es damals war, in der Frankfurter Spontiszene, nach 1968. Der Mann versucht, eine sehr ferne Zeit zu vergegenwärtigen.

Am Abend im Fernsehen und am nächsten Tag in den Zeitungen, Kamerateams und Fotografen sei Dank, wird die ganze Welt den Minister als Zeugen sehen können. Überall aber wird nur der Angeklagte in ihm gesehen werden. In Wahrheit war Fischers historischer Exkurs in die Jahre nach '68 ein Ausflug in eigener Sache. Im Jahr 2001, 30 Jahre danach, auf der Anklagebank eines imaginären öffentlichen Gerichts wird befunden über einen Lebensweg: einen Weg, der Fischer vom Frankfurter Sponti über den gewaltbereiten Straßenkämpfer zum Minister geführt hat.

Mit dem Zeugen Joschka Fischer sitzen die 68er insgesamt auf der Anklagebank. Und im Zeugenstand sind diesmal alle, nicht nur die, die dabei gewesen waren, auch die, die daneben gestanden oder sich damals im Abseits gefühlt hatten. Diese Abseitigen sind jetzt auch die Ankläger. Dabei bekommen sie zwar wieder die unangenehmen Züge, die sie schon 30 Jahre früher disqualifiziert hatten, dafür aber haben sie jetzt endlich das Gefühl, im Recht zu sein. Die Ankläger, egal ob alt oder jung, erscheinen wie staatstreue Väter. Und Fischer, auch nicht mehr der Jüngste, hat auf einmal wieder den Charme des aufmüpfigen Sohnes. Nicht nur sehr fern erscheint da die Vergangenheit, es ist paradoxerweise auch so, wie wenn sie nie vergangen wäre. Der alte Generationenstreit, Söhne gegen Väter, ist auch im Jahr 2001 noch wie ein Schatten, der nicht weichen will. So ist 1968, das Jahr des letzten gesellschaftlich ausgetragenen Generationenkonflikts, sehr weit weg, und doch wirken alle wie in ihm gefangen.

Es ist schon erstaunlich, dass der nicht besonders politische Siegfried Unseld, der schon damals eher zur Marketingkampagne als zur Agitation neigte, zu dem Verleger der 68er werden konnte. Mittlerweile als solcher sogar von Kollegen anerkannt, die weitaus mehr Anrecht auf den Titel hätten als dieser Mann, der weder vom Alter oder Habitus, noch vom Denken oder Fühlen her irgendetwas von einem 68er an sich hatte. Vielleicht hat das etwas damit zu tun, dass man innerhalb von 30 Jahren auch vom Steinewerfer zum Minister werden kann.

Wie nah und fern der Suhrkamp-Verleger in den Tagen vor '68 der Bewegung war, zeigt eine kleine Episode vom April 1967. Uwe Johnson, der damals in den USA wohnte, hatte seine Arbeitswohnung in der Niedstraße an einen Bruder Enzensbergers, Ulrich, und seine Wohnung in der Stierstraße an die damalige Frau Enzensbergers, Dagrun, vermietet. Die beiden Enzensbergers hatten guten Kontakt zur Kommune 1, die sich nun regelmäßig in der Niedstraße traf. Als dort einige Kommunarden festgenommen wurden, weil sie angeblich ein Attentat auf den amerikanischen Vizepräsidenten Humphrey planten, erfuhr auch Johnson im fernen New York von der weltpolitischen Bedeutung, die seine Wohnung in seiner Abwesenheit erlangt hatte. Erschreckt und erbost ließ er daraufhin die Wohnung durch Günter Grass räumen und brach den Kontakt zu Enzensberger wegen der »revolutionaeren Aktivitaet der Enzensbergschen Sippe gegen meine Wohnung« ab. Unseld, schon da zwischen den Stühlen, musste nun seinem einen Autor, Johnson, Zeitungsausschnitte über die Machenschaften der Familie seines anderen Autors, Enzensberger, nach New York schicken.

Dabei beschäftigte den mittlerweile 43-jährigen Verleger in dieser Zeit anderes als revolutionäre Umtriebe. Er wollte selbst Schriftsteller sein. Das Jahr 1968 begann mit einem kleinen, aber in seinen Augen gewichtigen Privatdruck. Unseld war beim Skifahren im Nebel von der Piste abgekommen, hatte sich verirrt und musste in einer verlassenen Berghütte eine Nacht verbringen. Dieses bedrohliche Erlebnis, das an sein Überleben als Schwimmer erinnerte, versuchte er nun in einer Erzählung mit dem Titel *Abfahrt* darzustellen. Das hochambitionierte Projekt nannte er etwas kokett »Schreibübungen des Verlegers«. Statt der erhofften Anerkennung erntete Unseld aber vor allem Spott für den Erlebnisbericht. Im Verlag hielten sich die Lektoren, die sich dem Verleger intellektuell, sprachlich und politisch immer überlegener fühlten, die Bäuche. Selbst der getreue Johnson unkte aus New York, dass Schreibübungen doch wohl in einen anderen Verlag gehört hätten und dass Unseld sein Thema nicht gestalte. Ein Echo des damaligen Geredes findet sich in Eckhard Henscheids Frotzeleien, der von »hochkarätiger und graziler Unternehmerprosa« spricht.

Gleichzeitig mit dem Privatdruck bereitete Unseld eine Festschrift zu Heinrich Maria Ledig-Rowohlts 60. Geburtstag vor. Auch das war ihm eine Herzensangelegenheit. Der Lebenskünstler und Rowohlt-Verleger Ledig war Unseld ein Vorbild. Unseld sprach in seinem Beitrag für diesen Band davon, dass Sympathie zu wecken das eigentliche Erfolgsgeheimnis des Verlegers sei – und zwar bei Ledig und bei ihm. Noch hatte der Glaube des jungen Verlegers an sich selbst und die Zukunft keinen Knacks. Aber, auch das spürte Unseld damals schon, dieser Ledig hatte noch etwas anderes. Er war so, wie Unseld gerne gewesen wäre, nicht nur von seinen Autoren gemocht, sondern auch in seinem Verlag respektiert, er war großbürgerlich und großzügig, weltläufig und lebensfroh, ausschweifend und maßlos. Gern wäre Unseld der Lebenskünstler gewesen, den er in Ledig sah. Was schon damals für alle, die spürten, dass er den schwäbischen Schuhen des Pflichtbewusstseins nie ganz entwachsen war, und das waren nicht wenige, weiterer Anlass für leisen und lauten Spott sein musste. Denkt man heute an den Siegfried Unseld des Jahres 1968, sieht man einen energischen, nicht mehr ganz jungen, aber immer agilen, breiten Mann, der mitten in den Unruhen steht, für die er mit der edition suhrkamp die Programmschriften geliefert hatte. Liest man das Buch über Ledig, findet man einen Unseld, der Goethe, Cotta und Schiller zitiert und sich Legenden andichtet.

Fast könnte man es in Bezug auf Unseld also vergessen, das Jahr 1968, das Jahr der Revolte, der Studenten, der hitzigen Debatten, das Jahr der Entstehung der K-Gruppen und der DKP, des Kaufhausbrandes und des Kampfes gegen Springer, das Jahr des fortgesetzten Krieges in Vietnam, der Ermordung Martin Luther Kings und Robert F. Kennedys, der Schüsse auf Rudi Dutschke, das Jahr der Pariser Maiunruhen, der Notstandsgesetze und des Prager Frühlings. Nur mit den letzten beiden hatte Unseld unmittelbar zu tun. Zum einen erschienen zahlreiche Texte aus der Tschechoslowakei bei Suhrkamp. Unseld gefiel, wie Karl Dedecius die polnische Literatur vertrat. Der junge Lektor Peter Urban sollte jetzt die Tschechen zu Suhrkamps Polen machen. Da kam Unseld der Prager Frühling gerade recht. Später, als der Aufbruch, der Abbruch und der Trubel vorbei waren, behielt Unseld nur Bohumil Hrabal als Autor.

Zum anderen versuchte auch Unseld sich zu politisieren. Er war Mitorganisator einer Protestveranstaltung im großen Sendesaal des Hessischen Rundfunks am Vorabend der Verabschiedung der Notstandsgesetze im Mai. Er sprach als Erster in einer langen Liste von prominenten Rednern, am Ende kamen Augstein und Bloch zu Wort. Unseld schwang sich hier tatsächlich zu revolutionärem Pathos auf: »Meine Damen und Herren, vielleicht haben wir eine Schlacht verloren, die Verteidigung der Demokratie geht weiter.« Seine Verlagsmitarbeiter schauten peinlich berührt zu Boden.

Schon zu jener Zeit sprach er mit der komisch abgehakten Diktion, die er sich für öffentliche Anlässe zugelegt hatte, die Nachdruck signalisieren sollte, aber vor allem sperrig wirkte. Er machte gleichzeitig einen dynamischen und ungelenken Eindruck. Und doch wurde auch er von der erhitzten Stimmung im Saal getragen. Sein Wort hatte als Wort Wucht, es hatte noch etwas vom Medium der Ohnmächtigen, der Gestus des Aufbegehrens gab Recht, wer über das Wort verfügte, wurde von der Bewegung getragen. Das war auch eine große Stärke von Enzensberger und Walser, die ebenfalls sprachen.

Damals deutete sich aber auch schon der Dissens an, der für Unseld dann bald eine echte Zerreißprobe werden sollte. Beide Autoren, Enzensberger wie Walser, stellten sich auf Seiten des radikalen SDS, der von der Veranstaltung zu den Notstandsgesetzen ausgeschlossen war, und beide Autoren stellten sich damit implizit gegen die eher altmodischen Verteidiger der Demokratie wie Adorno, neben dem Unseld damals nicht zufällig saß. »Es hat keinen Zweck, wenn bekannte Kulturpersönlichkeiten unter sich bleiben und das anmelden, was bekannte Kulturpersönlichkeiten immer anmelden: Bedenken«, höhnte Enzensberger. Da tobte der Saal, Unselds und Adornos Hände aber bewegten sich nicht. Und Walser dekretierte die Überflüssigkeit einer solchen Veranstaltung, es sei denn, man stelle sich gegen den gesamten angeblich demokratischen Parteienstaat. Auch das war nicht in Unselds Sinn. Er suchte nachgerade die Kontakte zur Politik; die SPD, der er sich verbunden fühlte, schickte sich an, die prägende politische Kraft im Land zu werden. Nur bei Bloch, der ebenso marxistisch wie utopistisch argumentierte, signalisierte der Verleger erfreute Zustimmung.

Nun, wäre es so weitergegangen, Unseld wäre für das Jahr '68 eine allenfalls symbolisch bedeutsame Figur geworden. Aber mit der Frankfurter Buchmesse im September des Jahres rückte er definitiv ins Zentrum des Geschehens. Die Stimmung war nun wirklich erhitzt – und sie heizte sich von Tag zu Tag mehr auf. Am Freitag wurde Franz Josef Strauß von Demonstranten gehindert, sein Buch *Herausforderung und Antwort* in der neuen Messehalle 5 zu signieren. Eineinhalb Hundertschaften der Polizei sorgten unter Einsatz von

Schlagstöcken und zur Empörung nicht nur der Studenten für sein freies Geleit. Am Abend, bei einem Empfang des britischen Verlegerverbands im Hotel Interconti, mischten sich junge Eindringlinge unter die geladenen Gäste, gesellten sich zu den Gesprächsgruppen und begannen, gezielt zu provozieren. Die meisten Gäste verstummten, Ledig-Rowohlt und Unseld aber diskutierten lautstark mit den Studenten und scheuten auch vor einem Handgemenge nicht zurück. Gleichzeitig aber sah Unseld sich selbst und seinen Verlag immer noch als Teil der Protestbewegung.

Im weiteren Verlauf der Messe wurde Unselds durch und durch ambivalente Position dann allerdings unübersehbar. Am Samstag wurde jeder Besucher genau kontrolliert: Eintrittskarten, keine Plakate, keine Transparente. Die Demonstranten unter Führung von Daniel Cohn-Bendit und dem SDS-Vorsitzenden K. D. Wolff verfolgten Adolf von Thadden trotzdem unter »Nazis raus«-Sprechchören, warfen Ho-Tschi-Minh-Flugblätter und Aktfotos in die Menge, veranstalteten ein Teach-in. Die Polizei schloss daraufhin die Halle, Demonstranten besetzten Eingänge und drückten Türen ein. Wem gehört die Halle 6? Das war jetzt die zentrale Frage der Messe. Auf welcher Seite, Verleger, stehst du, stand mit unsichtbaren Lettern überall geschrieben. Noch ließ Unseld seinen Stand aus Protest gegen die Schließung der Halle 6 wie andere Verleger zeitweise abbauen.

Am Abend stand Unseld dann kurz davor, selbst die Polizei zu holen. Im TAT sollte eine Suhrkamp-Lesung für Buchhändler stattfinden, mit Günter Eich, Erich Wulf, der als Georg W. Alsheimer bei Suhrkamp einen Bericht über Vietnam veröffentlicht hatte, und Martin Walser. Zum Auftakt besetzte der bekannte Aktivist Hans Imhoff in erdbeerrotem Kostüm und Netzstrümpfen die Bühne, spielte Dame, kleidete sich um, beschimpfte Publikum, Autoren und Verleger und widerstand den Versuchen, ihn zum Schweigen zu bringen. Günter Eich begann trotzdem zu lesen, Imhoff kommentierte. Das Publikum war amüsiert, gleichzeitig wurden Rufe laut, man solle doch den Doktor Mitscherlich holen. Noch schaute Unseld dem Treiben zu. Aber jetzt ging es erst richtig los. Die »Genossen von der Revolution« drängten in den bereits voll besetzten

Raum. Während der Lesungen wurde das Buffet geplündert, Getränke verschüttet, Löcher in den Boden gebrannt. Walser versuchte mit den Demonstranten zu diskutieren, aber erst der Gedanke an die Demostrapazen des nächsten Tages brachte sie dazu, ans Schlafen zu denken und abzuziehen. Da war es Mitternacht. Unseld wollte gerade die Polizei rufen.

Am Sonntag erreichten die Auseinandersetzungen dann ihren Höhepunkt. Vor der Paulskirche wurde gegen die Verleihung des Friedenspreises des Deutschen Buchhandels an Leopold Sedar Senghor, Dichter und Präsident Senegals, demonstriert. Der schwarze Senghor galt bei den Studenten als Kulturimperialist und Neokolonialist, vor allem aber als konfliktverschleiernder Schöngeist und Humanist. Es kam zu Krawallen und 23 Verhaftungen. Auch an diesem Sonntag wurde die Halle 6 wieder kurzfristig geschlossen, um ein Teach-in zu verhindern. An diesem Punkt solidarisierten sich etliche Verleger mit den Protestierenden gegen die Messeleitung und schrieben eine ultimative Protestnote: der Börsenverein, die Standesorganisation der Verleger, drohte jetzt auseinander zu brechen. Das Ende der Buchmesse wurde bereits prognostiziert. Das war die Stunde Siegfried Unselds.

Unseld vermittelte nach beiden Seiten. Montagmorgens tagte der Messeaufsichtsrat, sein Mitglied Unseld hatte ihn zusammengebracht, wurde hier aber trotzdem misstrauisch als Vertreter der Linken beäugt. Unseld gelang es, den Messerat zu einer vergleichsweise progressiv anmutenden Erklärung zu bewegen – er konnte den Druck, der durch die Kündigungsabsichten der Verleger entstanden war, ausnutzen. Bei der anschließenden Pressekonferenz am Mittag musste sich Unseld dann von Studenten die entgegengesetzten Vorhaltungen machen lassen: Er begehe Verrat, wenn er mit der Messeleitung und dem Börsenverein überhaupt verhandle.

Am Dienstag gab es noch eine öffentliche Diskussion im Palmengarten, unter anderem mit Ledig-Rowohlt, Reinhard Mohn und Unseld unter dem Titel »Wer manipuliert die Literatur?«. Unseld musste sich hier eine ganze Reihe von Vorwürfen anhören: er koordiniere sich mit einer miesen Messeleitung, er decke den Börsenverein, er mache bei der Ausbeutung der Autoren mit, er habe nichts dagegen getan, dass der Kulturimperialist Senghor den Friedenspreis bekomme, er sei ein schöngeistiger Narziss, er habe einen autoritären Stil. Unseld versuchte wie so oft, die Literatur als gemeinsame Sache zur Vorhut der Bewegung zu stilisieren, er sagte, dass jeder Autor seinen Verlag verlassen könne, dass er einen anderen Autor als Senghor für den Friedenspreis vorgeschlagen habe, dass er Rechtshilfe für die Verhafteten übernehme, dass er beim Oberbürgermeister ihre Freilassung erwirken wolle. Außerdem kündigte er eine Zeitschrift für kritische Rechtsgeschichte an, in der der Aushöhlung des Grundgesetzes nachgegangen werden solle, stellte dar, dass er im Messeaufsichtsrat den Kompromiss einer Reduktion der Polizeikräfte und Versammlungsmöglichkeiten erwirkt habe, und dass er seit sechs Jahren versuche, im Börsenverein etwas zu ändern. Verstehen wollte ihn da allerdings keiner.

Tatsächlich hatte Unseld als eine der wenigen Figuren, die auf beiden Seiten noch gehört wurden, wenn auch als Linker im Messeaufsichtsrat und als Kapitalist bei den Protestierenden verschrien, in diesen Tagen dazu beigetragen, die Frankfurter Buchmesse zu retten. Er war es, der einen Kompromiss zu Stande brachte, er war es auch, der die protestierenden Verlegerkollegen davon abhielt, im Folgejahr eine Alternativmesse zu gründen. Gerade das aber, die Vermittlung, nahm man ihm übel. »Es gibt Situationen, da darf man nicht mehr vermitteln«, sagte Walter Boehlich mit jakobinischer Strenge.

Die Messe war vorbei, die Situation für Unseld spitzte sich aber weiter zu. Die Bedrohung kam aus dem Innersten, dem Verlag. Seit mehr als einem Jahr distanzierten sich die Lektoren des Hauses immer mehr von ihrem Unternehmer, nicht aber vom Unternehmen. Sie wollten den autoritären und selbstherrlichen Führungsstil des Verlegers nicht mehr mittragen. Sie, die sich als eigentliche Elite des Verlags empfanden, wurden von Unseld klein gehalten, durften in ihren ureigensten beruflichen Angelegenheiten nicht verreisen, konnten keine eigenständigen Entscheidungen treffen. Klaus Reichert etwa durfte nicht, wie versprochen, zu Henry Kissingers Sommerseminar fahren, das Unseld einst selbst besucht hatte, weil er mit einer Joyce-Übersetzung nicht fertig war.

Schon in den vorangegangenen Jahren hatten sich die Lektoren als heimliche Widerstandsgruppe im Verlag empfunden, hatten sich über ihren Unseld lustig gemacht, den Rugbyspieler, den ein junges Mädchen zur Literatur verführt habe, den Manager mit schöngeistigen Neigungen und, als Gipfel: den Hesse-Verehrer. Jetzt reagierte der Verleger darauf zunehmend gereizt. Das Verhältnis zu Walter Boehlich, der ihn immer hatte spüren lassen, dass er ihn für höchst medioker hielt, dessen Kritik in den vergangenen Jahren immer schärfer geworden war, war zerrüttet. Unseld wollte seinen Cheflektor und härtesten Kritiker loswerden. Boehlich, das intellektuelle Zentrum des Hauses, so sahen es alle, einschließlich des Verlegers, sollte dem Verlag nur noch durch einen Beratervertrag verbunden sein. Zum Ausbruch kam so ein Machtkampf, den die Lektoren als gesellschaftlichen Auftrag begriffen.

Der Verleger hatte sich während der Messe in ihren Augen höchst schäbig verhalten. Er habe mit der Messeleitung und dem Börsenverein paktiert, wo ein klarer Schnitt nötig gewesen wäre. Jetzt, so sahen es die Lektoren, war die Zeit reif, sich die Ausbeutung, die Kapitalistenallüren, die Selbstherrlichkeit nicht mehr länger bieten zu lassen, jetzt war die Zeit reif, geschlossen hinter Boehlich zu treten. Und es war Zeit, den Verleger endlich beim Wort seines eigenen radikaldemokratischen Programms zu nehmen. Unseld machte nach der Messe drei Tage Urlaub, und als er am Freitag zurückkam, lag ein Brief auf seinem Schreibtisch, dem eine »Lektoratsverfassung« anhing.

Diese Verfassung, geschrieben in revolutionärer Aufrichtigkeit, war einerseits ein Dokument erwachenden Selbstbewusstseins, andererseits eine Provokation sondergleichen: Eine Lektoratsversammlung sollte über Programmgestaltung, Vertrieb, Werbung, Gestaltung, Honorare und Personalpolitik bestimmen. Jeder Lektor sollte hier eine Stimme haben. »Außer den Lektoren hat der Verlagsinhaber eine Stimme.« Und: »Der Verlagsinhaber ist ebenso wie die Lektoren an die Beschlüsse der Lektoratsversammlung gebunden.« Das kam einer Enteignung gleich, Unseld sah das natürlich sofort. Die Lektoren aber waren tatsächlich der Überzeugung, dass diese Verfassung Aussicht auf Erfolg haben könnte. Ohne die Lektoren, so dachten sie, würde der Verlag eingehen. Der Verleger könne gar nicht anders, als sich auf ihren Vorschlag einzulassen.

Aus dem linken Demokraten, als der Unseld auf der Messe immer noch aufgetreten war, wurde in diesen Tagen der Verlagsbesitzer. Und der erwies sich jetzt als umsichtiger Taktiker, holte Rechtsgutachten ein und brachte seine Truppen in Stellung. Am 14. Oktober, zwei Wochen nach dem Brief mit angehängter Verfassung, fand jene legendäre Lektoratssitzung statt, die bis vier Uhr früh dauerte und die über die Zukunft des Hauses Suhrkamp entscheiden sollte. Unseld hatte sie einberufen. Aber weniger das ist überraschend, überraschend von heute aus gesehen ist, dass er sich überhaupt auf eine Diskussion einließ. Aber damals, 1968, in diesen wortseligen Zeiten, war das nicht anders denkbar. Außerdem wollte Unseld seine Lektoren – mit Ausnahme Boehlichs – behalten.

Als man sich um halb acht zusammensetzte, waren die Lektoren überrascht und überrumpelt. Unseld hatte Max Frisch, Günter Eich, Jürgen Habermas, Martin Walser, Uwe Johnson, Hans Magnus Enzensberger, Erich Nossack und Jürgen Becker um sich versammelt. Nicht anwesend war Ernst Bloch, der als einziger Walter Boehlich konsultiert hatte. Die versammelten Autoren saßen auf der einen Seite eines langen Tisches, auf der anderen durften die Lektoren Platz nehmen, die sich so von Anfang an wie auf einer langen Anklagebank fühlten. Am einen Kopfende saß Unseld, am anderen Habermas. Die Autoren waren nur durch Unseld über die Situation unterrichtet. Was er ihnen gesagt hatte, kann man sich vorstellen: Der Aufstand sei eine Entmündigung, und das bedeute eine Gefährdung des ökonomischen Fundaments des Verlags und damit der Autoren und ihres Werks.

Johnson, den Unseld sich am Vorabend der Messe durch einen großzügigen Kredit verpflichtet hatte, sollte moderieren. Da aber jeder redete, wie er wollte, gab Johnson bald entnervt und beleidigt auf und konzentrierte sich vor allem auf sein Bierglas. Trotzdem wurde die Verfassung in allen Einzelheiten durchdiskutiert. Unseld war beleidigt und sprach von »Entmündigung«, die Lektoren waren wegen der jahrelangen Bevormundung beleidigt. Kränkung stand gegen Kränkung, das machte die Sache zusätzlich kompliziert.

Günter Eich gab sich distanziert und fasste seine Meinung in einem kühlen, auch hämisch zu verstehenden Satz zusammen: »Ein Lektor hat mir noch nie geholfen, aber Herr Unseld hat mir geholfen.« Unseld hatte Eich in den letzten Monaten besonders hofiert, weil er fürchtete, dass der gefeuerte Lektor Chris Bezzel ihn abwerben könne. Frisch war still. Die Lektoren, die Frisch immer wieder der heimlichen Kumpanei mit den Reinharts verdächtigten, meinten auch bei Frisch die Parteinahme für den Verleger zu spüren. Erst kurz zuvor waren Frisch und Unseld zum Du übergegangen. Nossack sagte, dass er früher in einer Bank gearbeitet habe, da sei es mit der Selbstherrlichkeit der Führung viel schlimmer gewesen. Becker schloss sich an: Er habe früher bei Rowohlt gearbeitet, da sei es auch viel schlimmer gewesen. Diese vier Autoren waren distanziert, hielten sich zurück und halfen ihrem Verleger durch Anwesenheit. Eine Überraschung allerdings war, dass sich der Heißsporn und Verbalkünstler Enzensberger an diesem Abend ebenfalls abwartend verhielt. Auf der anderen Seite waren es Boehlich und Busch, die wenig sagten, die Wortführer der Lektoren waren Karlheinz Braun und Karl Markus Michel.

Da Frisch, die von allen anerkannte Autorität, nichts sagte, wurde das Votum von Walser und Habermas zentral. Undurchsichtig ist und war, was Walser eigentlich gesagt hat. Es war schon einigermaßen spät, als Walser hinter seinem Stuhl stehend sein Szenario für die Zukunft des Verlages entwarf. Die Mundwinkel des Verlegers gingen immer weiter nach unten. Verstanden die Lektoren richtig, wenn sie meinten, Walser stehe auf ihrer Seite? Walser krönte seine Rede mit dem Satz: »Das ist eine Entwicklung, an deren Ende dann natürlich die Sozialisierung des Suhrkamp Verlags stehen müsste.« Da platzte Unseld der Kragen, er schnappte sich seinen Intimfreund und ging mit ihm vor die Tür. Walser, so der Eindruck der Lektoren, war ziemlich klein, als er nach zehn Minuten mit dem Verleger zurückkam. Jetzt schwieg auch er. Als Erklärung vermutete man, dass Unseld ihm gerade das Haus am Bodensee finanziert hatte: Eine große Zeit des Verdächtigens, auch das war 1968.

So blieb nur noch Habermas. Der hatte sich, was die Lektoren aber nicht wussten, am Tag zuvor von Unseld die Bilanzen zeigen und die Besitzverhältnisse erklären lassen. Habermas hatte versucht, die ökonomische Seite zu verstehen und war zu dem Schluss gekommen, dass die Sozialisierung eine Schnapsidee sei und dass sie mit den Reinharts sicher nicht zu machen sei. Jetzt warf sich Habermas mit einer flammenden Rede und mit für die Lektoren überraschender Heftigkeit für seinen Verleger ins Zeug. Wir leben nun mal in einem kapitalistischen System – man mag das bedauern, sagte er. Da das aber so ist, muss der allein haftende Gesellschafter auch die alleinige Entscheidungsbefugnis haben. Der Verlag arbeite gut und das dürfe nicht einer theoretischen Einsicht geopfert werden.

So stand also erstmals in einem westdeutschen Unternehmen eine Sozialisierung ernsthaft zur Debatte, es sollte verwirklicht werden, wovon die ganze Zeit geredet wurde. Wie kein anderer stand der Verleger jetzt im Zentrum der Auseinandersetzung. Kein Berufsstand vereinte die Gegensätze so wie der Verleger, kein Verleger verkörperte das Dilemma deutlicher als Unseld. Das sah Habermas so klar wie niemand sonst. Den psychologischen Konflikt jedoch, die unerträgliche Abhängigkeit geistig unabhängiger Figuren, der in dieser Auseinandersetzung ebenfalls eine zentrale Rolle spielte, stellte Habermas damals nicht in Rechnung.

Seit Unseld Habermas in Heidelberg besucht und gesagt hatte, dass er im Verlag etwas für die Wissenschaft tun will, hatten beide das Gefühl, dass sie für eine gemeinsame Sache arbeiten, und waren zueinander vollkommen loyal. Wenn es einen Autor im Verlag gibt, der den Verleger versteht, so wird der Verleger damals gedacht haben, der ebenfalls wie ein Staatsmann zu denken versteht, dann ist es Habermas. Gleichzeitig spitzte sich die Lage zu: Literatur, die für Demokratisierung eintrat, wurde von Patriarchen produziert, Kapitalisten verkauften Bücher, die ihre Abschaffung forderten. Dieser Widerspruch war es, der in den kommenden Jahren die zunehmende Radikalisierung der Protestbewegung bestimmte. Einen kapitalistischen Sozialisten, einen schwarzen Schimmel nannte Dieter E. Zimmer Unseld damals treffsicher.

Noch dachten die Lektoren nach dieser Nacht der langen Messer, wie sie bald hieß, dass sie nur eine Schlacht verloren hätten, und glaubten noch an die Durchsetzung ihrer Radikaldemokratie. Unseld aber betrachtete die Auseinandersetzung immer mehr als Machtfrage, und damit war die Sache entschieden. Die folgenden Tage waren mit weiteren Sitzungen, heißen Reden, tiefen Verletzungen, Vermittlungsversuchen und dem Rauch vieler Zigaretten ausgefüllt. Der Fall Boehlich wurde gesondert besprochen. Unseld, der seinem Lektor einen lebenslangen, unkündbaren Vertrag als freier Mitarbeiter angeboten hatte, wollte sich jetzt verpflichten, ihn nach drei Jahren wieder fest anzustellen. Boehlich aber wollte noch ein Jahr Angestellter bleiben.

Unseld zog noch eine Karte aus dem Ärmel: Er schlug vor, dass die Lektoren Boehlich, Busch und Michel aus dem Verlag austreten und einen eigenen sozialistisch organisierten Verlag gründen sollten, zu dem er 600 000 Mark Startkapital geben wollte, pro Kopf je 200 000. Bedingung war allerdings, dass dieser Verlag keine Theaterabteilung aufziehen darf. Da spitzte Braun die Ohren. Ihn nahm Unseld übrigens ernst, nicht nur als zentrale Figur in der Theaterszene, an ihn glaubte er auch als Geschäftsmann. Weitere Bedingung war, dass der neue Verlag keine weiteren Suhrkamp-Autoren abwerben durfte. Auch das fanden die Lektoren unannehmbar, da es ihre Spaltung bedeutet hätte.

Wechselte Unseld in diesen Tagen auch endgültig von der Seite des Sohnes auf die des Vaters, nicht nur von der des Aufrührers zu der des Kapitalisten? Noch lag für ihn etwas von Wiederholung seiner Sohnesrolle in der Luft: Wenn er den Lektoren einen eigenen Verlag finanzieren wollte, wenn er gegenüber Frisch sagte, da würde er gerne mitmachen, wenn er jünger wäre, so imaginierte er sich in die Rolle Suhrkamps, dessen Verlag ja einst durch eine Abspaltung von S. Fischer entstanden war, dessen Situation mit der der Lektoren zumindest verglichen werden konnte. Unseld sah sich immer noch in der Rolle des Sezessionisten. Sein Sohn Joachim wohnte seit diesem Jahr nicht mehr zu Hause, er besuchte jetzt die Odenwaldschule. Sicher ein Zufall, aber ein symbolischer.

Was folgte, war die Einrichtung einer wöchentlich tagenden Lektoratsversammlung und die Trennung des Lektorats vom Verleger und damit vom Verlag. Unseld ließ sich seine alleinige Entscheidungsgewalt als Verleger nicht nehmen. Walter Boehlich, Klaus

Reichert, Peter Urban und Urs Widmer verließen den Suhrkamp Verlag sofort, Karlheinz Braun folgte drei Monate später. Unseld, Walser, Michel und Busch versuchten Braun zu einer Rücknahme seiner Kündigung zu bewegen. Unseld war Brauns Motiv unklar. Den Ausschlag gab ein Artikel, in dem Unseld gesagt hatte, er sei heilfroh, Boehlich los zu sein. Für Unseld sah es dagegen so aus, als sei Braun von Boehlich abhängig.

Die Lektorin Anneliese Botond ging 1970. Die Kündigung war für die Lektoren mit einem erheblichen Risiko behaftet, die meisten hatten keinen Universitätsabschluss, andere Verlage wollten die Störenfriede nicht haben. Günther Busch hatte noch seine Hungerjahre als freier Kritiker in Erinnerung und war unentschieden. Unseld würde ihm bald sein Bleiben versüßen, indem er ihm weitreichende Kompetenzen bei der edition suhrkamp gab.

Boehlich, Braun, Urban, Wolfgang Wiens und Widmer gründeten mit 25 000 Mark Startkapital, das ihnen vom Bruder Boehlichs zur Verfügung gestellt wurde, den Verlag der Autoren. Unseld hatte sie auf die Idee gebracht: Ein Theaterverlag hat weitaus weniger Fixkosten als ein Buchverlag. Jetzt fürchtete der Verleger, dass vor allem junge Autoren wechseln würden.

Mancher der Lektoren wartete seitdem auf das Ende des Imperiums. Und musste lernen, dass er Unseld unterschätzt hatte. Aber auch umgekehrt musste man dazulernen. Der bis heute existierende Verlag der Autoren war nur die zweite von vielen Abspaltungen von Suhrkamp. Der Suhrkamp Verlag würde über die Jahre dann noch eine Reihe von Kindern gebären, den Verlag Schöffling und Co., den Ammann Verlag, die Frankfurter Verlagsanstalt, den Dumont-Buchverlag, den Verlag Velbrück. Der Verlag der Autoren würde außerdem Vorbild für etliche weitere Verlagskollektive wie Trikont und Syndikat. Auch bei Wagenbach kam es zu einer Revolte. Unter der Vermittlung des Schlichters Braun wurde hier der Rotbuch Verlag gegründet, der bald für Unseld eine wichtige Rolle spielte: Er übernahm das *Kursbuch*.

Enttäuschend war für die Lektoren das Verhalten der Autoren. Es wechselten damals nur Peter Handke, Martin Sperr und Gerlind Reinshagen in das neue Unternehmen. Gegenüber Reinshagen übte Unseld Druck aus: Er werde keine Bücher mehr von ihr verlegen, wenn sie ihre Theaterstücke über den Verlag der Autoren vertreibe. Thomas Bernhard sympathisierte mit der Neugründung, wollte aber nach seinem ersten Stück *Ein Fest für Boris* nicht mehr fürs Theater schreiben. Von den in der Schicksalsnacht nicht anwesenden Autoren interessierten sich nur Scholem und Bloch für die Position der Lektoren, Bloch aus seiner kommunistischen Grundhaltung heraus, Scholem hatte zu Boehlich guten Kontakt. Adorno nannte die Verlagsverfassung die Parodie einer Verfassung. Celan interessierte sich nur dafür, dass Reichert sein Lektor bleibt, wenn er aus dem Verlag ausscheidet. Frisch stand den Lektoren geneigter gegenüber, als diese dachten. Unseld bemühte sich sehr um Frisch, konnte ihn aber nicht auf seine Seite ziehen: Frisch blieb distanzierter Beobachter. 1971 lud Frisch Boehlich, Busch und Reichert zu seinem sechzigsten Geburtstag ein, was Unseld ihm übel nahm. Und Peter Weiss folgte Habermas: Nur wenn wir die Gesellschaft insgesamt verändert haben, sagte der dogmatischste Kommunist des Verlags, haben wir die Chance, einen sozialistischen Verlag zu gründen. Handke schließlich kehrte nach zwei Jahren wegen eines Streits im Verlag der Autoren, den er äußerst unappetitlich fand, zurück zu Unseld.

Die inneren Widersprüche in Unselds Welt dieser Tage werden deutlich, wenn man bedenkt, dass Unseld im Oktober 1968 eine der größten Werbeaktionen startete, die der Verlag bis dahin veranstaltet hatte, eine jener Marketingaktionen für das gute Buch, die Unseld seitdem so gut beherrscht. Es ging dabei nicht etwa um die edition suhrkamp, schon gar nicht um das *Kursbuch*, sondern um die dezidiert literarische Bibliothek Suhrkamp. Unseld gab dazu den schönen Sonderband *Aus aufgegebenen Werken*, eine Sammlung von literarischen Fragmenten prominenter Suhrkamp-Autoren, heraus. Und im November gab er sich ebenfalls dezidiert als Literaturverleger. Am 6. November 1968 hielt er vor der Literarischen Gesellschaft Bremen den Vortrag »Wie macht man literarische Bücher?«, der zum Grundstock von Unselds erstem großem Buch, *Der Autor und sein Verleger,* wurde. Es ist sicher keine falsche Vermutung, darin seine Antwort auf die Ereignisse von 1968 zu sehen. In diesem Vortrag kamen Sätze vor wie: »Nach dem Chaos von 1945, nach dem Schock und dem Trauma, die sich über jene Generation legten, die bei uns einen neuen Aufbau beginnen sollte, war die Literatur rein literarisch. Diese neue Literatur begann mit einem Drama von Wolfgang Borchert, *Draußen vor der Tür*, mit Geschichten von Heinrich Böll und Gedichten von Günter Eich und Paul Celan. Erst allmählich, als Vorbote wie als Begleiter jener emanzipatorischen Bewegung der Jugend, politisierte sich Literatur und politisierten sich Autoren.« Da ist zu spüren, dass Unseld die alten Zeiten zurückwünschte.

Etwas Rätselhaftes, Doppeldeutiges bekam in diesen Tagen (und hat bis heute) das Verhältnis zwischen Hans Magnus Enzensberger und seinem Verleger. Mancher erinnert sich, er sei in der großen Sitzung mit den Lektoren eher schweigsam gewesen, andere sehen ihn an der Seite der Lektoren. Aber wo stand Enzensberger tatsächlich? Im *Times Literary Supplement* hatte er erklärt: »Die Tatsachen zeigen, daß das politische System der Bundesrepublik nicht mehr reparabel ist. Man muß ihm zustimmen, oder man muß es durch ein neues System ersetzen. Tertium non dabitur.« Dieses Tertium non dabitur war ein Kernsatz Enzensbergers. Dass er sich dann Anfang der Achtziger für die erste Möglichkeit entschieden habe, begründet das beliebteste aller Enzensberger-Klischees: das vom Wendehals, unsicheren Kantonisten, Renegaten, Verräter. Eigentlich aber hat er sich schon 1968, zwischen Sympathie für die Lektoren und seinem Verbleiben im Suhrkamp Verlag, für den dritten, doch angeblich inexistenten Weg entschieden.

Obwohl sich seine und Unselds Wege hier erst einmal trennten, Enzensberger blieb im Verlag. Wie groß die Distanz in diesen Jahren tatsächlich war, zeigt die Trennung von der Zeitschrift *Kursbuch*. Sie ist für Unseld bis heute untrennbar mit den Ereignissen im Oktober 1968 verbunden. Er glaubt bis heute fest, dass die Trennung mit dem legendären Heft 15, das im November 1968 erschienen ist, von dem er aber bereits im Oktober Kenntnis hatte, erfolgt sei. In diesem Heft, so Unselds und eine auch sonst weit verbreitete These, sei der Tod der Literatur verkündet worden. Karl Markus Michels *Ein Kranz für die Literatur* war eine Polemik gegen sich selbst genügende Kunst, Walter Boehlichs *Autodafé* proklamierte den Tod der

Literaturkritik, und Enzensberger verbreitete sich in diesem Heft über *Gemeinplätze die neueste Literatur betreffend*. Vom Tod der Literatur aber war nirgends die Rede. »Erst war es die bürgerliche Literatur, dann die Literatur überhaupt, die tot war«, sagte Unseld später trotzdem.

Es war eine Tendenz, die Unseld deutlich wahrnahm. Es passte ja tatsächlich nicht zusammen, was eine Zeit lang fast als eine notwendige Einheit schien: die sich immer weiter politisierende Theorie, vor allem Soziologie und Philosophie, und die Literatur. Unseld entschied sich damals, durchaus konsequent, für die Literatur. Die Lektoren und Enzensberger entschieden sich erst einmal mit den Studenten für die Theorie. Das ist es, was das *Kursbuch* mit besonderer Deutlichkeit zeigt. Bereits 1967, nach Heft 9, hatte im *Spiegel* gestanden, dass einem nach Lektüre dieses Hefts die Literatur »vollkommen belanglos« vorkomme. Tatsächlich war das *Kursbuch* viel politischer als beispielsweise die edition suhrkamp. Wenn eine Reihe aus dem Haus Suhrkamp die Programmschrift der 68er war, dann das *Kursbuch* und nicht – wie immer behauptet – die edition suhrkamp.

In Wahrheit aber war es erst Heft 21, das vom »Kapitalismus in der BRD« handelte, welches den Verlag und die Zeitschrift, Unselds Projekt und Enzensbergers Projekt, entzweite. Trotzdem sind der Lektorenaufstand und das *Kursbuch* für Unseld auf traumatische Weise engstens miteinander verknüpft. Nie wieder hat er sich an die Gründung einer Zeitschrift gewagt. Das *Kursbuch* wurde für ihn eine verlagsbedrohende Publikation, ein Brandsatz gegen den Verlag aus dem Verlag, sozusagen die Programmschrift der revoltierenden Lektoren. Wer nicht für die Revolution ist, ist gegen sie, tertium non dabitur.

Über das Verhältnis von Siegfried Unseld und Hans Magnus Enzensberger gibt diese Episode allerdings noch keinen definitiven Aufschluss. Über keines der großen Paare des Suhrkamp Verlags weiß man weniger als über dieses. Das mag einfach daran liegen, dass sie sich nie wirklich nahe waren, trotz der langen Beziehung und der Bedeutung, die sie für die deutsche Literatur hatte. Enzensberger hat den Suhrkamp Verlag durch das *Kursbuch*, seine Berater-,

Herausgeber- und Lektorentätigkeit, vor allem aber seine Bücher geprägt, und Unseld hat Enzensberger ein Leben lang Publizität gesichert. Oder weiß man so wenig über ihr Verhältnis, weil beide echte Öffentlichkeitsmenschen sind? Beide sind es gewohnt, in der Öffentlichkeit zu stehen, beide genießen es, und beide wissen, wie die private Sphäre dabei zu schützen ist.

Ohne Zweifel ist Hans Magnus Enzensberger im Umgang mit dem literarischen Betrieb noch gewiefter als Siegfried Unseld. Niemand im Verlag, kein Lektor, kein Autor und kein Verleger, war so sensibel für Zeitströmungen, niemand hörte besser das Gras wachsen, niemand hatte weniger Angst vor Inkonsequenz, niemand agierte mit so leichter Hand, niemand war so souverän und raffiniert zugleich, niemand war aber auch so distanziert. Bereits in den Fünfzigerjahren ging Enzensberger nach Norwegen, erst 1964 kam er zurück, um bei der Revolution mitzumachen. Eigentlich brauchte Enzensberger Unseld gar nicht, nicht so, wie ihn andere Autoren brauchten jedenfalls; als Vater, Mentor, Förderer. Enzensberger konnte mit seinen Büchern bei Unseld sein und trotzdem seinen überlegen-ironischen Umgang mit ihm pflegen. Das machte und macht die Verbindung stabil. Unseld und Enzensberger hatten Streit und waren oft anderer Meinung, aber der Streit ging nie so weit, dass sie nicht mehr hätten zusammenarbeiten können.

Und in einem war der massive Unseld dem leichtfüßigen Enzensberger immer schon voraus. Enzensberger wird trotz aller Kurs- und Tempowechsel lange brauchen, bis er dort ankommt, wo Unseld immer schon gewesen ist. Wenigstens für einen Moment war Unseld 1968 gleichzeitig, was Enzensberger nur nacheinander werden konnte. Er war für die Linke und bewunderte gleichzeitig und immer schon die Bundesrepublik, er konnte sich für radikale Texte begeistern, sich aber doch mit dem System der BRD von Anfang an zutiefst einverstanden fühlen. Unseld, um es zugespitzt zu sagen, war Klassenkämpfer und Verfechter des Schweinesystems in Personalunion. Die Neuorientierung, die Enzensberger in den Siebzigerjahren vorgenommen hat, wird den Ruch des Renegatenhaften und damit des Verrats schwer loswerden. Verglichen mit Enzensberger aber war Unseld schon Renegat, bevor er Linker war.

Für Adorno sah es bis Mitte des Jahres 1968 ebenfalls so aus, als spiele er in der Studentenbewegung eine wichtige Rolle. In Wirklichkeit bewegte er sich im gleichen Dilemma wie Unseld. Noch konnte er im Sommersemester dieses Jahres seine Vorlesung vergleichsweise ungestört halten. Bei der Buchmesse wurde er aber bereits in einer Rede gestört, zur Jahreswende besetzten Studenten Räume des soziologischen Seminars und des Instituts für Sozialforschung, die Adorno dann durch die Polizei räumen ließ. Und wie Unselds Wahrnehmung verrutschte auch die Adornos in diesen Tagen. Das *Kursbuch* sei von aktionistischen APO-Leuten beherrscht, schrieb Adorno im Mai 1969 an Alfred Sohn-Rethel. Damit brachte er auch Unselds Haltung zur Revolution nach den Ereignissen des Oktobers 1968 auf den Punkt. Adorno starb 1969, Unseld machte weiter. Aber er würde jetzt den Rahmen, den Adorno gesteckt hatte, nicht mehr verlassen. Habermas setzte diese Haltung theoretisch fort. So war der eine für die Praxis, der andere für die Theorie des kommunikativen Handelns zuständig.

Es liegt übrigens an dieser Unseldschen Praxis des kommunikativen Handelns, dass Adorno, Marcuse und Horkheimer bis heute als die Väter der 68er Bewegung gesehen werden. Tatsächlich war niemand aus dem SDS durch ihre Schule gegangen, und Ende 1968 wurden, wie wir gesehen haben, die grundsätzlichen Differenzen offenbar. Aber obwohl Unseld sich in diesen Monaten durch die 68er gedemütigt fühlte, blieb er Geschäftsmann genug, dass er die Geschichte von Adorno und Habermas als den zentralen Figuren des Protests weitererzählte.

Die Vereinbarkeit des Unvereinbaren war ohnehin eine Spezialität von 1968. Die Protestbewegung »war hedonistisch und puritanisch, progressiv und regressiv, egalitär und elitär, modernistisch und kulturpessimistisch, von eiskalter Theorie getragen und romantisch bis in die Knochen. Sie kämpfte für Autonomie und machte die Organisation zum revolutionären Fetisch. Sie appellierte an imaginäre Massen und benutzte exklusive Geheimsprachen, die heute kein Mensch mehr versteht. Sie war antiamerikanisch und schwebte zugleich auf den Schwingen der angloamerikanischen Rock- und Popmusik«, fasst Reinhard Mohr das Buch von Gerd Koenen über diese Jahre zusammen. Das setzte eine spezifische Schizophrenie voraus: Man verfocht im Ernst antibürgerliche Maximen, glaubte aber an die Verwirklichung der vorgetragenen Forderungen in keiner Weise. Man wollte die Welt umkrempeln, war aber gleichzeitig davon überzeugt, dass alles beim Alten bleiben würde. Diese Haltung war nicht nur die notwendige Voraussetzung, um in den folgenden Tagen nicht zum Terrorist zu werden, sie reichte hin, um es noch etwas später zu etwas zu bringen. Unseld konnte für einen geschichtlichen Moment auch diese Schizophrenie unter seinem Dach aufnehmen, da er selbst ähnlich widersprüchlich ist wie die Zeit, in der er seine größten Erfolge und eine seiner größten Niederlagen erlebt hat. Möglich wurde dieses mentale Paradox übrigens im Zeichen der Authentizität, wie Heinz Bude gezeigt hat. Persönliches Unglück wurde als Äquivalent zu sozialem Unrecht begriffen, man lebte erstmals in dem Gefühl, ein Recht auf sein wahres Selbst zu haben. Man war der Meinung, dass es gesellschaftliche Kräfte gibt, die einem dieses wahre Selbst vorenthalten.

Ein weiterer Punkt macht den Erfolg Unselds in den Jahren um 1968 nicht nur überraschend, sondern nachgerade zwingend. Bis in das Jahr 1968 konnte Unseld mit der Protestbewegung den tiefen, fast devoten Glauben an das Wort teilen. In einem Interview, das Günter Gaus Ende 1967 mit Rudi Dutschke führte, erklärte dieser: »...wir haben aber systematisch immer wieder Regierungen bekommen, die man gewissermaßen bezeichnen könnte als institutionalisierte Lügeninstrumente, Instrumente der Halbwahrheit, der Verzerrung, dem Volk wird nicht die Wahrheit gesagt. Es wird kein Dialog mit den Massen hergestellt, kein kritischer Dialog, der erklären könnte, was in dieser Gesellschaft los ist.« Im weiteren Verlauf des Gesprächs wurde deutlich, dass für Dutschke die außerparlamentarische Opposition eine Frage der Wahrheit, eine Frage eines sich selbst klärenden Bewusstseins ist, der »Bewusstwerdung«, wie es damals, des »wahren Selbst«, wie es bald hieß. Und der Weg zu dieser Wahrheit, zu diesem wahren Selbst ist das Studium der Schriften. Den 68ern eignete ein Schriftglaube, der sie einerseits in verschiedene deutsche Traditionen, vor allem die Romantik, andererseits in die jüdische Tradition stellt. Nicht umsonst war

Dutschkes stets überquellende Aktentasche so etwas wie ein Signum der Bewegung. Man glaubte an das Wort, an seine bewusstseinsbildende Kraft, die Möglichkeit der Bewusstseinsveränderung war die Möglichkeit der unausgesetzten Interpretation. Die Protestbewegung von 1968 war eine Schriftreligion. Wie besessen produzierte man Papier für ein besseres Leben.

Versucht man Unseld in den Streit von 1968 einzuordnen, stellt sich schließlich die Frage, zu welcher Generation er eigentlich gehört. Er ist weder zu den Nazivätern noch zu den protestierenden Söhnen zu rechnen. Ebenso ist offen, ob er ein typisches Mitglied der so genannten Flakhelfergeneration war. Diese Generation erlebte im Krieg keine Erfolge mehr, sondern nur die Überlegenheit der Alliierten. Sie wandte sich noch im Krieg von der NS-Ideologie ab. Nach dem Krieg kam die Flakhelfergeneration typischerweise nicht in Gefangenschaft, sondern auf die Schulbank, sie ist der erste Ansprechpartner der Reeducation. So fällt ihr Aufstieg fast notgedrungen in eines mit dem der BRD. Auf Grund ihrer Erfahrungen ist diese Generation, Helmut Schelsky hat das beschrieben, skeptisch gegen alle Formen von Vereinnahmung. Entscheidend wurde, dass diese Generation auch die Erste war, die die unbewältigte Vergangenheit zu ihrem Thema machte. Damit rückte sie die Soziologie als Leitwissenschaft vor die Geschichtswissenschaft, die Gegenwart vor die Vergangenheit. Mitscherlichs *Die Unfähigkeit zu trauern* von 1967 war dafür ein Basistext. Auch Unseld hat sich zu diesem Text bekannt. Die konkreten Erinnerungen wurden entwertet, um sie für die Interpretation, soziologisch oder psychologisch, freizugeben. Und das war die Domäne des Suhrkamp Verlags. Da kann man sich fragen, welche originären Themen eigentlich den 68ern noch blieben. Oder schloss sich ein Teil der Flakhelfer im Bewusstsein eines gegen die totalitäre Kultur versäumten Aufstands, wie Heinz Bude meint, dem nachträglichen Ungehorsam der 68er an? »Es ist schon bemerkenswert, daß die Klassiker des kritischen Denkens im Gefolge der Studentenbewegung aus der skeptischen Generation stammen«, schreibt Bude.

Die Situation am Ende des Jahres 1968 lässt sich auch ganz einfach zusammenfassen. »Was ever such rightness joined to such foolishness«, schrieb Beckett 1969 an Adorno über die Studenten-bewegung. Damit war Wesentliches gesagt. Unseld hatte nicht nur viele gute Mitarbeiter, sondern auch viele Illusionen verloren. Immerhin duzten sich jetzt alle, auch die Studenten, die sich ein paar Jahre zuvor, als Unseld mit seiner Duzleidenschaft schon alle seine Autoren und Lektoren mit Ausnahme von Walter Boehlich überrumpelt hatte, auf den Seminarbänken noch brav gesiezt hatten.

Schwenken wir zum Abschluss noch einmal in das Jahr 1968, wie es im Jahr 2001 weiterlebt. Während versucht wird, aus Joschka Fischer den jugendlichen, gewaltbereiten Straßenkämpfer herauszukitzeln, stehen in einem anderen Saal, der 5. Kammer für Strafsachen, immer noch Frankfurter Landgericht, immer noch 16. Januar 2001, Vater und Sohn im Streit gegeneinander. Hier ist die Öffentlichkeit kein Zeuge, es ist ruhig in Raum 337, eine einzige Person, die nicht Partei ist, hat sich hierher verirrt. Sie macht sich weniger über die juristischen Implikationen des vorliegenden Falles Gedanken, als über die Verbindungen zu dem von Joschka Fischer, ein paar Türen weiter. Dabei ist das Geschehen in Raum 337 auch für sich genommen interessant genug. Es geht hier um die Sache Unseld gegen Unseld. Anwesend sind beide nicht – der Richter hatte, des zu erwartenden öffentlichen Interesses wegen, so kann man sich täuschen, ein Fernbleiben der Kontrahenten genehmigt. Gekommen ist aber niemand, keine Journalisten, kein Publikum. Mehr als zehn Jahre währt dieser Streit zwischen Vater und Sohn im Jahr 2001 schon. Und wann hat er begonnen, fragt sich der einzige Besucher. 68er sind beide nicht gewesen, nicht der 1924 geborene Vater, und nicht der 1953 geborene Sohn. Kein Steinewerfer ist hier zum Minister geworden, kein Flakhelfer zum Friedensmarschierer, kein Laios zum Ödipus. Und doch war sich der verirrte Besucher sicher, dass auch dieser Streit hier, wie der Lärm um Fischer, seine Wurzeln im Jahr 1968 hatte. Im Fall Unseld gegen Unseld, dachte der Besucher, war der zentrale Krach damals vermieden worden. Und seitdem kehrt er wieder. Wenigstens das ist wie in einer echten Tragödie.

Charismatiker. Systematiker.
Jubiläumsfanatiker.

1969–1979

Rückblickend erscheint der Krach im Hause Suhrkamp als Teil der großen linken Lust an der Selbstzerfleischung. Die größte Stärke der Linken, ihre Unbedingtheit, erwies sich im Nachhinein als entscheidende Schwäche: In endlosen Bruderzwisten wurden alle Bundesgenossen aus der Bewegung schrittweise hinausdefiniert oder -filtriert, bis am Ende nur mehr die reine Lehre blieb. 1969 begann sich diese Ausdünnungszentrifuge immer schneller zu drehen, sie stellte viele, die einmal Teil einer gemeinsamen Bewegung waren, an einen neuen Platz, den sie sich vorher nicht hatten vorstellen können. Mancher rutschte ganz ins Zentrum, mancher wurde Terrorist, andere ließen auch mal fünfe grade sein und begannen, ins Leben und den Kapitalismus zurückzukehren.

Bei Siegfried Unseld, dem Herrn jenes Regenbogens, der diese Tage überwölbte, verstärkten sich bald jene Züge, die seinen Gegnern schon vorher unangenehm aufgefallen waren. Kurzzeitig versuchte er, sich mit Samtpfoten zu bewegen; er war verunsichert. Aber schnell begegnete er dieser Verunsicherung, indem er seinem Naturell gemäß noch etwas selbstsicherer wurde, indem Siegesgewissheit und Eroberergeste noch deutlicher zur Schau getragen wurden als zuvor. An Elan hatte Unseld nichts verloren. Im Gegenteil: Während seine einstigen Kontrahenten jetzt auf »den Verlag«, wie Suhrkamp bei ihnen immer noch hieß, starrten, während sie begannen, auf das Ende des Unternehmens zu warten, musste Unseld jetzt allein seinen Mann stehen – was er zweifelsohne auch tat.

Die Bibliothek Suhrkamp, die Walter Boehlichs Domäne war, übernahm Unseld selbst. Für Boehlich holte Unseld Dieter Hildebrandt und 1971 Elisabeth Borchers, die Cheflektorin wurde. Sie wurde über zwei Jahrzehnte die prägende Gestalt des Lektorats, gewann aber nie den überragenden Einfluss auf Unseld, den Boehlich gehabt hatte. Die Entscheidungsgewalt lag jetzt allein beim Verleger. Günther Busch, der Lektor der edition suhrkamp, und Karl Markus Michel, Redakteur des *Kursbuchs*, blieben im Verlag. Vor allem Busch musste jetzt die Reaktion des Verlegers auf die erfahrene Kränkung einstecken lernen. Für Urs Widmer kam Thomas Beckermann als Lektor für deutsche Literatur. Martin Walser übernahm kommissarisch den Theaterverlag und wurde dann von Rudolf Rach abgelöst. Rach war einer der Ersten, in dem Unseld einen möglichen Nachfolger sah. Karl Dedecius, der noch bei Hanser unter Vertrag war, wurde von Unseld systematisch als Berater für polnische Literatur umworben. Anfangs sträubte Dedecius sich, bald aber hatte Unseld es geschafft. Und als sein Assistent, der bald eine bedeutende Rolle spielen sollte, kam Gottfried Honnefelder 1974 in den Verlag. Und Burgel Geisler, seit 1967 Unselds Sekretärin, wurde jetzt seine eigentliche Vertraute.

Bald führte Unseld auch die Postkonferenz ein, eine tägliche Runde der Abteilungsleiter, Lektorat, Vertrieb, Herstellung, Presse, was wie eine Durchsetzung demokratischer Prinzipien aussah, aber sein zentrales Lenkungsinstrument wurde. Jeder, hieß es, könne hier alles vorbringen. In der Praxis stellte Unseld einen Sachverhalt vor, oder er stellte eine Frage und gab gleichzeitig zu verstehen, welche Antwort er gerne hätte. Trug zum Beispiel Busch – der immer noch mit Arbeit überhäuft war, er machte jede Woche ein Buch – hier ein Anliegen vor, hörte Unseld manchmal einfach nicht hin. Außerdem gab es jetzt die Reiseberichte, Protokolle von Unselds Dienstreisen, die allen Abteilungsleitern zugänglich gemacht wurden und ihn so, auch wenn er abwesend war, als zentral agierende Instanz auswiesen. Und Unseld agierte jetzt mit latentem Misstrauen. Die Vertreterkonferenz, die bisher wie eine private Veranstaltung in seinem Hause in der Klettenbergstraße abgehalten worden war, wurde in das neue Verlagsgebäude verlegt. Seit dieser Zeit teilte sich die Menschheit für Unseld, der ursprünglich durchaus ein vertrauensvoller Mensch war, definitiv in

Verlagsgegner und Verlagsfreunde, wobei Menschen, die von Unseld unabhängig sind, zuerst einmal als Gegner wahrgenommen wurden.

Die Autorenbindung, die Unseld immer über alles gestellt hatte, und aus der sein Beratersystem resultierte, hatte sich aus seiner Sicht als vorausschauende und rettende Einrichtung erwiesen. Die Telefonate mit Walser ersetzten jetzt vollständig jene mit Boehlich. Walser, der in diesen Jahren wie viele meinte, die Literatur sei out, war neben Johnson und Habermas Unselds engster Vertrauter unter den Autoren. Mit Habermas verstand sich Unseld, gerade auch politisch, immer besser.

Jetzt rückte auch der Sohn Joachim in Unselds Blickfeld. Wo der Verlag restlos seine persönliche Sache geworden war, beschäftigte die Nachfolgerfrage sein Denken erstmals tiefer gehend. Ein Kronprinz war die ideale Lösung. Joachim war damals 16 Jahre alt. Er sollte alles mitbekommen, was ein Verleger brauchen kann, Ausbildung, Sprachen, Erfahrung. Intelligenz und Sensibilität, das sah Unseld, hatte er. Aber hatte er auch die Vitalität, die Überzeugungskraft seines Vaters?

Außerdem gab Unseld sich stärker seinem Hang zur Innerlichkeit hin. 1969 begann er, sein allerdings eher stichwortartig abgefasstes Tagebuch zu führen. Eigentlich wollte er von der Literatur schon immer Antworten auf die Fragen seines Lebens, er wollte Religionsersatz, Selbsterkenntnis, Sinnvermittlung, Lebenshilfe. Jetzt waren keine Mitarbeiter mehr da, die sich darüber lustig machten. Jetzt konnte er seiner Neigung nachgehen. Wurden von ihm öffentliche Stellungnahmen erbeten, verkündete Unseld von nun an, dass er eine neue Hinwendung zum Menschen heraufdämmern sah. Darin lag eine Distanzierung von den politisch engagierten, abtrünnigen Lektoren. Es war aber noch mehr. Die Hinwendung zum Menschen, das war auch jene Sorge um das Selbst, die schon vor 1968 Teil der Bewegung gewesen war. Damals war sie Anlass zur Empörung, weil es die in die autoritäre Vaterrolle projizierte Gesellschaft war, die einem dieses wahre Selbst vorenthielt. Jetzt änderte sich das: Die Hinwendung zum Menschen, die Sorge um das Selbst, wurde zum Wert an sich. Die Authentizitätswelle in der Literatur der Siebziger, der enorme Erfolg der Psychoanalyse und psychologisch durchtränkter Literatur haben hier ihren Ursprung. Von Siegfried Unselds Standpunkt sah es so aus, als hätte es so kommen müssen. Er behielt Recht.

Es ging vor allem um das Recht, in der ersten Person zu sprechen, das jetzt enorm ausgeweitet wurde. Links sein hieß nicht mehr von harten ökonomischen Grundlagen, deren Analyse und Kritik auszugehen, sondern links sein konnte sich bald auf alles erstrecken, wenn dieses alles dem, der »ich« sagte, nur ein Unbehagen bereitete und er sich irgendwie darüber klar wurde. Diese Form der Kulturkritik brachte eine ausgeklügelte Rabulistik mit sich, die der Suhrkamp Verlag wie andere auch in unglaublicher Variationsbreite durchdeklinierte. Und so sollten die Siebzigerjahre, für Europa und Amerika, Suhrkamp und Unseld, das Jahrzehnt Hesses, einer neuen Innerlichkeit und diffuser, aber allgegenwärtiger Sinnsuche werden. Es mag ein persönliches »Zurück zu den Wurzeln« gewesen sein, als sich Unseld nach '68 wieder verstärkt Hesse zuwandte, ausgelöst durch eine Verunsicherung in seiner Verlagsarbeit, aber es war auch sehr zeitgemäß. 1971 gab Unseld die Hesse-Sammlung *Mein Glaube* heraus, der bald ähnliche folgten, in diesem Jahr hielt er auch das erste Mal seinen Vortrag über Hesse als Zeitgenossen. 1974, im Jahr seines fünfzigsten Geburtstags, erschien Unselds erstes Buch, *Begegnungen mit Hermann Hesse*: »Daß dieses Buch jetzt erscheint, hat sicherlich auch persönliche Gründe, die im Lebenslauf seines Verfassers liegen…«

Unseld suchte jetzt in der Hinwendung zu den Schriften so etwas wie Gewissheit und Trost, er redete nicht nur von Selbstbesinnung – ein Teil von ihm begann sich wirklich zurückzuziehen, und zwar weiter als bis zu Hermann Hesse. Gegen Ende des Jahrzehnts, 1978, erschienen zwei Bücher von Unseld, die beide 1968 zu reifen begonnen hatten. Im November 1968 hatte Unseld zum ersten Mal einen Vortrag über den Autor und seinen Verleger gehalten. Diesem Vortrag folgten in den nächsten Jahren Abhandlungen über die Beziehungen Brechts, Hesses, Rilkes und Robert Walsers zu ihren Verlegern, die später das Buch *Der Autor und sein Verleger* bildeten, für das Unseld 1978 viel Anerkennung bekam.

Um 1968 begann auch seine Beschäftigung mit Goethe intensiver zu werden, jenem Schriftsteller, der für Unseld das Modell eines Autors wurde, bei dem er immer wieder Rat suchte, auf den er sich in düsteren Stunden zurückziehen konnte. Goethe wurde Unselds wichtigster Bezugspunkt. Ebenfalls 1978 erschien als Band 1000 der Insel-Bücherei *Das Tagebuch Goethes und Rilkes Sieben Gedichte.* Unseld versuchte hier das erste Mal, sich als Liebhaber Goethes in Szene zu setzen. Neun Monate hatte er jede freie Minute an dem Buch geschrieben, jetzt wollte er alle, die ihn belächelten, Lügen strafen, auf dieses Werk war er wirklich stolz. Dass dieses Buch in der Öffentlichkeit und der Germanistik kaum Resonanz gefunden hat oder sogar negativ besprochen wurde, kränkte ihn tief. Der Spott über seine Erzählung *Abfahrt* steckte Unseld noch in den Knochen. Jetzt wollte er gegenüber Boehlich und den anderen den Beweis führen, dass er nicht nur Manager, sondern auch geistiger Führer des Verlags war. Daraus wurde allerdings weit mehr, als anfangs vielleicht gedacht war: Bis in die Neunzigerjahre hinein verfolgte Unseld seine Autorentätigkeit mit großer Hartnäckigkeit.

Auch äußerlich bekam der Suhrkamp Verlag zum Jahreswechsel ein neues Gewand. Er zog von der eher beschaulichen Villa im Grüneburgweg in das moderne, damals riesig erscheinende Gebäude in der Lindenstraße um, in dem er heute noch seinen Sitz hat. Das sah nach Geschäftigkeit, Geschwindigkeit und Modernität aus, nach Computertechnologie, Effizienz und Management. Das neue Domizil erinnerte an modernes Industriedesign und an Willy Fleckhaus' Bände der edition suhrkamp. Im nüchternen Treppenhaus wurde eine Wand mit Autorenfotos gestaltet, äußerlich ebenfalls nüchtern, den typografischen Umschlägen von Fleckhaus nachempfunden, aber aufgeladen mit allem nur denkbaren Pathos. Siehe Besucher, sagten die Bilder, das sind die wahren Säulen des Verlags, die Autoren! Wieder war es eine Gemeinschaft, die beschworen wurde: Das vollkommene Gleichmaß der Fotos machte alle zu einer großen Familie. Es sah so aus, als wollte Unseld den Bund vom Anfang der Sechzigerjahre noch einmal erneuern. Diese Autorenfotos, alle gleich groß, alle in Schwarz-Weiß, sind seitdem zu einem Markenzeichen des Verlags geworden. Sie hingen bis zur Fünfzigjahrfeier des Verlags im Jahr 2000.

Vor dem Umzug 1969 hatte Unseld bereits Suhrkamps Stehpult bei sich im Zimmer stehen, die Bilder von Brecht und Hesse aufgehängt. Jetzt kam, in seinem Arbeitszimmer in der Klettenbergstraße, gegenüber dem Schreibtisch, ein Satz Adornos hinzu: Es gibt kein richtiges Leben im falschen. Das entsprach Unselds Empfindung. In diesem Jahr, nach Demos gegen ihn und das Institut für Sozialforschung, starb Adorno. Neben Frisch war er die einzige Figur, die noch aus Peter Suhrkamps Zeit herüberragte.

Damit war die Rolle der älteren geistigen Leitfigur vakant. Am ehesten war es Alexander Mitscherlich, der Autor der »vaterlosen Gesellschaft«, der für Unseld in den kommenden Jahren diese Rolle übernahm. In den späten Sechzigerjahren wurde die Beziehung zu Mitscherlich sehr eng. Auch Mitscherlich liebte Unseld, vor allem war er von seiner Tüchtigkeit angetan. Und Unseld zitierte Mitscherlich wie sonst nur Hesse: »Und er sagte mir einen Satz, den ich nicht vergessen werde: ›Einen rettenden Gedanken kann man nur selber denken.‹ Und noch etwas vermittelte er mir in diesen Gesprächen… ein Großproblem… kann man vielleicht nicht lösen, man kann es aber in Probleme und Kleinprobleme und Kleinstprobleme auflösen und diese Kleinstprobleme dann Schritt für Schritt lösen.« Da sprach für Unseld ein Weiser. Als Unselds Vertraute Burgel Geisler 1971 heiratete, sie heißt seitdem Zeeh, da war es Mitscherlich, bei dem sich Unseld ausweinte: Sie würde sich nur noch dem Ehemann widmen, sie würde Kinder bekommen, es sei aber er, der sie brauche.

1968 hatte Mitscherlich Unseld den Vorschlag gemacht, eine Reihe zur Literatur der Psychoanalyse zu begründen. Es war ein interdisziplinäres Projekt, wie es Unseld gefiel. Mitscherlich wollte zeigen, dass man mit den Einsichten der Psychoanalyse Anthropologie, Ethnologie, Soziologie, Pädagogik, Jurisprudenz befruchten kann. Und die Texte, so Unseld, sollten in eine alte Frage münden: »Was ist der Mensch?« Die Reihe lief im psychoseligen Jahrzehnt enorm gut. Als Mitscherlich dann Anfang der Achtziger starb, hat Unseld sie trotzdem eingestellt. Damals, als Mitscherlich krank

Peter Suhrkamp, 1941 in Bad Gastein

Hermann Hesse in seinem Haus in Montagnola, um 1955

Siegfried Unseld, Peter Suhrkamp und Friedrich Podszus auf dem Weg zum Mittagessen, 1953

Mit Peter Suhrkamp auf der Buchmesse

Mit Heinrich Böll, 1956

Mit Harry Buckwitz (links) und Max Frisch, 1961

Mit Corinne Pulver, 1959
und 1960

Mit Ernst Bloch

Bei Martin Walser am Bodensee, 1962: Enzensberger, Unseld, Michel, Boehlich, Walser, Johnson

Tagung der Gruppe 47, Berliner Wannsee, Oktober 1962: v.l. Unseld, Johnson, Höllerer, ?, Enzensberger, Weiss, Richter

Tagung der Gruppe 47, November 1965

Mit Heinrich-Maria Ledig-Rowohlt beim Schachspiel

Mit Theodor W. Adorno und Heinrich Böll, 1968

Frankfurter Buchmesse 1968

Mit Jürgen Habermas (links) und Alexander Mitscherlich, im Hintergrund
Walter Boehlich, 1969

Das Verlagsgebäude in der Frankfurter Lindenstraße

Mit Ingeborg Bachmann, 1971

Im Schauspielhaus Frankfurt, 1982

Zusammen mit Mario Vargas Llosa und Joachim Unseld, 1982

Mit Thomas Bernhard, 1984

Mit Martin Walser

»Dahinter steckt immer ein kluger Kopf«: Werbung für die »Frankfurter
Allgemeine Zeitung«, 1999

Kritikerempfang, Frankfurt 1999

Mit Gerhard Schröder, Petra Roth und Amos Oz, 2000

50 Jahre Suhrkamp im Schauspielhaus Frankfurt, 2000

Mit Jürgen Habermas und Marcel Reich-Ranicki, 2001

Buchmessenempfang 2001. Ulla Berkéwicz liest Handke

wurde, brach der Kontakt ab. Unseld hielt es mit Kranken einfach nicht aus. Und er interessierte sich letztlich nicht für Psychoanalyse. Die ganze Sache war für ihn an die Person Mitscherlich gekoppelt gewesen.

Wichtiger war nur Max Frisch als Leitfigur. Solange sich die Autoren regelmäßig in Unselds Haus versammelten, war auch Frisch immer wieder dazugekommen. Er hatte Züge eines Vaters, der seine Jünger um sich versammelt, er unterstützte die, die zu ihm kamen, generös.

Anfang der Siebzigerjahre löste sich aber der Kreis auf. Der Zusammenhalt untereinander verlor sich in einer erstarkten Individualität der Autoren. Die meisten bewegten sich zwar weiterhin nach links, Walser, Weiss, Enzensberger, auch Frisch, trotzdem funktionierte die Kommunikation nicht mehr so wie ein paar Jahre zuvor. Die Beziehung zwischen Frisch und Unseld wurde dagegen stabiler, die beiden trafen sich häufig, sie wussten, was sie aneinander hatten.

Sie stritten sich öfter, aber die Beziehung hielt jetzt auch gravierende Meinungsverschiedenheiten aus. Im Mai 1970 hatten Frisch und Unseld einen gemeinsamen Lunch im Weißen Haus bei Kissinger gehabt, das Max Frisch in seinem *Tagebuch 1966–71* beschrieben hat. Kissinger, damals Militärberater von Präsident Nixon, bezeichnete Unseld dabei als »my friend and leftwing publisher«. Frisch wies in seinem Tagebuch auf die widersprüchliche Position Kissingers betreffs amerikanischer Kriegsverbrechen hin. Unseld wollte verhindern, dass sein Freund Kissinger so bloßgestellt wird. Für Frisch stand seine politische Glaubwürdigkeit auf dem Spiel, Kissinger bleibe Berater Nixons, obwohl er von den Verbrechen wisse, Unseld antwortete, dass Frisch vorher um diese Position Kissingers gewusst habe und also die Einladung nicht hätte annehmen dürfen. Die Anmerkung Frischs blieb stehen.

Zu ernsten Auseinandersetzungen führte auch ein Materialienband *Über Frisch*. Der Band war unter Niveau, Frisch fühlte sich vom Verlag verschaukelt und machte Unseld Vorhaltungen. Das belastete die Zusammenarbeit. Ein Buch über Peter Suhrkamp, das zwischen Johnson, Frisch und Unseld diskutiert wurde, erwies sich ebenfalls als konfliktreich. Frisch wollte es nicht schreiben, gleichzeitig wollte er aber nicht, dass Unseld das Buch schriebe.

Der Kontakt wurde oft über Marianne Frisch aufrechterhalten, manchmal bekommt man den Eindruck, dass sie als Bindeglied willkommen war. Und Frisch kultivierte eine freundlich-ironische Haltung zu seinem Verleger. Bei einem Abendessen auf der Frankfurter Buchmesse mit ausländischen Verlegern, Claude Gallimard, Guilio Einaudi, Helen Wolff, Inge Feltrinelli und eben Unseld, sagte Frisch im selben Jahr, dass der Unterschied zwischen einem Pferd und einem Autor darin bestehe, dass das Pferd die Sprache der Pferdehändler nicht verstehe. Der Verleger gab sich amüsiert, er zitierte den Spruch noch im Goethebuch, das Wort machte die Runde. Im folgenden Jahr, als Unseld mehrere Debütanten auf der Messe präsentierte, sprach man bereits von den »jungen Pferden aus Unselds Stall«.

Ab Februar 1971 hielt sich Frisch für einige Monate in New York auf, zwischen dem 14. und 22. Mai war Unseld zusammen mit Helene Ritzerfeld zu Frischs 60. Geburtstag vor Ort. Frisch hoffte und befürchtete gleichzeitig, dass der Verleger sich zu einer Rede aufschwingen würde, aber der ließ es bleiben. Er sagte nur gut gelaunt »Möge«, nachdem er an sein Glas geklopft hatte, was kein Amerikaner noch sonst jemand verstand. Unseld dagegen kam anrüchig vor, dass die Cocktails bei der Geburtstagsparty in Frischs Wohnung von einem schwarzen Butler gereicht wurden. Unter den Gästen waren auch Leute aus der amerikanischen Literaturszene, darunter auch eine junge, kluge und wohl auch schöne Russischübersetzerin und Autorin. Unseld, betört von der jungen Dame, verstieg sich zu dem Antrag, sie solle für 48 Stunden mit ihm nach Florida fahren. Frischs Frau Marianne versuchte, die Situation mit Ironie zu retten: »Nur 48 Stunden?« Darauf Unseld: »You can't imagine what time is for a man like me.« Die junge Frau konnte sich jedoch erfolgreich ihrer Haut wehren.

Frisch sah auf seinen Verleger nicht nur mit mildem Tadel und belustigter Ironie, in Wirklichkeit war er tief verletzt. Wieder fühlte er sich von Unseld verraten und machte ihm Vorhaltungen: Er sei mit leeren Händen nach New York gekommen, er habe sich nichts einfallen lassen und hätte sich am Geburtstag schäbig benommen. Beide stritten sich ernsthaft. Unseld war konsterniert. »Für mich wird dieser Mittwoch, der 19. Mai 1971, nicht nur unvergeßlich, sondern ein Datum sein. Als ich früher in einem Fernsehinterview von Friedrich Luft gefragt wurde, ob es nicht irgendwie niederdrückend sei, immer nur mit großen Leuten zusammen zu sein, erwiderte ich ihm mit einem Zitat von Goethe: ›Gegen die Vorzüge anderer gibt es kein anderes Rettungsmittel als Liebe.‹ Ich hatte bis zu diesem Datum immer darauf gebaut, daß es auch Freundschaft in der Beziehung zwischen Autor und Verleger geben könne, aber seit diesem Datum weiß ich, daß das vielleicht nicht oder nicht mehr möglich sein kann, und daß ich mich darauf einstellen muß, das Rettungsmittel kann nicht Liebe sein, sondern nur Arbeit.« War Unseld Realist geworden?

Der nunmehr sechzigjährige Frisch dachte jetzt daran, sein Werk zu ordnen. Er wollte es gesammelt sehen. Unseld hatte ihm schon 1969 eine Werkausgabe vorgeschlagen, damals hatte Frisch noch abgelehnt, weil er nicht bei Lebzeiten in ein Museum verwandelt werden wollte. Ende 1972 waren Walser, Johnson und Frisch zusammen bei den Reinharts in Winterthur. In dieser Zeit ging es erstmals um eine Werkausgabe Frischs. Frisch war für eine Gesamtausgabe, Unseld bekam Bauchschmerzen, wenn er an den unübersehbaren Aufwand und die Kosten dachte. Es begann ein längeres Tauziehen. Unseld, der grundsätzlich bereit war, auf Frischs Wünsche einzugehen, schlug einen Reader vor, Frisch lehnte ihn ab, Unseld schlug vor, dass Uwe Johnson eine Auswahl aus seinem Werk in einem Band treffen sollte, das gefiel Frisch, änderte aber nichts an seinem Wunsch nach einer Gesamtausgabe. Die Verhandlungen zogen sich ins nächste Jahr, im Juli war Unseld mit Hans Mayer, der Herausgeber werden sollte, bei Frisch in Berzona. Schließlich konnte Unseld ihn mit der Hilfe von Hans Mayer zu einer Ausgabe *Gesammelte Schriften* ohne Vollständigkeitsanspruch überreden. In den Gesprächen über diese Ausgabe fanden Unseld und Frisch wieder zueinander.

Auch das Verhältnis zu den Reinharts veränderte sich in dieser Zeit. Ende der Sechziger lag der Umsatz des Verlags noch unter zehn Millionen, jetzt stieg er Jahr für Jahr sprunghaft an, 14 Millionen 1972, 17 Millionen 1974 und über 20 Millionen 1975. Der Verlag wurde damit auch für die Schweizer Unternehmerfamilie, deren Rolle bisher eher mäzenatisch gewesen war, ein echter Wirtschaftsfaktor. Der Gesellschaftsvertrag der »Suhrkamp KG« schrieb fest, dass Unseld unkündbar sei. Wenn Unseld kündigte, solle er den aufgelaufenen Gewinn, seine Anteile, die stillen Reserven und den Firmenwert bekommen. Wenn dagegen Peter Reinhart den Vertrag kündigte, sollte er den aufgelaufenen Gewinn und seine Anteile erhalten, aber nichts von den stillen Reserven und dem Firmenwert. Das hatte er einst selbst so gewollt, jetzt aber schien es ihm ungerecht: Da die stillen Reserven und der Firmenwert immer größer geworden waren, sei eine Kündigung für ihn quasi ausgeschlossen, sagte Reinhart. Man würde zu viel verlieren. »Aus einer Liebesverbindung sei eine Zwangsehe geworden, und er war phantasievoll im Erfinden immer neuer Formulierungen dazu«, erinnerte sich Siegfried Unseld.

1970 kam es zu einer ernsten Krise im Verhältnis zu Uwe Johnson. Im März hatten Johnson und Unseld vertraglich festgehalten, der Abschluss der *Jahrestage* sei für Spätherbst 1970 oder Frühjahr 1971 mit der Publikation des zweiten Bandes vorgesehen. Aber Johnson überschätzte sich – oder unterschätzte das Projekt. Er brauchte für den zweiten Band bis Herbst 1971, ein dritter Band wurde nötig, dann sogar ein vierter, der dann erst nach der viel diskutierten Johnsonschen Schreibpause von zehn Jahren erscheinen konnte. Seit 1970 lebte Johnson in größter Anspannung, man kann ohne Übertreibung sagen, dass er sich an Unselds Tropf befand. Jedenfalls war er angewiesen auf die Rücksichtnahme seines Verlegers, der ihm sein monatliches Auskommen sicherte. Was sich nicht in freundlicher Verbindlichkeit von Seiten Johnsons, sondern im Gegenteil und für ihn typisch in wüsten Ausfällen gegen Unseld äußerte. Nach jeder *Jahrestage*-Lieferung musste Unseld einen gekränkten, von zunehmender Wirklichkeitsverkennung geprägten Angriff Johnsons aushalten. »Ich möchte noch einmal sagen, dass der Satzspiegel kleinlich aussieht, knickerig, hässlich. Suhrkampsch sieht er nicht aus. Das gilt für die Seiten, wo Kapitel enden und anfangen. Ich weiß auch schon, wie der Umschlag aussehen wird. Es wird jene unbedarfte, verständnislose, linkische Mischung von Elementen sein, über die ihr so gern meine Meinung wissen wolltet. So wird er aussehen. Es ist das erste Mal, dass ich besorgt bin, was ihr mit dem Buch machen werdet. Insgesamt werde ich durch solche Vorgänge nicht an den Verlag erinnert, in den ich einmal als einzigen wollte, sondern an die, von denen Du nichts hältst.«

Natürlich machte Unseld Johnson auf solche Sätze hin Vorhaltungen. Aber erst nachdem er über anderes schrieb, als sei nichts geschehen, und dann doch sehr moderat: »Und hätte ich mir nicht im Umgang mit den Autoren abgewöhnt, mich gekränkt zu fühlen, so müßte ich jetzt schreiben, daß dieser Brief mich wirklich verletzt hat.« Und er fragt beinahe unterwürfig: »Revidierst Du nun den letzten Satz Deines Briefes? Ich bitte Dich darum.« Johnsons Reaktion war höhnisch: »Meine Anmerkungen vom 8. Juli zur Behandlung meines Buches durch deinen Verlag hätten dich also ›wirklich verletzt‹: dich persönlich. Das aber habe dir der ›Umgang mit den Autoren abgewöhnt‹: für mich gilt der persönliche Aspekt nicht, sondern der durch ein allgemeines Vorurteil über Autoren abgegrenzte.« Unseld steckte auch das ein.

Im August ging Johnson dann so weit, dass er Unseld bewusste Lügen und die Unfähigkeit, einen Brief sachlich zu beantworten, vorhielt. Daraufhin wurde Unseld erstmals ungehalten: »Ich bitte Dich, Du möchtest Dich für Deine Beleidigung und Deine Feststellung raschestens entschuldigen, wenn nicht, richtet Deine rücksichtslose, Verbindungen mit Füßen tretende, starrsinnige Unvernunft Dauerverheerungen an.« Da, um es kurz zu sagen, steckte Johnson zurück (obwohl er so tat, als habe er Recht gehabt, als gebe er wider bessere Einsicht nach). Aber auch Unseld wirkte in seinem nächsten Brief sofort wieder defensiv, entschuldigte sich sogar für Entgleisungen, die nicht ihm, sondern in Wahrheit seinem Gegenüber untergekommen waren.

Von Willy Fleckhaus ist der Stoßseufzer überliefert, dass seine Aufgabe als Buchgestalter so wunderbar sein könne, wenn nur die Autoren nicht wären. Unseld hätte das in solchen Momenten gewiss unterschreiben können. Aber er verfügte über ein außerordentliches Durchhaltevermögen. In Johnsons Hohn ihm gegenüber steckte etwas Wahres: Wenn Unseld in seinem kompromisslosen Glauben an die Autorenpflege persönliche Verletzungen überging, dann schlug die Nähe zwischen Verleger und Autor auf einmal in etwas Schablonenhaftes um, der Autorenverleger war nicht mehr als Person spürbar, sondern nur noch als Vollstrecker eines Programms, als Sammler, der kein Stück verlieren wollte.

Aber es gab auch Erfolge. 1971 wurde Ingeborg Bachmann, die Unseld schon immer als dazugehörig betrachtet hatte, endlich Suhrkamp-Autorin. Schon 1966 begann sie, einen Verlagswechsel ernsthaft zu erwägen. Damals hatte sie sich bei Piper gegen Hans Baumann als Übersetzer von Anna Achmatowa ausgesprochen. Baumann war als Nazidichter bekannt, sie selbst hatte Paul Celan als Übersetzer vorgeschlagen. Obwohl sie mit ihrer Intervention gegen Baumann letztlich erfolgreich war, bestätigte sich für sie das Bild, das sie vom Piper Verlag hatte. Für sie war, wie sie Piper am 18. März 1967 schrieb, etwas »nicht wieder Gutzumachendes« geschehen, der Vertrag wurde gelöst, Piper behielt aber die Option an einem Buch. Im Mai 1967 war Unseld für vier Tage zu Ingeborg Bachmann nach Rom gefahren, um den Verlagswechsel in allen Details zu besprechen. Auch in der zweiten Hälfte des Jahres hatte Unseld sich des Öfteren bei Ingeborg Bachmann in Rom aufgehalten. Immer wieder hatte er deutlich gemacht, dass er unbedingt Ingeborg Bachmanns ersten Roman verlegen wolle. Ingeborg Bachmann löste dann ihre Verpflichtung gegenüber Piper nicht mit einem Roman, wie ursprünglich gedacht, sondern mit dem Erzählungsband *Simultan* ein. Damit war sie für Unseld wirklich frei. *Malina* konnte jetzt als Auftakt eines geplanten Romanzyklusses bei Suhrkamp erscheinen.

Seit 1967 stand Ingeborg Bachmann mit Unseld in ständigem Austausch über diesen Zyklus. Immer wieder drängte er jetzt, wie vorher Piper gedrängt hatte. Unseld bat etwa am 23. September 1970 schriftlich darum, einen Eindruck von dem Text erhalten zu können: »Wie steht es damit?« Ingeborg Bachmann wehrte zu diesem Zeitpunkt noch alle Anfragen des Verlegers ab. Im Oktober hielt sich Unseld dann wieder in Rom auf und ging mit Bachmann das Manuskript durch: »Sie ist mit dem ersten Buch ›Malina‹ so gut wie fertig, soweit fertig, wie sie wahrscheinlich einen Text fertigmachen kann.« Am 1. Dezember 1970 vermeldete sie wirklich nach Frankfurt: »Das Manuskript ist fertig.« Vorher, Ende November, hatte Unseld noch Martin Walser nach Rom geschickt, um mit der Bachmann den Text durchzugehen.

Dieser enge Kontakt war für Ingeborg Bachmann etwas äußerst Riskantes. Durch seine intensive, fordernde Anteilnahme ist Unseld denn auch in das Buch eingegangen. »Ist denn kein Mensch mehr«, schrieb Ingeborg Bachmann, »ist hier kein Mensch mehr, auf dieser ganzen Welt, ist da kein Mensch und unter Brüdern, ist einer denn nichts wert, und unter Brüdern! Was von mir da ist, erstarrt im Eis, ist ein Klumpen, und ich sehe hinauf, wo sie, die anderen, in der warmen Welt wohnen, und der Große Siegfried ruft mich, erst leise, und dann doch laut, ungeduldig hör ich seine Stimme: Was suchst du, was für ein Buch suchst du? Und ich bin ohne Stimme. Was will der Große Siegfried? Er ruft von oben immer deutlicher: Was für ein Buch wird das sein, was wird denn dein Buch sein?« Wie bei Uwe Johnson und Martin Walser wurde Siegfried Unseld für sie schnell zu einer Figur, die nicht nur ihre Werke verlegte, sondern in ihrem Innersten, in ihrem Werk, eine bedeutsame Stelle besetzte.

Die hochinteressante Frage, welche Bedeutung in diesem Zusammenhang die große, unbefriedigte Liebesbedürftigkeit Ingeborg Bachmanns gespielt hat, wie Siegfried Unseld die schwierige Balance zwischen Distanz und Nähe austariert hat, kann erst beantwortet werden, wenn der Nachlass von Ingeborg Bachmann freigegeben ist. Dass es sich um ein entscheidendes Thema handelt, ist allerdings schon heute klar: Im November 1970, in der entscheidenden Phase kurz vor Abschluss des Manuskripts, schrieb Bachmann an Unseld, dass sie eines »liebenden Weibes oder einer männlichen Entsprechung, die es wohl sowieso nicht gibt« bedürfe. Unseld war sich dessen wohl bewusst. Bereits am 24. Juli 1963 schrieb er an Uwe Johnson, dass Ingeborg Bachmann nur jemand helfen könne, der sich ganz auf sie einlassen könnte. »Die Lage von Ingeborg ist zutiefst bedauerlich. Helfen kann ihr niemand, das weiß ich aus Erfahrung mit ihren Krankheiten, es sei denn, ein Mann, ein vermöglicher, nimmt sich ihrer an, und mit vermöglich meine ich nicht nur Materielles, sondern einen Mann mit viel Zeit, die er ihr opfern kann.«

So weit die Gegenwart. Aber in diesen Jahren zeigte sich ja auch Unselds Interesse für die Vergangenheit, das immer weiter in den Vordergrund trat. 1972 wäre Walter Benjamin 80 geworden. Wie sollte Unseld dieses Jubiläum begehen? Der Verlag begann in diesem Jahr die kritische Gesamtausgabe der Texte Benjamins. Diese Ausgabe, auch um allen Vorwürfen vorzubeugen, wurde so akribisch und vollständig, dass selbst Walter Boehlich sie loben sollte. Die Feier zum 80. Geburtstag Mitte des Jahres war dann die ebenso lang geplante und höchst erfolgreiche Rückholung des Autors in den Verlag, weg von den linken Extremisten. Bei dieser Veranstaltung waren nur Redner anwesend, die Benjamin aus dem Geist Adornos verstanden. In der gutbürgerlichen Weihestunde fand keinerlei Auseinandersetzung statt. Der zentrale Vortrag von Jürgen Habermas nahm Adorno in Schutz, indem er dessen Benjamin-Kritik verteidigte. Stellvertretend wurde der Streit um Benjamin im Ansatz nur von Gershom Scholem und Ernst Bloch ausgetragen. Bloch warf Scholem schlimmen Freundschaftsdienst vor, wenn er den historischen Materialismus aus Benjamins Werk verbanne.

Unseld selbst war bei der Benjamin-Feier nicht anwesend. Seinen Text über Benjamin und Frankfurt verlas Uwe Johnson mit der kryptischen Einleitung, dass Unseld einen Flugversuch unternommen habe und mit zwölf Tagen Verspätung kommen werde. Tatsächlich war das Flugzeug ein Auto, seit längerem begeisterten sich Unseld und Hilde für schnelle Wagen. Ihr war im Jahr zuvor ihr Porsche gestohlen worden. Jetzt hatte Unseld einen Autounfall gehabt, Mitte Juni war er bei der Rückfahrt von Ulm, wo er seine Mutter besucht hatte, mit seinem Citroën bei Regen ins Schleudern geraten, von der Fahrbahn abgekommen und in einem Feld auf dem Dach gelandet. Dabei hatte er sich nicht nur an der Schulter verletzt, sondern auch einen Wirbel gebrochen und musste in Frankfurt in der Unfallklinik liegen. Das fiel ihm mehr als schwer. Dauernd rief er im Verlag an und beschwerte sich, dass er nicht regelmäßig angerufen wurde.

Er hatte Angst, dass man auch ohne ihn zurechtkommen könnte –
so jedenfalls dachten die Mitarbeiter, die das Gefühl hatten, tatsächlich ganz gut eine Zeit ohne ihn leben zu können. Eigentlich aber
wirkte Unseld nach dem Unfall zugänglicher und weicher.

Johnson trug Unselds Anmerkungen über Benjamin und Frankfurt in seiner schwarzen Lederjacke vor. Unseld ging hier, im Gegensatz zur späteren Druckfassung des Textes, noch auf den großen
Benjamin-Streit von 1967/68 ein. Es sei infam zu behaupten, bei
früheren Editionen sei etwas unterdrückt oder entstellt worden.
Dagegen wollte Unseld Tradition stiften. Das war nicht einfach,
weil Benjamin Frankfurt hasste, hier war seine Habilitationsschrift
abgelehnt worden. Das eigentliche Thema Unselds war denn auch
Adorno und Benjamin, die eigentliche Absicht, die Verdienste des
Verstorbenen noch einmal zu unterstreichen. »Adorno, der einer
der einflußreichsten Lehrer an der Frankfurter Universität war, war
in Verbindung mit Scholem als einziger in der Lage, diese Ausgabe
zu denken. Es war diese Ausgabe, von der die große Wirkung Benjamins in unserer Zeit ausging.« Unseld verband den Zeitgeist –
»Er war der revolutionäre Denker eines neuen Lebenstages der
Menschheit, der wußte, daß alle entscheidenden Schläge mit der
linken Hand geführt werden müssen« – mit seiner persönlichen
Sicht auf Benjamin. Dass nämlich auch das Glücksstreben zu Benjamin gehöre, das Sich-Selbst-Innewerden.

In dieser Zeit holte Unseld auch den Lyriker Peter Huchel zu
Suhrkamp. Über keinen jungen Autor war Unseld so glücklich wie
über den alten Dichter. Huchel setzte für ihn, wie sonst nur Krolow, die Tradition Eichs, Lehmanns, Loerkes und damit Suhrkamps
fort, die er, wie er jetzt dachte, die vergangenen Jahre zu sehr vernachlässigt hatte. Auch jetzt wurde er im Verlag deswegen noch
verlacht. Aber das bestätigte ihn eher. »Peter Huchels Lyrik ist dem
singulären Menschen gewidmet, dem Menschen in seiner Ohnmacht«, schrieb Unseld freiherzig.

Günter Eich starb in diesem Jahr. Unseld hatte ihn in dieser Zeit
wieder intensiv bewundert. »Die letzte Arbeit in seinem Lesebuch
war ein beharrliches Insistieren auf dem nicht Geläufigen und nicht
Zitierten. Wo er zitiert wurde, fühlte er sich mißverstanden; die

Wahrheit hatte sich dann für ihn geändert; seine ›Botschaft‹ wollte und will stets vom Leser neu erfunden sein.« Mit diesen Worten führte Unseld ein Gedenkbuch für Eich ein, das einer großen Gedenkveranstaltung folgte. Zusammen mit dem Benjamin-Feierprogramm waren das erste Fälle von Großveranstaltungen, mit denen Unseld jetzt die Autoren würdigte, die ihm am Herzen lagen. Sie erinnerten an einen Staatsakt und verlangten in der Durchführung generalstabsmäßige Planung. Solche Veranstaltungen für Dichter hatte es bisher nicht gegeben.

Bei Eich war der Feiertag der 1. Februar 1973, an dem er 66 Jahre alt geworden wäre. Da fand im Großen Sendesaal des Hessischen Rundfunks in Frankfurt eine Lesung mit Peter Bichsel, Heinrich Böll, Max Frisch, Günter Grass, Peter Handke, Wolfgang Hildesheimer, Walter Höllerer, Peter Huchel, Uwe Johnson, Marie Luise Kaschnitz, Karl Krolow und Clemens Graf Podewils statt. Die Veranstaltung wurde ein großer Publikumserfolg, trotzdem war das Echo zwiespältig. Von einer »Werbeveranstaltung«, die Eichs Witwe zwar willkommen sein dürfte, die zu Lebzeiten aber angebrachter gewesen wäre, war die Rede.

Unterdessen verhandelte Unseld mit der Schriftstellerin und Witwe Eichs, Ilse Aichinger, um den Nachlass. Unseld wollte, das war sein Prinzip, alle Rechte an Eich erwerben. Er wollte diesen Autor ganz für sich, wie er sich mit der Gedenkveranstaltung auch ganz zu ihm bekannt hatte. Wen Unseld liebte, den wollte er haben. Ilse Aichinger aber wollte die Rechte nicht vollständig übertragen. Auch das Angebot Unselds, ihr über fünf Jahre 3000 Mark monatlich zu zahlen, konnte sie nicht umstimmen. Sie hatte Angst, vom gewieften Unseld über den Tisch gezogen zu werden. Erst als Uwe Johnson intervenierte und für seinen Verleger bürgte, ließ Ilse Aichinger sich überzeugen. Diese typische Mischung aus Großveranstaltung und Feilschen um die Rechte muss es gewesen sein, die später zu dem hartnäckigen Gerücht führte, Unseld habe sich bei Eich unsauber verhalten. Es ist eines jener vielen Ondits, die sich um ihn ranken, und die regelmäßig mit dem Blick des Kenner- und Insidertums vorgetragen werden. In diesem Fall hielt es sich bis in die Neunzigerjahre hinein.

Eine dritte Großveranstaltung des Gedenkens, wieder im Großen Sendesaal des Hessischen Rundfunks, war die Feier von Rilkes hundertstem Geburtstag im Dezember 1975. Seit er 1963 den Insel Verlag erworben hatte, versuchte Unseld vergeblich, die Erben für eine Neuausgabe zu gewinnen. 1968 hatte er deswegen das letzte Gespräch geführt und es danach aufgegeben, 1972 aber verübten die Erben Selbstmord. Der Weg war frei: Zum hundertsten Geburtstag lasen elf Dichter Rilke, Unseld leitete ein, die neue Ausgabe erschien, der Briefwechsel mit Lou Andreas-Salomé erschien ebenfalls, außerdem eine Rilke-Chronik von Ingeborg Schnack, und im Goethemuseum wurde eine Rilke-Ausstellung eröffnet, an der das Marbacher Literaturarchiv und das Freie Deutsche Hochstift mitgearbeitet hatten. Die Maschinerie lief wie geschmiert, der gesamte deutsche Kulturbetrieb tickte in Unselds Takt.

Weniger lustvoll, weniger planbar, weniger großartig waren dagegen weiterhin die Auseinandersetzungen mit den lebenden Autoren. Alle machten sie Schwierigkeiten, der schwierigste war Thomas Bernhard. Niemand hat Siegfried Unselds Leidens- und Selbstverleugnungsfähigkeit so herausgefordert und auf die Probe gestellt wie Bernhard. Nicht einmal Johnson konnte Bernhard da das Wasser reichen. In seiner aggressiven Gerissenheit bombardierte Bernhard Unseld mit Briefen kränkenden und in ihrer Frechheit sogar beleidigenden Inhalts, stellte absurde Forderungen und formulierte überzogene Erwartungen an Fürsorge und Zuwendung. Und wahrscheinlich war das alles nur Taktik, um seinen Willen durchzusetzen und mehr Geld zu bekommen. Was Bernhard mit Österreich im Großen betrieb, betrieb er mit Unseld im Kleinen. Es ist eine der größten Leistungen des Verlegers, das ausgehalten und in ein letztlich positives Verhältnis umgemünzt zu haben. Hier war Unseld größer als Österreich! »Ein elementares Mißtrauen haben wir beide uns, wie in der Vergangenheit, auch für die Zukunft auf die Seite gelegt. Aber unser Verhältnis ist, darüber besteht kein Zweifel, *ideal* geworden. Unseld, denke ich, ein Name, der alles, nur kein Glück bringen kann! Mir hat er Glück gebracht!«, schrieb Bernhard 1984.

Das Leitmotiv der Verbindung war Geld. Das war zwar Unselds

Terrain, aber in Bernhard fand er seinen Meister. 1963 hatte Unseld Bernhard quasi mit dem Insel Verlag erworben, 1963 erschien *Frost*, der erste Erfolg Bernhards, wenn auch nicht finanziell. 1965 wollte Bernhard den Hof in Ohlsdorf kaufen und war, taktisch geschickt, an dem Tag, als er in Bremen den Literaturpreis der Stadt bekommen sollte, bei Unseld in Frankfurt. Er wollte 40 000 Mark. Unseld war krank, aber im Bilde, sie trafen sich in der Klettenbergstraße, Unseld kam zur Verhandlung im seidenen Schlafanzug. Bernhards Lektorin Anneliese Botond kam es wie Theater vor. Auch sonst liefen die Verhandlungen sehr eigenartig. Sie redeten von Gott und der Welt, nur nicht vom Geld. Die Zeit drängte, weil Bernhard nach Bremen musste. Aber beide taten so, als hätten sie alle Zeit der Welt. Erst in den letzten Minuten wurde dann das eigentliche Thema behandelt, beide rauschten jetzt sehenden Auges wie zwei D-Züge aufeinander zu, wer würde ausweichen? Unseld fällte die zustimmende Entscheidung aus dem Bauch, bevor er wieder ins Bett sank. Unseld, sagte Bernhard später, habe oft zu spüren bekommen, dass er, Bernhard, gelernter Kaufmann ist. Bernhard war außer sich vor Glück, er konnte es nicht glauben, die Zugfahrt nach Bremen war er eine einzige Glückseligkeit.

Zwei Jahre später war Bernhard schwer krank und brauchte Geld für eine Operation. Er rief deswegen bei Anneliese Botond an. Da er immer noch Schulden beim Verlag hatte, lieh sie ihm 7000 Mark aus eigener Tasche. Daraus wurde dann ein weiteres der hartnäckigen – und falschen – Gerüchte: Unseld habe Bernhard das Geld verweigert, weil er mit dem Todgeweihten kein gutes Geschäft mehr vorstellen konnte. Einen sehr genauen Einblick der Kämpfe zwischen Bernhard und Unseld, und zwar auf ihrem Höhepunkt, gibt Karl Ignaz Hennetmairs Tagebuch *Ein Jahr mit Thomas Bernhard*. Es handelt sich um das Jahr 1972. »...wenn ein Wäschelieferant zwei Briefe schreibt, braucht er auch nicht zurückzuschreiben«, sagte Bernhard zu Hennetmair und meinte mit dem Lieferanten Unseld, »aber der Wäschelieferant muß eben weiter Wäsche liefern, so wie es eben seine Pflicht ist.« Das war die Ausgangslage. Bernhard war oder gab sich beleidigt, weil ihm Unseld nicht zu einem Preis gratuliert hatte. Er hielt seinen Verleger für einen Bürokraten, der seine

Arbeit nicht zu schätzen weiß. In einem Brief beschimpfte er Verleger und Verlag und verursachte damit in Frankfurt größere Betriebsamkeit, Unseld zog mehrere Mitarbeiter zur Besprechung des Briefes hinzu. Unseld konnte sich beruhigen, antwortete freundlich und kündigte Bernhard den Besuch von Rudolf Rach an. Bernhard retournierte, dass in Wien keines seiner Stücke aufgeführt werden dürfe – was natürlich nicht in Unselds Sinn war – und dass Unseld wenigstens einmal konkret und nicht nur nett antworten solle. Im Mai trafen die beiden sich in Salzburg. »Von dem könnte ich alles haben«, sagte Bernhard danach, stolz den Verleger wieder einmal weich gekocht zu haben. Man wird den Eindruck nicht los, dass Bernhard mit Unseld spielte. »Beim Unseld habe ich Narrenfreiheit, da kann ich machen, was ich will«, sagte er zu Hennetmair.

Schritt für Schritt eroberte Bernhard Terrain und presste den mächtigen Mann aus Frankfurt in eine Schraubzwinge. Wie lange würde der das aushalten? Niemand verstand es wie Bernhard, das Fernduell mit dem Verleger immer wieder zu seinen Gunsten zu entscheiden. In diese Zeit, es ist jetzt Juni 1972, fiel der Autounfall Unselds. Unseld lag im Krankenhaus und stellte fest, dass Bernhard einer der wenigen war, die ihm nicht schrieben. Im Juli hat Unseld Bernhard dann besucht und ging dabei im Wesentlichen auf Bernhards Forderungen ein, er erließ ihm einige Schulden. Damit aber hatte Bernhard nicht genug. Er forderte vom Verlag den Rest seines Salzburger Honorars, das die Festspiele an den Verlag noch nicht ausgezahlt hatten: Es hatte wegen Meinungsverschiedenheiten zwischen Bernhard und der Festspielleitung nur eine einzige Aufführung gegeben. Unseld antwortete auf die Forderungen, indem er Bernhard drei Briefe schickte. Einer davon war der vom Verlag an die Festspielleitung, in dem er die Bezahlung des Resthonorars verlangte, dieser Brief nun beeindruckte selbst den geschickten Taktierer Bernhard. Er nahm seinen Verleger wieder ernst.

Im Oktober gab sich Bernhard dann abermals vernachlässigt und schrieb wie in Rage eine vierseitige Anklage, mit der er Unseld wieder in die Bredouille brachte. Sein neuer Roman *Korrektur*, den Bernhard schon Anfang des Jahres angekündigt hatte, dürfe nicht im Frühjahr erscheinen. Außerdem verlangte er von Unseld alle bisherigen Abrechnungen und Bewegungen auf seinem Konto. Unseld reagierte prompt mit einem Telegramm, Bernhard solle in Frankfurt anrufen, was der natürlich nicht machte. Zwei Tage später schickte Unseld wieder ein Telegramm, er wollte mit Rach nach Ohlsdorf kommen. Rach kam dann aber, nicht ungeschickt, ohne Unseld. Nur einen Brief des Verlegers, der auch weiß, wie man seinen Nimbus pflegt, brachte er mit. Und eine Honorar- und Ausgabenauflistung, die Bernhard wegen Ungenauigkeit nicht akzeptierte und als Betrug bezeichnete. Nach Rachs Rückkehr schickte Unseld wieder ein Telegramm, in dem er einen Brief ankündigte. Am nächsten Tag kam das Schreiben, das Bernhard in wichtigen Forderungen nachgab. Der aber hatte noch immer nicht genug, setzte sofort nach, schimpfte, forderte detaillierte Aufstellungen für 1972 sowie die Korrespondenz mit dem ORF wegen der Aufzeichnung von *Der Ignorant und der Wahnsinnige*. Im Verlag wurde in Bernhard längst der üble Taktierer gesehen. Man dachte, dass Unseld sich von Bernhard wirklich erpressen und demütigen lasse. Und man spürte, dass Unseld vor diesem Autor Angst hatte. Bernhard bekam den großen Verleger klein. »Wenn ich jetzt zu Thomas Bernhard fahre, muß ich ihm erzählen, daß ich im Geburtshaus von Mozart war, das beeindruckt ihn.« Solche Sätze bekam man zu hören und schüttelte den Kopf. Tatsächlich brachte dieser Autor den Verleger an den Rand der Selbstaufgabe.

Unseld schickte eine genaue Honorar- und Kostenaufstellung und machte zwei Vorschläge, wie künftig mit Honoraren verfahren werden könne. Daraufhin machte sich Bernhard, noch immer nicht vollkommen zufrieden, daran, einen großen Brief an Unseld zu schreiben, über den er mehrere Tage nachdachte. Am 23. November war er mit zwei Entwürfen fertig, eines an den lieben und eines an den sehr geehrten Herrn Doktor Unseld. Im ersten Schreiben kündigte er an, dass er keine Aufführungen an kleinen Theatern mehr wolle, sondern »daß er in Zukunft alle diese kleinen Stationen auslassen werde, um mit maximaler, nicht mit sinnloser Höchstgeschwindigkeit dem Ziele zuzustreben«. Im zweiten wies er darauf hin, dass er selbst die größten Honorare für sein Werk ausgehandelt habe, Honorare, die vom Verlag als utopisch bezeichnet worden seien. Er unterbreitete einen Vorschlag, da er nicht »Rentner« oder »Leibeigener« des Verlages sein möchte. Er verlangte ein Konto für alles, was bisher angefallen ist. Auf diesem Konto ergab sich eine Schuld an den Verlag von 66 000 Mark. Für alles Kommende verlangte er ein anderes Konto, das nicht mit den Schulden belastet wird. Weiter verlangte er, dass die Nebenrechte bei ihm bleiben. Und überhaupt dürfe ohne Autor nicht mehr verhandelt werden. Außerdem forderte er 40 000 Mark Vorschuss auf die *Korrektur*. Wahrscheinlich gibt es für diesen Brief kein Vorbild. Bernhard hatte alles auf eine Karte gesetzt.

Vermutlich hätte sich kein anderer Verleger solche Daumenschrauben gefallen lassen. Was aber tat Unseld? Er ließ Bernhard etwas schmoren und schickte ein Telegramm, in dem er einen Brief ankündigte, der am Folgetag eintraf. Er versicherte erst einmal, dass er nicht an Leibeigenschaft gedacht habe. Er erklärte sich mit der Art der Kontenführung einverstanden und erließ Bernhard 20 000 Mark von seinen Schulden auf dem Altlastenkonto. Ebenfalls einverstanden war er damit, dass Bernhard die Verhandlungen über Ur- und Erstaufführungen übernimmt. Anderes solle aber beim Verlag bleiben, auch die Nebenrechte. Auf die Vorschussforderungen ging er nicht ein. Auch dieser Brief ist eine Meisterleistung. Er gibt nach, wo es geht, und bleibt hart, wo es sein muss, ohne konfrontativ zu sein. Unseld gab, obwohl sicher tief verletzt, keine Kränkung zu erkennen. Und er kam damit an: Bernhard empfand das Schreiben als sehr angenehm, er fühlte sich verstanden, ernst genommen, wertgeschätzt. Er beschloss, die *Korrektur* fertig zu schreiben (und das nächste Theaterstück auch gleich), dann hätte er seine 40 000 Mark. Am 15. Dezember schrieb er zurück. Hennetmair referiert: »In dem Brief an Unseld habe ich geschrieben, sagte Thomas, daß ich seinen Brief als Vertrag betrachte und daß man im Zweifel immer in diesem Brief nachsehen könne. Ich habe ihm schon den Titel des Stücks mitgeteilt und geschrieben, er soll in seinem Vormerkbuch *Die Jagdgesellschaft* eintragen. Ich weiß nämlich, daß Unseld immer ein Buch bei sich trägt, in dem er die Titel der kommenden Stücke oder Bücher einträgt. Und wenn er nach diesem Finanzdisput meinen Namen noch ertragen kann, dann soll er auch Thomas Bernhard dazuschreiben, habe ich ihm geschrieben.« In dem Brief selbst stehen Sätze wie: »Ich wünsche im Augenblick nichts mehr, als mit Ihnen auf und ab gehend unklare Gedanken zu klären, Verwirrendes zu entwirren und das Selbstverständliche und das Notwendige im Hinblick auf unser beider Zukunft als Zusammenarbeit wieder einmal auf längere Zeit mit Offenheit, Ehrlichkeit und Bedachtsamkeit zu fixieren.« Es ist einer der größten Triumphe des Verlegers, eine Erlösung, der Sieg der Selbstüberwindung. Am Ende hatte also nicht nur Bernhard, sondern auch Unseld gewonnen. Und so ging am 24. Dezember ein beglücktes weihnachtliches Sendschreiben nach Ohlsdorf. Ein Jahr mit Thomas Bernhard hatte einen glücklichen Abschluss gefunden.

Noch glücklicher war Unseld drei Monate später. George Steiner, der an der Benjamin-Feier teilgenommen hatte, schrieb im englischen *Times Literary Supplement* vom 9. März 1973 das dann durch exzessive Verlagswerbung und Wiederholung berühmt gewordene Wort von der Suhrkamp-Kultur. Unseld war wie elektrisiert. Für ihn ist da mehr als ein Traum in Erfüllung gegangen. Es war so etwas wie die definitive Heiligsprechung des Verlags. Unseld verstand Steiners Wort als Ausdruck für etwas, das er zwar im Geheimen dachte, aber nie selbst hätte sagen dürfen. Aber jetzt gab es ganz offiziell so etwas wie den geistigen Gral, den nur erreichen konnte, wer dem Orden der Suhrkampianer angehörte. Das Wort kam von berufenster Stelle: Der Literaturprofessor George Steiner ist einer der erlauchtesten Köpfe des europäischen Humanismus, ein wirklich großer, umfassend gebildeter Leser, der die alte jüdische Gelehrtentradition verkörperte. Wer ihm übel will, kann ihn den Lordsiegelbewahrer einer versunkenen Tradition, der klassischen Schriftkultur, nennen. Sein Wort von der Suhrkamp-Kultur hat über die folgenden Jahrzehnte hinweg ungestört verschiedene Bedeutungsvalenzen angenommen, je nachdem wie man es brauchte, vor allem stand es dabei für die solitäre Überlegenheit des Suhrkamp-Geistes im Allgemeinen und für die Wiedervermählung des jüdischen und deutschen Geistes. Jahrzehntelang wurde das von unzählbaren Zeitungsartikeln unbefragt reproduziert, nachdem es die Verlagswerbung Jahr für Jahr mit an Stumpfsinn grenzender Regelmäßigkeit wiederholt hatte.

Dabei ist das, was Steiner geschrieben hatte, nicht die Glorifizierung, die Unseld darin sehen wollte. Steiner wies auch auf eine Gefahr hin, in der Unseld sich 1973 mit seinem Verlag bereits befand. Er hatte keinen Aufsatz über Suhrkamp, sondern über Adorno geschrieben, in dem ein Absatz vorkam, in dem es um seinen Verlag ging. Dieser Absatz lautet, mit einer Auslassung, die sich auf Bloch bezieht: »Unvermeidbar, sowohl in Hinblick auf ihren Gegenstand als auch ihr Genre, wirft die ›Ästhetische Theorie‹ die Frage auf, ob Adornos Werke – wie die, sagen wir von Max Scheler oder Nicolai Hartmann – in eine Phase ungelesener Monumentalität übergehen werden. Es wäre unredlich, dieser Frage auszuweichen. Paradoxerweise ist sie im ehrwürdigen und erschöpfenden Format dieser Ausgabe angelegt. Wie Bloch und Walter Benjamin hat Adorno enorm von dem profitiert, was mancher die Suhrkamp-Kultur nennen mag, die heute die deutsche Literaturszene und philosophische Wertschätzungen in weiten Teilen dominiert. Fast im Alleingang, durch die Kraft kulturell-politischer Visionen und fachlichen Scharfsinn, hat das Verlagshaus Suhrkamp einen modernen philosophischen Kanon geschaffen. Insoweit es die wichtigsten und anspruchsvollsten philosophischen Stimmen unserer Zeit erreichbar gemacht hat, insoweit es die deutschen Bücherregale mit der Präsenz des deutsch-jüdischen intellektuellen und aufregenden Genius gefüllt hat, welchen die Nazis auslöschen wollten, war die Suhrkamp-Initiative ein permanenter Gewinn. Aber die Gefahr unkritischer Heiligsprechung existiert. Zwanzig Bände Adorno sind viel: mehr als doppelt so viel, wie vielleicht zehn Bände Benjamin. Abseitige Besprechungen, polemische Artikel, Texte, die unter dem Druck politischer Ereignisse geschrieben sind, Opuscula, nahe Varianten oder Wiederaufnahmen des gleichen Themas (...) werden bewahrt mit all der philologischen Gravität, die dem Klassiker zukommt. Es ist nicht ohne Ironie, daß diese Monumentalisierung auf Adorno angewendet werden soll, der unter den ersten war, wenn es darum ging, die notwendig ephemere, fragmentarische, sich selbst korrigierende Qualität zu unterstreichen, die zeitgenössisches kritisches Denken sowohl aufhebt als auch authentisch macht.«

Folgender Ausschnitt wurde fortan in der Verlagswerbung gedruckt: »Wie Ernst Bloch und Walter Benjamin ist Theodor W. Adorno das zugute gekommen, was man als die Suhrkamp-Kultur bezeichnen kann, welche in unseren Tagen die literarisch und intellektuell führende Schicht Deutschlands bestimmt. Ganz auf sich gestellt, kraft seiner kulturpolitischen Vision und seines verlegerischen Scharfsinns hat der Suhrkamp Verlag einen Maßstab für moderne Philosophie geschaffen. Insofern als der Suhrkamp Verlag die bedeutendsten herausfordernden philosophischen Stimmen unserer Epoche einem breiten Publikum zugänglich gemacht hat, insofern, als er die deutschen Bücherregale mit der Gegenwart jener deutsch-jüdischen intellektuellen und stimulierenden Kraft erfüllt hat, welche der Nazismus auslöschen wollte, ist seine Initiative ein dauerndes Verdienst.«

In gewisser Weise, auch darauf wies Steiner hin, hatte der Suhrkamp Verlag bereits aufgehört, sich zu entwickeln, er war mit seiner Historisierung, Glorifizierung und Sakralisierung beschäftigt. Es ist nicht nur das alte Problem der Kanonisierung eines Autors, die mit einer Mumifizierung einhergeht, die Steiner bei der Benjamin-Feier erlebt hatte. Die durchschlagende Wirkungslosigkeit des Klassikers hatte Frisch das mit einem Seitenblick auf Brecht genannt. Aber hier war es mehr, es war das Problem der Kanonisierung eines ganzen Verlags. Und der eines Verlegers.

Es war typisch Unseld in diesen Jahren. Es hatte sich erwiesen, dass er in der Lage war, den Verlag allein zu leiten, kein Zweifel. Er war noch immer von stupender Vitalität. Er hielt Bachmann, Frisch, Johnson und Bernhard aus. Er war auf dem Gipfel des Ruhms: Was Steiner geschrieben hatte, war nicht steigerungsfähig. Verdeckt von wilder Aktivität gab es aber bereits auch die Gefahr seiner eigenen Musealisierung, Unseld feierte ein großes Jubiläum nach dem anderen, und er feierte sie mit Hingabe. Interessierte ihn das mehr als die Autoren?

Ähnlich passioniert wie beim Gedenken war Unseld nur, wenn es darum ging, neue Buchreihen zu kreieren. Auch hierüber machte sich Max Frisch später lustig. Seit 1966 gab es schon die Reihe Theorie, die Keimzelle des Wissenschaftsverlags, hinzu kamen die Reihe Suhrkamp Wissen und die Literatur der Psychoanalyse. 1971 startete Unseld die Reihe Suhrkamp Taschenbuch, im Prinzip eine vulgarisierte edition suhrkamp, eine der Zweitverwertungsmöglichkeiten, wie sie in anderen Verlagen üblich waren. Unseld verließ mit dieser Reihe endgültig den Exklusivitätsanspruch von Suhrkamp, erreichte aber auch neue Dimensionen der Breitenwirkung. Da lag es nah, dass auch das Insel Taschenbuch vor der Gründung stand. Hier gab es noch einmal ein Problem: Diese Bücher mussten in einem klassischen Sinn schön sein. Fleckhaus gelang es, die Schlichtheit, die Büchern aus dem Hause Suhrkamp anstand, mit bibliographischer Gestaltung zu verbinden. 1972 erschienen die ersten Bände. Ein Jahr später ließ Unseld das Suhrkamp Taschenbuch Wissenschaft folgen, der nicht zahlenmäßig, aber inhaltlich durchschlagendste Erfolg dieser Reihen. Es sollte bis in die Neunzigerjahre hinein für den Bereich der Geisteswissenschaften die Rolle spielen, die die edition suhrkamp zuvor für die linke Gesellschaftswissenschaft gehabt hatte. Damit nicht genug. 1973 machte Unseld aus dem Theaterverlag einen Suhrkamp Medien Verlag, 1974 wollte er sogar ein Tourneetheater für Suhrkamp-Autoren gründen. Und die erste ausländische Niederlassung, die Suhrkamp Verlag AG Zürich, nahm 1973 die Arbeit auf. Der Verlag wurde zum Konzern und der Verleger zum Manager.

Auch neue Autoren lernte Unseld in diesen Jahren reihenweise kennen, darunter Djuna Barnes, Stephan Hermlin, die junge Schweizer Autorin Gertrud Leutenegger, den jungen Schweizer Autor E. Y. Meyer, mit dem ihn Martin Walser bekannt gemacht hatte. Mit Meyer schwamm Unseld bald darauf in dessen Berner Heimatfluss, der Aare. Mit Volker Braun aus der DDR hatte ihn Helene Weigel zusammengebracht, sie wanderten der Spitzel wegen immer gemeinsam über den Dorotheenstädtischen Friedhof. Karin Struck veröffentlichte 1973 den Roman *Klassenliebe* in der edition suhrkamp, ein Buch, in dem mit Besessenheit Ich gesagt wird. Es ist die Literatur der beginnenden Selbsterfahrungsgruppen, Unseld war von seiner neuen Autorin begeistert.

Friederike Mayröcker wechselte von Luchterhand zu Suhrkamp. Und Unseld versammelte, mit Hilfe von Michi Straußfeld und Anneliese Botond, die 1970 nach Südamerika gegangen war, fast die gesamte lateinamerikanische Literatur im Suhrkamp Verlag. 1976 begann die Buchmesse ihre Schwerpunktthemen mit Südamerika, und alles war Unseld: Julio Cortazar, Adolfo Bioy Casares, Osman Lins, Juan Rulfo, Alejo Carpentier, Carlos Fuentes, Octavio Paz, Augusto Roa Bastos, César Vallejo, Mario Vargas Llosa, Manuel Puig, Jose Donoso, Juan Carlos Onetti. Insgesamt 17 lateinamerikanische Autoren präsentierte Unseld in diesem Jahr. In Paris lernte er, damals reiste er zusammen mit Joachim, Claude Levi-Strauss kennen, in Chicago traf er bei einem Vortrag zum ersten Mal Mircea Eliade. Unseld war eine weltweite Institution. Alles funktionierte, Unseld war immer noch voller Aktivität, aber gleichzeitig stöhnte er. Einerseits dachte er überhaupt nicht daran, seinen Posten aufzugeben, und sprach doch andererseits manchmal von einem Nachfolger.

Das Verlagsgefüge schien sich in diesen Jahren stabilisiert zu haben, aber der Eindruck täuscht. Um die Mitte des Jahrzehnts bewegte der Verlag sich in eine Krise, die für Unseld vielleicht existenzbedrohender war als die von 1968. Die heikelste von allen Großveranstaltungen sollte 1974 stattfinden. Sie warf ihre Schatten weit voraus. Die gesamte Suhrkamp-Welt fragte sich: Wie sollte dem Geburtstag des Verlegers gebührend Rechnung getragen werden? Schon 1973 begann der Jubiläumsfetischist selbst, über seine Geburtstagsfeier nachzudenken. Er würde 50 werden. Großbürgerliche Hotels gab es in der Frankfurter Umgebung nur im Taunus. Wenn er nach Königstein ginge, würde er die Feier im letzten Wohnort Peter Suhrkamps abhalten. Das gefiel ihm. Also ließ er sich nicht lumpen, diesmal wollte er keine Kosten scheuen, und mietete das Hotel Sonnenhof, ehemalige Sommerresidenz der Rothschilds mit eleganten Salons und Hallenbad. Und was sollte es zu Essen und zu Trinken geben? Auch hier setzte Unseld auf Herkunft und Tradition, entschied sich für schwäbische Maultaschen, für die er eine Schwäche hat, und Zwiebelkuchen, dazu einen Württemberger Wein, das war originell, aber nicht gewollt, es verwies auf seine Herkunft, um die ging es ja, das war nicht zu teuer und wirkte trotzdem nicht spartanisch oder billig. Und wie sollte der Abend aussehen? Natürlich, er würde eine Rede halten, einige Schriftsteller, Johnson, Walser, Frisch, Bloch vielleicht, würden ebenfalls etwas sagen. Aber es musste noch einen Höhepunkt geben, und Unseld wusste auch schon, wie dieser Höhepunkt aussehen sollte: Die italienische Sängerin Milva hatte es ihm mehr als angetan – und sie sang auch noch Brecht.

Am Abend des 28. September 1974 waren dann 240 Gäste im Sonnenhof versammelt. Der Jubilar, da wunderte sich mancher, sollte zwischen Bloch und dem Bankier Hermann Josef Abs sitzen. Bloch war auch der Hauptredner, ein echter Freund, sagte Unseld, und Bloch sagte, dass Unseld den Verlag nicht zur Akkumulation des Kapitals, sondern zur Verbreiterung der Vernunft einsetze. Unseld erzählte in seiner Rede, an der er lange gefeilt hatte, die Geschichte von dem Verleger Wilhelm Friedrich, der von all seinen Autoren verlassen worden war. Warum hat der Mann nur solche Angst, verlassen zu werden, fragten sich einige. Unseld spielte in dieser Rede damit, sich selbst zurückzuziehen. »Mein Dank am Ende gilt Peter Suhrkamp; aus seinen Händen erhielt ich diesen Verlag, und in andere Hände werde ich ihn weitergeben«, sagte der Verleger zum Abschluss. Habermas sprach über Unselds Aktivismus. Huchel las ein Gedicht über Unseld als Odysseus. Johnson verärgerte Unseld, weil er sagte, dass nächstes Jahr, zum 25. Geburtstag des Verlags, eine Biographie Peter Suhrkamps erscheinen müsse. Und da er sie nicht schreiben dürfe, müsse Unseld sich für den Rest des Jahres freinehmen. Für Unseld war das ein Affront. Frisch sagte nichts.

Damit aber war noch nicht Schluss. Adrian Naef als jüngster Autor sang zur Gitarre, Milva sang ihre Brecht-Lieder. Es wurde zehn Uhr, bis das Publikum endlich die Maultaschen probieren konnte. Da kam mancher weiter ins Räsonnieren. Ob sie wohl etwas mit Unseld hatte? Ob er es schon versucht hatte? Jetzt sang Milva immer noch Brecht, der Magen knurrte, aber der Verleger wirkte das erste Mal glücklich an diesem Abend. Aber warum hatte Johnson so knapp gesprochen, warum hatte Frisch nichts gesagt? Und wo war eigentlich Martin Walser? Anwesend waren viele Mitarbeiter des Verlags, etwa Elisabeth Borchers und Günther Busch, Rolf Rach und Burgel Zeeh, Renate Roske und Friedhelm Herborth. Anwesend waren viele Autoren, etwa Muschg und Handke, und viele Erben, Friedi Penzoldt, Anita Kästner, Elisabeth von Horváth, Ilse Benn, Brechts Tochter, Hesses Sohn, Eichs Sohn, Rilkes Enkel. Anwesend waren Menschen, die Unselds Lebensweg geteilt hatten wie Inge Fried und Rudolf Hirsch, anwesend waren seine Mutter und der Bruder, sogar ehemalige Geliebte waren da. Aber Walser fehlte.

Eigentlich, spekulierten die Festgäste, hat er zu Walser doch immer noch das beste Verhältnis von allen. Noch immer schienen die beiden, wenn sie zusammen waren, unverwüstlich und unwiderstehlich. Noch immer konnte man sich vorstellen, wie sie gemeinsam losgezogen waren, um auf Frauenfang zu gehen. Der Martin redet die Frauen ins Bett, sagte der Unseld doch immer. Sonst wurde es immer schwieriger, vor allem mit Frisch und Johnson, die sich befreundet hatten und gegen ihren Verleger zu verschwören schienen. Die meisten Festgäste wussten nicht, dass Johnson und Walser bereits heillos zerstritten waren, so sehr, dass einer von beiden fernbleiben musste. Und das war Walser. Sie wussten nicht, wie die Allerwenigsten im Verlag, dass auch das Verhältnis zu Frisch und Johnson deutlich getrübt war, und dass der Grund dieser Geburtstag war. Frisch hatte mit Uwe Johnson seit Juni 1973 das hochgeheime Projekt »Walküre« ausgeheckt, nur Burgel Zeeh wurde noch eingeweiht und zu höchstem Stillschweigen, vor allem gegenüber dem Verleger, verpflichtet. Walküre spielte auf Unselds Vornamen an, in Wagners *Ring* kommt *Die Walküre* vor *Siegfried*. Dahinter verbarg sich allerdings kein Schlachtplan, sondern lediglich eine Kassette mit gezeichneten Geburtstagsgrüßen von Autoren, die die beiden Getreuen sammeln wollten. Dann schickten sie im Juni 1974 einen Brief mit einer Liste von Autoren, die einzuladen sie Unseld baten. Es waren die, die etwas für die Kassette geliefert hatten. Unseld, der die Sache enorm wichtig nahm, war darüber sehr verärgert. Ihm wird eine Gästeliste zu seinem eigenen Geburtstag vorgelegt! Hinterher sagte Unseld, das Geschenk der Autoren habe sein »Herz nicht bewegt«. Er entwickelte einen Plan für sein Geburtstagsgeschenk, der zehn Jahre später von den Autoren brav verwirklicht werden sollte: Wie ich den Verleger kennen lernte, schrieben da die Autoren zu seinen Ehren.

Weiter belastet wurde das Verhältnis zwischen Frankfurt und Berzona, New York beziehungsweise Küsnacht oder Berlin durch einen anderen Vorgang. 1973 hatte Unseld eine – rechtlich unabhängige – Filiale in Zürich eröffnet: Suhrkamp Schweiz. Offiziell sollte dieser Verlag die Suhrkamp-Autoren stärker in der Schweiz verbreiten und Schweizer Autoren an den Verlag binden. Insgeheim war das Unternehmen vielleicht auch ein Versuch Unselds, mehr Nähe zu Max Frisch herzustellen. Nun unterstützte Frisch – wie Adolf Muschg – die Filiale offiziell, aber eigentlich wollte er nichts davon wissen. Er dachte nicht daran, zu wechseln. Er war froh, in einem Frankfurter und nicht einem Zürcher Verlag zu sein. Unseld, auch jenseits seiner nur teilweise erwiderten Liebe zu Frisch ein Philohelvetist von hohen Graden, konnte das aber nicht anfechten. Er wollte seine Schweizer Niederlassung haben.

Nachdem im September 1974 das erste Programm vorgestellt worden war, untersagte Unseld die Veröffentlichung eines Buches über die Geschichte der Schweizerischen Arbeiterbewegung. Damit erwies sich der neue Verlag bereits als problematische Konstruktion. Frisch wollte, wenn schon, denn schon, wenigstens einen wirklich unabhängigen Verlag in der provinziellen Schweiz sehen. Ein anderer Schweizer Verlag hatte das Buch bereits als Extremistenliteratur abgelehnt. Hinzu kam, dass Frisch erfahren haben wollte, dass Unseld das Buch auf Grund eines Winks von Balthasar Reinhart untersagt hatte. »Ich bitte Dich heute um eine verbindliche Antwort auf diese Frage: kommt das Veto aus Winterthur?«, fragte Frisch Unseld. Er konnte nicht verstehen, warum Unseld derartig willfährig reagierte – und nicht so geschickt taktierte und lavierte, wie er das sonst tat. Der Zürcher Geschäftsführer, Hans-Ulrich Zbinden, versuchte ein Gespräch mit Unseld über den Casus. Der aber ging gar nicht darauf ein, zwischen Überlastung – neben der Geburtstagsfeier standen das Jubiläum des Insel Verlags, die Buchmesse und ein Brecht-Kongress in Kanada auf dem Programm – und Unlust sich mit der Zwickmühle zwischen Reinhart und Frisch auseinander zu setzen.

So kam es erst Ende Oktober zu einer Besprechung in Zürich, die allerdings auch nicht weiterführte. Und so baten die drei Mitarbeiter von Suhrkamp Schweiz, Hans-Ulrich Zbinden, Dieter Bachmann und Anna Stolz, nachdem in langen Sitzungen Unselds Halsstarrigkeit in dieser Frage offensichtlich geworden war, den Verleger um Auflösung ihres Vertrags. Sie wollen keine Oase der Problemlosigkeit bilden, keine Geschäftsträger eines Schweizer Idylls sein, erklärten sie. Das war ganz auf Max Frischs Linie. Unseld argumentierte zwar geschickt, es sei nicht Sache eines deutschen Verlags, den Schweizern Demokratie und Liberalismus zu predigen. Aber das überzeugte die auf einen unabhängigen kritischen Verlag bedachten Schweizer nicht. Und Frisch wurde in der *Weltwoche*, die den Fall bereits publik gemacht hatte, deutlich. Er warf Unseld öffentlich vor, das Buch nur auf Betreiben von Reinhart ungelesen abgelehnt zu haben.

Unseld selbst weinte sich bei Johnson aus, der wiederum Frisch davon berichtete: »Sein Verhalten bei seinem neuesten Besuch in Zürich stellt er dar als ganz ›un-unseldisch, fast schon wie Peter Suhrkamp‹, worunter er versteht, dass er bei dieser Gelegenheit einmal die anderen habe reden lassen und erst dann seine Entscheidung getroffen habe. Diese bestand, wenn ich ihn richtig verstanden habe, in der Alternative, den Suhrkamp Verlag Zürich aufzulösen.« In der Krise, konfrontiert mit Max Frisch, zog Unseld sich also auf die Anfänge, auf das Vorbild Peter Suhrkamp zurück. Jetzt musste ihm für einen Moment bewusst werden, dass sein hochenergetisches Auftreten manchmal auch nach hinten losgehen kann. Frisch antwortete: »Der Bericht, den Siegfried gegeben hat, ist sehr seldisch, aber nach seinem letzten Brief halte ich es für möglich, dass er etwas gelernt hat.« Unseld hatte in diesem Brief an Frisch einen moderaten, sehr um Verständigung und Verständnis bemühten Ton angeschlagen und die Verantwortung für den Gesamtverlag in die Waagschale geworfen. Frisch verlangte von Unseld eine Kopie seines Generalvertrages und machte so deutlich, dass Grundsätzliches berührt ist. »Zumindest halte ich eine Klausel für nötig, falls unser Verlag, der Not des Kapitals gehorchend, nicht dem eigenen Siegfried, weiter rechts rutscht – z. B. wenn zu Geburtstagen keine

Brecht-Lieder mehr erlaubt sind.« Da spielte Frisch auf Milva an – und blieb der Souverän.

Unseld kam angesichts des weiter belasteten Verhältnisses zu Frisch die Frisch-Auswahl *Stich-Worte*, die Uwe Johnson vornehmen sollte, sehr gelegen. Das konnte der Beziehungskitt werden. Er gab Frisch mit einer Auflage von 200 000 Stück das Gefühl, persönlich an der Sache zu hängen. Im März 1975 stellte er die Idee Frisch vor, der nahm es begeistert als Bekenntnis des Verlages zur Kenntnis. Auf der anderen Seite, zwischen Johnson und Frisch, erzeugte dieses Buch mehr Verwicklungen als Einvernehmen. Kürzungen wurden notwendig, das Projekt stand unter enormem Zeitdruck, eine ausgeklügelte Logistik für Druck und Bindung war vorbereitet, und Johnson lag nach seinem Herzinfarkt darnieder. Der 21-jährige Joachim Unseld reiste nach England, um möglichst schnell das Manuskript zu holen. Es half alles nichts. Als Frisch in Frankfurt die Auswahl des kranken Johnson nach dessen Kürzungen noch einmal kürzen sollte, war Johnson gekränkt und wollte sich aus dem Unternehmen zurückziehen. Jetzt war der Verleger auch noch zwischen seine beiden Autoren geraten. Um weitere Unstimmigkeiten zu vermeiden, wurden der Buchumfang erweitert und die Auflage dafür gesenkt.

Auch das Verhältnis zu Johnson hatte sich weiter verkompliziert. Anfang 1973, das Jahr, in dem der dritte Band der *Jahrestage* erschien, wurde klar, dass ein vierter Band anstehen würde. Das Projekt weitete sich in die Größenordnung einer Werkausgabe. Unseld trug auch diese Hiobsbotschaft mit Fassung. Aber beide fanden nie mehr zu einem ungezwungenen, persönlichen Ton. Die Vertrauensformeln wurden rituell. »Es ist Dein Vertrauen, das mich hält«, schrieb Johnson im September 1975 an Unseld. Und: »Lieber Siegfried, ich bin sehr erleichtert, daß ich mich Dir anvertraut habe«, schrieb er im Juli 1976. Auch Johnsons große und sehr liebevoll gemeinte Würdigung des Verlegers zu seinem 20. Verlegerjubiläum ist nicht frei von diesem Ton.

Anfang 1974 kam es zu einem kleinen Austausch zwischen dem Dichter und seinem Verleger, wer ihm denn der bedeutendste und liebste Autor sei, von Johnson eher scherzend eingefädelt, von Unseld mit Emphase zu Gunsten von Johnson beantwortet. Unseld hatte an der Johannes-Gutenberg-Universität in Mainz einen Vortrag gehalten, bei dem er gesagt hatte, dass es Göschens größter Fehler gewesen sei, Wieland öffentlich als den bedeutendsten Autor zu bezeichnen. Das nahm Johnson auf. Dieses Motiv – sage nie, wer dir der liebste Autor ist, aber kokettiere damit – wird in der Folge eine der Lieblingstaktiken Unselds. Wie schaffe ich es, die Autoren in meinem Verlag zu halten, wird – wie in der Geburtstagsrede – die zentrale Frage. Und wie erwehre ich mich dabei meiner Haut.

1974 nahm Johnson ein Darlehen von 120 000 Mark bei Max Frisch auf und kaufte sich dafür ein Haus im englischen Sheerness an der Mündung der Themse. Was immer Johnsons Beweggründe gewesen sein mögen, das Ergebnis dieser Aktion kam einer Katastrophe gleich. Es brauchte nur ein englisches Jahr, bis die Ehe mit seiner Frau Elisabeth den besonderen Anforderungen der Einsamkeit nicht mehr gewachsen war: 1975 kam es zum Bruch. Ein paar Jahre später zog Elisabeth Johnson nach einer langen Zeit gemeinsamen Schweigens aus dem gemeinsamen Haus aus. Außerdem bekam Uwe Johnson in diesem Jahr den Herzinfarkt. Seine Schwierigkeit, die *Jahrestage* abzuschließen, wurde in einem von ihm später so genannten »writer's block« manifestiert. Neben der menschlichen Tragödie drohte sich eine der größten Investitionen, die Unseld getätigt hatte, sowohl finanziell als auch emotional, als Flop herauszustellen. Uwe Johnsons »writer's block« wurde auch für den Verleger zu einem zentralen Problem.

Dass die Einsamkeit der Insel Sheppey, die Ehekrise, der Herzinfarkt und der »writer's block« zusammenhingen, ist unübersehbar. Johnsons Anschuldigung gegen seine Frau, sie habe nicht nur etwas mit einem anderen Mann gehabt, sondern dieser andere Mann sei auch noch ein Agent des tschechischen Geheimdienstes gewesen, wurden für Johnson die Begründung seiner Unfähigkeit, die *Jahrestage* abzuschließen. Diese Begründung ist nicht bewiesen und wahrscheinlich falsch. Es ist eine Geschichte, die Johnson sich in seiner Not erfand. Auch subjektiv ist sie in ihren Auswirkungen nur dann nachvollziehbar, wenn man unterstellt, dass Johnson seine Frau in einem bestimmten, seine Schriftstellerposition zentral betreffenden Sinn, als sein Eigentum betrachtete. So wie er literarische Figuren als lebendige Menschen ansah, so betrachtete Johnson seine Frau vermittelt durch die Figur der Gesine Cressphal als Teil seines literarischen Kosmos, als eine Art Muse, als Lebensspenderin seiner Arbeit. Johnson schrieb in dem Gefühl, eine eigene Welt zu generieren, die mit der wirklichen in eine Art Wettstreit trat.

Der Schriftsteller (und Suhrkamp-Autor) Jürgen Becker hat dafür ein feines Gespür: »Ich habe den Verdacht, daß für ihn die Zeit seines Schweigens ein Produkt seiner Imagination war. Er hat dazu seine Frau Elisabeth Johnson benutzt... Es ist für einen Schriftsteller das furchtbarste, die Sprache zu verlieren. Jeder Schriftsteller versucht aus seinem Schweigen etwas zu machen, bei Hildesheimer war es die Nähe zum Untergang, der Zustand der Welt, der es verbiete, sich zu äußern, wobei man sagen kann, ihm ist nichts mehr eingefallen, Koeppen inszeniert das Schweigen nicht, er ist still, Johnson hat es auf diese Weise gemacht, er hat seine Umgebung dazu benutzt, um diese Imagination durchzustehen. Das hat zu den Legenden geführt, der tschechische Geheimdienst habe die Ehefrau ins Bett gebracht. Je mehr ein Schriftsteller sein Schweigen erklärt, er hat in den Frankfurter Vorlesungen alles erklärt, desto mißtrauischer werde ich, desto mehr versucht er es zu meistern, desto mehr sucht er und findet er auch die Gründe. Denn das eigentliche Schweigen ist nie zu erklären, das weiß er selber nicht, um so mehr muß er danach suchen, darüber schreibt er dann Frankfurter Vorlesungen.« Bei dem, was Uwe Johnson selbst als Gründe für seine Schreibhemmung angegeben hat, handelt es sich laut Becker also um eine Stilisierung, eine Erzählung über ein Faktum, das ihm selbst unbegreiflich war. Wäre es nicht Uwe Johnson, würde das nicht ins Herz seiner poetischen Produktion führen, hätte sich wahrscheinlich die Auffassung durchgesetzt, dass es sich hier um eine paranoide Auffassung mit allen Merkmalen der Wirklichkeitsverkennung handelt.

Siegfried Unseld entschied sich für eine ganz andere Sicht: Er folgte Johnson, er wollte an seinen Autor glauben, unverbrüchlich bis in den Wahn. Er widersprach dieser Erzählung nicht, sondern bastelte an ihr mit. »Wenn Sie diese zehn Jahre writer's block ansprechen, ich wußte, warum das so war. Ich war also von ihm eingeweiht über die Schwierigkeit. Und ich selber mußte sagen, ich verstehe diesen writer's block, während die Umgebung einfach gesagt hat, sie versteht es nicht. Eine Ehefrau kann mal einen kleinen Schritt beiseite tun, das ist nicht so aufregend. Aber bei Uwe Johnson ist das ganz anders. Das war die existentielle Gefährdung, die er durchzustehen hatte, mit dieser Sache. Denn es ist ja klar, die Gesine der Jahrestage, das ist ein Abbild der Ehefrau, und es ist klar, daß Uwe Johnson, der sich für mich dadurch auszeichnet, daß er die intensivste Verbindung zu seinen Figuren hat, die je ein Schriftsteller unserer heutigen Zeit hat, ja daß die Figuren sozusagen, meine Figuren sind keine Tante Emma für mich, das sind lebendige Menschen. Und er, Uwe Johnson, ist ein Teil dieser von ihm erfundenen Figuren, dieser Welt, dieses Kosmos, und deswegen mußte es ihn sozusagen so betreffen, wenn er diese Nachrichten gehört hat.« Unseld machte sich das Problem also zu Eigen, er machte es zu seinem Problem, er arbeitete an der Bewältigung mit. Er sah es als seine Aufgabe, Johnson wieder zum Schreiben zu bringen.

Unselds Entscheidung, diesem Imaginationsweg Johnsons zu folgen und ihn sogar zu verstärken, trug am Ende Früchte. Ein großer verlegerischer Erfolg Siegfried Unselds sind die *Jahrestage IV*. Fast sind sie, in einem weitaus umfassenderen Sinn, als das bei den *Mutmassungen über Jakob* möglich war, sein Buch. Es ist, als sei der Traum von 1959 wahr geworden: ein Autor, der voll und ganz Kind des Verlages ist. Unseld hat viel dafür getan, er hat seinen Autor nicht nur finanziell, sondern auch durch Zuspruch, Treue, behutsame Rückführung in die schriftstellerische Arbeit, aber auch durch Zurückhaltung unterstützt und ihm so das Schreiben wieder möglich gemacht. Er war wie ein vorausschauender Schutzengel für Johnson. Durch die Schreibhemmung, seit 1976 wusste er davon, fand sich Unseld in seiner Parade- und Lieblingsrolle als Förderer und Hebamme wieder. Er akzeptierte Johnsons Situation und animierte ihn aber auch zu kleineren Arbeiten, wie 1976 durch die Frage, ob Literatur durch die Medien bedroht sei, wie 1979 durch die Frankfurter Vorlesungen, die mit Johnson wieder aufgenommen werden sollten, oder 1981 durch einen Beitrag zu einer Festschrift für Max Frisch.

1975 erschien Frischs *Montauk*, für den Verlag ein einschneidendes Buch. Manchem Kritiker gilt es als Frischs bestes. Aber nicht nur das ist der Grund, warum man in ihm einen Höhepunkt der Suhrkamp-Kultur sehen kann. Das Buch lebt, wie alle Werke Frischs, von der Verarbeitung ungelöster privater Konflikte. Wieder ging es um Beziehungsfragen, wieder ging es auch um Ingeborg Bachmann, aber anders als im Gantenbein-Roman war sie jetzt identifizierbar. Marianne Frisch kam ebenfalls vor. Vor der Veröffentlichung war das Manuskript in allen Verlagshänden. Unseld besprach das Buch mehrfach mit dem Autor, auch Uwe Johnson, der wie Martin Walser Bachmanns *Malina* begutachtet hatte, hatte es neben anderen Autoren bereits gesehen und ebenfalls ein Lektorat abgegeben. Das war, in Gegenwart der Bachmann durfte man Frischs Namen nicht erwähnen und in den ersten Jahren nach der Trennung war das auch umgekehrt so, ein echtes Kunststück. Johnson brachte das vor diesem Hintergrund noch größere Kunststück fertig, von Frischs autobiographischem Versuch mehr als fasziniert zu sein. Das entscheidende Stichwort ist hier »Authentizität«, Johnson glaubte in Frischs Text eine Wahrhaftigkeit und Offenheit zu erkennen, die er sehr bewunderte und die für seine eigene Entwicklung maßgeblich wurde. Unseld war dagegen über den etwas bitteren Ton Frischs eher betrübt, der im Zusammenhang mit Marianne in das Buch kam.

Unseld schrieb mehrere Entwürfe für den Klappentext zu diesem Buch, Frisch ebenfalls. Nichts sollte in dieser heiklen Angelegenheit dem Zufall überlassen bleiben. Bei der Planung der Öffentlichkeitskampagne unterlief Unseld dann trotzdem ein kleiner Fehler. Die Folgen zeigten, wie gespannt die Situation war, es ging sozusagen ans Eingemachte. Frisch sollte eine kleine Lesetour machen, Auftritte und Interviews waren genau geplant. Nun vergaß Unseld allerdings Frischs Wunsch, der vor dieser Reise keine Rezension lesen wollte: Es waren bereits Fahnen in einige Redaktionen rausgegangen, und Rolf Michaelis' – positive – Besprechung erschien in der *Zeit*. Nicht nur Frisch, sondern auch Unseld tobte, machte seine Pressedame verantwortlich und strafte sie mit wochenlanger Nichtbeachtung. Liebesentzug war als eines der wesentlichen Unseldschen Führungsinstrumente bereits voll etabliert. Elisabeth Borchers musste nach Berlin reisen, um Frisch zu besänftigen.

Gleichzeitig lief schon das knapp kalkulierte und in hoher Auflage gedruckte, unter Zeitdruck und unter schwierigen persönlichen Beziehungen entstehende Projekt *Stich-Worte*, das Verlag und Verleger an die Grenzen ihrer Kapazität brachte. Die *Stich-Worte* sollten der Höhepunkt einer groß geplanten Suhrkamp-Buchwoche sein, eine landesweite Gedenkfeier des Gegenwärtigen. Jetzt schien sich alles gegen Unseld zu verschwören, er geriet immer mehr zwischen alle Stühle. Unseld wusste sich nicht mehr anders zu helfen, als wenigstens für kurze Zeit zu fliehen. Er machte einen Kurzurlaub in Griechenland, er wollte zurück zu den Wurzeln und sich hier neue Kraft holen. An Johnson schrieb er von hier offene Worte: »Dieser Kreta-Aufenthalt wird sich (später!) als eine Zäsur in meinem Leben begreifen lassen. Ich schwamm und schwamm, wirklich Stunden, in einem herrlichen Meerwasser (das mich 1944 schon einmal schwimmend gerettet hatte) und las und las Proust und (neben herrlichem Wein und Fisch und vielem tiefem Schlafen) dachte und dachte nach über den Verlag und seine Autoren. Ein Ergebnis dieses Nachdenkens wird sich erst in Jahren zeigen... Ich sah natürlich auch meine Situation: Ich wachse in eine große Einsamkeit hinein. Und dies bei all dem Trubel, bei all der neuen Kommunikation durch Bücher, die meinen Namen in der Autorschaft führen. Und gerade wegen des Unternehmens Suhrkamp-Buchwoche: Für die mir dort zugefallene Rolle des Atlas fühle ich mich zu alt, auch von Enttäuschungen zu sehr angeschlagen. Deine Herzattacke trat ein, als bei uns das öffentlich so hochgestylte Unternehmen Suhrkamp-Buchwoche vor einem Kollaps stand. Ich werde nie wieder ein Unternehmen dieser Art machen, das, so exponiert, von Launen der Autoren abhängt.« Ein Ton, den man von Unseld nicht kennt. Er begann nicht nur zu stöhnen, die Autoren begannen ihm wirklich über den Kopf zu wachsen, erstmals spürte er seine Grenzen.

Trotz der großen Belastungen durch die Autoren Mitte der Siebzigerjahre war Unseld, schaut man sich die Liste seiner Publikationen an, ungebrochen produktiv, brach Lanzen für den Buchhandel, trommelte in der Öffentlichkeit, verfasste Vorträge über Brecht und Hesse, die er an der Johannes-Gutenberg-Uni Mainz hielt. Ein Jahr später schrieb Unseld über *Siddhartha* in einer Werbebroschüre des Verlags einen Aufsatz, der deutlicher als der akademische Versuch Unselds jetzige Stellung zu seinem Leib- und Magenautor markierte. Warum, fragte er hier, sollen junge Menschen heute dieses Buch lesen? »Nostalgie, Tendenzwende, Science fiction der Innerlichkeit? Oder gar nur Mode, die aus den USA reimportiert wurde, wo Siddhartha Hesses populärstes Buch ist?... Warum sollen wir diesen Text lesen, der die scheinbar so weit entfernte literarische Gattungsform der Legende aufnimmt, also eine Erzählung aus dem Leben der Heiligen...« Unseld empfahl *Siddhartha* als Medizin gegen die Gefahr neuer Unfreiheit, wirksamer als das Neue Testament. Immer noch war er der Jünger dieses Autors, immer noch las er Hesse getreu dem Buchstaben.

Außerdem faszinierte den mittlerweile 52-jährigen Verleger, wie bei Hesse durch Literatur ein Leben lesbar wird. Seine Interpretation kann einen Hang zur Esoterik nicht verbergen. Seine Ehefrau Hilde wandte sich in dieser Zeit mehr und mehr esoterischen Themen zu, was auch auf Unselds Jargon abfärbte: »Das Buch Siddhartha, ein Buch, das Religion revolutioniert, ein Buch des Protestes gegen Lehre und Dogma. Ein Buch des Sich-Suchens und Sich-Findens. Ein Buch der Liebe. Ein Buch des Sich-Annehmens. Ein Buch des Annehmens des anderen. Dies wäre Friede.«

Nach 1975 zog Unseld sich noch ein Stück weiter in sich zurück. Wieder hatte er eine Verlagskrise durchgestanden. Dabei hatte er zu spüren bekommen, wie allein er letztlich war. Dass das Selbstmitleid, das der Verleger ohnehin hatte, dadurch verstärkt wurde, ist fast zwingend. Wirklich verlässlich waren nur die toten Autoren. Mit den Toten konnte man Umgang haben, indem man sie feierte oder indem man Bücher über sie schrieb. Beides tat Unseld. Gleichzeitig ließ ihn der Verlag aber nie los, tatsächlichen Rückzug gab es für Unseld nicht, selbst wenn er in der Fastenklinik Buchinger in Überlingen war, musste er dem Unternehmen zur Verfügung stehen.

Ein Jahr später war die Situation entspannter: Da erschien die

Werkausgabe von Max Frisch, Unseld hatte Frisch davon überzeugen können, dass gleichzeitig eine gebundene und eine Werkausgabe in der edition suhrkamp erscheinen konnte. Frisch, der sich immer noch vor der Mumifizierung des Klassikers fürchtete, wollte ursprünglich nur die Ausgabe in der Edition. Aber jetzt war er überglücklich. In den ersten Band schrieb er »Siegfried Unseld, dem großen Verleger, danke ich in Freundschaft.« Ein Jahr später hielt er die Rede bei der Feier »25 Jahre Siegfried Unseld im Suhrkamp Verlag«. Der letzte Satz lautete: »Ein Verleger von ingeniösem Temperament, aber er hat auch Freunde und ist Freund.« Liebes- oder Arbeitsbeziehung, das war für Unseld lange die Grundfrage der Beziehung zu Frisch: Jetzt war er am Ziel.

Das Innenleben des Verlags veränderte sich in diesen Jahren mit seinem Verleger. Wo bis Ende '65 noch ein Team aus literaturgläubigem Geschäftsmann, geistig souveränem Cheflektor und kompetenten Lektoren gewesen war, wo danach wenigstens noch der Versuch stand, offene Kommunikationsstrukturen zu etablieren, wurde der Verlag jetzt zu jener Truppe von Abhängigen, von mehr oder minder treuen Vasallen, die er seitdem geblieben ist. Nähe und Ferne zum Verleger wurde das zentrale soziale Faktum. Unseld ließ die Mitarbeiter jetzt aufsteigen und fallen, wie er es wollte. Nicht nur Günther Busch (der es auch 1975, als Axel Rütters und Karl Markus Michel gingen, nicht geschafft hatte, den Verlag zu verlassen) musste offene Demütigungen einstecken. Da für die Mitarbeiter jetzt alles darauf ankam, Punkte beim Verleger zu sammeln, wurde auch Unseld ihnen gegenüber misstrauisch. Wer konnte dem Verleger die neuesten Nachrichten überbringen und damit seine Nähe demonstrieren? Wer gab Sätze an den Verleger weiter, die nicht für dessen Ohren bestimmt waren, um die eigene Loyalität unter Beweis zu stellen? Die Selbstherrlichkeit, die die Lektoren 1968 an Unseld so abgestoßen hatte, verstärkte sich zusehends. Unselds Verhalten war jedoch nicht nur unverblümte Machtdemonstration, sondern auch Selbstschutz. Niemand sollte in diesem Verlag noch einmal so mächtig werden, dass er Unseld irgendwie gefährlich werden konnte. Und hatte er nicht ein Recht dazu? Niemand verstand ihn, niemand sah, welche Qualen er mit den Autoren durchstehen musste, niemand wusste, wie allein er war. Siegfried Unseld bekam die typischen Züge eines Patriarchen.

Einmal schaffte Unseld es, dem Verlag für kurze Zeit zu entkommen. Im Oktober und November 1976 war er gleichzeitig mit Martin Walser als Gastprofessor in den USA. Walser in Morgantown, West Virginia, Unseld in Austin, Texas. Seine Vorlesungen begann er, nahe liegend, mit *Siddhartha*, er hielt wieder die Mainzer Vorlesungen und eine weitere über Robert Walser. Und er hielt seinen ersten Vortrag in englischer Sprache. Unseld genoss die Ferne von der Verlagswelt, allerdings währte das Glück nicht lange. Anfang November kam Johnson und besuchte Unselds Seminar, als dort Johnsons Bachmann-Buch besprochen wurde. Habermas reiste zu einem Brecht-Symposion an. »Er beschreibt sein Lebensgefühl als das eines Studenten, weil er eine Zweizimmerwohnung mit Bad und Küche allein bewohnt und gelernt hat, sich selber ein Frühstück zu bereiten«, berichtete Johnson über Unseld an Frisch.

In der Zeit dieser Vorträge, die dann in dem Buch *Der Autor und sein Verleger* zusammengefasst wurden, fand Unseld endgültig seine Rolle als Autorenverleger, ein Modell, dem er seit Suhrkamps Tod anhing. Anders als bei Suhrkamp, wo der Dienst am Autor etwas von Unterordnung unter das Schöpfertum hatte, definierte Unseld sich durch die Beziehung zum Autor als Literaturverleger, der sich wesentlich von den Verlegern, die Bücher nur unter kommerziellen Gesichtspunkten produzieren, unterschied. Dieser Gegensatz, den Unseld immer wieder aufbaute, war eine weiche Version des alten Widerspruchs von 1968. Er erlaubte Unseld, sich weiterhin auf der missionarischen, nicht kommerziellen Seite zu sehen, er konnte sich weiterhin auf der intellektuellen Seite verorten. Innerlichkeit und patriarchales Verlagssystem, auch da war Unseld nicht der Erste, der solche nur auf den ersten Blick gegensätzlichen Züge vereinte.

Aber es war eine – wenn auch schöne – Illusion: Im Verhältnis zu der Größe, die der Verlag unter Peter Suhrkamp hatte, war Unseld so etwas wie der Reinhard Mohn der geistigen Welt geworden. Für die literaturinteressierte Öffentlichkeit war Suhrkamp stärker als die Gruppe 47, mehr als die 68er, prägender als die

Frankfurter Schule die zentrale Institution ihrer Bildung geworden. Das schlug sich in den Verkaufszahlen nieder. Unselds persönliche und die gesellschaftliche Entwicklung passten auch hier noch zusammen: Sein verlegerischer Wirkungsbereich verlagerte sich vom politischen Geschehen, das ihm allerdings noch nie ein zentrales Anliegen gewesen war, zur geglückten individuellen Entwicklung.

Die Umkehrung von Adornos 68er-Diktum, es gibt kein wahres Leben im falschen, wurde zu Unselds Lieblingssatz: »Es gibt kein falsches Leben im richtigen.« Richtigkeit war eine Kategorie, die Unseld jetzt selbstverständlich für sich in Anspruch nahm, »ins Gelingen verliebt« wurde ein anderer seiner Wahlsprüche. In dieser Zeit begann Unseld auch, die Geschichte seines Lebens als geglückte Kettenreaktion mit Hesse als Initialzündung zu begreifen und zu verbreiten. Er klang wie ein Menschheitsverbesserer: »Mangelnde Fähigkeit des Erlebens, mangelndes Angenommenwerden, mangelndes Ernstnehmen aller Gefühle eines Kindes, mangelnde Gefühlsbeziehung zwischen Eltern und Kind – dies alles muß ein Entwicklungsdefizit hinterlassen, ein seelisches Manko, das, psychodynamisch, einen Sog bewirkt, der fast organisch zu Alkohol, Rauschgift, anderen Süchten, zur Auflösung, zu Selbstmord und Mord an anderen führen kann.« Das ist auf moderne Zeiten umgeschriebener Hesse, das ist vulgarisierter Mitscherlich. Und darin steckt etwas Missionarisches. Medium dieser Mission war das Buch: »Wer an diesem Prozeß nicht teilnehmen möchte, wer sich nicht entwickeln will, der braucht das Buch nicht. Denn solches Suchen und Vergleichen, solches Finden und Annehmen der Verläufe von Leben und Lebenshandlungen ist zunächst, und sicher auch für viele am einfachsten, in der Literatur nachzuvollziehen, im Buche also, beim geduldigen Lesen, beim Nach-Denken, Vergleichen jener Literatur, die seismographischen Charakter hat, die sagt, was war, was ist und was sein wird, ja, was sein kann und was für den Menschen jeder Altersstufe, und wieder gerade für den jüngeren, sein soll.« Unseld bekam selbst eine Seherattitüde: »Ich sehe voraus, daß in Zukunft der Mensch weit weniger mit den entfesselten Kräften der uns umgebenden Außennatur als vielmehr mit den entfesselten Kräften seiner eigenen Triebnatur zu kämpfen hat.« Mittlerweile las Unseld Peter Handke wie einen neuen Hesse, als eine Art fernöstlichen Weisheitslehrer auf dem Pfad zur Erleuchtung: die Lehre des Saint-Handke.

Aber noch waren die alten Schlachten nicht alle geschlagen. Noch war Politik mehr als das Netz guter Beziehungen zur ortsansässigen SPD, das Unseld damals systematisch auf- und ausbaute. Ihm gefiel die Nähe zur Macht, und er war stolz darauf. Bald bewegte er sich nicht nur in der Frankfurter und hessischen SPD, die das Land damals so selbstverständlich regierte wie heute nur noch die CSU Bayern, er war auch im Rotary-Club und der gehobenen Frankfurter Gesellschaft zu Hause. Sogar bis in die höchsten Sphären der Politik hatte er jetzt Kontakte. Als Helmut Schmidt Bundeskanzler war, wurde Unseld häufig eingeladen, mit oder ohne Autoren. Besonders eng war die Beziehung zu Schmidts Ehefrau Loki. Vor einigen seiner Autoren musste Unseld das wie ein Doppelleben verbergen. Noch waren die Schatten von '68 nicht ganz vertrieben.

Der deutsche Herbst 1977, das endgültige Ende der Zeit nach '68, begann für Unseld mit der Beerdigung Blochs in Tübingen am 9. August des Jahres. Noch einmal wurde der Verlag in die alten politischen Konflikte hineingezogen. Es waren damals nicht nur Huchel und Frisch, Grass und Johnson anwesend, sondern auch sehr viele Studenten, es sprachen nicht nur Walter Jens und Siegfried Unseld, sondern auch ein Vertreter des SDS und Rudi Dutschke, die Bloch ebenfalls für sich beanspruchten. Unseld sah Bloch in seiner Rede als einen Moses, Walter Jens widersprach, er sei ein Joseph gewesen, der ein Greis geworden ist. Da störten die Studenten, die ganz anders dachten. Sie stellten ganz offen die Frage, wem Bloch gehöre. Eine Studentin des SDS glaubte, dass er mit um Holger Meins trauerte. An die Hochschule selbst war mit schwarzer Farbe geschrieben worden: Ernst-Bloch-Universität. Und Rudi Dutschke entrüstete sich darüber, dass Jürgen Ponto, von dem er nur als »hohem Bankspekulanten« sprach, vom Staat mit ungeheurem Aufwand zu Grabe getragen worden sei, hier dagegen überhaupt kein Vertreter des Staates zu finden war. »Was für ein gespaltenes, geschichtsloses, finanziell reiches, geistig immer ärmer werdendes Volk ist existent in diesem Staat«, rief Dutschke. Das musste Unseld stören, es passte für ihn nicht zur Würde des Augenblicks. Von solchen Auseinandersetzungen wollte Unseld nichts mehr wissen.

Auf anderen Gebieten waren die Erfahrungen befriedigender. Endlich gelang Unseld, was er fast zwei Jahrzehnte vergeblich versucht hatte. Robert Walser, der ihm durch Hesse nahe gebracht worden war, wurde Suhrkamp-Autor. Egon Ammann, der seit dem Streit 1974 der neue Leiter von Suhrkamp Schweiz war, hatte es geschafft, Unseld und Elio Fröhlich, den Walser-Nachlassverwalter, an einen Tisch zu bringen. Das Verhältnis war schwer belastet gewesen. Unseld hatte Fröhlich geschrieben, dass er verhindere, dass Walser in einen bedeutenden Verlag komme. Jetzt hatte Unseld einen neuen Autor, dem er sich verbunden fühlte und der aus der Schweiz kam, zu der er sich immer hingezogen fühlte. Ende 1977 wurde der Vertrag unterzeichnet, bereits 1978 erschien eine Walser-Werkausgabe bei Suhrkamp, und Unseld veranstaltete ein Riesenfest in Zürich: Da mussten alle Autoren kommen, Enzensberger, Weiss, Muschg, Bichsel, Koeppen und der Namensvetter, der mit Vornamen Martin hieß. Nach diesem Großereignis wusste die gesamte literarische Welt, wer Robert Walser war. Hier war Unseld wieder in seinem Element.

Auch das Verhältnis zu Thomas Bernhard war jetzt entspannt. »Als Thomas Bernhard hörte, ich sei 1978 zu einer Hesse-Vorlesung nach Teheran eingeladen, äußerte er ganz spontan, mich begleiten zu wollen. Wir müssten nach Schiras, zu Hafis und Goethe, ohne Hafis keinen Diwan. Als wir vor dem Grab des Hafis in Schiras standen, das 1939 monumental umgestaltet worden war, meinte Bernhard, daß Hafis lebe, und so fanden wir Goethes Worte durchaus prophetisch: Man segnet sein Angedenken im Heere der Liebenden, wo immer der Name des Hafis in kundiger Runde genannt wird.« Tatsächlich fand die Reise vom 3. bis 8. Mai 1977 statt, die Dritte im Bunde war Hilde. Bernhard erinnerte sich später: »Ein kleiner stinkender Ölofen in einem Hotel in Schiras inspirierte ihn (Unseld) eines Abends mit Vehemenz zu einer durch und durch philosophischen Lebens- und Weltauffassung bis drei Uhr früh...

In Teheran schaute ich an seiner Seite wie er vom dreizehnten Stock des Sheratonhotels in das Schwimmbecken, in welchem kein Wasser, aber der Hotelmüll gelagert war. Nie, weder vorher noch nachher, habe ich einen so traurigen Unseld gesehen.«

Im November 1978 konnte Unseld seine Verbundenheit mit Bernhard an der Münchner Uni auch körperlich unter Beweis stellen. Dort sprengten Studenten eine Bernhard-Lesung. Es waren zwei Gruppen, die einen waren empört, weil die Uni eine Demo gegen den Faschismus im Iran (wieder Iran!) verboten hatte, die anderen, weil eine erst erlaubte Kroetz-Lesung dann doch wieder verboten wurde. Kroetz, auch er Suhrkamp-Autor, wollte aus seinem Stück lesen und über Realismus in der Literatur diskutieren. Bei der dritten, verbleibenden Veranstaltung, der Bernhard-Lesung, trafen dann die Kroetz-Empörten auf die Iran-Empörten und besetzten das Mikro. Der Spartakusbund war für die Lesung Bernhards, die Roten Zellen waren dagegen. Dabei kam es dann auch zu Handgreiflichkeiten um Bernhard, Siegfried Unseld warf sich ins Getümmel und wurde tätlich angegriffen, wusste sich aber zu verteidigen. Der damalige Münchner Kulturreferent Jürgen Kolbe bezeichnete es – mit Habermas – als linksfaschistische Methode, was mit Bernhard geschehen sei. Bernhard dagegen schlug Kolbe vor, die Veranstaltung im Hofbräuhaus, veranstaltet vom Spartakusbund und mit Kroetz als Leibwächter, zu wiederholen. In Wirklichkeit aber war ihm nicht nach Witzen zu Mute, er war eher verstört, und Unseld war lange zusammen mit ihm an diesem Abend. Solche Kämpfe waren die letzten Ausläufer einer Zeit, die Unseld groß gemacht hatte. Jetzt stand er eindeutig auf der etablierten Seite. Seine Sache war die Literatur, und Literatur beglückte die Menschen, so seine Überzeugung, auf subtilere und tiefer gehende Weise als politische Grabenkämpfe.

Unseld konnte, trotz der Kämpfe mit den Autoren, mit sich und dem Verlag zufrieden sein. Am Ende schienen sich die Dinge doch zu fügen. Wenn er in dieser Zeit an seinen Sohn dachte, war er tief bewegt. Die Nachfolgefrage berührte ihn. Er konnte Tränen in den Augen haben, dachte er über den Wandel der Zeiten und die Kontinuität des Verlags nach. Wie schön waren doch große Traditionen.

Joachim kam zu ihm und sagte, ja, er wolle die Nachfolge übernehmen. Der Vater widmete das Buch über den *Autor und seinen Verleger* seinem Sohn.

Joachim, mittlerweile 25 Jahre alt, hatte zu diesem Zeitpunkt bereits eine beachtliche Bildungskarriere hinter sich. Seit September 1968 war er für fünf Jahre in die Odenwaldschule gegangen. Es war eine der Schulen, an der Peter Suhrkamp einst gelehrt hatte. Dann war er für zwei Jahre Lehrling im Suhrkamp Verlag gewesen und hatte alle Abteilungen durchlaufen. Ab 1975 studierte Joachim bei Walter Müller-Seidel, damals der Doyen der Germanistik, in München. Dann wollte er nach Berlin zu Walter Höllerer wechseln, doch bevor er dahin ging, verbrachte Joachim 1976 noch ein Jahr in Paris und arbeitete – durch Vermittlung des Vaters – bei Gallimard, im Verlag und den Buchhandlungen »Le Divan« und »Librairie Gallimard« am Boulevard Raspail.

Es traf sich gut, dass die Besitzverhältnisse ohnehin neu gestaltet werden mussten. Die Gebrüder Reinhart aus Winterthur wollten ihre Anteile an die – ihnen gehörende – Volkart-AG übertragen. Siegfried Unseld nutzte die Gelegenheit, seinem Sohn zehn Prozent des Verlags zu überschreiben. Es sollte der erste Teil einer schrittweisen Übertragung sein, die sich aus steuerlichen Gründen anbot. Gegründet wurde – für den Fall, dass Siegfried Unseld etwas zustoßen sollte – auch die Suhrkamp Verlagsleitung GmbH, der neben Joachim Unseld auch Gottfried Honnefelder und Heribert Marré als Geschäftsführer angehörten. Auch hier teilten sich Unseld und die Reinharts die Anteile. Im Vertrag über die Verlagsleitungs GmbH heißt es: »Sie übernimmt die alleinige Vertretung und Geschäftsführung der Gesellschaft, falls Siegfried Unseld sie nicht wahrnehmen kann und Herr Joachim Unseld sie noch nicht übernommen hat.«

Zur gleichen Zeit hatte sich Unseld mit Nachdruck darum gekümmert, dass die zweite Erbberechtigte, seine Tochter Ninon, die sechs Jahre jünger als Joachim war und 1977 volljährig wurde, auf das Erbe verzichtete. Ein Achtel des Verlags stand ihr rechtlich zu. Unseld nahm Kontakt zu seiner Tochter auf, die er lange nicht gesehen hatte. Er traf sie und die Mutter in der Kronenhalle in Zürich. Beim ersten Treffen sprach er die heikle Erbfrage noch nicht an. Dann traf er seine Tochter im Hotel zum Storchen allein und forderte von ihr, ihren Anteil abzugeben. Unseld zog alle Register, er habe eh nichts, sagte er, er werde alles seinem Sohn schenken, wenn sie es drauf anlege. Die Reinharts dürften nicht erfahren, dass er eine Tochter habe, sonst stiegen sie sofort aus dem Unternehmen aus. Er hat gejammert, sich gewunden, gedroht, mit Engelszungen geredet und sich selbst bedauert. Seine Überredungskünste waren beachtlich: Die Mutter, mit der sich die Tochter beriet, verkrachte sich damals mit ihrem eigenen Anwalt, der nicht einsehen konnte, dass die Frauen auf das Erbe verzichten wollten. Am Ende hat Unseld ganze 50 000 Schweizer Franken für ein Achtel seines Anteils herausgehandelt. Als es ans Bezahlen ging, wollte er auch noch die Tochter mit 50 000 Mark abspeisen. Ninon unterschrieb dafür eine Verzichtserklärung. Heute ist sie Anwältin in Genf.

Es sah also so aus, als hätte Unseld alles im Griff. Der Verlag war ein auf den Verleger zugeschnittenes, gut funktionierendes System geworden, niemand unter den Mitarbeitern zweifelte seine allgewaltige Führungsrolle noch an. Die Geschäfte liefen, die Nachfolgefrage war geregelt. Unseld war zum Patriarchen eines florierenden Reiches geworden. Jetzt war zu Macht geworden, was vorher geschäftliche Verantwortung in einem Kreis Gleichgesinnter gewesen war. Und für Macht hatte Unseld jetzt auch ein klares Bewusstsein, weil er erfahren hatte, wie schnell man sie verlieren konnte, wie bedroht sie immer war.

Politiker. Haremshüter. Klassiker.

1979–1989

Langsam begannen sich auch Unseld und Hans Magnus Enzensberger wieder zu verstehen. Enzensberger besann sich endgültig auf den Dritten Weg, schwor der Revolte ab, und Unseld schloss den verlorenen Sohn in die Arme. Bereits 1976 sah er in Enzensberger den »wahren Vorspürer«. Und schon ein Jahr darauf arbeiteten der Verleger und sein intellektueller Spürhund wieder wunderbar zusammen. Aus der Veröffentlichung von Enzensbergers Hauptwerk *Der Untergang der Titanic* machte Unseld wie in den vergangenen Jahren aus den Geburtstagen Rilkes, Hesses und des Verlegers selbst ein nationales Großereignis. Aus Enzensberger wurde der allpräsente Autor, und Unseld erfand dabei auch noch die »Urlesung«. In einer Simultanaktion in sechs Theatern, in Berlin, Hamburg, Düsseldorf, Köln, Stuttgart und Zürich, fanden gleichzeitig Lesungen aus Enzensbergers *33 Gesängen* statt. Nicht der Dichter trat selbst auf, sondern namhafte Schauspieler. »Obwohl Enzensberger bei keiner der sechs Matineen persönlich anwesend sein wird, darf man dem Regisseur Unseld bescheinigen, daß seine Initiative eine gewisse Annäherung an das unerreichbare Ideal der Omnipräsenz des lesenden Autors darstellt.« Urbild dieser Aktion war eine Viererpremiere in Berlin, Düsseldorf, Frankfurt und München, die Unseld 1967 für Frischs *Biographie* erfunden hatte. Damals hatte Frisch noch geschrieben: »Das ist nicht gut. Sogar sehr schlecht. Noch jedermann, der davon gehört hat, gibt nach taktvollem Schweigen früher oder später sein Unbehagen zu. Es heißt: Der Unseld-Stil.«

Etwa zu jener Zeit war man denn auch in allen deutschen Kulturredaktionen endgültig davon überzeugt, dass der Suhrkamp Verlag die großartigste geistige Institution des Landes sei. Damals entstand im Feuilleton ein neues Genre: Man versuchte den Suhrkamp Verlag und seinen Leiter zu lesen wie sonst nur ausgewählte Bücher, man versuchte sich in der Kunst der Suhrkamp- und Unseld-Interpretation, als läge in ihnen ein tieferer Sinn. Verlag und Verleger wurden, so schien es damals gerade den helleren Köpfen, wie ein klassischer Text immer weiterer Auslegung fähig. Entscheidungen im Hause Suhrkamp wurden als Wegmarken der kulturellen Entwicklung begriffen, Suhrkamp war einer der Kristallisationspunkte deutscher »Befindlichkeit«. Ein Wort, das man immer noch gern benutzt.

Voller Spannung und sehnsüchtig wie ein Wegweiser oder Leuchtturm wurden in den Redaktionen 1979 deshalb auch die *Stichworte zur »Geistigen Situation der Zeit«* erwartet, die Jürgen Habermas, der bisher einzig wirklich Verlässliche und Vernünftige unter Unselds Autoren, als Band 1000 der edition suhrkamp herausgeben sollte. Noch einmal wollte er hier seine – und Unselds – Generation versammeln. Autoren, die hier schrieben, sollten ihre Identität erst nach Kriegsende gebildet und auf die Entwicklung der BRD einen gewissen Einfluss ausgeübt haben, der nicht gegen Aufklärung, Humanismus, bürgerlich radikales Denken gerichtet war, sagte Habermas. Autoren, die sich Suhrkamp verpflichtet fühlen, hätte er ebenfalls sagen können. Von Unseld war der Band als neue Standortbestimmung der edition suhrkamp geplant, die in den letzten Jahren deutlich an Auflage und auch Renommee verloren hatte. Noch immer leistete Günther Busch, der alte Aufrührer, aber dann doch erstaunlich Anhängliche, als alleiniger Herausgeber ein Riesenpensum, vier Bände im Monat. Aber die Luft, so Unseld, war raus. Und damit hatte er nicht Unrecht.

Sie veröffentlichen ja nur mehr Seminararbeiten, sagte er damals in einer Postkonferenz zu Busch. Immer wieder war er, wenn er in dieser Leitungskonferenz mal teilnehmen durfte, von Unseld abgekanzelt worden. So wurde vor aller Augen demonstriert, was es im Hause Unseld bedeuten kann, in Ungnade zu fallen. Jetzt hatte es auch der Letzte verstanden, diese Postkonferenz war nicht nur ein Entscheidungsgremium, sie war auch ein Machtapparat. An einen Verlagsvertreter schrieb Unseld im Juli, dass er die edition suhrkamp einstellen werde. Einen Tag später verbreitete die Presseabteilung des Verlags dieses Schreiben, das wie eine Bombe einschlug. Denn: Nicht ganz so überzeugt wie von der Größe des Hauses Unseld war man von den Entscheidungen Siegfried Unselds. Mancher, der Unseld die Bewunderung nicht versagte, erinnerte sich jetzt daran, dass er in Unseld ja auch den reaktionären Machtmenschen erkannt hatte. Unseld will die linke Theorie loswerden, so die wohl nur den Verleger selbst überraschende Reaktion aus den Zeitungsredaktionen.

Unseld setzte 1979 Busch die beiden Lektoren Raimund Fellinger und Bernhard Landau nicht vor die Nase, aber doch an die Seite. Manchem schien Fellinger wie ein Finanzbeamter, Unseld hielt große Stücke auf ihn. Schnell wurde Fellinger der, der mit dem Chef abends Schach spielte. Offensichtlich wollte Unseld Busch loswerden. Auch die Edition, sagte Unseld damals, solle sich der Wissenschaft vom Menschen, dem Selbst zuwenden. Busch sah keine Chance mehr, seine sozialwissenschaftlich-politische Linie fortzuführen, und ging zur Europäischen Verlagsanstalt (EVA). Damit ging er zu Axel Rütters, der bis 1975 Leiter des Wissenschaftsprogramms bei Unseld war, 1976 den Syndikat Verlag gegründet und kurz vor Buschs Ausscheiden die EVA gekauft hatte. Schon 1975 war Karl Markus Michel mit Rütters bei Suhrkamp ausgeschieden, und im Moment arbeiteten beide noch zusammen. Würde Busch jetzt also zu den beiden wechseln? Da fühlte sich so mancher für kurze Zeit an 1968 erinnert: wieder Aufruhr gegen Unseld.

Auch jetzt gab es wegen der Absetzung von Busch wieder einen Aufstand: Autoren wollten ihre Manuskripte aus den *Stichworten* zurückziehen. Das Erscheinen des Bandes schien bedroht, wenn Busch »seine« Autoren mitnahm. Da stand sie wieder im Raum, die alte Frage: Wem gehört die edition suhrkamp? Ihrem Gründer und Erfinder, Siegfried Unseld, oder den Leuten, die sie groß gemacht und mit Leben gefüllt hatten und von denen der Letzte gehen sollte? Als Busch kündigte, stand auch noch Jürgen Habermas fest auf seiner Seite. Er unterstützte Buschs programmatische Linie und vertraute offenbar nicht ganz auf Unselds Treue gegenüber dem aufklärerischen Projekt, das er jetzt mit den *Stichworten* fortsetzen wollte. Unseld konnte sich der Unterstützung von Habermas zu diesem Zeitpunkt keineswegs sicher sein. Einige Zeit zuvor hatten Habermas und Unseld das erste Mal richtig Streit bekommen.

Dieser Streit hatte eine Vorgeschichte. Unseld hatte bislang keinen Gestaltungsanspruch gehabt, was die Wissenschaft anging. Für die *Stichworte* schlug er beispielsweise nur den Aufsatz von Uwe Johnson vor. So konnte Habermas hier lange, nachdem er es geschafft hatte, sich mit dem immer konspirativer werdenden Jacob Taubes zu arrangieren, maßgeblichen Einfluss nehmen. Nun aber meinte er, seit einiger Zeit einen Rechtsrutsch bei Unseld auszumachen. Der Verleger wollte, so Habermas' Eindruck, die sozialwissenschaftliche Richtung nicht mehr, für die er und Busch gestanden hatten. Für Habermas sah es so aus, als ob auch Unseld die Tendenzwende jener Jahre mitmachte. Außerdem deutete alles darauf hin, dass Unseld nicht nur in der edition suhrkamp, sondern auch in der Wissenschaft – in beiden eng verknüpften Verlagsbereichen hatte er keine Hausmacht – jetzt seinen Einfluss erweitern wollte. Habermas dachte über einen Verlagswechsel nach und führte Gespräche mit dem Luchterhand Verlag, und Rütters und Michel wollten ihn damals fürs Syndikat abwerben.

Habermas schrieb einen ziemlich unfreundlichen Brief an seinen Verleger. Er teilte ihm mit, dass er in einen anderen Verlag gehen wolle. Habermas ging fast selbstverständlich davon aus, dass er von Unseld die Rechte an seinen Büchern zurückbekommen würde. Aber da hatte er sich gründlich getäuscht. Unseld teilte ihm mit, dass der Verlag die Rechte von Habermas vorbildlich wahrnehme, woran nicht zu zweifeln war, und dass es deshalb keinen Grund gebe, diese Rechte zurückzugeben. Habermas sah sich in dieser Situation gezwungen zu bleiben. Im Verlag erinnert man den Vorgang übrigens etwas anders, ein typischer Fall der Gerüchteküche, als die der Suhrkamp Verlag bekannt war: Habermas kam erbost nach Frankfurt, mittlerweile lebte und arbeitete er am Starnberger See, und alle dachten, jetzt wird er seine Demission durchsetzen. Dann aber, nach der entscheidenden Sitzung, sei Habermas vollkommen verändert aus Unselds Zimmer gekommen. Der Mann schien erschüttert. »Er hat mir die Pistole auf die Brust gesetzt«, soll er gesagt haben. Da zerbrach man sich den Kopf, wie das zu deuten war. Hatte Unseld damit gedroht, die Rechte an Habermas' Büchern nicht freizugeben? Hatte Habermas damals schon Vorschüsse bekommen?

Habermas ging nicht, aber die von ihm befürchtete politische Tendenzwende bestätigte sich für ihn auch nicht. Die Folgen dieser Verlagskrise von 1979, der letzten für lange Zeit, waren tatsächlich nicht programmatische, sondern wieder verlagsinterne. Die Wissenschaft, um die es damals gar nicht direkt ging, die aber in den Siebzigerjahren eng mit der edition suhrkamp verknüpft war, wurde ein vom restlichen Verlag abgekoppelter Bereich, den Friedhelm Herborth quasi in Eigenregie verwaltete. Herborth war 1974 zu Suhrkamp gekommen, seit 1977 leitete er den Bereich Wissenschaft. Auch das war eine für viele Mitarbeiter nicht nachzuvollziehende Entscheidung gewesen. Was hatte den Verleger dazu bewogen? Eigentlich sollte doch Gottfried Honnefelder, durch Vermittlung seines Doktorvaters Benno von Wiese, ebenfalls 1974 als Assistent des Verlegers zu Unseld gekommen, Leiter der Wissenschaft bleiben. Honnefelder war einer der aufstrebenden jungen Mitarbeiter des Verlags, seit Axel Rütters Weggang leitete er die Wissenschaft kommissarisch. Das wollte Honnefelder in eine Dauerlösung umgewandelt sehen. Aber Herborth, dem Honnefelders durch von Wiese geprägter und dadurch beschränkter Wissenschaftsbegriff überhaupt nicht passte, fasste sich, als er Unseld einmal auf dem Gang sah, ein Herz und sagte dem Verleger, dass er den Verlag verlassen werde. »Dann lassen Sie sich mal nicht aufhalten«, antwortete Unseld salopp. Als der Rastlose auf dem Gang schon ein Stück weitergeeilt war, rief er Herborth trotzdem noch die nahe liegende Frage »Warum eigentlich?« hinterher. Aus der Frage ergab sich dann ein mehrstündiges Gespräch, an dessen Ende der Verleger – nicht ganz ohne Ironie – sagte: »Ja, Sie haben Ihre Kündigung bisher ja nur angekündigt.« Noch am selben Abend pfiff Unseld den aufstrebenden Honnefelder zurück und setzte Herborth als Leiter der Wissenschaft ein.

Aber schon zwei Jahre später begann die Isolierung des Wissenschaftslektors Friedhelm Herborth, eine Isolierung, die erst 20 Jahre später personelle Konsequenzen hatte. So war ein Ergebnis der Krise von 1979, dass der Verleger seine Machtsphäre nicht ausweiten konnte, dafür aber die Wissenschaft nicht mehr organisch in das Ganze integriert war. Das wurmte Unseld immer wieder, ebenso regelmäßig wollte er deswegen Herborth loswerden. Viele Jahre lang war Habermas der Fürsprecher von Herborth. Wen willst du denn sonst holen? Lass ihn da, Siegfried, sonst hast du noch eine Leiche im Keller! Unseld verstand zwar nicht richtig, was Habermas damit meinte, aber er hörte lange auf seinen Freund.

Zu den Wissenschaftsautoren hatte Unseld mit Ausnahme von Habermas keine Beziehung. Hans Blumenberg war für ihn ein anerkannter Philosoph und bedeutender Autor, dem gegenüber er natürlich als Verleger nicht versagen wollte. Vor allem deshalb verzieh Unseld Blumenberg seine Eigenheiten. Blumenberg bestand auf Bleisatz und verlangte primadonnenhaft Aufmerksamkeit. Als der Verleger die Überweisung eines kleineren Geldbetrags vergaß, wies er nur immer wieder vorwurfsvoll darauf hin, dass da noch etwas sei, ohne je konkreter zu werden. Blumenberg hielt Goethe für den wichtigsten Autor, und das Goethekapitel in seinem Werk *Arbeit am Mythos* von 1979 hielt er für das wichtigste Goethebuch überhaupt. Mit Unseld war verabredet, dass dieses Kapitel gesondert als gebundenes Buch im Insel Verlag zum Goethejubiläum 1982 erscheinen sollte. Als es so weit war, wollte Unseld es als englische Broschur – und nicht als gebundenes Buch – herausbringen und dachte eigentlich, dem Autor damit zu zeigen, dass er sich persönlich um ihn kümmert. Der aber war beleidigt, und das Buch ist nie erschienen.

Früh war Blumenberg als Wissenschaftsberater aus dem Verlag ausgeschieden. Als Nachfolger kam Niklas Luhmann – und zwar auf Vorschlag von Habermas. Der große Systemtheoretiker Luhmann, der nun gar kein Talent zum Smalltalk hatte, hat Unseld dann noch mehr verunsichert als Blumenberg. Luhmann war einfach nicht die Art Mensch, mit der Unseld gut auskam. Als er mit ihm Mittagessen gehen sollte, rief er: »Um Gottes willen, der Luhmann kommt, was will der nur von mir?« Als jemand über Luhmann

schrieb, er sei ein Dämon, rief Unseld: »Genau, das ist er, ein Dämon.«
Als die Reihe Theorie eingestellt wurde, hat Unseld auch Luhmann
als Berater entlassen. Nur Habermas blieb damals. Zu dieser Zeit
nahm Unseld enge Beziehungen zu dem Literaturwissenschaftler
Manfred Frank auf. Mit dem kam er klar, der hatte etwas Leutseli-
ges und gewann so eine Zeit lang großen Einfluss auf Unseld. Später stieß Hans-Peter Duerr als Wissenschaftsberater dazu, noch später waren es dann Peter Sloterdijk und Ulrich Beck, beide schon
Figuren der Neunzigerjahre.

Der zurückgesetzte Honnefelder sollte bald eine andere, ihm ge-
mäßere Rolle im Verlag spielen. 1979 übernahm er die Leitung der
Taschenbücher, und er begann sich um das größte Projekt zu kümmern, das Unseld, der Freund großer »Entreprisen«, ausgeheckt
hat. Unseld hatte die Idee gehabt, die Klassikerausgaben des Insel
Verlags zu reformieren. Er zog einen Beraterstab zusammen, die
Professoren Peter von Matt, Norbert Miller und Peter Pütz waren
dabei. Man begann zu träumen, redete sich in einen Rausch, und
bald entwarf diese Runde einen eigenen Verlag, der die deutsche
Literatur von den Anfängen bis zum Beginn des 20. Jahrhunderts
noch einmal auflegen sollte. Und zwar neu ediert und kommen-
tiert, nach einheitlichen Richtlinien und natürlich nur von den
besten Fachleuten. Unseld wollte den größten Traum der Germanistik wahr machen, wie wenn es sein eigener Jugendtraum wäre.
1981 wurde ein wissenschaftlicher Beirat gegründet, dem die Professoren Richard Brinkmann, Wolfgang Frühwald, Reinhart Kosel-
lek, Jochen Schmidt und Albrecht Schöne angehörten. Im selben
Jahr wurde der Deutsche Klassiker Verlag der Öffentlichkeit vorgestellt, Ende '85 erschienen die ersten Bände. Das war etwas nie da
Gewesenes. Ein normaler Buchverlag kümmerte sich um die Texte
toter Schriftsteller wie um die der Lebenden, und zwar um die gesamte Literatur deutscher Sprache. Die Statthalter der Schriftsteller,
die edierenden Professoren, durften sich, dank Unseld, auf einmal
wirklich als deren Nachfolger fühlen. Sie waren Teil einer Bewegung, sie wurden hofiert und, kennt man die mickerigen Löhne, die
sonst für Editionsprojekte bezahlt werden, fürstlich entlohnt.

Da war Honnefelder in seinem Element, er schritt ausgreifend in den Fußstapfen seines Chefs durch die Germanistik und setzte sich an die Spitze der Unternehmung. Nur in den noch immer nicht restlos gläubig gewordenen oder von der schieren Wucht der Unternehmungen erschlagenen Redaktionen begann man zu spotten: Er wird seinem Chef immer ähnlicher, sagte man, ein kleiner Unseld, wie er spricht, wie er intoniert, wie er gestikuliert. Erstmals stellte man sich die Frage, wie viele Unselds es im Hause Suhrkamp eigentlich gab.

Quasi ein Nebenprodukt des Klassiker Verlags waren das neue Verlagsgebäude und die Druckerei des Nomos Verlags, die 1984 in Sinzheim fertig gestellt wurden. Bei den neuen Büchern hatte Unseld sich sehr um die Ausstattung bemüht, er selbst hatte lang mit anderen nach dem Papier gesucht. Die eigene Druckerei sollte das Qualitätsniveau sichern. Unseld wollte alles in der Hand haben. Als die Druckerei ihre Arbeit aufnahm, war sie monatelang mit Andrucken für den DKV beschäftigt. Als der Nomos Verlag 1998 verkauft wurde, fiel es Unseld schwer, sich von der Druckerei zu trennen.

Unseld begann 1979 nicht nur mit den Planungen am Klassiker Verlag, er begann auch mit der Arbeit an seinem großen Goethe-Buch, für das er viel länger brauchen sollte als für die enorme Vorarbeit für den Klassiker Verlag. Das Buch erschien 1991. Die Missachtung seines ersten Versuchs zu Goethe hatte ihn nur bestärkt. Unseld verlegte jetzt einen guten Teil seiner Energie auf die Klassiker, er wurde vom Suhrkamp- ein Stück weit zum Insel-Verleger. War 1797 das »Balladenjahr« der deutschen Literatur, wurde 1979 das »Klassikerjahr« Unselds. Es ging jetzt, auch bei den Neuanfängen, um Sicherung, Bewahrung, Konsolidierung.

Natürlich hatte Unseld sich schon vorher mit Klassikern beschäftigt. 1963 hatte er den Insel Verlag gekauft, dadurch sah er sich in der Tradition Anton Kippenbergs, dadurch kamen ihm Rilke und Goethe wieder näher. Vor allem Rilke hatte Unseld bereits als Jugendlicher mit heißen Ohren gelesen, im hundertsten Todesjahr bemächtigte er sich des Dichters mit dem poetischen Staatsstreich zum zweiten Mal. Mit *Das Tagebuch Goethes und Rilkes Sieben Gedichte*, mit Goethes lange für undruckbar gehaltenem Gedicht, hatte Unseld sich als geheimer Erotiker gezeigt und eine Art poetischer

Vereinigung von Rilke und Goethe geschaffen. Der kleine Band ist eine etwas merkwürdige Mischung aus detailverliebter Exegese und wirkungsgeschichtlicher Spekulation. Trotzdem, das Jahr, in dem Unseld klassische Autoren, und das heißt vor allem Goethe, ins Zentrum seiner Unternehmungen rückte, lässt sich klar auf das Jahr 1979 festlegen.

In diesem Jahr wurde das größte Einzeleditionsprojekt Unselds geboren, die Goethe-Ausgabe des Deutschen Klassiker Verlags, die größte Goethe-Ausgabe des 20. Jahrhunderts. In Unselds Wunsch nach dieser Ausgabe darf man einen geheimen Grund für den »Deutschen Klassiker Verlag« sehen. Lange interessierte sich die Öffentlichkeit für diese Ausgabe vor allem, weil fast gleichzeitig der Hanser Verlag eine Goethe-Edition ankündigte: Zwei Projekte, die schon für sich genommen etwas Größenwahnsinniges hatten, machten sich auch noch gegenseitig Konkurrenz. Der Hauptunterschied der beiden Editionen ist, dass die Hanser-Ausgabe die Werke chronologisch druckt, die Ausgabe des DKV sie nach Werkgruppen ordnet. Darauf ging Unseld in einer mehrere Seiten langen Fußnote seines Goethe-Buchs ein. Sie endet: »... sicher aber ist, daß Goethe bei der ›Ausgabe letzter Hand‹ keine chronologische Ordnung wünschte. Nicht eine Entwicklung sollte gezeigt werden, sondern eben der ganze Goethe sollte es sein.« Der ganze Goethe, das war Unselds Sehnsucht.

Nebenbei fand auch noch die Gegenwart statt, auch wenn sich mancher von Unselds Schriftstellern da nicht mehr ganz sicher war. Peter Handke, der Ästhet des Rückzugs, der sich wie wenige andere in der Öffentlichkeit darzustellen wusste, wurde immer mehr zum zentralen Autor. Er vermittelte und übersetzte nicht nur, er arbeitete sich auch an den zentralen Komplex, die Annäherung an das Private, besser das Eigene, immer näher heran: »Unverschämter als in meinem letzten Buch kann ich nicht mehr schreiben, glaube ich«, hatte er über *Die Stunde der wahren Empfindung* gesagt. »Da ist die Grenze zum bloß Privaten hin erreicht – sonst würde es nur privat werden ... Ich habe so vieles verschwiegen. Wie Max Frisch, der in seinem neuen Buch, ›Montauk‹, schreibt, er hat eigentlich, indem er vorgab, über sich zu schreiben, immer nur verschwiegen.«

Auch für Handke war der Privatismus in *Montauk* eine zentrale Erfahrung, und Handke näherte sich literarisch dem, was Unseld das Selbst oder den Menschen nannte, immer weiter an.

Mittlerweile brachte ihm Unseld Huldigungen dar. Schickte Handke ein Manuskript, musste der Verleger eine Woche später bei ihm vorstellig werden. Trafen die ersten Exemplare eines neuen Handke-Buches ein, musste der Verleger zum Dichter nach Salzburg fahren, um sie ihm zu übergeben. »Der Verleger ist da, auch wenn er verreist ist. Ein Manuskript liest er nicht bloß, sondern zieht sich damit zurück. Danach läßt er dem Autor seine Illusionen, oder er macht sie ihm. Er schreibt: ›Der Verleger freut sich, ein publikationsfähiges Manuskript in Händen zu halten‹; oder: ›Dieses Buch wird seine Leser finden‹; oder er sagt am Telefon: ›Dein bestes Buch‹, oder gar: ›Meisterwerk!‹ (Dieses Wort hat er zunächst durch eine Schweigeminute vorbereitet.) Der Verleger vermittelt dem Autor, wie einzig er, der Autor, sei. Dabei ist einzig nur er, der Verleger.« So wird Handke das Verhältnis bald treffend und etwas maliziös charakterisieren. Handke, der Einsame, stellte Unseld vor eine fast unlösbare Aufgabe. Als Unseld sich für *Über die Dörfer* einsetzte, tadelte Handke, dass er das nicht tun solle, alles müsse sich organisch ergeben. Und man wusste nie genau, wie ernst er es eigentlich meinte.

Zu Beginn der Achtzigerjahre unternahm Unseld einen letzten Versuch, Verbindungen in die USA aufzubauen. Er besuchte Marcuse in Kalifornien, er fuhr zu Leo Löwenthal, um ihm mitzuteilen, dass er mehrere Bände von ihm machen werde. 1980 gründete Unseld zusammen mit dem Birkhäuser Verlag in Boston eine amerikanische Niederlassung, um die deutschen Bücher in den USA besser vertreiben zu können und näher an die amerikanischen Wissenschaftsautoren heranzukommen. Diese Ausweitung erwies sich bereits nach einigen Jahren als Flop.

Wichtigstes Ergebnis von Unselds amerikanischen Neigungen aber war, dass er im selben Jahr Andy Warhol kennen lernte. Warhol, stellte sich da heraus, mochte Hermann Hesse, und Unseld gab ein Hesse-Porträt bei Warhol in Auftrag. Es kam dann ein von Rauchschwaden umgebener Dichter. Da Hesse damals in zwei amerikanischen Bundesstaaten wegen der Verführung zu Drogen verboten war, schien es Unseld klüger, einen weiteren Warhol zu bestellen – er wollte ihn ja auch für seine Publikationen nutzen. Ein Jahr später kam Warhol nach Frankfurt und ging mit Unseld durch das Städelmuseum, hier entstand dann die Idee für Warhols Goethe-Porträts, die auf manchen Insel-Büchern zu sehen und zu Ikonen der Achtzigerjahre geworden sind. »Ich war bei ihm, als Andy Warhol sein Goethe-Porträt nach Tischbein präsentierte. Als die Gäste in Unselds Jugendstilhaus versammelt waren, sagte er zu meiner Frau: Kommen Sie, sehen Sie sich's an! Wie es von außen aussieht, das Haus mit den festlich erleuchteten Fenstern! Das ist etwas Schönes«, erinnerte sich Hermann Lenz.

1980 begann auch die »Neue Folge« der edition suhrkamp, psalmodierend hatte Unseld sie angekündigt, sprach von »Membran« und »Plattform«, der Ton war jetzt weicher und dezidiert unpolitisch. Die noch immer geneigten Leser rätselten, ob dies ein neuer Aufbruch sei. Die Antwort kam postwendend. Die Buchmesse 1981 wurde nicht von Elias Canetti bestimmt, der den Nobelpreis bekam, sondern von einer Broschüre. Unbekannte Autoren, die allerdings, wie sich bald herumsprach, in Berlin anzusiedeln waren, gaben das Erscheinen der »edition sual« bekannt, einer Kooperation von **Su**hrkamp und **Al**di. »Immer verstand sich der Suhrkamp Verlag als Anwalt und Mittler dessen, was Max Frisch einmal ›jenes bedrohte und in der Bedrohung gleichwohl lebende Abenteuer des Lesens‹ nannte«, schrieb der falsche Unseld da im Originalsound. Peter Handkes *Höchstlichste Heimat. Gipfeleintragungen auf dem Großglockner & intrikate Prosa aus hohen Jahren* wurden genauso angekündigt wie Adornos *Temperaturen. Studien zur Physiognomik der Feinbackkunst. Im Anhang: Walter Benjamin. Marzipanfiguren am Kurfürstendamm.* Die Belustigung war enorm, die Broschüre wurde mit ebenso großer Kennermiene wie Konspirationslust gelesen und wie einst die Revolutionsaufrufe von Stand zu Stand gereicht.

Das Verhältnis zu Max Frisch war jetzt weitgehend entspannt. Unseld gehörte zum Stiftungsrat der 1980 problemlos in Zürich gegründeten Max-Frisch-Stiftung. Als Frisch vier Wochen an einer Laudatio auf Peter Bichsel saß, erlaubte sich der Verleger sogar, seinen Autor zu rügen: Er solle lieber sein eigenes Buch fertig machen. Schwieriger war mal wieder ein Geburtstag, bereits ein Jahr vorher wurde überlegt und sondiert. Zu seinem Siebzigsten wollte Max Frisch zwar nach Frankfurt in die Klettenbergstraße und zu einem Fest kommen, er wollte eine Festschrift akzeptieren, aber eine Feier in der Schweiz hatte er sich verbeten. Unseld wusste nicht, was er tun sollte. Er sprach mit Frischs Freund Peter Bichsel, der schon lange Unseld-Autor werden wollte und Unseld freundschaftlich verbunden war: Unseld hatte ihm eine Stelle als Stadtschreiber in Bergen-Enkheim bei Frankfurt und als Poetikdozent an der Frankfurter Uni besorgt. Bichsel riet ab: Frisch wirft es einem ja schon vor, wenn man sich nach dem Geburtstag nur erkundigt. »Aber er wird es mir in zwei Jahren vorwerfen, wenn wir nichts gemacht haben«, sagte der leidgeprüfte Unseld. Da musste Bichsel ihm Recht geben. Er hatte dann die Idee, eine Festvorlesung von Hans Mayer an der Eidgenössischen Technischen Hochschule zu veranstalten, wo Frisch studiert hatte und als Ehrendoktor abgelehnt worden war. Frisch war damit einverstanden, wenn der Suhrkamp Verlag die Vorlesung organisiere und er nicht hingehen musste. Unseld konnte Frisch außerdem zu einem Empfang in einem Hotel in Zürich nach diesem Vortrag überreden. Adolf Muschg und Hans Mayer schafften es dann, Frisch auch in die ETH mitzunehmen, und der anschließende Empfang im »Zunfthaus zur Meisen« mit 200 Leuten war dann erstaunlich entspannt. Die Reinharts, Habermas, Bichsel, Scholem und Alice Miller, die Unseld zu dieser Zeit sehr bewunderte, waren da, nach Mitternacht zog man noch in Frischs Wohnung und diskutierte über den Benjamin-Geburtstag, der 1982 anstand. Bei dem Fest am nächsten Tag machte Joachim Unseld das bekannte Foto mit den vielen Autoren auf der Treppe: Frisch in der Mitte, Jürgen Becker skeptisch, Adolf Muschg im Hintergrund über allen, Günter Grass mit Zigarre vorne sitzend und Uwe Johnson hinter einem Busch versteckt – das Verlagsbild für die Achtzigerjahre.

In der Geburtstagspublikation für Frisch schrieb Unseld ein Vorwort, in dem er sich jetzt auch selbst traute, über das zu schreiben, was er sich von seinem Autor so lange am meisten gewünscht hatte.

»Max Frisch reflektiert hier über das Klima der Sympathie. Er sieht in der Sympathie – und nicht etwa in der Liebe – die Macht, die Flügel verleiht. Und er verleiht der Sympathie die Gestalt eines Schutzengels, mit dem wir aufgewachsen sind, auf den wir uns verlassen und der uns, obwohl er nur ein Hauch ist, vom Ungeheuerlichen trennt… ›Es ist nicht die Zeit für Ich-Geschichten. Und doch vollzieht sich das menschliche Leben oder verfehlt sich am einzelnen Ich, nirgends sonst.‹ Dieses ›Und doch‹ ist für mich die Botschaft dessen, der bekundet, ohne Botschaft zu schreiben.« Unselds Hommagen haben jetzt eine neue Qualität, sie sind freundlich und von jener staatsmännischen Distanz und Souveränität, die dem Verleger gebührt.

1982, im Frühjahr, erschien im Suhrkamp Verlag *Josef stirbt*, das erste Buch der Schauspielerin Ulla Berkéwicz. Eigentlich heißt sie Ulla Schmidt, ihren neuen Nachnamen hat sie sich von ihrer – jüdischen – Urgroßmutter ausgeliehen. Ulla war das Gegenteil von Hilde, schwarz, schön, von Männern umschwärmt. Ursprünglich sehr schüchtern hatte sie eine entwaffnende, scheinbar naive Offenheit. Nun wollte sie Anfang der Achtziger nicht mehr Schauspielerin sein und hatte nach dem Sterben ihres Schwiegervaters eine Erzählung geschrieben. Die gab sie Karlheinz Braun, den sie vom Theater her kannte. Der fand den Text gewaltig. Da der Verlag der Autoren aber noch immer ein Theaterverlag war, gab Braun das Manuskript an Egon Ammann. Weil er sich vom Verleger und Lektorat in Frankfurt abgeschnitten fühlte, hatte der gerade Suhrkamp verlassen und seinen eigenen Verlag aufgemacht. Der Theaterkritiker Peter von Becker, dem Berkéwicz ebenfalls ein Manuskript anvertraut hatte, reichte es an Elisabeth Borchers bei Suhrkamp weiter. Ammann war ebenso begeistert wie Braun und kam sofort zur Besprechung mit der Autorin nach Frankfurt. Dort einigten sich die Autorin und ihr neuer Verleger schnell, nur den Termin mit Elisabeth Borchers wollte sie noch wahrnehmen.

Elisabeth Borchers kannte das Manuskript, sah die Frau, hörte, dass sie mit Ammann abschließen wollte, und wusste, dass sie es in diesem Fall leichter als sonst haben würde, ihren Verleger von einem neuen Buch zu überzeugen. Sie führte die junge Autorin zu

Unseld. »Da ging die Tür auf, und dann stand da plötzlich so ein edles Übermaß der Vorzeit im Türrahmen und füllte den vollkommen aus, und ich dachte: Das kann doch nie und nimmer der Verleger von Suhrkamp sein, das ist irgendein sibirischer Bauer oder Judenkönig oder so was. Ja, dann war er's aber. Ich hatte mir den irgendwie klein und schmal und messerscharf und intellektuell vorgestellt«, beschrieb Ulla Berkéwicz den Moment, als sie sich kennen lernten, später in für sie sehr typischer Weise.

Borchers hatte Recht. Gegen das Weibliche war Unseld noch nie immun gewesen. Und *Josef stirbt* – lag da nicht die Erinnerung an einen anderen Erstling, an die *Mutmassungen über Jakob*, nahe? Unseld fragte, was die junge Autorin so lese, die wurde bockig, weil sie sich examiniert fühlte. Das Rigveda und die Upanishaden, antwortete sie etwas patzig. Aber das gefiel Unseld, und die Sache war klar. Alle waren zufrieden, nur Ammann litt. Etwas später, Ammann arbeitete zuweilen noch für Suhrkamp und hatte für Unseld einen Auftritt organisiert, holte er seinen ehemaligen Chef und jetzigen Verlegerkollegen am Flughafen in Zürich ab, um mit ihm nach Luzern zu fahren. Unseld erzählte während der Autofahrt, dass er *Josef stirbt* auf der Fahrt im Zug nach Ulm zu seiner Mutter gelesen habe. Und er erzählte, dass er, der nie Streit mit seiner Mutter gehabt habe, sich nach der Lektüre mit ihr gestritten habe. Da war Ammann baff. Er erinnerte sich, dass er nach der Lektüre des Buches seine Eltern, mit denen er sich oft stritt, in einem Gefühl von Liebe angerufen hatte. Diese Frau, die ihm da als Autorin durch die Lappen gegangen war, das wurde ihm da noch einmal klar, brachte die Gefühle in Bewegung.

1982 erschien auch Martin Walsers Roman *Brief an Lord Liszt*, mit dem die Selbstthematisierung des Hauses Unseld, die Verschränkung von Privatem und Literarischem im Zeichen des Verlags, ihren Höhepunkt erreichte. Als 1976 Walsers *Jenseits der Liebe* erschienen war, in dem der Firmendirektor Arthur Thiele, sein Angestellter Franz Horn und der ihn verdrängende Dr. Liszt auftraten, ahnte noch niemand, dass diese Figuren ein Suhrkamp-Verlagsdrama verkörperten. 1982 aber dämmerte es manchem. Wieder hatte die eingeweihte Öffentlichkeit, hatten die ungezählten Suhrkamp-Kenner und Unseld-Freunde ein heißes Thema: Der Firmendirektor Thiele, das war ja niemand anderer als Unseld selbst, der Mitarbeiter Horn war Walser und der Mitarbeiter Liszt, das war Johnson. Es geht in dem Buch nur um eines, um die Gunst des Unternehmers, um die alle buhlen. »Thiele erklärte mich sofort zum Kommunisten«, sagt Walser-Horn. Er unterstellt seinem Chef dagegen, dass er dauernd »Lust habe«. Und Johnson-Liszt beschuldigt er der eigennützigen Taktiererei: »Ich habe, weil ich auch moralisch dümmer, also ein bißchen weniger anspruchsvoll bin als Sie, Herrn Thiele immer mehr geliebt als Sie. Sie wissen jetzt, daß Sie es sich nicht leisten können, Herrn Thiele zu verachten. Jetzt wollen Sie ihn mir streitig machen. Früher haben Sie ihn mir nachgeworfen.« Walser und Johnson, das konnte auch jenen nicht verborgen bleiben, die nicht zum inneren Kreis gehörten, lieferten sich einen erbitterten Kampf. Johnson hatte sich abfällig über Manuskripte Walsers geäußert, sie stritten sich öffentlich, bei Frischs Geburtstag etwa war Walser nach einem Streit mit Johnson abgereist – einer der wenigen Momente, wo man Johnson gelöst erleben konnte.

Vor allem eine Stelle des Indiskretionsromans machte damals die Runde: Walser beschrieb, dass der Fabrikant Liszt zu Silvester seine Mitarbeiter anruft und dass man aus der Reihenfolge der Anrufe schließen kann, welche Position der Mitarbeiter in seiner Wertschätzung einnimmt. Das wurde nun sofort und direkt auf Verlag, Verleger und Autoren bezogen. Zum Deuten und Auslegen Unselds gehörten jetzt auch außerhalb des Verlags Mutmaßungen über die Verteilung der Liebeszuwendungen des Verlegers. Wichtiger als die heiß laufende Gerüchteküche war aber etwas anderes. Walsers *Brief an Lord Liszt* machte deutlich, wie sehr der Verlag damals schon um sich selbst kreiste – mit dem Verleger als Zentrum. In einer Art Autopoiesis schien das Innenleben dieses Verlagshauses sein wichtigstes Thema zu werden: der Verlag als nicht durchschaubares System, das komplex genug ist, sich vorzugsweise mit sich selbst zu beschäftigen. Man könnte es einen biographischen Komplex nennen, der im Zentrum der literarischen Produktion des Verlags stand. Frisch war mit *Montauk* der Meister, Ingeborg Bachmann folgte ihm hier nach der Trennung, Johnson verehrte Frisch dafür, Handke bezog sich darauf, den Scheitelpunkt dieser Bewegung aber hatte jetzt Walser markiert.

Wer sich nicht auf die Ebene der Anspielungen in Walsers kleinem Roman begibt, kann kaum verstehen, was diese Geschichte für eine Bedeutung haben soll. Betrachtet man das Buch aber vom Standpunkt Unselds aus, von innen her, ist die Brisanz offensichtlich. Wie sehr schriftstellerische Wirklichkeit und Selbstwahrnehmung damals auseinander zu klaffen begannen, zeigt der letzte Satz des Klappentextes: »Dieser rücksichtslos leidenschaftliche Brief ist nichts weniger als ein Lehrbuch: Es zeigt uns einen Weg, um (wieder) in den Besitz der eigenen Vernunft zu kommen.« Es ist schon starker Tobak, bei einem Buch, das kaum mehr als ein Privatissimum darstellt, von einem Aufklärungs- und Lehrbuch zu sprechen. Eine hemmungslose Selbstentäußerung, ein Brief einer besoffenen Nacht, soll – so Unselds Werbung – eine Lehre der Vernunft sein. Da war sich mancher wieder nicht mehr sicher, ob nicht mittlerweile der Suhrkamp Verlag die Satire der edition sual imitierte – und nicht umgekehrt.

Martin Walser verglich in dem Buch zu Unselds 60. Geburtstag, auch das ein Werk ganz aus dem Innenleben des Verlags, das Verhältnis zu seinem Verleger mit einer Ehe: »Die Verleger-Autor-Ehe also. Deren Nuance: Der Verleger führt, je nach Potenz, zehn, zwanzig oder hundert solcher Ehen; der Autor meist nur eine; der Rest bleibt bei ihm Flirt, Koketterie, Verzweiflung. Der Autor träumt von zehn, zwanzig oder hundert Verlagsehen, aber schon beim zweiten, dritten oder vierten Versuch erlischt seine Vitalität... Der Autor ist dann glücklich, wenn er treu sein darf. Dem Verleger bleibt gar nichts anderes übrig, als seine Treue möglichst vielen Autoren zugute kommen zu lassen.« Selbst Jürgen Habermas wollte bei diesen Koketterien nicht beiseite stehen. »Natürlich schriebe ich lieber einen Brief an Lord Liszt und teilte ihm, dem Jüngeren, wenn auch seinerseits schon von noch Jüngeren Bedrängten, aus meiner zwanzigjährigen Erfahrung schöpfend mit, wie man auf Thieles Signale achten müsse – auf seine Telefonanrufe beispielsweise, an Silvesterabenden mit der Uhr in der Hand.« Unseld, als handle es sich um die Quintessenz eines Verlegerlebens, kommentierte das in seinem entstehenden Goethe-Buch: »Der Autor hat einen Verleger, den er schätzt, dem er vertraut, dem er sich auch einmal freundschaftlich verbunden fühlen kann, ja, den er gelegentlich sogar liebt. Dann aber muß er erfahren, daß sein Verleger nicht nur einen, sondern viele Autoren, einen *Harem von Autoren*, hat – über diese Situation muß der Autor, so Walser, hinwegkommen.«

Der späte Suhrkamp Verlag war 1982 zu sich selbst gekommen. Eine gewisse Hysterie im Inneren sorgte für den Schein wirklichen Lebens – das Feuilleton reproduzierte das getreulich. Unseld war im Verlag als Autokrat oder Patriarch unumstritten. Ernste Krisen gab es keine mehr. Wenn dem Unternehmen noch Gefahr drohte, dann eigentlich nur noch aus seinem Innersten, vom Chef selbst. Der aber konnte sich, in Schrift und Unternehmung, der Vergangenheit widmen. Das System Unseld hatte sich perfekt etabliert, und die kulturelle Republik war damit mehr als zufrieden. Alles gedieh, aber wenig bewegte sich. 1982, im Jahr des Regierungswechsels, begann sich jenes System zu etablieren, das viele Jahre später für einen Skandal sorgte und charakteristisch ist für die langen, selbstzufriedenen Achtzigerjahre. Es ist vielleicht das größte Geheimnis der langen Regierungszeit Unselds, wie er es schaffte, die Sechziger-, Siebziger- und Achtzigerjahre auf seine Weise zu prägen.

Die Aufregung, die die »Weiße Reihe« auslöste, ist typisch für diese Zeit. Ein großer und eigentlich banaler Werbegag, den Unseld 1982 ankündigte und 1983 herausbrachte. Unseld wollte im 33. Jahr des Verlags keine Neuerscheinungen, sondern 33 Bücher bringen, die schon einmal bei Suhrkamp erschienen waren. Wieder eine der Aktionen, die Unseld so gut beherrschte. »Nicht alles Neue ist gut, aber alles Gute ist neu. – Die Bedeutung eines Verlagshauses beruht auf Büchern, die noch nach Jahren wirken. Solche Bücher sind wie Jahresringe, die das Profil eines Verlages bilden. Solche Bücher dienen dem literarischen Gedächtnis, ohne das eine Literatur verkümmert«, meinte Unseld. Die Presse fiel über ihn her, er sei gestrig geworden, sein Programm trübe. Man spekulierte, ob Suhrkamp in wirtschaftliche Not geraten sei. Wolfram Schütte trieb in der *Frankfurter Rundschau* die Überlegungen am weitesten: »Bekanntlich ist nach dem Bulgaren Christo der Schwabe Unseld der größte Verpackungskünstler. Selbst einen finanziellen Bankrott seiner Verlage verstünde er wie kein anderer in einen brillanten Aufbruch zu neuen verlegerischen Ufern umzuformulieren. Wie haarscharf jedoch satirische Witzbolde seinen überraschenden werbestrategischen Kreuzzügen auf den Fersen waren, zeigt sich eben jetzt. Die Unbekannten hatten auf der letzten Buchmesse in mehreren Pseudoprospekten die Suhrkamp-Culture auf den Arm genommen und dem Verlag ein expansives Zusammengehen mit der Großmarktkette ALDI angedichtet.«

Von der Öffentlichkeit belächelt, von den Autoren bedrängt, die jetzt alle im Herbst erscheinen mussten, erinnerte sich Unseld an andere Verbündete. Im Buchhandel wurde seine »Weiße Reihe« freundlich aufgenommen, versprach sie doch ein gutes Geschäft. Unseld, der zu vielen Buchhändlern des Landes enge Verbindungen unterhielt, ein Verhalten, das er noch bei Peter Suhrkamp gelernt hatte, erneuerte jetzt diese Beziehung. Das erwies sich ein Jahr später als vorteilhaft. *Das Geisterhaus*, das erste Buch der chilenischen Autorin Isabel Allende, sollte unbedingt ein Erfolg werden. Die Autorin hatte einen Prominenzbonus, der auch Unseld gefiel. Joachim, seit 1983 im Verlag, hatte sich bereits sehr für das Buch eingesetzt und es entsprechend dem Marketingmodell von Umberto Ecos *Der Name der Rose* im Hanser Verlag aufgebaut. Da das Buch trotzdem nicht gut anlief, schrieb Unseld einen seiner elanvollen Briefe an die Buchhändler, vor allem deren weiblichen Teil. Das Buch wurde zu einem der größten Verkaufserfolge, den ein Erstlingsroman jemals hatte. Als Unseld und die anderen Suhrkamp Gesellschafter ein Haus neben dem Verlagsgebäude in der Lindenstraße kauften, hieß es deshalb: Das hat Unseld von der Allende gekauft.

Zu dieser Zeit stritt Herbert Achternbusch sich mit dem damaligen Innenminister Zimmermann, dem Ersten der Regierung Kohl, um seinen Film *Das Gespenst*. Zimmermann behielt wegen der »Verhöhnung von Christen« bereits bewilligte Fördermittel ein und betrieb das Verbot des Films. Gottfried Honnefelder verweigerte als Taschenbuchchef, was Achternbusch bisher gewährt worden war: den Druck des Drehbuchs. Auch Unseld passte der Skandal nicht. Immer hatte er die Nähe zu den Politikern gesucht. Wenn es bisher auch das SPD-Kanzlerehepaar Schmidt gewesen war, dem Unseld sich verbunden fühlte, aber auch Schmidt hatte gesagt, Habermas und Marcuse seien die intellektuellen Urheber des terroristischen Elends der Siebzigerjahre. Ihm hatte Unseld mit der edition suhrkamp das Kanzleramt möbliert. Die Sozialdemokratie in den Siebzigern, das war einfach ein guter Kompromiss zwischen Verlag und Neigung gewesen. Jetzt aber hatte gerade die Wende stattgefunden, die Helmut Kohl eine »geistig-moralische« nannte.

Mit Achternbuschs Theaterstück *Linz*, in dem davon die Rede ist, dass die Juden in Pullmanwagons nach Auschwitz transportiert wurden, kam es dann zum endgültigen Bruch. Unseld wollte das gestrichen haben, darin läge Antisemitismus. Für Achternbusch aber sah es so aus, als wollte Unseld ihn nach *Das Gespenst* einfach loswerden. Später hat er ein Dramolett darüber geschrieben. Darin stellt er Unseld als Leiter eines antisemitischen Verlags (und Thomas Bernhard als den Hitler der Literatur) dar. Achternbusch war für Unseld kein wichtiger Autor gewesen, aber bunter hatte er den Regenbogenverlag in jedem Fall gemacht. Und das kleine Plakat, das im Zimmer seines Sohnes Joachim hing, hatte der Senior auch nicht übersehen: »Du hast keine Chance, aber nütze sie.« Irgendetwas daran gefiel ihm nicht.

Als Joachim in den Verlag eintrat, war er 29 Jahre alt. Sein Weg in die Verlagsleitung war kurz, erfolgreich und zielgerichtet gewesen. 1981 hatte er in Berlin seine Dissertation über *Franz Kafka und seine Verleger* eingereicht. Es ist unübersehbar, dass diese – im Übrigen gute – Arbeit wie ein Buch des Vaters wirkt, der über Brecht, Rilke, Robert Walser, Hesse und deren Verleger geschrieben hatte, der jetzt an Goethe und dessen Verlegern saß. Peter Suhrkamp hatte versucht, die Rechte an Kafka zu bekommen. Was wäre aus Kafka geworden, wenn er zu Lebzeiten zu Peter Suhrkamp gekommen wäre, das war schon immer ein Gedanke Unselds. Und was aus Kafka geworden wäre, wenn er einen sorgenden Verleger gehabt hätte, war ein heimliches Motiv von Joachims Arbeit. Als Suhrkamp tot war, hatte Siegfried Unseld vergeblich versucht, Kafka in den Verlag zu holen. Jetzt hatte der Kronprinz über ihn geschrieben. 1983 bekam Joachim weitere zehn Prozent am Verlag übertragen, er hielt jetzt 20 und Siegfried Unseld noch 30 Prozent. Der Weg war vorgezeichnet.

Außerdem wurde Joachim Unseld im Suhrkamp Verlag selbst aktiv. Nachdem er 1978 Gesellschafter geworden war, nachdem er in Frankreich, den USA und Spanien gewesen war, übernahm er jetzt die Leitung der Vertriebsabteilung. Ende des Jahrzehnts, so Unselds damalige Vorstellung, wollte er den Verlag übergeben. »Und vielleicht das Wichtigste: Ich möchte eines baldigen Tages meinem Sohn die Führung des Verlags übergeben. Wahrscheinlich wird dann meine Aktivität nicht so sehr nach außen gerichtet sein. Wir können ja den Anfang unseres Lebens nicht bestimmen. In seltenen Fällen sind wir Herr über das Ende. Was wir aber können und wozu wir im Stande sind, das ist, unser Leben wirklich leben. Den Versuch zu machen, mit großer Vernunft unser Leben zu gestalten, nach der Einsicht ›Es gibt kein falsches Leben im richtigen‹. Seiner mit Freude und Bewusstheit inne werden, ich glaube, das sind die glücklichen Augenblicke, derer wir ja alle bedürfen. Wenn man wirklich lebt, seiner Natur nach lebt, das heißt für mich: zu lesen, zu schwimmen, zu arbeiten, nach Möglichkeit als Spiel, jemandem etwas zuliebe tun, lieben, und immer wieder lesen und schreiben.« Die Frage der Weitergabe beschäftigte den Vater sehr. »In den Wahlverwandtschaften wird vom möglichen Widerspruch zwischen Vater und Sohn gehandelt und ein vernünftiges Mittel erwähnt, das aber von den Menschen selten angewandt wird: Der Vater erhebe den Sohn zum Mitbesitzer, er lasse ihn mitbauen, -pflanzen und erlaube ihm, wie sich selbst, eine unschädliche Willkür«, schrieb Siegfried Unseld an Uwe Johnson.

Johnson, am Ende und insgesamt doch einer der Getreuesten, starb ein Jahr später. Das war ein schwerer Schlag für Siegfried Unseld. Seit 1982 hatte er ihn verstärkt zur Fertigstellung der *Jahrestage* gedrängt, die Schulden Johnsons standen kurz vor der Viertelmillion, Unseld benützte das als Argument. Wie sehr er dabei gewillt war, ernst zu machen, das heißt die Schulden einzufordern, ist eine bis heute heikle und viel diskutierte Frage. Johnsons Witwe Elisabeth Johnson unterstellte später, Unseld habe das Geld als Druckmittel benutzt, um sich Johnsons gesamten Nachlass unter den

ständige Briefwechsel ist das Dokument einer treuen Freundschaft, die aber nicht frei von Kalkül war. Das Geld ist ein zu mächtiger Faktor – nicht nur in dieser Beziehung, sondern in jeder Beziehung zwischen Autor und Verleger. Das wollte Unseld nicht wahrhaben.

Unseld hat Johnson so gut gefördert, wie er konnte. Er war dabei sogar selbstlos. Gleichzeitig hatte er Johnson aber zu seinem Werkzeug gemacht. Das ist die Kehrseite von Unselds Autorensucht: Er will sie ganz für sich haben. So lässt sich Frischs Bemerkung verstehen, er lasse die Rennpferde des Verlags für sich laufen, ebenso Peter Bichsels Vergleich mit einem Briefmarkensammler. Das ist der Kern der Beziehung zu Handke, und darum geht es letztlich in dem Haremsvorwurf Walsers. Johnson war der Schriftsteller, gegenüber dem Unseld seine Vorstellung vom Verleger am besten verwirklichen konnte. Das Verhältnis der beiden bestand aus einer wechselseitigen Mischung aus Kontrolle und Unterordnung. Treue war das wichtigste Motiv der Beziehung zu Johnson. Bestand ein solches von Unseld angestrebtes Treueverhältnis einmal, hatte er den Autor ganz für sich, konnte der Verleger auch devot bis zur Selbstaufgabe sein. Johnson wurde dadurch so etwas wie Unselds Obsession. Unseld und Johnson, das war die treue Freundschaft zweier Menschen, die keine Freunde haben konnten.

1984 stand mit dem Sechzigsten des Verlegers wieder ein runder Geburtstag an. Es war Thomas Bernhard, der Dichter der Größe, des Genies und des Wahnsinns, der seinen Verleger jetzt am höchsten in den Olymp hob. In dem Geburtstagsbuch über Begegnungen der Schriftsteller mit ihrem Verleger, das Siegfried Unseld zehn Jahre zuvor als ein schönes Geschenk gefordert hatte, schrieb Bernhard: »Wenn Shakespeare der größte Dichter und Minetti der größte Schauspieler, dann ist Unseld der größte Verleger.« Diese Übertreibungskunst gefiel Unseld in einem Maße, wie sie zum Beispiel Achternbusch aufregte und zu dem Vergleich mit Hitler provozierte.

Im selben Jahr hatte Unseld mit Bernhard einen der größten Literaturskandale Österreichs durchzustehen. Auch hier ging es um den Kurzschluss von Wirklichkeit mit Literatur. Der in der österreichischen Literaturszene bekannte Gerhard Lampersberg meinte, sich in Bernhards Roman *Holzfällen* porträtiert zu finden. Im August drohte Lampersberg mit Klage, wenn Unseld das Erscheinen des Buches bis zu einer Klärung der Frage, ob er hier beleidigt werde, nicht stoppte. Trotzdem ließ Unseld den Verkauf anlaufen. Und so erging die Klage gegen Bernhard und Unseld. Unseld wusste sehr genau, was er an dem Skandal hatte: enorme Publicity zum kleinen Preis. Es ging bei der einstweiligen Verfügung nur um Österreich, die Resonanz aber war deutschlandweit – und sie war enorm. In einem offenen Brief an Österreichs Buchhändler legte Unseld dar, wie man das Buch in Österreich doch bekommen kann. So waren drei Wochen nach Auslieferung 30 000 Exemplare, Anfang Oktober 60 000 Exemplare verkauft – der größte Bernhard-Verkaufserfolg überhaupt.

Bernhard aber fühlte sich durch das Verbot seines Buches verletzt. So begann eine Geschichte, die bis heute andauert. Im November 1984 verbot Thomas Bernhard, dass seine Bücher weiter nach Österreich geliefert werden. »Da das Interesse des österreichischen Staates an mir und meiner Arbeit seit Jahren allein darin zu bestehen scheint, meine Arbeit und mich von Zeit zu Zeit vor Gericht zu stellen, ist mein Entschluß nur konsequent.« Unseld fügte sich. »Ich muß zwar als Verleger an der Verbreitung seiner Bücher interessiert sein. Noch wichtiger aber ist für mich, einem Autor in einem für ihn schwierigen Prozeß Solidarität zu zeigen.« Im November begann dann die Verhandlung – Bernhard, Unseld und Lampersberg waren anwesend –, in deren Verlauf die Beschlagnahme aufgehoben wurde. Trotzdem war hier und durch viele vorhergehende Skandale bei Bernhard ein Stachel gesetzt. Und er wäre nicht Bernhard, wenn er den Spieß nicht einfach umgedreht hätte: Wenn du mich verhindern willst, Österreich, dann wirst du nichts von mir haben, würde er bald unmissverständlich klarmachen. Eine Haltung, die Unseld nicht gefallen konnte.

1989 starb Thomas Bernhard, und Unseld musste das Testament, das Bernhard noch zwei Tage zuvor beim Notar hinterlegt hatte, zur Kenntnis nehmen. »Weder aus dem von mir selbst bei Lebzeit veröffentlichten, noch aus dem nach meinem Tod gleichwo immer noch vorhandenen Nachlaß darf auf die Dauer des gesetzlichen Urheberrechts innerhalb der Grenzen des österreichischen Staates, wie immer dieser Staat sich kennzeichnet, etwas, in welcher Form auch immer, von mir Verfaßtes, Geschriebenes aufgeführt, gedruckt oder auch nur vorgetragen werden. Ausdrücklich betone ich, daß ich mit dem österreichischen Staat nichts zu tun haben will. Nach meinem Tod darf aus meinem eventuell gleichwo noch vorhandenen literarischen Nachlaß, worunter auch Briefe und Zettel zu verstehen sind, kein Wort mehr veröffentlicht werden.« Das ist nicht nur ein Stachel für Österreich, das war auch ein Stachel für Unseld. Keine Nachlassbände, keine Aufführungen in Österreich. Das saß.

Sofort begannen die Bemühungen um die langsame Aufweichung dieses Vermächtnisses. Bereits kurz nach Bernhards Tod interpretierte Unseld das Testament Bernhards um, indem er auf die Kleinschreibung des Wortes »veröffentlichte« hinwies. Unseld erklärte daraufhin, das Verbot betreffe allein den unveröffentlichten Nachlass und auch diesen nur für Österreich. Dabei ist das Testament eigentlich unmissverständlich. Unseld legte es zu seinen Gunsten aus. Er ging außerdem daran, das Werk Bernhards im Suhrkamp Verlag zu vereinen, wie es das Testament tatsächlich vorschrieb. Bernhard hatte auch im österreichischen Residenz Verlag veröffentlicht. Österreich erregte und ereiferte sich immer mehr über den Vaterlandsverräter, Unseld verstieg sich immer weiter: Im österreichischen Fernsehen beschimpfte er österreichische Journalisten, sie setzten die alte Verleumdung Bernhards fort, wenn sie das Testament so strikt interpretierten, wie Bernhard es gemeint hatte. In Wirklichkeit saß Unseld – mit Österreich – in dem Boot der Ausgeschmierten, in das Bernhard alle gesetzt und das Unseld 1972 mit so viel Anstrengung verlassen hatte. Jetzt hatte er mit dem Kleinschreibungsargument einen Trick gefunden, um auszusteigen.

Anfangs war der zweite Nachlassverwalter, Bernhards Halbbruder Peter Fabjan, gegen eine Aufweichung des Testaments. Und Unseld, der für seine Haltung mehrfach gescholten wurde, zog sich erst einmal zurück. Im Lauf der Neunzigerjahre änderte Fabjan dann aber seine Meinung. Unseld geriet aus der Schusslinie und konnte bald den strengen Bewacher des Bernhardschen Erbes geben. 1998 kündigte der Residenz Verlag die Publikation der fünf autobiographischen – getrennt bei ihm längst vorliegenden – Romane von Bernhard in einem Band an. Sofort schrieb Unseld einen Brief, der das untersagte. Zu diesem Zeitpunkt bastelten er und Fabjan bereits an einer Bernhard-Stiftung. Die beiden hatten begriffen, dass sie so ziemlich alles machen könnten, solange sie sich nur einig waren.

Im Juli 1998 wurde die Stiftung wirklich gegründet, aus der sich Unseld – wie der österreichische Staat – zwar heraushält, die er aber initiiert hatte. Sie soll die wissenschaftliche Betreuung von Bernhards Werk sicherstellen. Unseld nannte das eine der schwersten Entscheidungen seines Lebens, ihm sei klar, dass er gegen das Testament verstoße. Aber er tue es, um die Einrichtung eines Archivs möglich zu machen. Bernhard, so Unseld, habe Bannflüche ausgestoßen, deren Konsequenzen er nicht bedacht habe. Unseld denkt an eine kritische Ausgabe und ist sich »freudiger Zustimmung des Dichters« sicher. Elfriede Jelinek dagegen sprach von Leichenfledderei. Auch Theateraufführungen werden seitdem wieder nach Österreich vergeben. So hat Unseld Bernhard eingemeindet, rückgeführt, verösterreicht. Bernhard wird durch diese Entscheidung bald zu einem Teil jener austriakischen Folkore, jener Schmäh- und Schimpftradition werden, die mit Nestroy beginnt und als deren kuriosesten Vertreter man ihn dort schon immer am liebsten sah. Egal, was Thomas Bernhard mit seinem Testament bezweckt hat, ob er wirklich aus Abneigung gegen den österreichischen Staat handelte oder ob sein Aufführungsverbot ein besonders raffinierter Trick war, um in Österreich möglichst lange lebendig zu bleiben, die Reaktion von Unseld ist letztlich kurzsichtig, weil sie Bernhard entschärft. Vielleicht war der Kredit, den Unseld ihm lange gegeben hatte, so groß, dass er es einfach nicht verwinden konnte, um die unmittelbaren Früchte seiner Arbeit gebracht zu werden. Vielleicht konnte er es aber auch nicht ertragen, dass Früchte erst reifen würden, wenn er nicht mehr lebte.

1985 übernahm Peter Reinharts Sohn Andreas die Gebrüder Volkart AG. Die lange Zeit, in der Peter Reinhart der Mann in Unselds Rücken war, mit dem Unseld groß geworden war, war zu

Ende. Der Mann, der etwa gleichzeitig mit ihm begonnen und miterlebt hatte, wie sein Unternehmen einem kleinen Verlag, dem befreundeten Autor Hermann Hesse zuliebe, 50 000 Mark geliehen hatte, und wie dann dieser Verlag stetig zu einem großen Unternehmen mit überdurchschnittlicher Rendite gewachsen war, der Mann, der in dieser Zeit kompetent über eine solide Entwicklung der Verlage gewacht hatte, zog sich zurück. Es war keine Wunschehe gewesen, die Balthasar und Peter Reinhart mit Siegfried Unseld verbunden hatte. Balthasar Reinhart war ein harter Verhandlungspartner, Unseld persönlich sehr wohl gewachsen, in geschäftlichen Fragen erfahrener. Unseld spürte, dass von seinem »jungen« Geld zum »alten« Reichtum der Reinharts ein weiter Weg war. Er war oft eifersüchtig auf das weltweit agierende Unternehmen gewesen. Unseld ging es zutiefst gegen den Strich, dass er immer wieder nach Winterthur musste, dass er sich immer wieder vor die Baumwollhändler zitieren lassen musste, dass er hier immer wieder zu spüren bekam, dass der Verlag eben doch nicht nur seiner war. Und jetzt stand ein neuer Chef an der Spitze, den die Belegschaft 1981 noch hinausgedrängt hatte und der dann das gesamte Unternehmen kaufte. Langsam, daran kam Unseld jetzt nicht mehr vorbei, begann sich sein Leben zu runden. Andreas Reinhart war 22 Jahre jünger als er.

Eine weitere Konstante in Siegfried Unselds Leben brach bald danach abrupt ab: Über 35 Jahre war das Ehepaar Unseld bei seiner Trennung verheiratet. Aber jetzt wollte Hilde Unseld, die jahrzehntelang die legendären erotischen Eskapaden ihres Mannes ertragen hatte, nicht mehr. Kaum jemand der vielen Gäste im Hause, die sie alle so freundlich bewirtete und umhegte, hatte sie je danach gefragt, wie sie das aushielt – aber alle hatten sich gewundert. Das spürte sie. In den seltenen Momenten, in denen mal einer nachfragte, sagte sie, dass es ihr nichts ausmache, solange es keine geistigen Beziehungen seien. Auch eine langjährige Beziehung ihres Mannes hatte sie ertragen. Aber jetzt ging es nicht mehr. Die Sache mit der Autorin Ulla Berkéwicz war mehr als eine Affäre. Ulla war ständig präsent, sie wohnte nur ein paar Meter weiter im Holzhausenviertel. Außenstehende bekamen mit, dass sich hier eine enge Beziehung entwickelte. Hilde Unseld half keine Esoterik und kein

Augenverschließen mehr. Weihnachten 1986 kam es zum Streit, bald darauf stand sie auf und ging. Vergeblich versuchte Unseld sie umzustimmen. Sie hatte sich entschlossen, in ihre eigene Frankfurter Wohnung umzuziehen, die sie seit 1972 besaß. Sie hatte diese Wohnung nie vermietet, Honnefelder hatte in ihr gewohnt, als er nach Frankfurt kam, Gäste wurden hier manchmal untergebracht, als das Haus in der Klettenbergstraße renoviert wurde, wohnte das Ehepaar Unseld in der Nordendstraße. Schon einige Zeit vor dem Umzug hatte sie die Wohnung renovieren lassen. Trotzdem kam der Schritt, auch für Unseld, überraschend. Genauso wie Unseld gehörte Hilde schon immer zum Verlag. Ja, für viele war sie die Seele des Unternehmens gewesen. Jetzt wollte sie allein sein. Sie nahm keine Einladungen mehr an und kappte die meisten Verbindungen zu der Welt, in der sie dreieinhalb Jahrzehnte ihres Lebens verbracht hatte. In die gemeinsame Wohnung wollte sie nur zurückkommen, wenn sich ihr Mann bei ihr entschuldigte. Das aber geschah nicht.

Ein Jahr nach der Trennung von seiner Frau, am 1. Januar 1988, machte Siegfried Unseld seinen Sohn Joachim zum gleichberechtigten Verleger. War es das schlechte Gewissen? Hatte er wirklich vor, den Verlag bald zu übergeben? Über die Motivlage in diesem Moment kann man leider nur spekulieren. Unseld und sein Sohn hatten 1987 in der Buchinger-Klinik in Überlingen jedenfalls Einverständnis erzielt. Sie hatten das Gefühl, gemeinsam an einer Sache zu arbeiten. Im Dezember schrieb der Vater an den Sohn, dass er »welche Umstände auch immer eintreten« sein Nachfolger werde. »Du wirst meine Anteile erhalten.« Alles schien nach Plan zu laufen. Nachdem er bisher den Vertrieb geleitet hatte, sollte Joachim jetzt für die edition suhrkamp, für die Taschenbücher und für die neue deutsche Literatur zuständig sein. Erstmals war jemand im Verlag, der unabhängig Entscheidungen treffen sollte. Aber konnte er es wirklich, oder war doch eine unausgesprochene Voraussetzung, dass der Vater immer das letzte Wort behielt? Vater und Sohn setzten sich damals regelmäßig zusammen.

Joachim Unseld war – wie bei allen neuen Autoren – auch für die Bücher von Ulla Berkéwicz zuständig. Mancher meinte, dass sie befreundet waren. Er setzte es gegen die Skepsis des Vaters durch,

dass Rainald Goetz' erster Roman *Irre* nicht in der edition suhrkamp, sondern als Hardcover erschien – Goetz wäre sonst zu dem
Verlag Kiepenheuer & Witsch gegangen. Joachim Unselds Antritt
als Verleger fiel mit einer neuen Generation von Autoren zusammen. Neben Goetz waren es Werner Fritsch, Norbert Gstrein, Thomas Hettche, Thomas Kling, Marcel Beyer und Ralf Rothmann,
später auch noch Durs Grünbein. Diese Autoren bewunderten
Unseld zwar, aber sie sprachen eine andere Sprache. Beim Autoren-
empfang während der Buchmesse flüchtete Unseld sich jetzt
manchmal in die alten Geschichten.

Im Frühjahr 1989, noch war von der Wende im anderen Deutschland nichts zu ahnen, machte der Verlag einen dreitägigen Ausflug
zum Insel Verlag nach Leipzig und Weimar. Unselds Goethe-Buch
stand vor der Vollendung. Mit von der Partie waren nicht nur Unseld und Burgel Zeeh, sondern vor allem die Jungen wie der Lektor Rainer Weiss, der Werbeleiter Adrian Koerfer, die Lektorin Petra Eggers – und Joachim. Auf dieser Reise wurde viel gealbert,
Weiss schrie aus einem geöffneten Fenster »Deutschland, Deutschland« in die dumpfe Luft der DDR, Koerfer und Joachim erschienen morgens glucksend mit dunklen Sonnenbrillen wie die
Blues-Brothers, um ihre verquollenen Augen zu verdecken. Die
Stimmung war so gut, dass niemand verstummte, wenn der Verleger den Raum betrat. Aber man ahnte, dass dem das nicht passen
konnte. Sogar Burgel Zeeh musste mit den jungen Spunden lachen.

Unselds großer Coup des Jahres 1989 war der Verlagswechsel des
Schweizer Autors Hermann Burger zu Suhrkamp. Es erschien
Brunsleben, der erste Band eines auf vier Bände angelegten Opus
magnum mit dem Titel *Brenner*. Burger war ein Hesse-Kenner und
-Liebhaber. Der Verlagswechsel des manisch-depressiven Ferrari-
Liebhabers Burger von S. Fischer zu Suhrkamp ist eine der legen-
dären Frankfurter Verlagshistorien, bei denen es nicht in erster
Linie darauf ankommt, ob sie wahr sind. Burger hatte jedem, der es
hören wollte, erst erklärt, dass er jetzt in der Geschäftsleitung von
Fischer mitrede, dann dass er den »Scheiß S. Fischer Verlag« verlassen und endlich zur Nummer eins gehen werde. Das wurde öffentlich in der Schweizer *Weltwoche* ausgetragen. Unseld las das neue

Manuskript Burgers in einer Nacht, zahlte einen der höchsten Vorschüsse, die er je auszugeben bereit war, und der Privatdozent und Halbtagsredakteur Burger konnte sich einen neuen Ferrari leisten. Mit diesem Wagen fuhr Burger dann beim S. Fischer Verlag in Sachsenhausen vor, um die dortige Empfangsdame, Evelyn Viel, zu entführen (die, auch das Teil dieser Story, auf verblüffende Weise der die Jahrzehnte anscheinend unbeschadet überdauernden ARD-Lotto-Fee Karin Tietze-Ludwig ähnlich sah). »Ich entführ dich jetzt, du kommst jetzt mit!«, hat Burger die doch reichlich Verblüffte angesprochen. Und Evelyn Viel stieg tatsächlich in das knallrote Automobil und fuhr mit Burger über den Main zum Suhrkamp Verlag.

Zum Jahreswechsel hatte Siegfried Unseld die Frankfurter Bücherstube erworben, eine bekannte Buchhandlung in der Frankfurter Innenstadt, die dem legendären Buchhändler Heinrich Cobet gehört hatte. Im Frühjahr 1989 gab er einen Almanach heraus, der dieses Ereignis für alle sichtbar feiern sollte. Hier wurde auch Hermann Burger in einem »Steckbrief« gewürdigt: »Burger beschäftigt zur Zeit, wie der Cheflektor des S. Fischer Verlages in der Schweizer Zeitung *Die Weltwoche* mitteilte, einen Öffentlichkeitsberater. Dem Vernehmen nach hat ihm dieser Berater bei seinem spektakulären Verlagswechsel von Fischer zu Suhrkamp nicht unter die Arme gegriffen.«

Hier, in der Frankfurter Bücherstube, in seinem Buchladen, feierte Unseld den Beginn des Epochenjahres 1989. »Straßenlicht fiel durchs große Fenster auf das schimmernde Band der aufgereihten Bibliothek Suhrkamp, sonst aber waren sie alle, die Eva Lunas, die Kiebitze, die traurigen Tiger, die Walsersche Jagd eingebettet in das große Lager zeitgenössischer Literatur, das sich auf den Tischen und in den Regalen ausbreitete. Plötzlich waren Bücher, die nicht den Verlagen Suhrkamp und Insel angehörten, ›meine‹ Bücher: die Bücher von Kafka und Thomas Mann, von Musil und Döblin, von Canetti und Botho Strauß, von Borges und Marquez, von Hemingway und Faulkner, von Gide und Yourcenar, von Hamsun, Milosz, Virginia Woolf.« Ein Briefmarkensammler vervollständigte seine Kollektion.

In diesem Jahr musste sich Unseld mit einer Erbschaftsangelegenheit auseinander setzen, die für den Verlag gefährlicher, weil eindeutiger war, als der Streit um Johnson oder Bernhard je werden sollte. »Ich möchte Ihnen nun in diesem Zusammenhang einen Vorschlag unterbreiten und Sie sehr herzlich bitten, ihn zu bedenken. Wie wäre es, wenn man einen Teil der editorischen Arbeiten durch einen Teil der Honorare für die Briefe und die kommende Gesamtausgabe honorierte«, hatte Unseld am 21. August 1967 in Vorbereitung der Briefausgabe und der Gesammelten Schriften bei Stefan Benjamin, dem damals noch lebenden Walter-Benjamin-Erben, nachgefragt. Stefan Benjamin hatte diesen Zuschuss zur Editionsarbeit gewährt. Das nahm Unseld dann als Rechtfertigung, um den Erben dauerhaft ein geringeres Honorar als die damals noch vereinbarten zehn Prozent zu zahlen, obwohl er außer einigen Kopien nie Editionskosten für die Benjamin-Ausgabe übernommen hat.

Das ist der entscheidende Vorwurf, den der Adorno-Schüler und Benjamin-Herausgeber Rolf Tiedemann gegen Siegfried Unseld erhob. Im Benjamin-Streit von 1967 hatte Tiedemann noch treu an der Seite Adornos und Unselds gestanden. Jetzt aber, 1989, veröffentlichte Tiedemann das Büchlein *Die Abrechnung. Walter Benjamin und sein Verleger* und reichte aus den darin dargelegten Gründen Klage gegen Siegfried Unseld ein. Er war über einen Benjamin-begeisterten Amerikaner, den Unseld in Austin kennen gelernt und den Tiedemann eingeladen hatte, bei der Benjamin-Ausgabe mitzuarbeiten, an Unterlagen gekommen, die er ungeheuerlich fand. Tiedemann warf Unseld jetzt »arglistige Täuschung« bei den Vertragsabschlüssen mit den Erben Benjamins vor. Der an Schriften Unselds und Thomas Bernhards erinnernde Titel seiner kleinen Broschur bezeichnete aber nicht nur die falsche Abrechnung, die Unseld mit Benjamins Erben vornahm. Tiedemann selbst rechnete auch mit Unseld ab, mit seinem Umgang mit Autoren, seinem Autokratismus, seinem Geiz. Unseld habe die Erben Benjamins nicht nur übers Ohr gehauen, indem er mit ihnen einen Vertrag abgeschlossen hatte, der statt der üblichen zehn Prozent des Ladenpreises nur 4,875 Prozent an Tantiemen für die Rechteinhaber erbrachte. Er hatte, so Tiedemanns Schlussfolgerung, diesen Vertrag auch im vollen Bewusstsein abgeschlossen, dass er die Erben dabei übervorteilte. Immer wieder habe er ihnen bei den Verhandlungen vorgegaukelt, dass die Autorenhonorare wegen enormer Herausgeberkosten geringer ausfallen müssten. Was schlicht gelogen war, weil die Herausgeber von verschiedenen Stiftungen bezahlt wurden. Außerdem habe er Helene Ritzerfeld, der altgedienten Kraft des Verlags und verantwortlich für Lizenzen, bei den Verhandlungen Anweisungen gegeben, die das Bewusstsein der Täuschung voraussetzen. Bis 1987 hatte Unseld von einem Generalvertrag gesprochen, in dem das Honorar festgehalten wäre: ein Vertrag, der nie existiert hatte.

Dieses Vorgehen war Wasser auf die Mühlen all derer, die in Unseld schon immer einen Ausnahmefall sehen wollten. Zwar sind die Honorare beim Suhrkamp Verlag im Allgemeinen eher knapp bemessen, aber damit steht Unseld in bester Tradition: Peter Suhrkamp kalkulierte ebenfalls hart, er hatte durchaus etwas übrig für rigide Haushaltsführung, wenn es um den Verlag ging. Die erste Benjamin-Ausgabe von 1955 wurde erst honoriert, nachdem die Herstellungskosten über die Autorenhonorare abgedeckt waren, das ist zwar nicht vollkommen unüblich gewesen, aber es war auch damals nicht die honorige Art. Auch damals lag das Risiko zu guten Teilen beim Autor beziehungsweise seinen Erben. Peter Suhrkamp hatte Unseld in die Kunst der sparsamen Haushaltsführung eingewiesen, und der erwies sich auch hier als mehr denn gelehriger Schüler.

Bei der Buchmesse 1989, kurz zuvor hatte Tiedemann seine Schrift veröffentlicht, war Unseld an der rechten Hand verletzt. Er war bei seiner Geburtstagsfeier zum 65. in Venedig in Gaston Salvatores Haus die Treppe hinuntergestürzt. Jetzt hatte er einen Gips. Nun mache er eben alles mit links, erzählte Unseld beim Kritikerempfang den Versammelten anscheinend gut gelaunt. Ob er sich da noch an das Jahr 1972 erinnerte, wo er geschrieben hatte, dass Benjamin wusste, dass alle entscheidenden Schläge mit der linken Hand geführt werden müssen? Kurz nach der Messe erklärte Unseld, die Benjamin-Ausgabe stehe noch immer in den roten Zahlen, richtete seinen Hass auf Willi Winkler, der im *Spiegel* sein Geschäftsgebaren aufs Korn genommen hatte, und wollte gegen Jan Philipp Reemtsma wegen dessen kritischer Äußerungen gegen ihn klagen. Das Gericht legte Unseld allerdings nahe, auf diese Klage zu verzichten. Außerdem versuchte Unseld, über Winfried Menninghaus Tiedemann zu einer Rücknahme der Klage zu bewegen. Im Februar 1990 wurde ein Vergleich getroffen. Walter Boehlich wurde neben Unseld und Tiedemann der dritte Nachlassverwalter. Der Vorwurf des Betrugs wurde nicht aufrechterhalten. Und die Honorarfragen wurden neu geklärt, es sollte jetzt neun Prozent geben.

Ulla Berkéwicz ist ein merkwürdiges Wesen. Mancher ist von ihr höchst fasziniert und sieht in ihr eine geheimnisvoll-verführerische Frau. Ohne Zweifel ist sie unternehmungslustig, schön und viel jünger als Siegfried Unseld. Sie kann sehr lustig, erfrischend und kumpelhaft sein. Andere stören sich daran, dass sie nicht zu fassen ist, sie sehen in ihr einen geschliffenen Smaragd, der nicht mehr hergibt als die Oberfläche. Ihre Bücher haben eine eigenartige Emphase, sie sind voller hoch intensiver Emotionen, haben aber auch etwas von einer Pose. Auf der jüdischen Saite, da ist man sich einig, spielt sie hervorragend. Schon Anfang der Siebzigerjahre hatte sie sich für ihre erste Rolle den Namen Berkéwicz zugelegt: Ihre Urgroßmutter hatte Berkowitz geheißen, wie sie selbst erzählt. So wird ihr Judentum auch als etwas Ausgeliehenes empfunden, obwohl sie – allerdings väterlicherseits – unzweifelhaft jüdische Vorfahren hat. Aber was heißt das im Deutschland der Achtziger- und Neunzigerjahre, ausgeliehenes Judentum? Siegfried Unseld war von dieser Frau tief berührt. Zu seinem 63. Geburtstag, 1987, zeigten sich die beiden das erste Mal gemeinsam in der Öffentlichkeit.

Im Mai 1989 fuhr Unseld das erste Mal mit Ulla Berkéwicz nach Israel. Unter anderem besuchten sie die Witwe Gershom Scholems in Jerusalem. Von dort riefen sie bei Amos Oz an, dem wichtigsten hebräischen Autor des Suhrkamp Verlags, den beide noch nicht kannten, und baten darum, dem Autor in dessen Haus in der Wüste in Arad am Toten Meer einen Besuch abstatten zu dürfen. Es war für Siegfried Unseld ein schwerer Gang, und es war eine Reise in eine andere Welt: Sie mussten an dem Felsmassiv von Masada vorbeifahren und Hebron meiden, wo gekämpft wurde. Unseld war nicht nur auf so fremdem Boden unsicher, noch schwieriger war die Frage, wie er gegenüber Oz auftreten sollte. Auf den Schriftsteller wirkte er sehr schüchtern, gerade das aber legte den Grundstein, dass dieses Treffen am Ende beglückend für alle Beteiligten wurde. Unselds Bericht ist bewegt, aber auch etwas unpersönlich. Anders die sehr schönen, warmen Zeilen, die Amos Oz geschrieben hat. Er dachte sofort daran, dass Unseld Jahrgang 1924 ist, und war zurückhaltend. Für Oz stand der verstorbene Scholem, den beide gekannt hatten, beim gegenseitigen Abtasten Pate, er war der Anknüpfungspunkt. Für Siegfried Unseld waren es die Bücherregale von Oz mit vielen ihm bekannten Titeln. Ulla Berkéwicz erzählte von ihren 28 Verwandten in Israel, ihren jüdischen Vorfahren und was die im Dritten Reich erlebt hatten. Das Eis schmolz. Bei einem Spaziergang durch die dunstige Wüste sagte Unseld unvermittelt, dass er bei der Wehrmacht und in Russland gewesen sei. Oz erzählte daraufhin, immer noch zurückhaltend, dass einige seiner Familienangehörigen umgekommen seien. Nach dem Treffen notierte er: »Ein großer, energischer Mann, der noch größeren Raum im Zimmer einzunehmen scheint, als er tatsächlich einnimmt, ein Mensch, der weiß, was er will, und es versteht, allen um ihn herum seinen Willen kundzutun, aber aus diesem starken Mann lugt, wie durch eine schmale Luke, ein neugieriges, ja sogar schüchternes Kind hervor, dessen Empfindsamkeit ihn dazu gebracht hat, sich mit Büchern zu befassen.«

Drei Jahre später bekam Oz den Friedenspreis des Deutschen Buchhandels. Die beiden trafen sich wieder, diesmal in einem lauten Café in Bonn. Hier wurde Freundschaft geschlossen. Schweigend hörte Oz, wie Unseld von seiner Liebe zum Schwimmen und zum Schachspiel erzählte. »Und dann fügte er plötzlich hinzu: ›Diese beiden Steckenpferde, Schwimmen und Schach, haben mir das Leben gerettet. Ich spreche jetzt von der Kriegszeit.‹ Darauf erzählte er mir private Dinge, die ich hier nicht niederschreiben will, weil ich nicht weiß, ob ich es darf: von einem jungen Soldaten, der stundenlang durch die Fluten des Schwarzen Meeres vom sicheren

Tod in das Leben schwamm. Von einem jungen Soldaten, den die Briten aus einem deutschen Gefangenenlager herausholten, bevor sie es an die russische Armee übergaben, weil dieser Soldat ausgezeichnet Schach spielte und einer der britischen Offiziere nicht auf ihn verzichten wollte.« Oz war bewegt. Er war wirklich froh, dass dieser Deutsche damals überlebt hatte.

Ohne Sohn.

1989–2002

Das neue Jahrzehnt begann mit Abschieden. Das Ende der DDR war auch ein Abschied von der alten Bundesrepublik. Im Februar 1989 war bereits Thomas Bernhard gestorben. Max Frisch, der wie kein anderer lebender Autor über 40 Jahre der Suhrkamp Verlag war, folgte ihm 1991. Als am 22. Dezember 1989 mit Samuel Beckett ein weiterer der wichtigsten Weggefährten starb, musste Unseld deutlich werden, dass sowohl das Ende der großen Suhrkamp-Zeit als auch sein eigenes näher rückte. Er hatte Beckett sein Verlegerleben lang begleitet. Vielleicht war Beckett die größte Figur, die sich im Suhrkamp-Kosmos bewegt hat. Vielleicht war diese Autor-Verleger-Beziehung nicht die intensivste, aber sie war in all den Jahren stabil gewesen. Es gehört für Unseld-Skeptiker zu den großen Mysterien, dass der von ihnen mehr als verehrte Dichter freundschaftlichen Umgang gerade mit diesem Verleger gepflegt haben soll. Unseld war von der uneitlen, sehr freundlichen, ganz auf die Arbeit bezogenen Art Becketts berührt, Beckett nannte ihn »cher ami« und empfing ihn regelmäßig. Jetzt aber war der Verfasser immer knapper werdender Endspiele gestorben.

Mitte Mai 1989, kurz vor der Reise zu Amos Oz in die Wüste, hatte ihn Unseld zusammen mit Ulla Berkéwicz noch einmal im Altersheim in Paris besucht. Es ging nicht nur um die Übersetzung von »Stirrings Still«, Unseld wollte auch beichten: Er wolle sich scheiden lassen, er wolle die Frau, die er mitgebracht hatte, heiraten. Dafür wollte er die Absolution. Als Joachim zufällig ein paar Tage später ebenfalls bei Beckett in Paris war, erfuhr er dort von den Vermählungs- und Verjüngungsplänen des Vaters. Nur wenige Monate darauf starb Beckett.

Eine 30 Jahre überdauernde Beziehung war zu Ende. 1960 war Unseld mit Boehlich das erste Mal bei Beckett in Paris gewesen, im Februar 1961 war Beckett das erste Mal, zu einem Suhrkamp-Verlagsabend, bei Unseld in Frankfurt. Die ganze Suhrkamp-Mannschaft war damals höchst aufgeregt gewesen, dass an diesem Abend etwas nicht klappen könnte. Selbst Adorno wurde in der Gegenwart des Meisters wachsweich. Bei einem vorhergehenden Mittagessen zu dritt, Beckett, Adorno, Unseld − so musste Unseld keine Angst haben, mit dem Übergroßen allein zu sein, und Adorno konnte ihn kennen lernen − stellte Adorno Beckett einige Ideen aus seinem *Endspiel*-Aufsatz vor. Am Abend wollte Adorno dann Auszüge aus diesem Essay zur Einführung in Becketts Werk vortragen. Unter anderem meinte Adorno bei dem gemeinsamen Mittagessen, dass der Name der einen Hauptfigur, Hamm, doch wohl von »Hamlet« komme. Beckett jedoch hatte nie an Hamlet gedacht, als er den Namen erfand. Nun ließ Adorno sich von seiner Idee aber nicht abbringen. Am Abend im Verlag wiederholte er öffentlich seine Deutung. Beckett hörte ruhig zu, dann flüsterte er Unseld − auf Deutsch − ins Ohr: »Es ist der Fortschritt der Wissenschaft, den Professoren aus ihren Irrtümern ziehen können.« So etwas beeindruckte Unseld.

1963 hatte Unseld einen genialen Einfall gehabt. Damals erschienen die *Dramatischen Dichtungen in drei Sprachen*. Es ist das erste Buch von Beckett in sozusagen sprachlicher Dreifaltigkeit. Damit war er, ein englischsprachiger Autor, der in Französisch schrieb und dessen Originalverlag die Editions de Minuit waren, zu einem vollwertigen Autor des Suhrkamp Verlages geworden. Indem Suhrkamp die Übersetzungen Becketts ins Englische mit abdruckte und behauptete, die deutsche Übersetzung von Tophoven sei von Beckett autorisiert, ja mehr, teilweise selbst erstellt, bekamen die Suhrkamp-Bücher den Anschein, der ganze Beckett zu sein, den die »originaleren« englischen und französischen Ausgaben nicht repräsentierten. Es gab jetzt einen dritten Originalverlag, Beckett gehörte zu Suhrkamp wie Frisch oder Walser.

Bis 1968 war Beckett trotzdem eher Walter Boehlichs als Unselds Autor gewesen. Jedes Mal wenn Elmar Tophoven etwas fertig übersetzt hatte, fuhren Boehlich und Tophoven zu Beckett, um es mit ihm durchzugehen. Es gab einen regelrechten Kampf um die Beziehung zu diesem Autor. Nach einem Kurzurlaub an der Loire Anfang der Sechzigerjahre wollte Unseld auf der Rückfahrt mit Beckett und Hilde in der »Closerie des Lilas« zu Mittag essen, damals war er aber gegenüber seinem großen Autor noch so unsicher, dass der von Mücken verstochene Joachim im heißen Auto warten musste. Als Beckett davon erfuhr, ging er hinaus, um dem Achtjährigen ein Eis zu kaufen.

All die Jahre war es eine von Unselds Lieblingsvorstellungen gewesen, wie er mit Beckett an einem Tisch sitzt, redend oder nicht, jedenfalls innig verbunden, ganz beckettsch eben. Nach einem frühen Treffen notierte er erleichtert, erfreut und beglückt: »Das Gespräch mit ihm zählt zum Schönsten, was es für mich überhaupt gibt. Beckett ist für mich als Mensch wie als Autor vorbildlich und vollkommen.« Beckett war etwas, das es eigentlich nicht geben kann: ein hochkomplizierter Autor, zu dem die Beziehung einfach sein konnte. »Es gibt ein Ritual für diese Begegnungen, einleitende Gesprächsfloskeln, wie geht es Ihnen, wie geht es Madame Unseld, wie geht es dem Sohn Joachim; wie geht es Hermann Hesse (so fragte er vor 1962), und (nach 1962) findet Hermann Hesse bei der Jugend immer noch so großen Anklang? Dann aber das eigentliche und besondere des Gesprächs, die weise Konzentration auf sachliche Fragen seines Werks, meist sprachliche Probleme seiner Übersetzungen und seiner Aufführungen.« Sie sprachen erst in Englisch miteinander und ab 1980 in Deutsch. Und immer war es Beckett, der Essen und Trinken bezahlte, wenn das Treffen in Paris stattfand. Dort hatten sie sich meist im »Café Français« getroffen, ganz in der Nähe von Becketts Wohnung in der Rue Saint Jacques – eben bis auf jenes letzte Treffen im Altersheim.

Die Erinnerung an diesen letzten Besuch, die Unseld zu Becketts Tod aufgeschrieben hat, ist einer seiner gefühlvollsten Texte. Zwischen dem Besuch in Paris und dem Tod des Autors liegt der Bruch mit Joachim. Im Abschiedstext für Beckett wird Joachim noch einmal mit dem Blick des liebenden Vaters vergegenwärtigt. Unseld schildert jene Szene in Paris vor knapp 30 Jahren, als der gütige Beckett Joachim ein Eis brachte. Dabei vergaß der Vater allerdings, dass er selbst es war, der den Sohn im Auto warten ließ.

Im Mai ließen sich Siegfried und Hilde Unseld, geborene Schmid, tatsächlich scheiden. Sie hatte drei Jahre allein gewohnt, also konnte sich Unseld definitiv von ihr trennen. Er und Ulla Berkéwicz bestehen darauf, dass Hilde es war, die diese Scheidung wollte. Für Unseld stellt sich die Geschichte der Trennung so dar: Erst habe sie in der Unseldschen Ersatzwohnung in der Nordendstraße ein paar Tage wohnen wollen, dann Wochen und Monate, und schließlich sei sie gar nicht mehr zurückgekommen. »Kaufe nie einer Frau eine Wohnung«, meint er dazu. Hilde habe dann eine erhebliche Summe, die Wohnung in der Nordendstraße und das Grundstück in Bergen-Enkheim bekommen, auf das Max Frisch mal ein Haus bauen sollte. Wohnung und Grundstück aber gehörten ihr bereits vor der Trennung, das Geld war tatsächlich nicht wenig, entsprach ihrem Anteil am Zuwachs des Verlags über drei Jahrzehnte jedoch in keiner Weise. Für Joachim, der inzwischen eindeutig auf der Seite seiner Mutter stand, wurde später entscheidend, dass seine Mutter bei der Scheidung auf ihr Pflichtteil angeblich unter der Bedingung verzichtete, dass er alleiniger Erbe werde. Das schien ihm und seiner Mutter damals selbstverständlich. Später, als sich die Beziehungen deutlich verschlechtert hatten, soll Hilde ihren früheren Mann an das Versprechen erinnert haben. Da soll er gesagt haben: »Hast du das schriftlich?« Hilde hatte das Gefühl, nicht richtig für ihren Sohn gekämpft zu haben. Sie traf ihren früheren Mann nur noch, wenn sie jemand dabei hatte. Im August 1995 starb Hilde Unseld nach längerer Krankheit. Von Siegfried Unseld wollte sie in der letzten Zeit nicht besucht werden.

Man müsste wenigstens einer dieser fast immer weiblichen Figuren, die stets im Hintergrund wirken, die meist die Hauptlast der emotionalen Ökonomie tragen, die nie selbst strahlen, aber für den Glanz anderer unabdingbar sind, einmal ein Denkmal setzen. Hilde Unseld hat in manchen Jahren mehrere tausend Gäste in der Klettenbergstraße bewirtet, sie hat gekocht und dafür gesorgt, dass sich so viele Menschen hier für kurze Zeit zu Hause fühlten. Und sie hat ihrem Mann den Rücken freigehalten, sodass er sich ganz auf seine Arbeit konzentrieren konnte.

Am 28. August 1990 heirateten Siegfried Unseld und Ulla Schmidt, die sich Berkéwicz nennt. Jetzt interessierte sich sogar die *Bild-Zeitung* für Unseld, sie verbreitete die Meldung am 7. August mit den Altersangaben der Brautleute, 65 und 39 Jahre alt waren die beiden damals. Auch die Nachricht, dass sich der Verleger noch einmal ein Kind wünsche, durfte nicht fehlen. Die Vergrößerung der Villa in der Klettenbergstraße sei schon im Gange. Die kleine Frankfurter Gesellschaft und die nur unwesentlich größere deutsche Feuilletonwelt klatschten und tratschten. Die Trauung fand nicht nur am Geburtstag Goethes, sondern auch »mit dem Glockenschlage zwölf« statt, jener Stunde von Goethes Geburt, wie sie in *Dichtung und Wahrheit* überliefert wird. Martin Walser, der sich Hilde immer noch verbunden fühlte, und Gisela Stockburger waren Trauzeugen.

Unseld war für die Heirat gewesen. Er wollte geordnete Verhältnisse. Ulla Berkéwicz meinte dagegen, die Liebe könne durch eine feste Verbindung leiden. Wenn Heirat, sagte sie, dann nur mit einem Ehevertrag, in dem festgeschrieben wird, dass jegliche Unterstützung für sie unterbleibt, sogar wenn er, Unseld, sie verlassen sollte. Sie wollte auf keinen Fall in den Ruch kommen, sich zu bereichern. Seit Ulla Berkéwicz mit Unseld liiert ist, kann sie sich nicht von dem Verdacht befreien, sie habe ihren Erfolg als Schriftstellerin vor allem ihrem Mann und Verleger zu verdanken. Ostentative Selbstlosigkeit erscheint da als probates Gegenmittel.

Zwei Monate nach der Heirat kam es zum großen Krach mit dem Sohn. Direkt nach der Hochzeit hatte Unseld bei einer Betriebsversammlung noch gesagt, dass Joachim sein Nachfolger bleibe. Warum muss Unseld das betonen, fragte man sich. Und schon krachte es wirklich. Der Vater wollte die »Neue Reihe« deutscher Literatur, die Joachim unbedingt machen wollte, doch nicht erscheinen lassen. Die ersten vier Titel, unter anderem von Marcel Beyer und Thomas Kling, waren für Frühjahr 1991 geplant. An dem Tag, als der Sturm losbrach, hatte das *Börsenblatt* außerdem ein Interview mit Siegfried Unseld veröffentlicht. Unseld gerierte sich hier wieder als der alte Autokrat, von seinem Sohn war nur marginal die Rede: »… und dass jetzt ein Sohn da ist, der bereit ist, eines Tages die Nachfolge zu übernehmen.« Dieses »eines Tages« brachte Joachim, der lieber heute als morgen das Unternehmen übernehmen wollte, in Rage. Aufgebracht rief er bei Ulla an und fragte, wo sein Vater zu erreichen sei. Sie wollte es Joachim nicht sagen, meinte aber, dass er ihn zurückrufen werde.

Später rief Siegfried Joachim tatsächlich an, er solle in die Klettenbergstraße kommen. Es war schon Abend. Als der Sohn ankam, war Ulla schon da. Unseld war erbost, dass Joachim Ulla durch sein Telefonat zum Weinen gebracht habe. Der Sohn war immer noch aufgebracht. Warum soll die »Neue Reihe« denn jetzt nicht stattfinden? Wie passt das mit ihm als gleichberechtigtem Verleger zusammen? Das Interview aus dem *Börsenblatt* hatte er dabei. Ich werde langsam zum Gespött der Leute, sagte er. Von der Auseinandersetzung gibt es zwei Versionen: Joachim sprach auch von einem Angebot eines anderen Verlages, entweder er bekomme jetzt alles, oder er gehe. Überhaupt habe er von seinem Vater nie bekommen, was er gewollt habe. Und Siegfried füge dem Verlag doch nur noch Verluste zu. Es sei hier einer zu viel. »Dann«, sagte der Vater, »mußt du gehen.« Damit war es mit dem gleichberechtigten Verleger vorbei. So erinnert es die eine Seite. Ganz zu Anfang des Gesprächs, in dem der Vater vier Flaschen Wein leerte, habe er dem Sohn auch den Titel »Gleichberechtigter Verleger« weggenommen. Darüber kam es zu aufgeladenen Wortwechseln. Und was soll ich dann machen? Ich kann ja nichts anderes als Verleger! So erinnert es die andere Seite. Sicher ist: Ein heftiger Streit, und alles war anders.

Aber wie jeder Streit hat auch dieser eine Vorgeschichte. 1989, in jenem Mai, als Unseld sich scheiden ließ und bei Beckett und Oz war, hatte auch der Betriebsausflug des Verlags nach Leipzig und Weimar stattgefunden, bei dem die Jungen so übermütig gewesen waren. Das war eine Welt, die wie eingeschworen auf Unseld wirken musste, zu der er keinen Zugang mehr hatte und die ihn nicht mehr so schrecklich ernst nahm wie er sich selbst. Zu diesem Kreis der Übermütigen hatte bis vor kurzem auch Ulla gehört. Dann hatte sie die Seite gewechselt.

Einen selbstgerechten, aufbrausenden Zug haben sowohl der Vater wie der Sohn. Im Verlag hatte es bereits heftige Auseinandersetzungen vor versammelter Mannschaft gegeben. Im September 1989 feierte Unseld seinen 65. Geburtstag, eine alkoholvernebelte Veranstaltung in der Wohnung von Gaston Salvatore in Venedig. Es begann am Vorabend, Unseld fiel dann an seinem eigentlichen Geburtstag die Treppe hinunter und brach sich dabei die Hand. Joachim war wie vor den Kopf gestoßen. Er – der sich viele Meter von seinem Vater entfernt aufgehalten hatte – sollte nach dem Sturz beweisen, dass er seinen Vater nicht gestoßen hatte. Undurchsichtig war dann auch die Situation während Joachims Geburtstagsrede im »Frankfurter Hof«. Er hielt einen Silberbecher hoch und sagte: »Wir brauchen uns also heute Abend nicht an jene Zeiten erinnern zu lassen, in denen vor Jahrtausenden auf einer kleinen griechischen Insel das Gesetz vorsah, daß Greise nach Vollendung des 65. Lebensjahres sich das Leben zu nehmen hatten, da sie dem Staat nicht mehr zu Diensten sein würden; diese Radikallösung wurde in unserer modernen Zeit zur Pensionierung abgemildert.« Was ist das, fragten sich die Anwesenden entsetzt. Ist der übergeschnappt? War das nun eine unverblümte Aufforderung zurückzutreten, war das unbedachter Übermut? Später erklärte Joachim, dass es ein Missverständnis war. Er hatte – wir befinden uns im Jahr 1989 – mit dem Becher, an ein Geschenk des Vaters an Joachim und seine Mutter erinnern, die alte Einigkeit der Familie beschwören wollen.

Die Rede war mehr als ungeschickt. Seit dem Jahr, als Joachim in den Verlag eingetreten war, zeigte sich immer deutlicher, dass er kein Interesse oder keine Möglichkeit hatte, sich in die Psychologie seines Vaters hineinzuversetzen. Und er wollte, auch darin seinem Vater ähnlich, alles. Und zwar nicht irgendwann. 1988 war Joachim von seinem Vater zum gleichberechtigten Verleger ernannt worden, was zwar rechtlich nicht bindend, vor allem aber gegenüber den Autoren symbolisch höchst bedeutsam war. Unseld hatte sich die Entscheidung nicht leicht gemacht, zumal er damit Gottfried Honnefelder, Verlagsleiter des Insel Verlags, und Raimund Fellinger, Leiter der edition suhrkamp, vor den Kopf stieß.

Joachim nahm diese Ernennung allzu wörtlich, obwohl doch gerade er seinen Vater hätte kennen müssen.

Im Folgejahr, das Jahr vor der Heirat, war Unseld im Verlag nicht so präsent wie sonst. Joachim hatte mehr Aufgaben übernommen, als sein Vater dies auf Dauer zulassen würde. Als der dann zurückkam, dachte der Sohn nicht daran, sich zurückzunehmen. *Infanta* von Bodo Kirchhoff, erschienen im Herbst 1990, sollte sein Buch und das Buch des Jahres werden. Er hatte den Vorschlag seines Vaters abgelehnt, die neue Insel-Tochter in Leipzig aufzubauen. Nein, er wollte *Infanta* zu einem Bestseller machen, er wollte in Frankfurt präsent sein.

Außerdem standen hinter dem Streit auch noch zwei Frauen. Hilde Unseld fühlte sich von ihrem geschiedenen Gatten betrogen. Sie hatte Angst, dass ihrem Sohn das Gleiche passieren könnte wie ihr, und wollte verhindern, dass er aus dem Verlag hinausgedrängt wird. Joachim identifizierte sich jetzt vollständig mit seiner Mutter und fühlte sich dadurch moralisch im Recht. Darüber hinaus hatte er wie die Mutter den Eindruck, vom Vater zum Gespött der Gesellschaft gemacht zu werden. Hinter dem Vater stand dagegen seine junge, attraktive Frau, die gerade mit ihm ein neues Leben begonnen hatte. Wie hätte Siegfried Unseld da ans Aufhören denken können?

Versuche, das angeschlagene Verhältnis zu kitten, liefen ins Leere. Die beiden Unselds setzen sich auf Wunsch Joachims mit zwei Psychoanalytikern als »Sekundanten« noch einmal an einen Tisch, Tilman Moser für den Vater, Horst Eberhard Richter für den Sohn. Das Gespräch war erfolglos. Die Fähigkeit zur Selbstkritik ist weder beim Vater noch beim Sohn besonders ausgeprägt. Die Strategen des Hauses, Hans Magnus Enzensberger und Martin Walser, bemühten sich um eine gütliche Einigung – ebenso erfolglos. In dieser Zeit versuchte Unseld auch Jürgen Habermas einzuschalten. Unseld druckste herum, verhielt sich ungewohnt förmlich – da wusste Habermas, dass sein Verleger etwas Ungewöhnliches von ihm wollte. Es war eine offizielle Mission, aber worin genau sie bestand, das blieb diffus. Einerseits sollte Habermas bei Honnefelder, Fellinger und Heribert Marré, dem kaufmännischen Geschäftsführer, die Stimmung sondieren. Die drei waren damals die maßgeblichen Figuren. Andererseits wollte Unseld Joachim aus dem Verlag raushaben. Aber so richtig entschieden schien Unseld Habermas in diesem Punkt nicht. So sollte Habermas auch bei Joachim herausbekommen, wie er sich zu einer Trennung stellen würde, und den Versuch unternehmen, ihn zu einer Aufgabe in den USA zu überreden. Wenn Joachim einige Monate außerhalb des Verlags wäre, könnte es noch eine Möglichkeit geben, wieder zueinander zu finden. Gottfried Honnefelder, der sofort als neuer Nachfolger gehandelt wurde, hat damals darauf gedrängt, dass Joachim bleibt. Marré und Fellinger waren mit allen Lösungen einverstanden, dezidiert gegen Joachim war niemand. Vermitteln konnte aber auch Habermas am Ende nicht.

Nach Ablauf eines guten halben Jahres, Joachim versuchte inzwischen tatsächlich seinen Frust in Kalifornien zu überwinden, war die Trennung endgültig. Der Sohn erinnert sich an den Satz: »Jetzt, wo du so lange weg warst, geht es natürlich nicht mehr.« Im Verlag kursierte ein »Trennungspapier« genannter Schriftsatz: Das Prinzip gleichberechtigter Verlegerschaft habe sich als nicht praktikabel erwiesen. Für Joachim, den am besten ausgebildeten Nachfolger, den man sich vorstellen konnte, brach damit eine Welt zusammen. Sein gesamtes Selbstwertgefühl hatte er aus seiner Rolle als Leiter des Suhrkamp Verlags bezogen. »Ich bin doch so erzogen worden, daß ich dieses Unternehmen weiterführe«, sagte er. Aber auch für Siegfried Unseld waren die Folgen der Trennung einschneidend. Er hatte seinen einzigen Sohn verloren. Er musste die Tatsache akzeptieren, dass er die Macht nicht abgeben konnte. Die Bindungen zu seiner alten Familie, zu Hilde und Joachim, waren gekappt. Jetzt war er auf das Vertrauen seiner neuen Frau mehr denn je angewiesen.

Die Trennung hat bald groteske Züge angenommen. Vater und Sohn schwammen weiterhin – so es die Gesundheit erlaubte – jeden Tag im selben Schwimmbad. Aufwändig und mit der hohen Kunst der Diplomatie angebahnte Versuche einer Annäherung führten zu nichts. Ein Besuch, bei dem der Großvater seinen Enkel sehen sollte, wurde von Joachims französischer Ehefrau angebahnt.

»Sie haben ihn halt vor mir krabbeln lassen«, hat Unseld hinterher geknurrt. Lange hat Unseld seine Enkelkinder überhaupt nicht gesehen. Mehr als zehn Jahre nach Beginn des Streits war ein persönlich vorbeigebrachtes Weihnachtsgeschenk für die Enkel mit einem gemeinsamen Glas im Stehen und im Mantel das höchste der Gefühle. Danach sind dann wieder beide Seiten voneinander enttäuscht. Ebenso argwöhnisch wie ausdauernd, verletzt und dickköpfig beäugen sie sich, über ihren Schatten springen können sie nicht.

Lange hat Unseld mit der Frage kokettiert, wer dem Verleger der liebste seiner Autoren sei. Dass man das nicht sagen darf, war das wichtigste Ergebnis seiner Beschäftigung mit *Goethe und seinen Verlegern*. Jetzt hatte er seine Regel durchbrochen, indem er seine Autorin geheiratet hatte. Dabei dürfte die Frage nach dem Lieblingsautor für Unseld schon seit den Achtzigerjahren auf ganz ungefährliche Weise geklärt gewesen sein: Es wurde Goethe selbst, dem Unseld den Vorzug unter allen Schriftstellern gab. Während der gesamten Achtzigerjahre hatte er an seinem Buch *Goethe und seine Verleger* gearbeitet. »Zwölf Jahre also konnte ich meine knapp bemessene so genannte freie Zeit dieser Arbeit widmen, dies meist während meiner Aufenthalte in der Fastenklinik Buchinger in Überlingen; die Euphorie des Fastens möge dem spielerischen Ernst des Buches nicht geschadet haben.« Das Buch, sein wichtigstes, widmete er Burgel Zeeh. Er wusste warum. Durch sie wurde ihm nicht nur solche Zusatzarbeit möglich, sie war die wichtigste Kraft in seinem Verlag. Sie half in heiklen Angelegenheiten, regelte vieles, auch ohne dass der Verleger es mitbekam, und sorgte für gute Stimmung im Haus. Sie war sozusagen eine zweite Hilde.

Unselds Buch zollt Cotta, seinem schwäbischen Landsmann und Goethes wichtigstem Verleger, großen Respekt. Insbesondere bewundert Unseld Cottas Verbindung von Geschäfts- und Kunstsinn. Er stellt ihm das Gütesiegel aus, der Verleger der »Klassiker der Moderne jener Jahre« – und damit ein Unseld jener Zeit – gewesen zu sein. Unseld versucht, sich der Beziehung Autor und Verleger am größtmöglichen Vorbild zu versichern, er konstruiert sich in Goethe, Cotta und deren Verbindung eine Art Über-Ich.

Er imaginiert sich in die Rolle Cottas und hat so Goethe, den idealen Autor, als sein Gegenüber und Maßstab. Goethe verehrt er als Lehrer, der letzte Vater, den er akzeptiert. Vielleicht hat Unseld in seinen Autoren immer Lehrer gesucht. »Lakonisch, imperativ, prägnant«, zitiert er Goethes Einstellung gegenüber Geschäften und setzt dann dazu: »Man kann immer wieder von Goethe lernen.« Die drei Worte wurden zum Leitmotiv des Buches. Stilistisch ist das Buch im Wesentlichen affirmativ. Unseld zitiert ausführlich, er befragt diese Zitate dann aber nicht, er interpretiert sie nicht, sondern nimmt sie eins zu eins hin. Unseld, zeigt sich an Goethe, hat gegenüber der Tradition ein fast hörig zu nennendes Verhältnis.

Unseld muss in dieser Zeit auch akzeptiert haben, dass Autoren und Verleger nicht wirklich Freunde sein können – eine Hoffnung, die er lange gehabt hatte. Nicht nur Geld steht zwischen ihnen, auch ein eigenartig ambivalentes Autoritätsgefüge: Abwechselnd kränken sich Autor und Verleger, weil sie wechselseitig in Abhängigkeit voneinander stehen. Nicht zuletzt diese Einsicht versuchte Unseld mit dem Buch zu bewältigen. So ist das Buch vor allem eine Schule der Entsagung. Unseld versuchte, sich selbst die Notwendigkeit plausibel zu machen, sich gegenüber dem Autor zurückzunehmen. Obwohl sein Geltungsdrang ausgeprägt war, obwohl er im Verlag ein enormes Werk- und Spielzeug hatte, obwohl er der Herr eines riesigen Schreibharems war, letztlich versuchte er doch dem Autor die Herrschaft zu überlassen. »Der Autor ist zu seinem Selbstschutz geradezu gezwungen, bei einem Mißlingen dem Verleger die Schuld aufzubürden, dieser habe nicht genug für sein Werk getan, habe zu wenig Werbung gemacht, zu wenig unternommen, um Leser zu gewinnen.« Der Briefwechsel mit Uwe Johnson und die Beziehung zu Thomas Bernhard zeigen, wie sehr Unseld um diese Haltung gerungen hat.

Verzicht funktioniert nur, wenn es auf der anderen Seite einen Ausgleich gibt. Der Verleger, sagt Unseld, muss ein großes Herz haben, und er sollte immer für dessen besondere Ernährung sorgen. Dazu dürften auch die Saufereien gehören, die ihm ermöglichten, wenigstens kurzfristig in einem Gefühl inniger Verbundenheit mit den Autoren zu baden. Diese erfordern allerdings auch regelmäßige

Aufenthalte in einer Fastenklinik. Die Medizin gegen die Aufgabe seiner Eigenheit und Persönlichkeit – der Verleger hat kein Privatleben, sagt Unseld, er muss immer und überall zur Verfügung stehen – ist dagegen das Schreiben von Büchern, die ihn eben doch in einen unerreichbaren Bereich entrücken und so seelisch nähren. Bücher, in denen er sich dann wieder ausdauernd damit auseinander setzt, wie seine Autoren von ihm Besitz ergreifen. Der körperlichen Entschlackungskur entspricht also die des Geistes. Oft fielen sie zeitlich zusammen.

Während Unseld vor allem mit sich und seiner Familie beschäftigt war, veränderte sich das Land rasant. Das Zusammenwachsen Deutschlands verband sich für Unseld vor allem mit zwei Autoren. Einer war jung und vollkommen unbekannt, der andere tot und berühmt. Den jungen Dichter Durs Grünbein lernte er noch vor der Wiedervereinigung kennen. Unseld hatte von Heiner Müller, die beiden sahen sich damals des Öfteren, ein Manuskript des jungen, hochtalentierten Dichters bekommen. Grünbein schilderte selbst, wie dann das erste Treffen ablief: »... als mich eines Tages in der tiefsten Provinz ein Brief erreichte. Absender war ein Verlagshaus in Frankfurt am Main, das ich bis dahin nur aus den Beständen meiner Ortsbibliothek kannte.« Unseld lud Grünbein im Februar 1988 zu einem Treffen in Ostberlin ein. »Sein Interesse an meinen Gedichten und Brechts hundertster Geburtstag fielen so günstig zusammen, daß es nicht einmal nach Diplomatie aussah. Und doch war es genau das, in den freundlichsten Worten formuliert, eine heikle diplomatische Mission. Was hier vorlag, war der offene Versuch der Anwerbung eines jungen Autors, der bisher in seinem Land nicht eine einzige Zeile veröffentlicht hatte.« Das Treffen fand in einem neuen und auf Grünbein neureich wirkenden Café am Schiffbauerdamm statt, in dem Heiner Müller gerade Witze riss. »Es muß Hormone geben, die beruhigend wirken, wenn der Sog aus der Zukunft zu stark wird. Vielleicht sorgen sie auch dafür, daß man Begegnungen wie diese nur sehr verzögert wahrnimmt, in Einzelbildern, leicht hypnotisiert. Ich weiß noch, daß ich plötzlich mehrere Hände schüttelte. Kräftig zupackende Hände von Leuten, die Lenin vermutlich als nützliche Kapitalisten bezeichnet hätte. Dann wurde mir der Verleger vorgestellt. Eine seiner ersten Fragen war: ›Mögen Sie Brecht?‹« Und er fragte den jungen Dichter, ob er ein Buch bei ihm machen wolle.

Unseld nahm Grünbein danach mit in die Akademie der Künste zur Vorstellung der neuen Brecht-Gesamtausgabe. Allein wäre Grünbein nie hineingekommen, jetzt schritt da zum Erstaunen der Anwesenden im Fahrwasser von Unseld ein Unbekannter. »Der Verleger mußte den kommenden Triumph schon vorausgeahnt haben. Oben auf der Treppe zum Versammlungssaal stand sein ostdeutscher Verhandlungspartner und erwartete ihn. Wie in Ost-West-Gesprächen üblich unter flüsternden Rivalen, wollte er ihn gleich beiseite nehmen, doch der Verleger kam ihm zuvor. Laut genug, daß es auch andere hören konnten, sagte er: ›Darf ich Ihnen einen jungen Dichter vorstellen? Das ist Durs Grünbein. Sie sollten ihn kennen.‹ Und er zeigte auf mich, seinen Protegé. ›Er kommt aus Ihrem Land.‹« Er, Unseld, hatte ihn im hintersten Winkel des nahen und doch fremden Landes aufgespürt. Aber war der Verleger da nicht auch zu weit gegangen? Er hätte den unbekannten Dichter in eine missliche Lage bringen können. Unseld kostete die Gunst der Stunde aus und war über eine solche Möglichkeit etwas unbedacht hinweggegangen. Dann kam ohnehin die Wende.

Unseld war von seiner Entdeckung so besessen, dass er erst die *Frankfurter Allgemeine Zeitung* und dann jedermann von dem unbekannten Dichter, der nichts veröffentlicht hatte, überzeugen wollte. Vehement schleuste er ihn in die deutsche Literaturszene ein. »Ecce poeta«, »Potenz«, »Begabung« hat Unseld ausgerufen – und alle riefen nach. »Götterliebling« war die Vokabel, die sich damals folgerichtig in jedem zweiten Text über Grünbein fand.

Darüber hinaus setzte die deutsche Vereinigung bei Siegfried Unseld aber keine visionäre Kraft mehr frei. Ein von ihm herausgegebener Band über das neue deutsche Vaterland in der edition suhrkamp wurde nicht weiter bedeutsam. Kurz träumte er davon, den Verlag nach Berlin zurückzuverlegen – was aber vollkommen unmöglich war. Er war zu fest in Frankfurt verwurzelt.

Und da war noch Brecht: Seit der Einigung mit Helene Weigel, seit den Schwierigkeiten mit den zwei Ausgaben in West- und

Ostdeutschland, seit 1971 der DDR-Ministerrat die Absicht hatte, den Erben die Verfügungsrechte zu entziehen, Brecht zum Staatseigentum zu machen und damit auch dem Suhrkamp Verlag zu entziehen, stand dieser Autor wie kein anderer für die beiden Deutschlands. 1989 hatte Unseld Brechts *Tagebuch No 10* als Faksimile publiziert. Dieses Tagebuch, das erste Brechts überhaupt, faszinierte ihn ungemein, nicht nur weil es eine Neuentdeckung war, weil es so früh war, weil es eine Handschrift war, es faszinierte ihn, weil er hier endlich den direkten Zugang zu Brecht fand, den er immer vermisst hat. Er fand einen Knaben, der sich zum Dichter berufen fühlte. Das erinnerte ihn an Hesse, der sich gegen Eltern und widrige Umstände durchgesetzt hatte. Bei Brecht dagegen sollen die Eltern dem Sohn die dichterischen Neigungen nachgesehen haben.

Fast gleichzeitig erschienen die ersten Bände der *Großen kommentierten Berliner und Frankfurter Ausgabe* der Werke Brechts, zu deren Präsentation in Ostberlin Unseld Durs Grünbein mitgenommen hatte. Die Ausgabe war eine Gemeinschaftsproduktion der Verlage Aufbau und Suhrkamp, das einzige echte deutsch-deutsche Jointventure überhaupt. Auch diese Ausgabe wurde jahrelang geplant, vor allem zwischen Unseld und Elmar Faber, Unseld ging es – alter Erfahrungen eingedenk – darum, dass die beiden Ausgaben text- und seitenidentisch waren. Als 1989 die Mauer fiel, war noch längst nicht die Hälfte der Bände erschienen. Schnell machte Unseld klar, dass Brecht, was die Rechte anbelangt, zum Suhrkamp Verlag gehört. Nur die teure große Ausgabe wollte Unseld nach Möglichkeit gemeinsam weitermachen. Der Aufbau Verlag steckte trotzdem noch viel Geld in diese Ausgabe, ohne – anders als Unseld – zu wissen, wie er die Arbeit später einmal würde verwerten können.

Die Kosten für die *Große Berliner und Frankfurter Ausgabe* wollte Unseld teilen, die Früchte wollte er alleine ernten. Er beteiligte sich an der Solidaritätsrhetorik des Westens, riet Berlin, sich auf seine Stärken zu besinnen, und initiierte den Sammelband *Politik ohne Projekt*, der in Zeiten politischer Ratlosigkeit Orientierung geben sollte, kümmerte sich aber sonst intensiv um alte Rechte und unverhoffte

»Schnäppchen«. Bereits 1990 hatte er seine Rechte am Insel Verlag Leipzig angemeldet, ein Jahr später gehörte der Leipziger Verlag zum Frankfurter Imperium. In den so genannten Plusauflagenprozessen zeigte er sich ebenfalls unnachgiebig. Damals zwangen westdeutsche Verleger ihre ostdeutschen Kollegen, Honorare für Bücher nachzuzahlen, die zu DDR-Zeiten widerrechtlich in der DDR zu viel gedruckt worden waren. Diese Auffassung erwies sich vor den Gerichten zwar als rechtlich einwandfrei, kollegial oder gar brüderlich aber war sie nicht. Die Plusaufgaben waren eine auch von Westseite stillschweigend geübte Praxis gewesen, davon wollten die Westverleger jetzt nichts mehr wissen. Die Westseite setzte sich durch. Damals hatten die Verlage in Ostmark gezahlt, jetzt mussten sie ihre Schulden 1:1 in D-Mark begleichen. Das war hart. Einer der konsequentesten Verfechter dieser Regelung war Siegfried Unseld mit seinem Anwalt Heinrich Lübbert, der bereits das Johnson-Erbe für Unseld gerettet hatte. So verdiente Unseld noch einmal an Brecht. Und so zerbrach auch hier die vorerst letzte Utopie – die von einer solidarischen Wiedervereinigung.

Eigentlich problematisch aber ist Unselds Verhältnis zu Brecht in einem anderen Punkt. Mindestens seit der Brecht-Ausgabe von 1967, eigentlich aber schon mit der Gesamtausgabe, die noch Peter Suhrkamp begründet hatte, wurde durch ihn der Kollektivcharakter von Brechts Werk unterdrückt. Diese Tendenz wurde von der *Großen Berliner und Frankfurter Ausgabe* fortgesetzt. Zum Beispiel wurden Gedichte, die einigermaßen eindeutig Margarete Steffin zuzuordnen sind, Brecht zugeschrieben. In den ersten Jahren nach Brechts Tod war die Tendenz, den Dichter als genialischen Einzelgänger zu etablieren, noch durch das Verlangen nach Identifikationsfiguren erklärbar. Aber bereits 1967 hätte das Kollektiv als Autorenprinzip einigen – auch merkantilen – Reiz gehabt. Und in den Achtzigerjahren, als die große Ausgabe geplant wurde, hätte ein Autor, der ein Plural ist, voll im Trend der Zeit gelegen. Brecht hätte ein ganz neues Interesse erfahren können. Diese Wende aber wollte Unseld nicht vollziehen.

Nur so konnte John Fuegis Buch *Brecht & Co.* von 1997 dann überhaupt zum Skandal werden. Fuegi meinte, Brecht habe seine vor allem weiblichen Mitarbeiter schamlos ausgenutzt – was natürlich beim Publikum gut ankam, weil es sich mit zweideutigen Phantasien und politisch korrekter Rhetorik vermengen lässt. Diese These ist aber nicht haltbar. Brecht selbst war, ganz anders als Fuegi es will, stolz auf das Kollektiv, das wird zum Beispiel in den von Peter Suhrkamp mitverantworteten »Versuchen« deutlich. Er war auch nicht der Geizkragen, den Fuegi in ihm sehen will. Allerdings muss man den Vorwurf, den er Brecht macht, zum Teil seinem Verleger machen. Auf die Idee aber kam Fuegi nicht. Zwar schrieb er: »Die aktivsten und verläßlichsten Komplizen, die Brecht finden konnte, sind bis heute seine Verleger, seine Herausgeber, Biographen, Regisseure und Interpreten.« Und: »Fast möchte man Brecht selbst gegen diese Mumifizierung in Schutz nehmen. An die Stelle des von ihm gewünschten Netzwerks von Arbeitsbeziehungen, in dem Kollektiv Einfälle aller Art nutzbar gemacht werden, ist ein alles lenkender, alles planender Brecht getreten, der hie und da von freundlichen Mitarbeitern Unterstützung erfährt.« Weitere Konsequenzen zog er aber nicht.

Siegfried Unseld hatte leichtes Spiel mit Fuegi. Beim Johannesburger Germanistenkongress im März 1998 polemisierte er gegen Fuegis Buch: »Der Kernpunkt von Fuegis These ist: Brecht, als fieser Chef einer Firma, hat seine Mitarbeiterinnen nach dem ›sex for text‹-Prinzip ausgebeutet, er habe statt mit Geld mit Sex bezahlt, er war Pascha, notorischer Literaturdieb, der weibliches Schreiben weiter verhinderte, indem er es sich selbst nutzbar machte, um die Autorinnen schließlich um die Früchte ihrer Arbeit sprich Tantiemen zu bringen.« Dass eine solche Idee Quatsch ist, war leicht zu zeigen. Gar nicht zu thematisieren brauchte Unseld dagegen, dass er, der Verleger, sich in seinen Editionen den Brecht zurechtgelegt hatte, gegen den Fuegi polemisierte. Helene Weigel hatte noch dafür gekämpft, dass in der 67er-Ausgabe der Kollektivcharakter des Werks herausgestellt wird, sie meinte sogar, dass sich noch weitgehend identifizieren lasse, wer was gemacht habe. Sabine Kebir hat die entsprechenden Stellen aus den Protokollen der Beratungen für eine historisch-kritische Ausgabe in ihrer präzisen Helene-Weigel-Biographie *Abstieg in den Ruhm* zitiert. Schon bei den ersten Beratungen 1959 sagte Helene Weigel: »Aus den Manuskripten sind fast immer Eingriffe und Meinungen von Freunden ablesbar, die Brecht sich zu Herzen genommen hat.« Unseld hatte damals seinen Doktorvater Friedrich Beißner als Berater mitgebracht, auf dessen Nachfrage die Weigel unterstrich, dass das bereits in Brechts amerikanischer Zeit so gewesen sei. »Es ist also tatsächlich so, daß Brecht, der ja meistens im Kollektiv gearbeitet hat, auf Ratschläge hörte und große Komplexe änderte. Solche Ratschläge konnten ästhetischer Art sein oder politischer Art.« Weiter: »Ich glaube, das ist noch nicht ganz als Mit-Wichtigstes empfunden worden.« Die westliche Seite aber, Beißner als Wortführer, wollte eine populäre, einfache Ausgabe. Unseld setzte sich damit durch und behielt diese Linie später bei.

Für junge Schriftsteller blieb der Suhrkamp Verlag, allen Unkenrufen wegen der Trennung von Joachim und bekannt schlechter Tantiemen zum Trotz, auch in den Neunzigerjahren eine zentrale Anlaufstelle. Mit Rainer Weiss, den Ulla Berkéwicz 1982 beim Bachmann-Wettbewerb in Klagenfurt kennen gelernt hatte, dem Lektor Christian Döring und dem Leiter des Theaterverlags Hans Jürgen Drescher gab es ein neues Wir-Gefühl. Neben Rainald Goetz und Durs Grünbein waren Norbert Gstrein, Thomas Hettche, Franz Josef Winkler, Werner Fritsch, Thomas Kling, Ralf Rothmann, Thomas Meinecke, Marcel Beyer, Andreas Neumeister und Albert Ostermaier jetzt etablierte und prägende Autoren des Verlags. Immer noch verband diese Autoren ein Elitegefühl, Unseld lernte immer noch ihre Gedichte auswendig, setzte den jungen Dichtern bei Bedarf die Brechtkappe auf, die in seinem Besitz war, oder erzählte von seinem Überleben durch Schwimmen. Die alten Mythen funktionierten.

Im Frühjahr 1992 erschien *Engel sind schwarz und weiß*, jener erste Roman von Ulla Berkéwicz, der sich so deutlich an Siegfried Unseld richtet, eine Biographie, wie vielleicht Hermann Hesse sie geschrieben hätte, auch wenn der einen ganz anderen Stil hatte. Wie Hesse ist Ulla Berkéwicz ein innengeleiteter Mensch, und das berührt Unseld. Er war von dem Buch vollkommen eingenommen. Auch Gottfried Honnefelder begeisterte sich über das »tolle Buch«

und wollte 50 000 Exemplare als Startauflage drucken. Da musste sogar Unseld bremsen. Dass *Engel sind schwarz und weiß* vor Robert Schindels *Gebürtig*, einem verwandten und von vielen höher eingeschätzten Roman, zum Spitzentitel des Verlags wurde, provozierte und verstärkte dann die hartnäckigen Gerüchte um die Bevorzugung der Verlegergattin.

Ihr Roman wurde von weiten Teilen der Literaturkritik verrissen: Das Anliegen der Autorin, ins Innere des Nationalsozialismus einzudringen, werde durch ihre spätimpressionistische Sprache nicht eingelöst. In diesen Verrissen lag allerdings eine Häme, die nur durch die persönlichen Hintergründe zu erklären ist. Doch so schlecht ist das Buch gar nicht. Die Konstruktion ist in jedem Fall interessant: Das Dritte Reich wird hier von innen mit einer bisher nicht gehörten Emphase geschildert, es ist eine »education sentimentale« aus finsterer Zeit. Außerdem ist *Engel sind schwarz und weiß* ein Buch über ein typisches Männerthema – der Krieg und seine Vorgeschichte –, wenn auch ein Thema, über das Männer gerne schweigen. Wie Peter Suhrkamp hatte auch Siegfried Unseld geschwiegen. Jetzt sprach er auf eigentümliche Weise durch seine Frau.

Wegen der schlechten Kritiken schrieb Tilman Moser ein kleines Büchlein über diesen angeblichen »Rezeptionsskandal«. Moser, der Begleiter Unselds beim Treffen mit Joachim, ein unkonventioneller Psychoanalytiker, ist seit 1974 Unselds Autor. Zu Unselds Geburtstag hatte er ihr Verhältnis charakterisiert: »Ich spürte die Anziehung, das körperliche Aufgeladenwerden durch seinen Charme. Die ganze vermaledeite Vater-Sehnsucht der reifen Jugendjahre hat er spielend wachgerufen.« Jetzt deutete er die Rezeption von Berkéwicz' Buch als einen Fall von Verdrängung nicht aushaltbarer Gefühle aus dem Herzen des Nationalsozialismus. Auf die konkrete Konstellation, aus der heraus das Buch entstanden war, und in der er auch seine Verteidigung schrieb, ging er allerdings nicht ein.

Ein Jahr später erreichte der Handke-Hype seinen Höhepunkt. Peter Handke hatte seinen vielleicht größten, sicher längsten Roman *Mein Jahr in der Niemandsbucht* vorgelegt. Im Vorfeld kam es zu wilden Spekulationen. Handkes damaliger Lektor Raimund Fellinger habe sich aus der Verlagsarbeit fluchtartig verabschiedet. Peter Hamm, Redakteur des Bayrischen Rundfunks, sei als rettender Engel erschienen. Unseld musste sich wieder vor seinen Autor stellen, einen »rettenden Engel« habe das Manuskript nicht nötig. Als das Buch erschien, eilten Kritiker nach Frankfurt, um es abzuholen oder sich damit im Hotel einzuschließen. Handke hatte ein langsames Bekenntnis im Märchenton geschrieben, die Rezensenten hetzten sich wie nie zuvor.

Die Suhrkamp-Welt schien in Ordnung. Tatsächlich stöhnte und ächzte Unseld in dieser Zeit aber unter der Last seines eigenwilligen Autors. Zwei Tage vor Weihnachten hatte er das Manuskript selbst in Paris abgeholt. Erschüttert, dass Handke nur ein Exemplar hatte, das er ihm auch noch in einer Plastiktüte gab, traute er sich nicht, das kostbare Unikat bereits im Flugzeug zu lesen. In den Weihnachtsferien fuhr Unseld nach Rom, nahm eine Kopie mit und tat kaum etwas anderes, als im Hotel zu lesen. Als er fertig war und Handke sagte, dass das ein Opus magnum, ein Hauptwerk, sei, antwortete der, dass Unseld zu lange für seine Reaktion gebraucht habe und dass er sich nur mit dem Hirn, nicht aber mit dem Herzen freue. Unseld war fassungslos: »Stellen Sie sich das vor! So werde ich von meinen Autoren behandelt!«, stöhnte er noch Jahre später. Ein typisches Bild: Unseld, schwitzend und ächzend, entrüstet und doch standhaft zu seinen Autoren haltend, am Rande seiner Kräfte und doch unverwüstlich. Der Verleger als erstes Opfer seiner Autoren: Thomas Bernhard hatte einen würdigen Nachfolger gefunden.

Als das Buch fertig gedruckt war, ging der Wahnsinn weiter. Es ist eine der im Literaturbetrieb gern kolportierten Geschichten, die der Suhrkamp Verlag allerdings vehement bestreitet, auch wenn Siegfried Unseld sie selbst genau so erzählt hatte. Handke wollte auch diesmal sein neues Buch eine Woche für sich allein haben, bevor es seinen Weg in die Welt antrat. Raimund Fellinger war mit seiner Ehefrau nach Paris gefahren, um Handke das Exemplar zu bringen und mit ihm das Erscheinen der *Niemandsbucht* in der Brasserie Lipp zu feiern. Handke tauchte mit bleichem Gesicht auf, setzte sich erst gar nicht und schimpfte. »Ihr lügt doch alle! Und euer Verleger ist der erste Betrüger!« Und ging wieder. Fellinger, gerade Fellinger, der an den Verlag glaubt, wie sonst nur Unseld, war am Boden zerstört. Er schaffte es gerade noch ins Hotel und nach Frankfurt – und das auch nur, weil ihn seine Frau stützte. Was ist los, fragte Unseld aufgescheucht und fassungslos in Paris nach. Da stellte sich langsam heraus, was passiert war. In der Presseabteilung des Verlags hatte ein Amerikaner gearbeitet, dessen Lieblingsautor Handke war. Der hatte gefragt, ob er das – von Handke noch nicht freigegebene – Buch nicht auf dem Rückflug in die USA lesen könne. Er bekam es, flog aber über Paris und besuchte dort: Handke. Der die *Niemandsbucht*, die niemand außer ihm selbst haben durfte, schon durch die Welt fliegen sah!

Ernster waren die Auseinandersetzungen um Handkes winterliche Jugoslawienreise 1995/96. Unseld teilte die proserbische Meinung seines Autors nicht, stellte sich jedoch weiterhin vor ihn. Die bedingungslose, keine Kränkung scheuende Solidarität ist eine der großen Stärken Unselds. »Während der Verleger offen sein muß, frei für die Freiheit des anderen, ja, selbst bereit, für die Meinungen des anderen, die er nicht teilt, einzustehen, kann und muß der Autor nur seinem eigenen Weg folgen ...« Die Stimmung war erhitzt, im Februar 1996 verließ der Suhrkamp-Autor Jürg Laederach wegen Handkes Buch den Verlag, Unseld aber wankte in seiner Treue nicht. Das hatte etwas Heroisches, nur Handke sah das anders: »Daß der Verleger sich hinter mich gestellt habe, das ist nicht einmal wahr. Er brauchte das gar nicht. Es war eigentlich schöner. Er war schlicht da. Indem er da war, waren viele Probleme nicht mehr vorhanden. Er hat mich nicht geschützt, er hat gesagt, ja, das wird publiziert.«

1996 starb Wolfgang Koeppen. Unseld hielt beim Begräbnis in München eine bewegte Ansprache: »Koeppen schrieb, schon fast ohne Bewußtsein, bis zuletzt. ›Komm bei mir vorbei‹, schrieb er mir in einem seiner letzten Briefe aus dem Krankenhaus, ›daß ich Dir sage, was ich schreiben könnte, schreiben werde, schreiben will.‹ Ich kam. Er zeigte mir ein Blatt, auf dem er den Titel seiner zu schreibenden Autobiographie handschriftlich gleich dreifach exponiert hatte: ›Nein-Nein-Nein‹.« Koeppen war Unselds stummster Autor gewesen, ein literaturgeschichtliches Kuriosum, ein Romancier, der beinahe über ein halbes Jahrhundert keinen Roman mehr fertig schrieb und doch als großer Schriftsteller galt.

Unseld hat Wolfgang Koeppen über viele Jahre hinweg selbstlos mit Geld unterstützt, obwohl dieser nichts veröffentlichte. »Vor 36 Jahren, also zu Beginn meiner Beziehung zu Koeppen, war für mich das Vordringliche, seine drei großen Romane *Tauben im Gras* (1951), *Das Treibhaus* (1953) und *Der Tod in Rom* (1954) neu zu verlegen...«, schrieb Unseld nach dem Tod. Schon um die Mitte der Sechzigerjahre dachte Koeppen, Unseld wegen dessen Vorschüssen auf ungeschriebene Bücher nicht unter die Augen treten zu können. 1968 schrieb Koeppen an seinen früheren Lektor Max Tau: »Ich finde alles, was ich geschrieben habe, schlecht... Zu inneren Schwierigkeiten, Krankheiten, Verhängnis, Ungeschick gesellt sich nun Mittellosigkeit, Verschuldung, Plage und wieder Angst. Ich betone, daß dies nicht meinen Verlegern anzukreiden ist, sondern nur mir selbst. Unseld hat getan, was er für einen so widerstrebenden Menschen tun konnte. So sehe ich mich enden, wie ich angefangen habe.«

Der Weg, der damals bereits zu Ende schien, sollte noch eine jahrzehntelange Fortsetzung finden. Für 1972 hatte Koeppen Unseld das Manuskript *Der Maskenball* zugesagt, was er jedoch nie zu Gesicht bekam. Im Frühjahr 1975 kündigte Unseld Koeppens Roman »In Staub mit allen Feinden Brandenburgs« an. Er erschien nicht. Später war von dem Roman als »Bismarck oder all unsere Tränen« die Rede. Im Herbst 1975 las Koeppen aus dem Manuskript auf dem Kritikerempfang der Buchmesse. Und schrieb dann nichts mehr. Außerdem wurde der Roman »Tasso oder die Disproportion« angekündigt. Das Manuskript hat sich nie gefunden. Auch »Petra«, ein Roman über einen Ort, den er nicht erreichen wollte, war einer der uneingelösten Pläne Koeppens. Ebenfalls nie erschien der Roman »Anfang und Ende«.

Unseld schenkte Koeppen 1986 eine Kreuzfahrt, die er sich zum 80. Geburtstag gewünscht hatte. Koeppen versprach Unseld einen Roman von dieser vierwöchigen Schiffsreise, er nahm seine Reiseschreibmaschine mit und wollte jeden Tag fünf Seiten schreiben.

Noch fünf Jahre später erzählte Koeppen, im Gespräch mit André Müller, dass er gerade an einem Roman mit dem Titel »Das Schiff« sitze. »Leider gefällt er mir nicht. Ich hätte ihn längst aufgegeben, wenn Siegfried Unseld, mein Verleger, ihn nicht unbedingt haben wollte.« Müller fragte Koeppen, wie sein Verleger darüber denke. »Ich habe mit ihm nie darüber gesprochen, er auch nicht mit mir.« Aber natürlich drängte Unseld immer wieder: »Bitte schreiben Sie! Schreiben, schreiben!« Und so verstummten die Gerüchte nie, Koeppen sitze an dem großen Roman.

Nach Koeppens Tod wurde Unseld, der im Fall Koeppen tatsächlich in einer Weise großherzig gewesen war, die betriebswirtschaftlich kaum mehr zu rechtfertigen ist, gerade hier menschlicher Verfehlungen verdächtigt. Armin Huttenlocher schrieb, dass Unseld Koeppen bereits vor seinem Tod, als er in vollkommen aussichtsloser Lage war, die monatlichen Zuschüsse gesperrt habe. Tatsächlich war Koeppen zu dieser Zeit bereits von einem Vormundschaftsgericht unter Betreuung gestellt worden, und Unseld hatte von einer mit dem Vorgang betrauten Anwältin einen dringenden Rat erhalten, die Zahlungen einzustellen, weil in dieser Situation der Staat für alles aufkomme und es unnötig Mühe mache, die Suhrkamp-Gelder zurückzuüberweisen.

Bleibt die Frage, woher die enorme Großherzigkeit des in Gelddingen doch eher schwäbischen Verlegers gegenüber einem nicht schreibenden Autor kam. Koeppen war ein freundlicher, einsamer, schwermütiger Mann. Er hatte etwas von einem Kind, das sich für ein Leben in seiner Phantasiewelt entschieden hat. In seinem Nichtschreiben, seiner Tatenlosigkeit, mischten sich aber auch Verzweiflung, Lethargie und ein Schuss Scharlatanerie. Er war ein Wiedergänger Oblomows, dem liebenswürdigsten Nichttatmenschen des 19. Jahrhunderts. Koeppen könnte Unseld zu einer großen Illusion verführt haben: »Jedoch nur so lange erschien mir die Beziehung zu Koeppen eine Übung zwischen Ungeduld und Langmut, bis ich verstand, daß sein Schweigen, seine Verweigerung, am Betrieb teilzunehmen, innerpoetische Gründe hatte, bis ich verstand, daß sein Nein zur Welt ein Ja zur Sprache war, verstand, daß einer, der ein solches Werk geschrieben hatte, beim Schreiben nicht unter Zwang stehen dürfe.« War also eine poetologische Einsicht der Grund für Unselds Großherzigkeit?

Koeppen war noch mehr als ein Oblomow. Er hatte, das zeigen seine Bücher und Briefe ebenso wie sein Leben, ein fundamentales Beziehungsproblem. Vielleicht liegt gerade darin ein Schlüssel. Koeppen, der in sich Zurückgezogene, der Beziehungslose, der Einsiedler, der Nichtschreibende, war eine ideale Projektionsfläche für Unselds Phantasien. Es war ein großes Spiel, das hier zwei miteinander und füreinander aufführten: Erst durch die jahrzehntelangen Zahlungen wurde das Schweigen Koeppens zum lautesten Schweigen der Nachkriegsliteratur. Nur durch seine Zahlungen hat Unseld einen nicht veröffentlichenden Menschen zu einem Ereignis der Literatur gemacht. Was für ein Verlegertriumph!

Schon vor Koeppens Tod hatte sich der Nachfolgekonflikt weiter verschärft. Unseld brauchte zwei oder drei Jahre, um über die Trennung von Joachim hinwegzukommen und der Tatsache ins Auge zu sehen, dass er jetzt keinen Nachfolger mehr hatte. Im Verlag konkurrierten damals Gottfried Honnefelder, Raimund Fellinger und später dann auch Rainer Weiss um die Stelle des Kronprinzen. Chancen konnte sich vor allem Honnefelder ausrechnen, in Wirklichkeit hatte wohl keiner der drei echte Aussichten. Ob Honnefelder von Unseld jemals als Nachfolger vorgesehen war, darüber gehen die Meinungen auseinander. Manche meinen, er hätte es sogar schriftlich, andere, dass Unseld nie daran gedacht habe. Für Unseld sollte er nie mehr als den Insel Verlag mit dem Klassiker Verlag leiten. Unseld war nur von Honnefelders Qualitäten als Kaufmann und Lobbyist überzeugt, nicht aber von denen als Verleger. Immer wieder sagte er, dass Honnefelder nicht lese. Und er demütigte Honnefelder mit diesem Vorwurf, wie er sich einst von Peter Suhrkamp und den Lektoren gedemütigt gefühlt hatte. Honnefelder konnte sich trotzdem von der Idee, der Nachfolger zu sein, nicht verabschieden. 1995 bekam er von Dumont ein verlockendes Angebot. Er forderte jetzt von Unseld die definitive Zusicherung, dass er nach dessen Ausscheiden Verlagsleiter werde. So gab es einen Spaziergang durch den Taunus, bei dem Unseld Honnefelder darlegte, dass er ihm nicht mehr als den Insel Verlag geben würde.

Damit war die Entscheidung gefallen. Honnefelder verließ den Verlag, in dem er 20 Jahre gearbeitet hatte, in dem er aber auch immer an einer Leine gehalten worden war. Mit ihm ging der Lektor Christian Döring.

Danach war Unseld auf Honnefelder nicht gut zu sprechen. Immer wieder machte er sich über ihn lustig: sein Vorhaben, die amerikanische Literatur bei Suhrkamp zu verwurzeln – bei gleichzeitiger Flugangst –, seine Unlust zu lesen, seine Bigotterie, seine Unselbstständigkeit. Honnefelder erschien als tragische Figur. Niemand konnte übersehen, dass er sich weit auf den Verlag eingelassen hatte, dass er sich sogar äußerlich Unseld angenähert hatte. Das war bei Suhrkamp zwar eine weit verbreitete Marotte, Honnefelder aber war darin der Meister gewesen. Böse Zungen bezeichneten ihn – wie Joachim – als Unselds Klon. Beide wirken wie genaue Abbilder des Vaters oder ehemaligen Chefs. Honnefelder hatte sich selbst aufgegeben, und jetzt ließ Unseld ihn fallen.

Zu dieser Zeit hatte Arnulf Conradi, Verlagsleiter bei S. Fischer, mit ebenjener amerikanischen Literatur als Domäne, von der Honnefelder (und auch Unseld) träumte, größere Schwierigkeiten mit der Verlagsinhaberin Monika Schoeller. Bei einer Abendveranstaltung von Rüdiger Volhard, der bis Anfang der Neunzigerjahre Unselds Anwalt war, setzte sich Unseld neben Conradi: »Ich höre, Sie haben Schwierigkeiten mit Frau Schoeller. Wenn es zu Ende geht, lassen Sie uns reden.« Es ging zu Ende, und Conradi kam jetzt öfter zum Mittagessen in die Klettenbergstraße. Jeder der Herren leerte eine Flasche Wein, Unseld weiß, Conradi rot, nach dem Essen gab es noch Cognac. Zuweilen schneite Ulla kurz herein und aß einen Happen. Und Unseld erzählte verschwitzt, mit offenem Hemd und zerzaustem Haar von Handke und Fellinger oder entwickelte seine Vorstellungen von einer gemeinsamen verlegerischen Zukunft. Trotz der Alkoholmengen war er vehement und impulsiv wie immer. Unseld redete, projektierte und entwarf, Conradi fürchtete, dass der Rastlose jeden Moment mit Herzschlag vom Stuhl fiele.

Damals entwickelte Unseld auch die Idee, Suhrkamp nach Berlin zu verlegen, mit Conradi als Geschäftsführer. »Wann wollen wir das denn machen?«, fragte Conradi. »Vielleicht in zehn Jahren.« »Da bin ich über 60.« »Na und«, meinte Unseld. Der Mann hält sich tatsächlich für unsterblich, dachte Conradi. Unseld war damals 70. Wie konnte er es nur für möglich halten, mit 60 den Suhrkamp Verlag nach Berlin zu verpflanzen? Unseld hatte auch die Idee, den Berlin Verlag zu gründen. Volker Schwarz von Nomos hatte von Arno Spitz dessen kleinen Berlin Verlag gekauft, so war Unseld im Besitz der Rechte an diesem Namen. Dieser Berlin Verlag sollte, so die Idee ganz am Anfang, eine Art Vorhut sein mit Conradi als Verleger und neuem Unseld-Nachfolger. So besprach Unseld es damals mit Conradi. Auch zu Joachim hatte er gesagt, dass er nach Berlin gehen könne, um dort einen Verlag zu gründen.

»Wenn ich an deiner Stelle wäre, würde ich jetzt in den Osten gehen.« Dass der damals »Geh du doch!« zu seinem Vater gesagt hatte, verletzte ihn sehr. »Wir haben den Namen Berlin Verlag, den gebe ich dir, der wird dich berühmt machen«, hatte Unseld weiter zu Joachim gesagt. Aber Joachim wollte ein Jointventure, eine Art Suhrkamp Berlin, was wiederum Siegfried nicht wollte.

Unseld und Conradi einigten sich darauf, dass der Berlin Verlag keine deutsche Literatur und kein Taschenbuch macht, das sollte die Domäne von Suhrkamp sein, dann passe das in der Zukunft wunderbar zusammen. Unseld, Andreas Reinhart und Arnulf Conradi sollten je eineinhalb Millionen Mark als Gesellschaftskapital einlegen. Conradi holte als Gegengewicht gegen die vermeintliche Unseld-Reinhart-Übermacht als vierten Gesellschafter Hans Graf von der Goltz dazu, Testamentsvollstrecker der Quandt-Familie, BMW-Aufsichtsrat und Autor: ein korrekter und erfahrener Mann, der sich auch gleich beteiligen wollte. Allerdings war Unseld auf einmal zögerlich, als es um den Vertragsabschluss ging. »Das kann ich nicht unterschreiben«, sagte er beim gemeinsamen Notartermin. Unselds Geschäftspartner bekamen den Eindruck, dass ihm nichts zu peinlich war, um ein paar Mark oder einige Vorteile herauszuschinden. Und am Ende, wenn auch verdrossen, fügten sie sich Unselds Vorstellungen. Auch diese Mischung aus Misstrauen und Eigennutz ist typisch für Unseld. Trotzdem war Hans Graf von der Goltz nicht nur von Ulla, sondern auch von Unselds Leidenschaft und Lebenswerk sehr beeindruckt. »Meine Utopie ist der Suhrkamp Verlag«, hatte Unseld einmal gesagt, als sie über Utopie sprachen. Das gefiel von der Goltz.

Die Verhandlungen für Unseld führte wieder Heinrich Lübbert. Der neue Anwalt des Hauses war nicht nur ein philosophisch ambitionierter, statusbewusster Lebemann, sondern auch der Scheidungsanwalt von Ulla Berkéwicz gewesen. Unseld, der bisher keinem Anwalt hundertprozentig getraut hatte, der eine rechtliche Meinung meist mit anderen Juristen bei seinen Besuchen im Rotary-Club oder anderswo besprach, vertraute seinem Rechtsanwalt nach einigen Erfolgen bedingungslos: Johnson, Brecht, Koeppen, immer hatte Lübbert Recht bekommen. So spielte, lange unbemerkt, eine weitere Figur in den verwickelten Nachfolgefragen eine maßgebliche Rolle. Lübbert begann damals an einer Unseld-Stiftung zu arbeiten, der Unseld seine Verlagsanteile übertragen wollte und die die Kontinuität nach seinem Tod garantieren sollte. Diese Stiftung wurde, zumindest gedanklich, für Unseld die eigentliche Nachfolgerin. Sein Anwalt aber wuchs durch seine Arbeit an einer Verlagskonstruktion für den Tag, an dem Unseld sterben würde, immer mehr in eine Schlüsselrolle. Mancher bekam damals Angst, dass es am Ende Lübbert selbst sei, der das Rennen um die Nachfolge macht, dass er der Vorsitzende der Stiftung würde, deren Konstruktion er nur erarbeiten sollte. Man erinnerte sich an Bernhard Servatius, der Axel Springer nicht nur juristisch beraten hatte, sondern selbst in das Geschäft eingestiegen war: Er war erst Testamentsvollstrecker Springers gewesen, dann wurde er mit Friede Springer Geschäftsführer. Der Testamentsvollstrecker Lübbert macht sich selbst zum Aufsichtsratsvorsitzenden, so die Befürchtung.

Die verschiedenen Verhandlungspartner der damaligen Zeit erinnern sich an Lübbert als eine geschickt taktierende, aber auch undurchsichtige Person. Schwer einzuschätzen ist seine Rolle im Verlagsgefüge auch, weil er nicht nur durch seine Erfolge, sondern auch durch das gute Verhältnis zu Ulla Berkéwicz das besondere Vertrauen des Verlegers besitzt. Bei allem, was die Stiftung betrifft, spielte er von Anfang an die zentrale Rolle. Es muss insbesondere Joachim so vorkommen, als sei der Stiftungszweck vor allem der, ihn zu enteignen. Und als sei Lübbert der Urheber dieses Gedankens.

Etwa zu der Zeit, als die Stiftungspläne reiften, machte der von Unseld geschätzte Germanist Albrecht Schöne den Göttinger Verleger Thedel von Wallmoden darauf aufmerksam, dass es bei Suhrkamp nach dem Weggang Honnefelders drunter und drüber gehe. Wallmoden schrieb daraufhin an Unseld, dass er sich vorstellen könne, beim Insel Verlag behilflich zu sein. Wallmoden kannte bis dahin nur Ulla Berkéwicz. Jetzt traf er sich mit Unseld in der Klettenbergstraße, Ulla kam manchmal dazu, der Nachmittagstee wurde zum Abendwein, und wenn es ganz spät wurde, übernachtete der Göttinger auch gleich im großen Haus des Verlegers. Es ging schnell: Wallmodens Wallstein-Verlag sollte erst Dienstleister für Insel werden, dann sollte er im Verlag selbst eine leitende Funktion übernehmen. Und am zweiten Weihnachtsfeiertag 1996 besuchte das Ehepaar Unseld das Ehepaar Wallmoden in Göttingen. Bei diesem Essen sprachen die Paare, erst noch zurückhaltend, dann immer euphorischer, über die gemeinsame Zukunft. Unseld war stark bewegt. Die Männer mussten nach draußen zu einem winterlichen Spaziergang, um das Gespräch fortführen zu können. Wallmoden war ganz im Bann des mitreißenden Charismatikers, der wieder zu großer Form auflief und ganz jung wirkte. Er war der Nächste, dem Unseld das Gefühl gab, dass er ihn in irgendeiner Form als Nachfolger wolle. Wahrscheinlich hatte Unseld weder bei Honnefelder, Conradi oder Wallmoden tatsächlich die Absicht.

Im April 1997 fing Wallmoden als Berater in Frankfurt mit der Option an, nach einem Jahr Geschäftsführer zu werden. Er bekam eine Wohnung im Verlag, unter der von Helene Ritzerfeld. Die Öffentlichkeit hatte ihren neuen Kronprinzen. Neben Raimund Fellinger und Rainer Weiss im Verlag, zu denen sich langsam auch Günter Berg, Leiter der Suhrkamp Taschenbücher, gesellte, gab es jetzt also noch Heinrich Lübbert, Arnulf Conradi und Thedel von Wallmoden, die sich Hoffnungen auf die Unseld-Nachfolge machten. Andere, wie Michael Krüger, Wolfgang Balk für das Taschenbuch, Frank Schirrmacher oder Egon Ammann, bei dem Heribert Marré einmal vorgefühlt hatte, ob er sich vorstellen könne, nach Frankfurt zu kommen, hatten bereits abgesagt.

Und dann war da ja auch noch Ulla Berkéwicz. Welche Ambitionen hatte sie eigentlich? Unseld versuchte, sie zu überzeugen, dass sie nach seinem Tod die Vorsitzende der entstehenden Stiftung werden müsse. Aber sie wollte nicht. Trotzdem erschien sie auf einer schwer zu fassenden, emotionalen Ebene bereits jetzt wie die heimliche Drehscheibe des Verlags. Neue Beziehungen knüpfte Unseld immer öfter über sie. Festzulegen war die Rolle, die Berkéwicz im Verlagsgefüge spielte, jedoch nicht. Genau das lag ihr. Als Person ist Ulla Berkéwicz kaum greifbar, gleichzeitig spontan und berechnend, eben eine Schauspielerin. Die war sie nicht nur auf der Bühne, die war sie jetzt noch mehr und noch versierter im Leben. Richtig verstehen wird das allerdings nur, wer im Schauspieler eher den Erscheinungs- als den Verstellungskünstler erkennen kann.

Unseld war nicht der Einzige, der sie sich an der Spitze der Stiftung vorstellen konnte. »Ulla, überleg doch mal, du bist sehr viel jünger als Siegfried, du wirst ihn überleben. Du hast jetzt so viele Jahre an dem Verlag Anteil genommen. Was soll denn sein, wenn du eines Tages mit ansehen mußt, wie der Verlag in die falsche Richtung läuft? Und du kannst dann nichts mehr tun.« Mit solchen Sätzen wurde sie bearbeitet – und überzeugt. Nach einem Gespräch, in dem ihr diese Gefahr ganz deutlich geworden war, sagte sie zu Unseld, dass sie den Stiftungsvorsitz übernehmen würde. Sie hatte die bittere Pille, dass sie sich als Ehefrau aus den Verlagsdingen nicht mehr würde raushalten können, dass sie Verantwortung und wenigstens den Vorsitz im Stiftungsbeirat übernehmen müsse, geschluckt.

Thedel von Wallmoden schlug Thorsten Ahrend als Lektor vor, kümmerte sich um den wissenschaftlichen Teil des Verlags, die Einführung einer neuen Verlagssoftware und die Evaluierung des Klassiker Verlags, den Honnefelder zurückgelassen hatte. Er war nicht der Erste, der sagte, dass hier viele Millionen versenkt worden waren. Arnulf Conradi feierte mit seinem Verlag in Berlin zur selben Zeit erstaunliche Erfolge. Wallmoden wollte die versprochenen Verträge haben, die seine Position festschrieben, Unseld warb um Verständnis dafür, wie schwer ihm das fiele. Wallmoden insistierte, Unseld verwies auf Berg, Weiss und Fellinger, die er nicht vor den Kopf stoßen wollte. Wallmoden suchte den persönlichen Austausch, er wollte endlich Verbindlichkeit. Unseld wollte sich Handlungsfreiheit erhalten, ihm erschien Wallmodens Begeisterung für die EDV und das Beharren auf den Verträgen als pedantisch. Über solchem Kleinklein und Unselds Schwierigkeiten, sich vom Verlag zu trennen, zerbrach dann die Beziehung. Das anfängliche Vertrauen war bald verflogen, und Unseld sah keine gemeinsame Zukunft mehr. Als Wallmoden in Urlaub fuhr und es im Gegensatz zu Unseld für selbstverständlich hielt, in dieser Zeit weiter bezahlt zu werden, wurde das zum Anlass von grundsätzlicheren Meinungsverschiedenheiten. Bereits Anfang November 1997 schied Wallmoden offiziell aus dem Verlag aus.

Schon zu der Zeit, als Wallmoden in Frankfurt begann, hatte Unseld – über Heinrich Lübbert – in München Kontakt zu Christoph Buchwald aufgenommen. Buchwald war sowohl als Lektor bei Hanser als auch als Verleger bei Luchterhand erfolgreich gewesen. Unseld wusste, dass sich Buchwald gut mit prominenten Autoren wie Harry Mulisch oder Milan Kundera verstand. Im Mai gab es das erste Gespräch zwischen den beiden. Buchwald biss zwar nicht sofort an, aber Unseld umwarb ihn in seiner mitreißenden Art zwischen Wein- und Buchkeller – mit Erfolg. Im November, kurz nachdem Wallmoden aus dem Verlag ausgeschieden war, stellte er Buchwald als neuen Geschäftsführer der Öffentlichkeit vor. Mit ganz erstaunlicher Resonanz in der *FAZ*, die wie zu einer bedeutenden Parlamentsentscheidung gleich drei große Artikel brachte. Wurde in den Achtzigerjahren der Suhrkamp Verlag interpretiert, wurde jetzt die Nachfolgedebatte wie eine bundesdeutsche Grundsatzentscheidung behandelt. Jetzt schien die Sache besiegelt und das Nachfolgeproblem gelöst. Buchwald sollte sich um die ausländischen Autoren kümmern und endlich den Traum von der angelsächsischen Literatur verwirklichen. Unseld selbst sollte sich weiterhin um die deutschen Autoren kümmern. Buchwald hatte Prokura bis 100 000 Mark, in dieser Höhe ein Novum. Der Verleger schien ihm zu vertrauen. Hatte er dazugelernt? Oder zwang er sich dazu? Musste er der Öffentlichkeit eine Nachfolgeregelung präsentieren? Unseld sagte, er hätte jetzt wieder so etwas wie einen Sohn. Im März 1998 begann Christoph Buchwald in Frankfurt.

Für Arnulf Conradi war damit klar, dass er bei Unseld keine Perspektive mehr hatte. Die Entfremdung wurde manifest, als Conradi mit Ingo Schulze einen deutschen Autor verlegte, dessen Manuskript nicht nur bei Suhrkamp gelegen hatte, sondern auch noch sehr erfolgreich wurde. Unseld warf ihm vor, ihn nicht auf den Autor hingewiesen zu haben. Conradi verkaufte mit Zustimmung der Gesellschafter den Berlin Verlag an Bertelsmann für eine enorme Summe, über deren Höhe gern spekuliert wird, er blieb Verleger und wurde auch noch Nachfolger in Wolf Jobst Siedlers Verlag. Unseld wollte erst gar nicht mit Bertelsmann verhandeln, denn er schätzte den Berlin Verlag und wollte ihn behalten. Dann wollte er die Verhandlungen selbst führen. Doch Conradi konnte sich durchsetzen.

Unselds schriftstellerische Arbeiten erreichten in dieser Zeit eine neue Qualität. Wuchs ihm jetzt so etwas wie Altersweisheit zu? Im Buch über Goethes Verleger waren die Stellen über die Liebe noch etwas verkrampft gewesen. Mit dem kleinen Insel-Büchlein *Goethe und der Ginkgo* von 1998 änderte sich das. Unseld schaffte sich in diesem Buch in Goethe kein Über-Ich mehr, sondern einen Vertrauten, einen Dialogpartner, mit dem er auf eine Weise reden konnte wie mit keinem seiner Autoren, Verhandlungspartner oder Nachfolger. Wenn Unseld jetzt über die Liebe schrieb, entstand eine schöne, zurückhaltende Intimität.

Fast kindlich versammelte Unseld in diesem Buch alles, was er zum Ginkgobaum finden konnte. Trotzdem geht es im Kern nicht um den Ginkgo, sondern um die geheime Beziehung zwischen Goethe und Marianne Willemer – eine Verbindung, die in Frankfurt stattgefunden hatte und der Goethe die zentrale Inspiration für den *West-östlichen Divan* verdankte. Unseld zeichnete diese Liebesbeziehung gefühlvoll und mit großem Respekt. Es ist, als wenn er in dem poetischen Austausch zwischen Goethe und Willemer ein geheimes Vorbild für seine Beziehung zu Goethe gestalten sehen würde. Was Unseld hier gelingt, ist eine Darstellung des Eros, der in der Liebe wie der poetischen Produktion am Werk ist. Hier endlich findet sich eine vollkommen gelungene Autorenbeziehung. »Goethe, der Erfahrene, geht hier aus sich heraus, und er wird erahnen, was in Marianne vorgeht, in dieser Frau, die ein Leben in ihren Gefühlen unerfüllt geblieben ist und nun in dem von ı so geliebten Mann eine Erfüllung sieht. Aber Goethe ist nicht nur der Liebende, er ist der Dichter, der schafft, schreibt, der schöpferisch ist, der eben eins und doppelt ist. Die dichterische Form ist immer schon Distanz zum konkreten Erleben. Und: Er fühlt Erbarmen im Karfunkel ihres Blicks. Wir Heutigen müssen erkennen, daß Goethe immer der großartige Regisseur seines eigenen Lebenskunstwerks war, und daß er hier zwar den großen Gewinn einer schöpferischen Muse erkannte, gleichzeitig aber auch das für ihn not-wendige Scheitern einer Beziehung, der Liebe zwischen zwei anderweitig gebundenen Menschen, mitkalkulierte, ja mitinszenierte.« Unseld stößt da ganz unprätentiös zum Kern des Phänomens Goethe vor: ein Liebender, ein Meister der Liebe, der sie immer wieder zu erzeugen und zu benutzen versteht.

Goethe hatte sich für den *West-östlichen Divan* drei Gedichte von Marianne Willemer zu Eigen gemacht, hatte sie in seine Sammlung aufgenommen, ohne die wahre Verfasserschaft preiszugeben. Dieser Umstand eignete sich vortrefflich für einen Kommentar Unselds zu Fuegis Brecht-Biographie, die im Jahr zuvor erschienen war, und seiner kritischen Darstellung der pluralen Autorschaft hinter Brechts Werk. Er verglich Brecht mit Goethe, indem er zeigte, dass es die Kraft des Eros war, die Goethe in Willemer erweckt und die ihr ermöglicht hatte, ihre Gedichte zu schreiben. Das machte ihn nicht zum Eigentümer der Gedichte, aber es verrückt die Zuschreibungsfrage in einen Bereich, wo – wie der Ginkgo es symbolisiert – zwei Personen eine sind und eine Person in zweien stecken kann. Unselds Darstellung ist hier souverän. Dass er dann auf Fuegis Buch in einer langen Fußnote eingeht, ist allerdings überflüssig. Da wird er vom Autor wieder zum Verleger, der sich im Tagesgeschäft herumschlagen muss und für seine Autoren kämpft. Da verliert er die höhere Warte, auf die er sich mit seinem Vertrauensmann Goethe emporgearbeitet hatte. Insgesamt aber steckt eine Stimmigkeit in diesem Buch, die es wie eine kleine, geheime, ideale Summe von Unselds Leben erscheinen lässt. An die Stelle, wo »der Verleger und seine Autoren« waren, ist »Goethe und sein Wirken« getreten.

d der Ginkgo, eigentlich eher eine Gelegenheitsarbeit, die Summe von Unselds Beschäftigung mit Goethe, mit dem Thema Liebe. Seine Arbeiten zu Rilke und n Neunzigerjahren, »seinen« beiden Insel-Autoren, ~~~~~~~gen sich fast ausschließlich mit diesem Thema. Wenn auch mit dem Unseld eigenen naiven Zugang eines Gläubigen, der manchen an Poesiealben erinnert. Das Nachwort zu *Wie soll ich meine Seele halten*, einer Auswahl von Rilkes Liebesgedichten, kann man als Bekenntnis eines Mannes lesen, der sein Leben lang Liebe gesucht hat. »Was war ich jung! Und nun seid ihrs. Oh seids, oh seids. Ich bin es noch. Und bin sogar noch Kind. Fühlende bleiben, was sie fühlend sind.« Das ist, mit Rilkes Worten, aus dem tiefsten Innern Unselds gesprochen.

Ganz anders als der befriedigende – und lebendige – Dialog mit dem toten Goethe, den Unseld führte, war die Wirklichkeit. Das Jahr 1998 brachte Siegfried Unseld in eine nicht auflösbare Zwickmühle, sein Modell der fast bedingungslosen Solidarität mit dem Autor wurde auf eine harte Probe gestellt. Bei Handke und seiner Serbienreise konnte er sich noch vor einen Autor stellen, dessen Meinung er zwar nicht teilte, die zu respektieren und zu veröffentlichen aber keine unüberwindlichen Probleme aufwarf. Jetzt war das anders. 1998 hielt Martin Walser in der Frankfurter Paulskirche, also direkt vor Unselds Haustür, seine Friedenspreisrede, in der er die deutsche Erinnerungskultur als »Moralkeule« und das geplante Holocaustmahnmal als »Monumentalisierung der Schande« kritisierte. Daraus entwickelte sich dann die so genannte »Walser-Bubis-Debatte«, die erbitterte und die gesamte Republik beschäftigende Auseinandersetzung zweier Freunde von Siegfried Unseld.

Die Demarkationslinie zwischen Ignatz Bubis, dem damaligen Vorsitzenden des Zentralrats der Juden in Deutschland, und Martin Walser ist in dieser Debatte eindeutig und dennoch gleichzeitig nicht festzulegen. Auf der einen Seite steht der 1927 geborene Deutsche, der die bisherige Erinnerungspraxis scharf kritisiert, auf der anderen steht der deutsche Jude, für den diese Erinnerungskultur zentrale Bedeutung hat. Bubis' Vorwurf, Walser plädiere für das Wegschauen, ist zwingend. Gleichzeitig aber geht es Walser nicht um eine simple Vergangenheitsvergessenheit, eine Blindheit gegenüber der Vergangenheit. Auch sein Thema ist die Intensität der Erinnerung.

In diesem Streit ging es nicht mehr um ein Buch oder eine streitbare Äußerung, es ging um den Grundbestand der bundesrepublikanischen geistigen Verfassung. Es ging um jenes Schuldeingeständnis und dessen rituelle Wiederholung, das Deutschland nach dem Dritten Reich zu einem wieder akzeptierten Staat gemacht und am Ende dann die deutsche Vereinigung möglich gemacht hatte. Zu dieser Geschichte hatte der Suhrkamp Verlag entscheidend beigetragen. Walser distanzierte sich mit seiner Rede nun von dieser Tradition, die man am besten eine des Schuldbekenntnisses nennen kann. Er proklamierte das Ende jener Scham, die wesentlich zu dem gehört hatte, was man die Suhrkamp-Kultur genannt hatte. Hinzu kam, dass Walsers Lust, öffentliche Reaktion hervorzurufen, ihn verführte, an der Grenze zum Antisemitismus zu operieren.

Sowohl zu Walser als auch zu Bubis hatte Unseld ein freundschaftliches Verhältnis. Um die schier unlösbare Situation Unselds zu verstehen, ist es hilfreich, eine Vorgeschichte zu vergegenwärtigen. Die Auseinandersetzung um den bundesrepublikanischen Antisemitismus hatte sich, insbesondere in Frankfurt, im Streit um die Aufführung von Rainer Werner Fassbinders *Der Müll, die Stadt und der Tod* fokussiert. Als Fassbinder das Drama, in dem ein reicher jüdischer Bauspekulant – in dem zu Unrecht immer wieder Bubis vermutet wurde – auftritt, in den Siebzigerjahren aufführen wollte, verhinderte das nicht nur die jüdische Gemeinde. Fassbinder wurde Antisemitismus vorgeworfen, und der aus den 68er-Tagen bekannte Begriff des Linksfaschismus wurde – jetzt allerdings von rechter Seite – reaktiviert.

Fassbinder war damals Unselds Autor, *Der Müll, die Stadt und der Tod* sollte in der edition suhrkamp erscheinen. Unseld aber zog den Band zurück. »Der Verlag möchte in Verbindung mit dem Autor weitere Mißdeutungen ausschließen, er wird deshalb zunächst die Auslieferung des Bandes einstellen.« Hier also war für Unseld eine Grenze der Solidarität mit dem Autor überschritten. Den Vorwurf des Antisemitismus zu vermeiden, war ihm wichtiger als die Solidarität mit seinem Autor Fassbinder. Unseld wog die beiden Standpunkte gegeneinander ab und entschied sich dann eindeutig: »Wir sind wie Fassbinder der Meinung, daß darüber diskutiert werden muß, wieso in Frankfurt bestimmte Gruppen, jüdische Gruppen und Einzelpersonen, die Stadt zu ungunsten der Lebensbedingungen ihrer Bürger verändern können und welchen Anteil die Stadtverwaltung an diesen Vorgängen hat... Doch Fassbinders wenig differenzierte Holzschnittechnik entgeht nicht der Gefahr, gefährliche Klischees, die Stück und Autor bekämpfen wollen, für ein durch deutsche Geschichte belastetes Publikum erst wieder zu reproduzieren.« Wenn der Text nicht geändert werde, werde er nicht bei Suhrkamp erscheinen. Fassbinder war damals über Unselds Haltung überrascht und konsterniert.

1985 unternahm der damalige Intendant Günther Rühle dann einen Versuch, das Stück am Schauspiel Frankfurt uraufzuführen. Unseld beteiligte sich jetzt zusammen mit Hermann Josef Abs (der einst Suhrkamp geholfen hatte), Harry Buckwitz und Walter Wallmann an einer Unterschriftenliste gegen die Aufführung. Unseld teilte also in den Achtzigerjahren noch eindeutiger die Position von Ignatz Bubis. Fünf Jahre später wurde Unseld auf Bitte von Bubis Verleger und Mehrheitsgesellschafter des traditionsreichen Jüdischen Verlags, den Bubis das zweite Mal übernommen hatte, als er im Konkurs von Athenäum unterzugehen drohte. Bubis wollte nach schlechten Erfahrungen einen vertrauenswürdigen Verleger für diesen Verlag. Er und Unseld einigten sich: 1988 ging der Jüdische Verlag an Insel als wichtigsten Teilhaber, der auch die Verluste tragen sollte. Unseld konnte die bedeutsame Tradition des Jüdischen Verlags organisch fortsetzen. Nach den jüdischen Autoren der Emigration, die am Anfang das Suhrkamp-Programm geprägt hatten, begann jetzt das zweite Mal ein jüdischer Schwerpunkt im Hause Suhrkamp deutlich zu werden: Die neue Frau des Verlegers stellte sich dezidiert in die jüdische Linie ihrer Vorfahren, und Unseld wurde Verleger des wichtigsten deutschen jüdischen Verlags.

Im Suhrkamp Verlag war man der Ansicht, dass insbesondere

Walser das mit Skepsis sah. Es trug dazu bei, dass sich Walsers Verhältnis zu Unseld im Lauf der Neunzigerjahre abkühlte. Der Weggang von Gottfried Honnefelder, zu dem Walser ein gutes Verhältnis gehabt hatte, tat ein Übriges. Er bedeutete für Walser einen echten Verlust. Außerdem hatte Walser eine gute Beziehung zu Hilde Unseld gehabt. Es wurde immer deutlicher, dass er nicht gut auf Ulla Berkéwicz zu sprechen war. Und das beruhte auf Gegenseitigkeit: Die Frau des Verlegers schätzte seinen wichtigsten Autor nicht. Bei einem Buchhändlerabend äffte Walser Unseld nach, der eine Ansprache hielt. Ulla Berkéwicz saß neben ihm und sprach ihn darauf an. Darauf sagte Walser gereizt in die Runde: »Frau Berkéwicz weist mich hier zurecht.«

Als Walser das Manuskript zu *Ein springender Brunnen,* des wichtigsten Buches, das er seit langem geschrieben hatte, seinem Verleger übergab, hatte das alte Vertrauensverhältnis also bereits gelitten. Walser dachte immer wieder daran, den Verlag zu wechseln. Trotzdem passte auch dieses Buch Walsers in den Suhrkamp Verlag wie kaum ein anderes. Walser bemühte sich hier – wie Ulla Berkéwicz in *Engel sind schwarz und weiß,* das er im Übrigen nicht schätzte – um Erinnerungsintensität. Beide Bücher sind stilistisch extrem unterschiedlich, aber im Nachdruck der Vergangenheitsvergegenwärtigung sind sie verwandt. Beide Bücher sind sehr auf Einzelheiten bedacht, sehr persönlich, beide sind sie Ausdruck der Erinnerungskultur, wie sie im Suhrkamp Verlag gepflegt wird. Die Vergangenheit wird dabei beschworen und verschwimmt gleichzeitig: »Solange etwas ist«, schrieb Walser, »ist es nicht das, was es gewesen sein wird. Wenn es vorbei ist, ist man nicht mehr der, dem es passierte.«

Mit Walsers *Ein springender Brunnen* bekam die Suhrkamp-Kultur eine neue Färbung. Das Buch markierte eine Form der Erinnerung, die so nur in Deutschland zu finden ist. Einerseits ist das Verhältnis zur Vergangenheit sehr differenziert und sogar elaboriert, andererseits ist es nicht eindeutig. Was war, verschwimmt immer wieder. Auch der Roman von Walsers Gegenspielerin Ulla Berkéwicz weist diese Züge auf. Als Verleger steht Unseld für diese intensive, aber ungefähre Art der Erinnerung. Er selbst hat zu seinen Erfahrungen im Dritten Reich nur in einer umständlichen, nie offenen Weise Stellung genommen. Seine spärlichen Erinnerungen machen sich immer an Einzelheiten fest, dem Schwimmen, dem Schachspiel, dem Slogan »Hart wie Kruppstahl…«. Nie aber sind sie nachprüfbar oder durchdringen sie den Zusammenhang. Walser schreibt eine ähnlich paralysierte Prosa, die sich an Einzelheiten festhält. Wie Walser hat Unseld die Tendenz, Tatbestände in der Subjektivität des Erinnerns aufzuweichen. Genau hier aber ist der Kern des Vorwurfs von Ignatz Bubis zu suchen, dass Walser sich in seiner Paulskirchenrede nicht zu den Verbrechen bekannt habe, dass er sich da nicht eindeutig verhalten habe – auch wenn sein Vorwurf, Walser plädiere für das Wegschauen, angesichts der Erinnerungsarbeit, die hier geleistet wird, zu simpel ist. Für Siegfried Unseld also stand noch mehr auf dem Spiel als der Konflikt zweier Freunde. Moralisch wollte er auf Bubis' Seite sein, mit Walser aber teilte er die Art und Weise der Erinnerung.

Walser sprach in seinem Roman als Anwalt subjektiver Erinnerung. Als poetisches Verfahren ist das legitim, Walsers Fehler bestand darin, das in seiner Rede auf die politische Ebene zu übertragen. Unseld befand sich in der Zwickmühle, subjektiv hielt er es mit Walser, politisch wollte er es sich trotzdem mit Bubis nicht verderben. Walser vertrat eine persönliche Moral, Bubis eine öffentliche. Und Unseld wollte beides. Bubis wollte, dass erinnert wird, was gesellschaftliche Gesamtrealität war, Walser wollte erreichen, dass die Erinnerung eines jeden zu ihrem Recht kommt – er wurde zum Verteidiger der eigenen Kindheit.

Unseld – der alte Überbringer der Flaschenpost – befand sich in einer Sackgasse. Die Literatur, die der Verlag vertreten hat, war immer geprägt durch einen, wenn auch oft indirekten, Bezug zum Nationalsozialismus und durch eine nicht historische, sondern persönliche, schriftstellerische, sich aus dem Alltag speisende Authentizität, an die Wahrheit der persönlichen Erfahrung glaubende, nicht ideologische, manchmal bis ins Privatistische gehende Auffassung von Vergangenheitsvergegenwärtigung. Das Wiederanknüpfen an jüdische Traditionen bildete dazu keinen Gegensatz – im Gegenteil. Dieses Projekt konnte sich lange fortschreiben, ohne dass sich größere Probleme oder Gegensätze ergeben hätten. Das geschah erst, als Martin Walser mit seinem Buch *Ein springender Brunnen* diese Technik so weit perfektioniert hatte und sich in ihr so sicher fühlte, dass er auch die seiner Meinung nach konsequenten Schlussfolgerungen daraus ziehen konnte.

Unselds Freundschaft zu Ignatz Bubis – mit dem Höhepunkt der Wiederbelebung des Jüdischen Verlags – stand dagegen für eine tief greifende Aussöhnung, für das Gelingen eines großen Projekts, für die Möglichkeit, jüdische Traditionen in Deutschland wieder zu verwurzeln. Jetzt aber tat sich hier, sozusagen im Herzen Unselds, ein nicht zu überspielender Riss auf. Dabei handelt es sich nicht nur um ein Verlagsproblem oder um ein persönliches Problem von Siegfried Unseld. Noch einmal stand die Suhrkamp-Kultur repräsentativ für die Erinnerungskultur Deutschlands.

Wie sollte sich Unseld jetzt verhalten? Er neigte beiden Auffassungen zu, er verstand Walser und Bubis, aber zu vermitteln gab es hier nichts mehr. Unseld schlug sich letztendlich auf die Seite von Walser, aber er formulierte seine öffentliche Stellungnahme in einem Brief an Ignatz Bubis. »Lieber Freund Ignatz, Du hast mir nach der Rede Walsers sogleich Dein Bedenken gegen seinen Gedanken der Instrumentalisierung von Auschwitz mitgeteilt und mir gesagt, Du wolltest in Deiner Rede zum 9. November darauf eingehen. Ich habe Dich gebeten, doch noch einmal den Wortlaut des geschriebenen Textes zu studieren und auch den Zusammenhang zu gewärtigen, in dem dieser Gedanke von Walser steht. Ich verstehe, daß Du auf diesen Gedanken der Instrumentalisierung von Auschwitz reagieren wolltest, mußtest; ich verstehe auch, daß es für Dich, wie für uns alle, wichtig ist, diesen Gedanken auszuloten und also ausführlich auf ihn zurückzukommen. Ebenso klar aber muß ich Dir sagen, daß ich Dein Etikett der ›geistigen Brandstiftung‹ nicht verstehe, daß ich es zu hart und vor allem dem Denken Walsers für unangemessen halte. Ein geistiger Brandstifter ist ein Biedermann, der eine Lunte legt, aber kein Feuer entzündet. Beides trifft auf Walser nicht zu, er sprach von seiner ›moralischen Schwäche‹, er sprach auch von der ›unvergänglichen Schande‹ und von der ›Grauenhaftigkeit‹ von Auschwitz. Er hat ja nicht Erinnern und Beschuldigen beklagt, sondern die in den Medien vorherrschende Routine des

Beschuldigens, die kommerzielle Verwertung des Grauens, den Ausverkauf anstelle der Fassungslosigkeit. Das ist doch ein großer Unterschied… Mit freundschaftlichem Gruß Dein Siegfried U.«

Dieser Brief zeigt Unselds Geschick, aber auch seine Grenzen. Dass öffentliche Erinnerung nicht persönlich sein kann, sondern ritualisiert sein muss, hat in seinem Denken keinen Platz. Später zog er sich auf die Formel zurück, Walser habe sich in seiner Rede nicht vergriffen. Aber später hätte er anders reagieren sollen, um klarzustellen, dass das nicht stimmt, was viele in der Rede gehört haben. Bubis ist am 13. August 1999 im Alter von 72 Jahren gestorben. In seinem letzten Interview, das im *Stern* veröffentlicht wurde, sagte er, dass er »fast nichts« in seiner Amtszeit als Präsident des Zentralrats der Juden bewirkt habe. Jüdische und nicht jüdische Deutsche seien einander fremd geblieben, so sein resigniertes Fazit. »Zwischentöne waren ihm fremd…«, schrieb Unseld in seinem Nachruf auf Bubis, »…und ich habe seine Kritik an jenen von Martin Walser verstanden, nicht verstanden das Etikett, das er ihm gab und das aus einem Mißverständnis herrührte.«

Die Walser-Bubis-Debatte ist eine Debatte um wahre und falsche Erinnerung, um Authentizität und Glaubwürdigkeit. Diese Frage nach der Authentizität tauchte im Zusammenhang mit dem Jüdischen Verlag jetzt weitere Male auf. 1995 erschienen hier Binjamin Wilkomirskis *Bruchstücke*, das schnell ein Klassiker der Holocaust-Erinnerungsliteratur wurde. Wilkomirski erinnerte erzählerisch und subjektiv. Als im August 1998 bekannt zu werden begann, dass diese angebliche Erinnerung eine Fiktion ist, dass Wilkomirski ein Schweizer ist, der 1941 als Bruno Doessecker geboren worden war, zerbrach eine moralische Übereinkunft. Im Herzen der Empathie mit den Opfern des Holocaust konnte eine Lüge stecken.

Eine verwandte Form der Fiktion lag in Wolfgang Koeppens angeblich authentischem Bericht *Jakob Littners Aufzeichnungen aus einem Erdloch* vor, erschienen 1992 im ersten Programm des Jüdischen Verlags. Unseld konnte Koeppen 1992 überzeugen, sich als Autor dieses Buches aus dem Jahr 1948, einer Überlebensgeschichte, zu erkennen zu geben. Er hatte damals die Aufzeichnungen eines jüdischen Emigranten in eine eigene Form gebracht. Autor und Verleger erweckten damals den Eindruck, Koeppen habe nur wenige Seiten Notizen als Vorlage gehabt. Als sich 1999 herausstellte, dass die Vorlage länger als Koeppens Text war, dass der Stiefsohn Littners in einem Brief gegen die Veröffentlichung protestiert hatte, geriet Unseld unter Druck. Bei einem Buch, das mit den Worten: »Die Taten, die geschehen sind, entziehen sich, meiner Meinung nach, jeder menschlichen Beurteilung. Nur Gott kann das Entmenschte richten, und er mag gnädig richten, wo alle menschliche Barmherzigkeit vermessen wäre«, für einen Juden spricht, der tatsächlich verfolgt worden war, stellten sich nun nicht nur urheberrechtliche, sondern auch moralische Fragen.

Der Ausweg, den Unseld hier fand, ist nicht überzeugend. Er stellte *Jakob Littners Aufzeichnungen* in eine Linie mit Büchners *Lenz* und Brechts *Dreigroschenoper*, denen man ebenfalls Plagiat vorwerfen könne. Das aber war gar nicht der zentrale Vorwurf. Der lag in der fiktiven Identifikation mit den Opfern begründet. Wenn es in den Neunzigerjahren eine Suhrkamp-Kultur geben sollte, dann kreist sie um diesen Punkt. Eine systematische Studie würde dabei wahrscheinlich zeigen, dass es diese fiktive Identifikation schon immer gegeben hat und dass sie jetzt begann, sich aufzulösen und deshalb sichtbar wurde.

Zwei Jahre lang hatte Unseld durch die Berufung von Christoph Buchwald den Suhrkamp Verlag aus dem skandalisierenden Suhrkamp-Feuilletonismus heraushalten können. Als sich im Herbst 1999 der Leiter des Wissenschaftsprogramms Friedhelm Herborth im Streit vom Verlag trennte, war es damit wieder vorbei. Herborth, der sich gegen Unseld oft mit Sturheit hatte durchsetzen können, hatte in einem Interview abfällig über seinen Verleger gesprochen. Der zitierte Herborth erbost zu sich, der sich aber nicht zwingen lassen wollte, seine Äußerungen zurückzunehmen, und daraufhin kündigte. Damit war ein erfolgreiches, aber bereits seit langem blockiertes, durch tief gehende wechselseitige Vorbehalte geprägtes Verhältnis gelöst. Herborth war aber auch derjenige gewesen, der seit den Siebzigerjahren die Wissenschaftsabteilung des Verlags betreut hatte, die in den Achtzigerjahren die eigentliche Fortführerin der großen Suhrkamp-Tradition war. Intellektuell maßgeblich und unumstritten war damals nicht das Hauptprogramm, sondern das von Herborths verantwortete Wissenschaftsprogramm gewesen. Herborths Mitarbeiter Horst Brühmann kündigte ebenfalls, und die beiden zogen – zusammen mit Thedel von Wallmoden – einen eigenen Verlag auf.

Christoph Buchwald kamen erste Zweifel an der Ernsthaftigkeit seiner Nachfolgerrolle bei der Fünfzigjahrfeier des Suhrkamp Verlags. Alles war hier auf Unseld zentriert, 50 Jahre Suhrkamp, das war alles er. Und über die Zukunft wurde kein Wort verloren. Aber auch Unseld seufzte damals schon. Ach, der Buchwald! Die gemeinsamen Essen in der Klettenbergstraße waren seltener geworden. Buchwald sprach in seiner etwas respektlosen Art von Unseld als »dem Alten«. Er konnte für Hesse, Brecht und Frisch nicht die Begeisterung aufbringen, die ihn als Suhrkampianer ausgewiesen hätte. Und für die Autoren, die Buchwald brachte, konnte sich Unseld nicht erwärmen. Ach, der Buchwald, seufzte er immer wieder. Der gemeinsame Boden war weg, eine echte Diskussion von Buchwalds Vorschlägen fand nicht mehr statt. »Das ist nicht Suhrkamp«, dieses Argument bekam er jetzt immer häufiger zu hören. Dagegen oder dazu konnte man eigentlich nichts mehr sagen. Buchwald ist nicht Unseld, könnte man übersetzen. Aber das war auch vorher klar gewesen. Und dann wurde auch noch Raimund Fellinger zum Schiedsrichter bei Meinungsverschiedenheiten zwischen ihm und Unseld. Damit war klar: Es war vorbei.

Unseld zögerte jedoch noch. Er hätte Buchwald zum 15. September 2000 kündigen müssen, aber er ließ diesen Termin verstreichen. Danach wurde eine Abfindung fällig. Unseld war offensichtlich nicht mit sich im Reinen. Er konnte sich nicht dazu durchringen, Buchwald zu entlassen. Was würde das für den Verlag bedeuten, was würde die Öffentlichkeit sagen? Würde überhaupt noch einmal jemand in den Suhrkamp Verlag kommen? Letztlich war es dann Buchwald, der auf einer klärenden Aussprache bestand.

Während Buchwald immer seltener in die Klettenbergstraße eingeladen wurde, sahen Raimund Fellinger und Rainer Weiss noch einmal ihre Chancen steigen. Fellinger konnte sich als Lektor auch als Vertrauter von Unseld fühlen, als der, mit dem er in schwierigen Situationen sprach, mit dem er Schach spielte. Für Unseld aber war er als Nachfolger längst gestorben. Er hatte Fellinger die edition suhrkamp weggenommen. Fellinger hatte gekündigt und war später reumütig zurückgekommen. Der Mann definierte sich vollkommen durch die Nähe zu Unseld. Er war der typische Suhrkampianer, Unseld konnte mit ihm machen, was er wollte, neben Suhrkamp gab es für ihn keine Welt, eine treue und tragische Existenz.

Auch Rainer Weiss, Leiter des Suhrkamp Hauptprogramms und Vertrauter von Ulla Berkéwicz, kam für Unseld nicht als Nachfolger in Frage. Es war Günter Berg, der Leiter von Suhrkamp Taschenbuch, der jetzt immer häufiger in die Klettenbergstraße ging. Mit der Frequenz stieg auch die Opulenz der Einladungen. Und Unselds Seufzer wurden tiefer. Ach, der Buchwald! Irgendwann sagte Berg, dass Unseld es schon sagen müsse, wenn er etwas wolle. Und dass er mit Buchwald reden müsse. Irgendwann tippte Unseld, wie er es gerne macht, mit zwei Fingern, aber eigenhändig, die Pressemitteilung, die den Austritt von Buchwald und den Eintritt von Berg bekannt gab. Als Berg danach um fünf Uhr nachmittags in die Klettenbergstraße kam, stand da eine Flasche 1995er »Chateau Lafite«. Jetzt stand wieder ein Vertreter des Managertypus an der Spitze des Verlags: Man konnte sich an das Jahr 1957 erinnert fühlen.

Anfang des Jahres 1999 überraschte Siegfried Unseld die Suhrkamp-Deuter noch einmal: Er hatte, wie die anderen Gesellschafter, seine Anteile am Nomos Verlag an den Heidelberger Springer Verlag verkauft. Seit 1963 hatte Nomos zur Suhrkamp-Gruppe gehört und mit Gesetzestexten zum Unternehmensgewinn kontinuierlich und maßgeblich beigetragen. In den Neunzigerjahren war Nomos mit jährlich etwa drei Millionen Mark Gewinn die so genannte »Cash-Cow« des kleinen Unseld-Reichs gewesen. Warum nur verkaufte Unseld jetzt das finanzielle Standbein der Suhrkamp-Gruppe, fragten sich viele. War das der Anfang vom Suhrkamp-Ende? Tatsächlich waren es Andreas Reinhart und Volker Schwarz, Verleger von Nomos, die drängten. »Entweder müssen wir groß werden und investieren oder verkaufen«, hatte Schwarz zu Unseld,

Andreas Reinhart und Heribert Marré gesagt. Wegen der Umstellung von gedruckten auf elektronische Angebote standen größere Investitionen an – aber eine strategische Neuorientierung dieses Unternehmens war nicht mehr Unselds Sache. Also meinten Schwarz und Reinhart, der Zeitpunkt zum Verkauf sei günstig; jetzt könne der Verlag noch mit gutem Gewinn veräußert werden.

In der Tat: Zahlungskräftige amerikanische Verlage standen vor der Tür. Aber Schwarz wollte verhindern, dass Nomos einfach geschluckt wird. Also erschien der Heidelberger Springer Verlag als idealer Partner, zumal Geschäftsführer Claus Michaletz fast so viel wie die Amerikaner bot. Springer hatte genau das, was Nomos fehlte: »Der Verlag war im elektronischen Sektor führend und hatte einen weltweiten Vertrieb. Trotz des fast idealen Angebots konnten sich Vater und Sohn aber nicht einigen. Siegfried Unseld hatte vor allem die Konsolidierung seines Kernunternehmens im Auge; Joachim Unseld war sprunghaft, sagte mal Ja und mal Nein. Und Andreas Reinhart wechselte mehrfach die Seite. Der Vater vermittelte während der Verhandlungen das Gefühl, dass sein Sohn es nicht verdient habe, so viel Geld zu bekommen. Der Sohn wollte bei dem Verkauf, gegen den er eigentlich war, wenigstens möglichst viel Geld rausholen. Und überall witterte er den Einfluss von Ulla Berkéwicz. Er weigerte sich, sich mit Heinrich Lübbert an einen Tisch zu setzen. Das Zerwürfnis im Hause Unseld, das wurde hier noch einmal deutlich, war so tief, dass man sich gegenseitig nichts mehr gönnte und nichts mehr zutraute.

Sowohl Schwarz als auch Reinhart bemühten sich um die Verständigung von Vater und Sohn. Schwarz schaffte es immerhin, dass Siegfried ins Haus von Joachim kam, um das Angebot von Springer durchzusprechen. Vorher kaufte er noch einen kleinen Stoffpanther und sagte zu Unseld: »Bringen Sie Ihrem Enkel doch was mit.« Aber Unseld wollte nicht. Und Joachim war genauso störrisch. Als sein Vater kam, wies er lediglich grob und starr mit der Hand in die Wohnung. Und der Enkel, der seinen Großvater noch nicht kannte, war auch nicht da. Die Verhandlungen führten zu nichts: Es dauerte gerade mal 20 Minuten, bis es zum Eklat kam. Später stellte sich heraus, dass Joachim seine Frau und seinen Sohn ins obere Stockwerk geschickt hatte. Sie sollten sich ruhig verhalten, damit der Großvater nichts hörte.

Da sich die Unselds nicht verständigen konnten, hinterlegte Michaletz die fertigen Kaufverträge beim Notar: »Falls Sie sich doch noch einigen können…« Monate später, am 28. Dezember, geschah dann, womit schon niemand mehr gerechnet hatte: Siegfried Unseld, Joachim Unseld und Andreas Reinhart unterschrieben den Vertrag. Bei der enormen Summe, die Springer geboten hatte, war auch Joachim schwach geworden. In der Zwischenzeit aber war Springer bereits an Bertelsmann verkauft worden. Das wusste damals nur noch niemand. Auch Anfang Januar, als der Verkauf von Nomos öffentlich gemacht wurde, war es noch nicht bekannt. So kam es, dass Unseld zum zweiten Mal tat, was er nie wollte: an Bertelsmann verkaufen.

Mit dem Verkauf von Nomos verschob sich der bislang vor allem psychologische Konflikt zwischen Vater und Sohn auf die gesellschaftliche Ebene. Gleichzeitig mit Nomos verkaufte Reinhart 21 Prozent seiner Anteile an der Suhrkamp KG für rund fünf Millionen Mark an Siegfried Unseld, der damit die absolute Mehrheit von 51 Prozent hatte. Reinhart hatte schon zwei Jahre zuvor seine Gesamtbeteiligung von 50 Prozent an Unseld verkaufen wollen. Unseld war damals interessiert gewesen, aber trotz des niedrigen Preises, den der reiche Reinhart verlangt hatte, war der Verkauf nicht zu Stande gekommen. Jetzt bekam Reinhart von Unseld auch noch eine über mehrere Jahre gültige Option, ganz aus der Suhrkamp KG auszusteigen und die restlichen 29 Prozent zum gleichen Preis zu verkaufen.

Schon vorher hatte Reinhart an Unseld fünf Prozent seiner Anteile an der Suhrkamp Verlagsleitungs GmbH verkauft, die 1978 gegründet worden war, um im Falle einer Verhinderung Unselds die Leitung des Verlags zu übernehmen. Damit hatte Unseld es auch hier geschafft, sich die absolute Mehrheit zu sichern, Unseld hielt jetzt 55, Reinhart 45 Prozent. Er hatte nicht nur von Unseld, dem lähmenden Streit zwischen Vater und Sohn und der ungeklärten Nachfolge die Nase voll, ihn störte auch, dass er ein Unternehmen, an dem er zu 50 Prozent beteiligt war, nicht mitgestalten konnte.

Nach dem Vertrag von 1978 hatte Siegfried Unseld alleinige und volle Entscheidungskraft. Außerdem entnahm Reinhart jetzt seine Gewinnanteile regelmäßig aus dem Verlag und ließ sie nicht, wie meist in der Vergangenheit, auf einem Verlagskonto stehen. Das Verhältnis wurde immer schlechter. Auch Unseld war nicht gut auf Reinhart zu sprechen, der die Volkart GmbH ganz anders als sein Vater Peter Reinhart führte. Früher sei Suhrkamp für die Reinharts Peanuts gewesen, jetzt sei der Verlag eines der wesentlichen Unternehmen der Volkart-Holding, schimpfte Unseld. So hat seit dem Verkauf von Nomos keine Gesellschafterversammlung mehr stattgefunden. Eine jahrzehntelange, für beide Seiten befriedigende und einträgliche Beziehung hatte sich endgültig verbraucht. Reinhart glaubte nicht mehr an Unselds Kraft, den Verlag zu erneuern. Und doch konnte sich keiner der drei Gesellschafter bisher von Suhrkamp trennen.

Mit dem Verkauf von Nomos war auf Drängen Unselds auch eine Kapitalerhöhung bei der Suhrkamp KG beschlossen worden. Als Gegenleistung für die Zustimmung zu dieser Kapitalerhöhung und dem Nomos Verkauf wollte Joachim einen Sitz im Beirat und Anteile an der Verlagsleitungs GmbH, an der er nicht beteiligt war. Daraus wurde dann jener Rechtsstreit, der gleichzeitig mit dem Auftritt Joschka Fischers vor dem Frankfurter Landgericht verhandelt wurde. Joachim verweigerte eine Unterschrift ins Handelsregister, die die Übertragung der Anteile von Reinhart auf Unseld und die Kapitalerhöhung offiziell machte. Und Unseld weigerte sich, Joachim den Sitz im Beirat auf Dauer zuzugestehen. Der Vater bekam in erster Instanz Recht. Ausgestanden ist der teure und lähmende Rechts- und Erbstreit zwischen Vater und Sohn damit nicht. Im Gegenteil: Was die Unternehmensstruktur angeht, ist Unselds Handlungsspielraum begrenzt, wenn sich Joachim stur stellt. Die Zeit arbeitet für Joachim. Gut aber kann es einem Unternehmen nur gehen, wenn sich die Kommanditisten wenigstens halbwegs einig sind.

So setzt Siegfried Unseld seit einigen Jahren alle Hoffnung auf eine Regelung seines Erbes durch eine Stiftung, die seine Verlagsanteile und sein Vermögen übernehmen soll. Diese Stiftung heißt »Siegfried und Ulla Unseld Familienstiftung« und wurde im April

2002 genehmigt. Mit dem Geld konnte Unseld nicht nur die absolute Mehrheit am Suhrkamp Verlag erwerben, er hatte auch finanziellen Handlungsspielraum für die Stiftung gewonnen. Zweck der Stiftung ist, die Kontinuität der Suhrkamp- und Insel-Gruppe zu gewährleisten. Dazu wird die Stiftung das gesamte Vermögen von Unseld und seiner Frau erben, inklusive der Verlagsanteile. Ulla Berkéwicz hat zu Gunsten der Stiftung einen Erb- und Pflichtteilsverzicht unterzeichnet, Joachim Unseld soll der Pflichtteil in Geld ausbezahlt werden. Es steht zu befürchten, dass es einen langen Streit über den Wert des Suhrkamp Verlags geben wird.

Die Stiftung wird nach Unselds Tod Teil eines komplizierten Geflechts mehrerer Gesellschaften, die die Suhrkamp-Gruppe bilden. Sie wird Gesellschafter werden und Siegfried Unseld in der Verlagsleitungs GmbH nachfolgen. Diese Verlagsleitungs GmbH wird dann die wesentlichen Entscheidungen treffen, vor allem darüber, wer den Verlag führt. Ausgearbeitet hat dieses Modell, zusammen mit dem Wirtschaftsprüfer Horst Eckardt, Heinrich Lübbert. Auch wenn Unseld und sein Anwalt einen anderen Eindruck zu erwecken suchen: Es geht dabei nicht nur um Kontinuität, sondern auch darum, Joachim vom Verlag fern zu halten. Die Übertragung der Anteile an die Stiftung wird nach dem Tod Unselds testamentarisch erfolgen. Vorher müssten Joachim und Reinhart zustimmen, was undenkbar ist.

Unseld möchte sich und die Öffentlichkeit glauben machen, dass durch diese Stiftung alles geregelt ist, dass die Stiftung das Unternehmen an seiner statt und im Suhrkamp-Geist weiterführen kann und wird. Aber die einigermaßen komplizierte Konstruktion aus Stiftung, Verlag und Verlagsgesellschaften kann den Konflikt zwischen Vater und Sohn nicht aus der Welt schaffen. Dass der sich über Unselds Tod hinaus fortzuschreiben droht, deutet sich bereits an. Eine Stiftung übernimmt keine Verantwortung, das können nur Personen. Vorstandsvorsitzende wird Ulla Berkéwicz werden, daneben sind Lübbert und Eckardt oder ein anderer Wirtschaftsfachmann als stellvertretende Vorstände vorgesehen. Ob der Stiftungsrat, in dem Jürgen Habermas, Alexander Kluge, Hans Magnus Enzensberger, Adolf Muschg und Wolf Singer sitzen, als beratendes Gremium wesentlichen Einfluss haben wird, ist ebenfalls unklar. Sicher ist dagegen, dass Ulla Berkéwicz Joachims Stelle als Statthalterin einnehmen wird. Weniger durchsichtig sind die Absichten und Interessen, die sie am Verlag hat, und der Einfluss, den Lübbert haben wird.

Vater und Sohn verbohren sich in eine Auseinandersetzung, von der nicht sicher ist, ob sie sie in ihren juristischen und psychologischen Implikationen selbst noch überschauen. »Da redet eine Krypta mit der anderen«, sagt ein hochrangiger Verlagsmitarbeiter. Der Suhrkamp-Autor Jacques Derrida beschrieb die Krypta als ein vom Bewusstsein abgeschnittenes Stück Erinnerung. Die Krypta ist die Bildung eines inneren Hohlraums, in dem das zu Betrachtende nicht figuriert werden kann, wo keine Trauerarbeit geleistet werden kann. Das trifft es. Man kann den Konflikt letztlich aber auch ganz einfach sehen: Beim entscheidenden Streit 1990 wollte ein junger einen alten Platzhirsch verdrängen. Der alte aber dachte nicht daran, nahm sich eine junge Hirschkuh – und schien ewig der erste Mann am Platze bleiben zu wollen. Da hatte der Junghirsch das Gefühl, dass sich alle über ihn lustig machen. Und der alte konnte eines nie ertragen: wenn seine Potenz angezweifelt wird. Unseld wollte damals ein weiteres Kind.

Bei unserem Gespräch habe ich ihn eindringlich gefragt, was denn die Beziehung zu dem Sohn, auf den er doch einmal so stolz gewesen ist, so unmöglich mache. Mit größtem Nachdruck sagte Unseld, dass Joachim nicht »die Mittel« dazu habe, Nachfolger zu werden. Was denn diese Mittel seien? Da lachte Unseld, wie wenn es dabei um etwas ganz Großes, ganz Geheimes ginge, das nur wenigen Auserwählten gegeben ist. »Sie müssen eine Möglichkeit und eine Befähigung haben, um mit den Autoren zu reden.« Und gleich danach kam er auf die Fähigkeit, immer Gewinn und nie Verlust zu machen. Bei der Verabschiedung des ZDF-Intendanten Dieter Stolte, erzählte Unseld, saß er neben Dieter und Stefan von Holtzbrinck, deren Verlagskonzern viel größer als Suhrkamp ist. Die hätten »da kommt der Geist« gemurmelt, als Unseld auf sie zuging, und sie hätten von enormen Umsatzeinbußen in ihren Buchverlagen berichtet. Nicht so bei mir, habe er, Unseld, den beiden stolz berichten können.

Tradition – Geerbtes und Vererbung, Übernahme und Weitergabe – ist für Siegfried Unseld ein großes Thema. Zieht man die Summe seines Lebens, steht »Überlieferung« unter dem Strich. »Es erhebt sich die Frage, warum geben die, mit denen wir über den Tod hinaus in liebendem Eingedenken verbunden sind, kein Zeichen, wenn sie noch irgendwie leben«, fragt er. Und gibt sich auch die Antwort. »Ich selbst kann diese schwierige Frage aus meinem eigenen Erfahrungsbereich nur so deuten, daß für mich ganz bestimmte Personen meines Lebens mir ständig gegenwärtig und deutlich sichtbar sind. In vielen primitiven Religionen gibt es eine Gegenwart der Verstorbenen, eine Gegenwart der Ahnen.« Unseld träumt von der realen Gegenwart seiner Väter – eine Vorstellung wie aus prähistorischer Zeit.

Als er beginnt, sich über seine Nachfolge Gedanken zu machen, schreibt er den Satz »Mich fasziniert dieser Prozeß von Generation zu Generation« an den Verleger Klaus Piper, der damals noch seinem Sohn den Verlag vermachen wollte. Das ist das Ideal. Den Verlag selbst stellt Unseld sich am liebsten als organisch gewachsene Einheit vor. »Als dann die Nachfrage nach den Werken Hesses geringer wurde, entfalteten sich die Werke von Brecht und Frisch, und dies wiederum machte es möglich, daß der Verlag an zunächst so unverkäufliche Werke wie die von Proust und Benjamin denken konnte; die Wirkung von Walter Benjamin erleben wir in der heutigen Zeit. Die Rezeption der Werke Brechts machte die Ausgabe der Gesammelten Werke von Ödön von Horváth erst möglich, und die Rezeption von Brecht und Horváth machte die Ausgabe der Gesammelten Werke der Marieluise Fleißer sinnvoll.« Geglückte Generationsfolge ist für Unselds Lebensentwurf von nicht zu überschätzender Bedeutung. Man hat sich immer noch nicht genug darüber gewundert, dass es diesem Mann, dem Überlieferung ein zentraler Begriff ist, unmöglich scheint, einen Nachfolger zu finden. Was dabei geschieht, lässt sich auf der Ebene der Fakten allein nicht nachvollziehen.

Seit mehreren Jahren gibt es unter Unselds Haus in der Klettenbergstraße einen Keller, in den er gerne hinabsteigt. Er geht eine steile Betontreppe hinunter und öffnet eine schwere Brandschutztür. Im Neonlicht sieht man an den rohen, weiß gestrichenen Wänden Bilder und Zeichnungen, unter anderem sind sie von den Kindern seiner Autoren. Vor allem aber sieht man jene auf Schienen beweglichen Regale, wie sie in Archiven Verwendung finden. Hier ist das Archiv des Suhrkamp Verlags, besser: Siegfried Unselds Suhrkamp-Archiv. Außer ihm kommt niemand an diese Bücher heran. Will er einen Gast besonders beeindrucken, wird er hier hinuntergeführt. Jedes Buch, das der Verlag herausgebracht hat, ist hier chronologisch aufgestellt, alles in allem mehr als 12 000 Bände. Zärtlich streichelt Unseld mit Augen und Händen immer wieder über diese Bücher, sie sind ihm Freude, Bestätigung, Trost. Hier unten atmet er tiefer. Der Keller ist feuergeschützt, die Luftfeuchtigkeit konstant. Dieser feuersichere Buchbunker, den Unseld sich in seinen Keller gebaut hat, ist nichts anderes als der Versuch, die großen Jahre zu konservieren: der Verlag als Denkmal. Scripta manet, die Autoren sterben, und das Geschriebene bleibt, sagt eine alte Vorstellung, das Leben ist flüchtig, die Kunst ewig, sagte Goethe. In jedem Versuch der Konservierung steckt von vornherein die Angst, dass sich alles in Rauch auflösen, dass sich im Nachhinein alles als Luftblase erweisen könnte. Es ist, wie wenn Unseld nach den Sternen gegriffen habe und dabei so hoch gestiegen sei, dass er es bis heute nicht glauben kann.

»Für den Fall, dass ich einmal sterben sollte«, soll er in besseren Zeiten gesagt haben. Das war keine Ironie. Man hat sich über solche und ähnliche Selbstherrlichkeiten des Verlegers lustig gemacht. Vielleicht aber zeigen sie nur, dass Unseld nie das sichere Gefühl hatte, wirklich Verbindung zu der Tradition zu haben, in der er mittlerweile doch so unverrückbar steht. Vielleicht zeigen sie auch, dass er, der Sohn eines mittleren Fürsorgebeamten aus Ulm, am allerwenigsten an das glauben kann, was er geschaffen hat.

Verleger, insbesondere literarische Verleger, müssen, nicht anders als Schriftsteller, in einer Tradition stehen. Peter Suhrkamp verstand sich, um nur die offensichtlichste Linie anzusprechen, als Nachfolger von Samuel Fischer, Samuel Fischer wiederum sah sich in der Folge des Goethe-Verlegers Cotta. Siegfried Unseld aber hat nicht nur wie seine Vorgänger ein ausgeprägtes Traditionsbewusstsein, Tradition ist ihm auch ein fortwährendes Problem: Sie ist nicht Teil seiner selbst, er muss sie sich immer wieder erarbeiten. Er kann nicht selbstverständlich aus der Tradition heraus leben, sondern muss sich um sie bemühen. Das zeigen seine Schriften und Reden überdeutlich. Aus kleinbürgerlichen Verhältnissen stammend, ist die Tradition für ihn etwas, das er sich aneignen musste, dessen er sich nie sicher sein konnte. Vielleicht liegt darin der Grund, dass seine Art des Verlegens immer etwas Sportives behalten hat. Mit immer neuen verlegerischen Höchstleistungen und Rekorden überdeckte Unseld fehlende Selbstverständlichkeit.

Unseld selbst kann sich nicht fortsetzen. Wollte man böse sein, würde man sagen, er kann sich nicht klonen, so wie er es – in Zeiten, als es biologisch noch vollkommen unmöglich schien – bei seinem Sohn und Gottfried Honnefelder versucht zu haben scheint. Beide wirken bis heute wie genaue Abbilder des Vaters oder des ehemaligen Chefs. Will man freundlicher sein, sagt man, dass Siegfried Unselds Unfähigkeit, einen Nachfolger zuzulassen, sein Erbe und das Bild, das er in der Geschichte einnehmen wird, bedroht.

Hier liegt der tragische Punkt seines Lebens. Allerdings ist Unseld damit nicht allein. Die Weitergabe mittelständischer Unternehmen ist immer schwierig. In Verlagen, die noch mehr von der Person des Verlegers leben als andere Unternehmen vom Gründer oder Leiter, potenzieren sie sich. Möglicherweise kann Unseld nicht weitergeben, was für die Ewigkeit gedacht war. Unseld verwahrt die Vergangenheit in seinem Keller, aber er stiftet keine Zukunft in seinem eigenen Haus. Die Bedrohung ist umfassend: Ein Verlag, der seine Zukunft nicht entwirft, hat auch keine Vergangenheit mehr. Tradition ist gegenwärtige Zeit, hatte Adorno gesagt. Es wurde einer der Sinnsprüche, die Unseld wieder und wieder zitierte. Würde er gerade daran scheitern?

Die Tradition des literarischen Verlegers, diese die Gegenwart befruchtende Erinnerung an die Herkunft, ist wie beim Schriftsteller im Prinzip ins Unendliche gedacht. Sie reicht weiter zurück als die Erinnerung. Sie ist es, die das Verlegen als Kultur ausweist, sie macht den Verleger von einer geschäftlichen zu einer kulturellen Institution. Die Erinnerungsfähigkeit eines Verlags ist grundsätzlich größer als die des Verlegers. In funktionierenden Literaturverlagen kann der Verleger wechseln, die Erinnerung und damit eine bestimmte Art von Literaturfähigkeit des Hauses können trotzdem erhalten bleiben. Dagegen verlieren Verlage, die in die Hände von Konzernen wandern, wie es in der gesamten aktiven Lebenszeit von Unseld oft geschah, diese Fähigkeit zur Erinnerung und Literatur meist sehr schnell. Das ist der eigentliche Grund dafür, dass Nachrichten über Verlagsverkäufe in den vergangenen Jahren mit solch gestiegener Aufmerksamkeit verfolgt worden sind. Hier wurde Vergangenheit entsorgt. Dafür hat Unseld ein sehr genaues Gespür.

Verlage und Verleger projizieren sich aber nicht nur in die Vergangenheit, sie verlängern sich auch in die Zukunft. Das ist ihr eigentliches Kapital, das ist es, was der Teil des Verlegers, der Geschäftsmann ist, mit dem Wert der Rechte meint, das ist es, was der Kulturschaffende als seine Herausforderung begreift, das ist, was Siegfried Unseld als Pflege eines Autors über sein ganzes Leben und Werk hinweg definiert hat. Die aus der Tradition erwachsende Zukunft ist jenes Kapital eines Verlags, das kein Buchhalter berechnen kann.

Siegfried Unseld ist in dieser Hinsicht höchst fruchtbar und unfruchtbar zugleich gewesen, er hat Zukunft geschaffen und verhindert. Das erklärt die unterschiedlichen Beurteilungen, die seine Arbeit provoziert. Über viele Jahre hinweg haben die Autoren seines Verlags sich ihren Nachwuchs selbst gesucht, sie haben für ihre eigene Zukunft gesorgt. Der Verlag funktionierte als Organismus, der sich immer wieder neu erzeugte. Unverständlicherweise wurde Siegfried Unseld aber immer wieder vorgeworfen, er entdecke keine neuen Autoren – was mit der ausgesprochenen oder unausgesprochenen Unterstellung verbunden ist, alles Wesentliche sei schon unter Peter Suhrkamp geschehen. Tatsächlich kam unter Unseld aber eine Vielzahl neuer Autoren in den Verlag, angefangen bei Uwe Johnson und Peter Weiss, die noch Kontakt zu Suhrkamp gehabt hatten, weitergeführt mit Thomas Bernhard, den er mit dem Insel Verlag kaufte, und Peter Handke bis hin zu Rainald Goetz oder Durs Grünbein.

Dabei kommt es gar nicht darauf an, ob diese Autoren er selbst oder jemand anderer entdeckt hat. Eine von Unselds Stärken ist mit Sicherheit die Lust des Beginnens. Charakteristischerweise ist Unselds große Sorge auch nicht, keine neuen Talente zu finden, sondern die, bereits unter Vertrag stehenden Autoren zu verlieren. Wenn es eine gibt, dann ist das Unselds heimliche Angst: auf einmal nackt dazustehen, ohne seine Autoren, der Tradition entkleidet. Unseld arbeitet bis zur Selbstaufgabe für seine Autoren. Hier ist er gleichzeitig Vater und Mutter, verzichtet er auf Temperamentsausbrüche, gegenüber ihnen zeigt er eventuelle Verstimmungen nicht. Er zwingt sich, die Verrücktheiten seiner Schäfchen zu schätzen. Er muss allen Autoren das Gefühl geben, im gleichen Maß um sie bemüht zu sein. Und er darf sich nicht der Illusion hingeben, dass hohe Vorschüsse innere Bindungen ersetzen können. Unseld hat sich deshalb selbst einen langen Katalog von Verhaltensmaßregeln aufgestellt.

Unseld ist nicht der Typus des gewieften, überschäumenden und eleganten Herren, des Verlegers, dem alles wie von selbst zukommt. Er hat nichts Weltläufiges oder Stilvolles. Er ist nicht lebenslustig, gewandt und kultiviert. Er ist kein Entertainer und auch kein guter Erzähler. Um Pointen bemüht er sich zwar, aber er kann sie nicht setzen. Und für den eigenartigen Witz, der manchmal aus seinen Worten spricht, ist er selbst am wenigsten empfänglich. Dieser Witz liegt in ihm selbst. Er entspringt dem etwas überdimensionierten Schwung der Anstrengung, die Unseld für die Autoren auf sich nimmt, der Kränkung, die in dieser Bemühung steckt, und dem Gefühl, dass das zwar sein Wesen ist, dass es sich aber doch nur um eine Pose handelt.

Niemand verkörpert das vitale, dröhnende, urwüchsig anmutende und trotzdem mondäne Verlegertum so wie Ernst Rowohlt. Um ihn ranken sich eine Unmenge Anekdoten, deren Essenz ein Bild sein könnte; mit Champagner in der Badewanne sitzen, souverän und ohne zu lesen Manuskripte annehmen, die dann zu Welterfolgen werden. Sollte Verlegen Austausch sein, der Austausch von Flüssigkeiten, Sympathien, Haltungen und eben auch Worten, dann ist Rowohlt der Meister des Verlegens, übertroffen in manchem nur von seinem Nachfolger Heinrich Maria Ledig-Rowohlt. Beim Alkohol waren beide enorm, der Alte aß noch die Gläser dazu und gab endlos Geld für Telegramme aus, er liebte jenen ausschweifenden und sorglosen Lebensstil, der vielen maßlos vorkam, weil er viel verbrauchte, Bücher und Frauen, der nur tat, was ihm Spaß machte, der nur mit den Leuten verkehrte, die ihm gefielen. Das war seine Kraft. Auf Schlaf konnte er verzichten. Ernst Rowohlt war Patriarch in einer Welt, in der das Patriarchentum noch einen Platz hatte.

Diesem Typus – der Mann, der Kraft seiner Potenz fürsorglich ist – eifert Siegfried Unseld nach. Manchmal floss der Alkohol auch bei ihm in Strömen, auch er versuchte sich als Gastgeber rauschender Feste, auch er konnte ein großzügiger Liebhaber sein. Trotzdem erreichte Unseld dieses Ausmaß an überschäumendem, circensischem Verlegertum nie. Mit jener Leichtigkeit, die auch der Schwergewichtige haben kann, mit jenem leicht Anrüchigen, nicht genau Berechneten, das dazugehört, wird ihn einfach niemand in Verbindung bringen. Idealtypisch hat der große Verleger etwas von einem Spieler, nichts aber ist Unseld fremder. Als Martin Walser Anfang der Sechziger loszog, um sein Glück zu versuchen, schickte Unseld ihm Uwe Johnson und Ruth Rehmann als Aufpasser hinterher. Da ist Unseld einfach in Ulm geblieben. Er wurde seinen etwas geizigen, schwäbischen Zug nie los. Dass er die Autoren vor allem für sich, als Ausweis seiner Größe, wollte, ist bis heute unübersehbar. Er war nicht der Motor einer Entwicklung, sondern ihr Sammler.

Die eine Hälfte der großen Verleger sind Angler. Sie bewegen sich keck und wach um den großen Teich des geistigen Lebens, frei und ungebunden, nie ganz einzuschätzen, am Ende sich selbst überraschend. Die beiden Rowohlts oder Joseph Caspar Witsch gehörten zu dieser Sorte. Es ist nicht ganz frei von Zufall, wie sie zu ihren Autoren kommen. Jedenfalls kämen sie nie auf die Idee, eine Kultur begründen zu wollen. Die andere Hälfte, Kurt Wolff ist hier zu nennen oder Samuel Fischer, war einem Stil, einer Epoche verbunden. Sie hatten etwas von Überzeugungstätern. Unseld gehört eindeutig zu dieser Hälfte, und er geht da weiter als seine Vorgänger. Unseld glaubt nämlich, dass man einen Autor machen kann, dass gute Autoren durch gute verlegerische Betreuung bessere Autoren werden. Der ideale Autor erscheint als Material in den Händen des Verlegers.

Nicht nur was die Autoren betrifft, war Unseld mit seinem Verlag fruchtbar. Suhrkamp hat auch eine stattliche Reihe unfreiwilliger Kinder gehabt: Es gibt eine lange Reihe von ihrerseits erfolgreichen Abspaltungen vom Suhrkamp Verlag, den Verlag der Autoren, Syndikat, den Ammann Verlag, den Schöffling Verlag, die Frankfurter Verlagsanstalt, die Joachim Unseld leitet, den Literaturverlag von Dumont. Selbst der Berlin Verlag lässt sich in gewissem Sinn als ein Kind Unselds verstehen.

Und warum kann dieser Siegfried Unseld sich selbst nicht fortsetzen? Die verbreitete Meinung, dass dieser Mann so sehr in sich selbst verliebt ist, dass er alles mit ins Grab nehmen will, dass er nicht von dem Gedanken lassen kann, der Nachwelt als der letzte große Verleger in Erinnerung zu bleiben, ist nicht ganz abwegig. Im Marbacher Literaturarchiv, dem Pantheon der deutschen Dichter, gibt es mittlerweile eine Bronzebüste Siegfried Unselds. Er selbst eilt von einem Jubiläum zum nächsten. Die Verlagsgründung, sein Eintritt in den Verlag, die Übernahme der Verlegerschaft, sein Geburtstag, Geburtstage der Autoren, die Sterbetage der Autoren, selbst der Termin seiner Promotion: Alles bietet Anlass zu Gedenkfeiern, zur dauernden Vergegenwärtigung der Vergangenheit. Er bastelt an seinem Denkmal.

Wenn Unseld unter seinen Schriftstellern Freunde haben sollte (und das ist nicht sicher), dann sind es die, die erst über sein Repräsentationsgehabe gespottet haben, die es mit Ironie zu ertragen suchten, die ihn davon abzubringen versucht haben, und die darüber jetzt, ob der vollkommenen Erfolglosigkeit ihres Tuns, resigniert sind und die dadurch eine traurige Sprachlosigkeit überkommt. Dann sitzen sie ratlos da und fragen sich, was diese schon mehr als lächerliche Suche und Sucht nach Anerkennung, dieses Rumbasteln an einem Denkmal, dessen er sich längst gewiss sein kann, zu bedeuten hat. Es sind Autoren mit großem Herz darunter. Manchmal sagen die ihm, dass er das nicht nötig hat: Dann ist Unseld gerührt. Aber letztlich kann auch das nichts gegen seine Repräsentationslust ausrichten.

Während der Fertigstellung der Bronzebüste in Marbach erkrankte Unseld, seitdem wirkte er angeschlagen. Kurz zuvor war

Helene Ritzerfeld gestorben, die von Anfang an und damit länger im Verlag gewesen war als Siegfried Unseld, die für die erfolgreiche Rechtepolitik des Hauses bestimmend war und sich ihr Leben lang vollkommen mit dem Verlag identifiziert hatte. Die für Unseld wichtigste Person im Verlag, die treue, ausgleichende, umsichtige Burgel Zeeh, die Frau, die den Verlag über drei Jahrzehnte im Hintergrund zusammengehalten hatte, wurde ebenfalls krank. Der Mann, der keine Krankheit gewohnt war, war vom Tod umgeben. Der Mann, der durch die Welt gewirbelt war und unübersehrbar viele Beziehungen gepflegt hatte, war allein. Nur wenigen Personen im Verlag brachte er noch echtes Vertrauen entgegen: Ulla Berkéwicz, Burgel Zeeh, Jürgen Habermas. Nachfolger ist darunter keiner. Unseld sprach immer wieder davon, dass er abtreten werde und Günter Berg umfassende Vollmachten als Geschäftsführer geben werde. Aber er kann es immer noch nicht.

Es soll Momente geben, in denen er sein Unglück, ohne Sohn zu sein, in die Welt hinausschreit. Versucht man sich den Moment von Unselds Tod vorzustellen, hat man eine stumme Tragödie vor Augen: Er sieht in den letzten Stunden oder Minuten klar, kann aber nichts mehr tun. Alle, der Vater, der Sohn, die Ehefrau, werden von schlechtem Gewissen geplagt sein, und sie werden es sich mehr oder minder zugeben. Dann wird es darum gehen, wer die Trauerrede halten wird. Es wird sich herausstellen, dass fast niemand mehr übrig ist, der dafür in Frage kommt: Soll tatsächlich Adolf Muschg sie halten? Und dann werden die Erben, Kommanditisten, Anwälte und Beiräte miteinander sprechen müssen und nicht miteinander reden können.

Geht damit auch die Tradition unter, an der Unseld mitgearbeitet hat? Sie hat den Namen »Suhrkamp-Kultur« bekommen, wobei fast jeder, der von ihr spricht, darunter etwas anderes versteht. Mancher denkt dabei nur an die wieder heimisch gemachten jüdischen Autoren. Andere sagen, dass damit nur der wissenschaftliche Verlagteil gemeint sein könne, wobei aber Unselds Anliegen doch die Literatur sei. Viele sehen sie in der spezifischen Mischung von Literatur, Philosophie und Sozialwissenschaft verwirklicht. Mancher verbindet die Suhrkamp-Kultur mit dem Emanzipationsstreben von 1968, mancher mit der Tradition der Aufklärung. Dass er so diffus ist, hat den Begriff stark gemacht.

Es gibt aber bei aller Disparatheit auch ein verbindendes Element. Ausgesprochen oder nicht – alle meinen, dass es eben das sei, was Westdeutschland, als geistige Republik begriffen, in ihrem Kern ausmache. Die Suhrkamp-Kultur ist zwar diffuser als die Frankfurter Schule oder die Gruppe 47, aber sie war die bedeutendste, weil prägendste und umfassendste kulturelle Institution der alten Bundesrepublik. Wenn von der Kultur der Bundesrepublik die Rede ist, dann ist mehr als die Suhrkamp-Kultur gemeint. Als Umschlagplatz der aufgeklärten westdeutschen Identitätswerdung, als Instrument und Spiegel dieser Entwicklung aber kommt nur sie in Frage. Wenn der unglückliche Begriff Leitkultur einen Sinn hat, dann in Bezug auf sie.

Von der Suhrkamp-Kultur her gesehen erscheint der Suhrkamp Verlag als ein Sinnstiftungsinstitut. Unseld hat dadurch sozusagen heilsgeschichtliche Züge bekommen. Da passt es, dass der Begriff der Suhrkamp-Kultur die Erfindung eines Juden war, der den jüdisch-europäisch-literarischen Geist repräsentiert wie kein anderer. Niemand wäre wie er zur Seligsprechung legitimiert gewesen. Indem George Steiner dieses Zeugnis abgelegt hatte, wurde die Suhrkamp-Kultur als das Beste an Deutschland sakrosankt.

Das Problem, auch Unselds Problem, besteht darin, ihn als Teil dieser Entwicklung zu begreifen. Welche Rolle hat er in dieser übergroßen Tradition gespielt? Eine klar definierte Position, gar die des Vordenkers, ist es nicht gewesen. Unseld ist kein Programmatiker. Er hat, ohne es vorausgedacht zu haben, verschiedene Entwicklungen zusammengebracht, die sich nicht auf einen Nenner bringen lassen, die aber in seinem Haus fruchtbar miteinander kommunizieren. Unseld repräsentierte seine Zeit auch nicht, er steht nicht für sie. Aber er passt in seine Zeit, das ist wesentlich für ihn.

Am Anfang klingt seine Geschichte wie ein Märchen aus alter Zeit, mit Motiven der Sendung und Berufung. Es ist eine sehr deutsche Geschichte, eine Geschichte, die vielen bekannt vorkommen könnte, aber es ist auch eine sehr individuelle, einzigartige Story. Sie beginnt sich in dem Augenblick zu formen, den Siegfried Unseld mit vielen anderen die Stunde null nennt. Siegfried, im Bemühen seine Vorgeschichte zu überschreiben, vertraut sich voll und ganz einer anderen Welt an als der, die er erlebt hat, einer Welt, die sich auf innere Werte beruft. Er entdeckt das Lesen, die Bücher, die schriftliche Kultur als eigenständigen Erfahrungsraum. Hier findet er Lebenshilfe, hier findet er Antworten, an die er glauben kann. Und so wird er zum Gläubigen – und zwar mit der ihm eigenen Inbrunst und Heftigkeit. Er wurde damit Teil einer weltlichen Religion.

Ohne zu diesem Zeitpunkt daran zu denken, bestenfalls konnte er es später ahnen, nahm Unseld damit auch die vielen missglückten und gelungenen Initiationsversuche auf, die nicht nur die deutsche Literatur seit der Jahrhundertwende prägen. Er taucht in jenes Drama ein, das die schreibenden Väter und Söhne – und wahrscheinlich nicht nur sie – unentwegt aufführen. Jenes Drama, dessen großer Referenzpunkt Kafka ist, in dem aber auch die Namen Hofmannsthal oder Rilke, Hesse oder Brecht bedeutende Positionen besetzt halten. Mal fühlte man sich vom Vater erdrückt, mal empfand man sich als vaterlose Generation. Nach dem Krieg machte man die Väter für den Krieg verantwortlich, dann waren die Söhne von ihnen enttäuscht, oder sie spielten sich als Richter auf. Sie löschten die Väter symbolisch aus und spielten lustvoll mit Vaterersatzbildern. Man zerstörte die Tradition und identifizierte sich mit selbst gesuchten Vorbildern, für die man sich in einer unbekannten Emphase begeistern konnte. In diesem Drama vollzieht sich ein Rollentausch, der immer und immer wieder mit größter Lust durchgespielt wird: Der Vater wird zum Sohn, der Sohn zum Vater. Siegfried Unseld erlebte diesen Moment einer modernen Initiation, die stark genug war, um alte Prägungen zu überschreiben, mit denen sich das Dritte Reich an seinem Nachwuchs vergangen hatte, direkt nach dem Krieg. Hier ist der Punkt, wo Unselds persönliches Leben allgemeine Bedeutung hat.

Die weithin akzeptierte Vertauschung von Vater und Sohn setzte sich über 1968 hinaus bis weit in die Siebzigerjahre hinein fort. Beispielhaft wurde der außerordentliche Erfolg von Alexander Mitscherlichs Buch *Auf dem Weg zur vaterlosen Gesellschaft.* Um 1968

sollten sich Unseld und Mitscherlich befreunden, als das Buch erschien, war Unseld, wie er selbst sagte, in einem Zustand, in dem er
vaterlos geworden war. Mitscherlichs Buch handelt vom Erlöschen
des Vaterbildes, dem Weg von der Verherrlichung des Vaters und
des Vaterlandes zu seiner vollkommenen Ablehnung. Charakteristisch für das Vater-Sohn-Bild der Zeit – und damit auch Unselds –
ist aber nicht nur Mitscherlichs These, sondern die sehr zeittypische
Gewichtung, die in seinen Beispielen sichtbar wird: »Ein Autoschlosser hat einen Sohn, dessen Leidenschaft das Verschlingen von
Büchern, das ›Studieren‹ ist und dem die praktischen Dinge nicht
so leicht von der Hand gehen wollen wie dem Vater.« Es wäre damals undenkbar gewesen, dass der Sohn eines literarisierten Vaters
an Autos schrauben will. Väter standen damals für die Verhinderung
von Geist, Entwicklung und Emanzipation – und damit auch Literatur. Diese Überzeugung teilte auch Siegfried Unseld. *Vor den Vätern sterben die Söhne* hieß 1977 eine Sammlung von Prosatexten des
– mittlerweile verstorbenen – Suhrkamp-Autors Thomas Brasch.

Als kultursuchender Sohn wurde der junge Mann in den Orden,
dem er sich verbunden fühlte, dessen gar nicht so heimliches Oberhaupt Hermann Hesse war, aufgenommen. Jener Orden – in dem
man leicht den der Glasperlenspieler erkennen kann – glaubte an
alte Traditionen, die sich vor allem dadurch bewährt haben, dass sie
über eine dunkle Zeit geholfen haben. Dabei ist eine gespannte,
emotional aufgeladene Heroik der Innerlichkeit entstanden. Merk-
würdigerweise glaubte der junge Mann, wie seine eigensinnigen,
aus der Traditionsverbundenheit Stärke ziehenden Ersatzväter, die
er sich gesucht hatte, trotz der Enttäuschungen, die er erlebt hatte,
an die Zukunft. Er war von einem fast grenzenlosen Optimismus
getragen. Er hatte eine etwas sentimentale, aber doch aufrichtige
Art. Es wurde ihm unterstellt, er sei eigennützig und karrieristisch.
Aber er war kein Intrigant, er war nur mit einer ganz außergewöhn-
lichen Energie und einem manchmal die Peinlichkeit streifenden
Hang zur schnellen Freundschaft begabt, die ihn alle Hürden mit
großer Leichtigkeit nehmen ließ. So wurde er, niemand konnte es
wirklich glauben, der Nachfolger, der Statthalter – und damit der
Hüter der Tradition.

Er trug die an sich schon verbrauchte Idee des Ordens weiter. Sein Haus vibrierte von der Kraft der von ihm versammelten Geister. Hier erfanden sie die Vergangenheit und die Zukunft, vor allem aber waren sie die Gegenwart. Sie waren gleichzeitig modern und sie standen in der Tradition: Frisch bewegte sich im Schatten von Hesse, Hildesheimer in dem von Beckett und Joyce, Walser in dem von Kafka und Weiss in dem von Brecht. Und sie waren auch noch ihrer Zeit voraus. Sie glaubten aneinander, wie selten aneinander geglaubt wurde, sie gaben sich selbst den Bezugsrahmen.

Es war, wenigstens für einen Moment, wahrscheinlich wirklich die beste aller Welten, die da entstanden war. Da waren Selbstbewusstsein und Offenheit nicht mehr jene innere oder wirkliche Emigration, nicht mehr jener Kahlschlag, jene Beschränkung und jene Gebrochenheit der unmittelbaren Nachkriegszeit, die mittlerweile schal schmeckte. Aber solche Momente können nicht ewig währen. Die Sache wurde repräsentativ und damit sich selbst fremd, die Bewegung erlahmte. Der jetzt nicht mehr ganz junge Mann aber trug den Geist des Ordens – bald schien es, als lebe er nur noch durch seine unermüdliche Kraft – immer noch weiter. Er konnte ihn sogar mit neuem Leben erfüllen, weil er seine Zukunft mit seinen Projekten dauernd neu entwarf. Dabei war er unempfindlich gegen Kritik, Spott und Diffamie. Er war unersättlich im Begründen neuer Unternehmungen und Reihen. Dass er ein Mensch der Massen war, der den Geist, an den er glaubte, überallhin tragen wollte, störte dabei in keiner Weise. Er war in einer Art naiver Gutgläubigkeit sogar davon überzeugt, den Massen seinen Glauben wirklich nahe bringen zu müssen. Und siehe da, es funktionierte. Alle Lesenden glaubten an seine Welt mit einer Inbrunst, die der seinen verwandt war. Was Siegfried Unseld vollbracht hat, ist fast ein Wunder.

Es gibt einen Autor im Suhrkamp Verlag, den Siegfried Unseld wahrscheinlich nicht gelesen hat. Harold Bloom stellt den Einfluss ins Zentrum einer Theorie der Dichtung, eines seiner Bücher heißt *Einflussangst.* »Ich fürchte«, schreibt Bloom hier, »daß die Einflußangst, unter der wir alle, seien wir nun Dichter oder nicht, leiden, zuerst in ihren Anfängen lokalisiert werden muß, in den schicksalsschweren Sümpfen dessen, was Freud mit grandios verzweifeltem Witz den Familienroman genannt hat.« »Alle Triebe«, schreibt Bloom Sigmund Freud zitierend weiter, »die zusätzlichen, dankbaren, lüsternen, trotzigen, selbstherrlichen, sind durch den einen Wunsch befriedigt, sein eigener Vater zu sein.« Das trifft die Dynamik von Unselds Leben genau. Aber wer sein eigener Vater sein will, bleibt in gewissem Sinn immer Sohn. All die Jahre waren der Verleger und seine Jünger Söhne und nicht Väter gewesen. Sie waren Vaterlose, die sich gerade deshalb immer weiter selbst in der Rolle des Vaters imaginieren und Söhne bleiben konnten. Erst als der Verleger wirklich Vater sein muss, um die Tradition weiterleben zu lassen, gelingt dieser Rollentausch nicht mehr. Während Unseld nach einem Nachfolger sucht, frisst er sie gleichzeitig wie die Revolution. Die Suhrkamp-Kultur war eine Sohnes-Kultur.

In der klassischen Tragödie mordet der Sohn den Vater. Vorher aber will der Vater den Sohn umbringen. Weil der Sohn sich gegen das Gesetz erhebt, das immer das des Vaters ist, kommt es zu jener Auseinandersetzung, die das Reich ins Verderben zieht. Erst das Selbstopfer – das immer ein Opfer des Sohnes sein muss, denn Söhne können nichts für die Sünden der Väter – kann diesen Fluch der Generationen zerreißen. Vieles spricht dafür, dass es in der Familie Unseld nicht anders ist. Aber noch hat die Tragödie nicht den fünften Akt vollendet. Noch sehen wir, wie sich alle immer tiefer in ihrem Unglück verstricken. Und wir erleben, wie die handelnden Personen versuchen, sich zu befreien.

Seit der fünfte Akt begonnen hat, setzt Unseld seine Hoffnungen in die Stiftung, die sein Lebenswerk fortführen soll. Er vertraut einem Anwalt und einer rechtlichen Konstruktion. Das hat, auch wenn es tatsächlich der letzte gangbare Weg ist, etwas Verzweifeltes. Ein Konstrukt ersetzt Tradition. Die Stiftung wird finanziell so ausgestattet sein, dass das Fortleben der Verlage gesichert erscheint. Aber letztlich ist nicht zu übersehen, dass die Stiftung wesentlich doch um das ungelöste Problem »Sohn« herumgebaut wurde. »Sohn«, das ist nicht nur Joachim, das ist auch Unseld selbst. Es ist erstaunlich, dass es auch in diesem Verlag, der gerade dieses Thema immer wieder durchgearbeitet hat, nicht besser gelöst werden konnte. Auch im besten Fall – die Stiftung würde nach dem Tod ungehindert ihre Arbeit aufnehmen – fragt man sich, ob eine schriftstellernde Schauspielerin, ein Anwalt und ein sich sporadisch treffender Stiftungsrat den Verlag wirklich fortführen können. Unseld möchte glauben, dass er der Tragödie entkommen kann. Er wäre gern ein weiser Prospero, der mit guter Magie sein Reich ordnet. Seine junge Frau soll den Ariel spielen. Aber sie ist trotz ihres ätherischen Wesens kein Geist. Und Unseld ist kein Zauberer.

Coda.

Zur Zeit der Beendigung dieses Manuskriptes wurde Siegfried Unseld schwer krank. Kurz nachdem er aus einer Klinik in sein Haus in der Klettenbergstraße zurückkehren konnte, lehnte Frank Schirrmacher es ab, Martin Walsers neuen Roman *Tod eines Kritikers* in der *Frankfurter Allgemeinen Zeitung* vorabzudrucken und machte daraus einen offenen Brief. Das Buch Walsers, das mit einer Ermordung des Kritikers Marcel Reich-Ranicki spielt, und der offene Brief Schirrmachers, der Walser Antisemitismus vorwirft, lösten die zweite Antisemitismusdebatte aus, die sich an der Person von Martin Walser festmacht. Der Suhrkamp Verlag war damit in eine Situation geraten, die man sich prekärer nicht vorstellen kann: Zwei der zentralen Prinzipien der Verlagsarbeit Siegfried Unselds, die bedingungslose Treue zum Autor und die Verbundenheit des Verlags mit der jüdischen Tradition, schienen sich jetzt auszuschließen.

Der Suhrkamp Verlag glich in den ersten Tagen einem Ameisenhaufen, in dem wild herumgestochert wird: hektische, aber unkoordinierte Betriebsamkeit. Nicht nur Walser, auch der Verlag fühlte sich durch Schirrmachers Anschuldigungen betroffen. Noch aber war nicht klar, auf welche Seite man sich schlagen sollte. Die Stimmung war in diesen Tagen durch Jürgen W. Möllemann und seine kalkuliert antisemitischen Äußerungen zu Michel Friedman sehr aufgeheizt, und es schien nicht ausgeschlossen, dass sich der Suhrkamp Verlag durch Walser an der Seite Möllemanns als antisemitischer Verlag wiederfinden könnte. Noch konnte niemand einschätzen, was genau hier vor sich ging. Es war alles so schwer zu fassen. Im Verlag selbst gab es durchaus unterschiedliche Meinungen, manche hielten Walsers Buch für antisemitisch, andere nicht, manche hielten es nur für schlecht oder geschmacklos, viele störten sich vor allem daran, dass der nach dem Vorbild Unselds geformte Verleger in diesem Roman sterben musste.

Siegfried Unseld war zwar zu Hause, aber er war unter dem Einfluss starker Medikamente und nicht ansprechbar. War das Haus jetzt also führungs- und damit kopflos? Woher konnte Hilfe kommen? Am Mittwoch, dem 29. Mai 2002, erschien Schirrmachers Artikel, am Samstag sollte das erste Mal – in einer Art konstituierender Sitzung – der Stiftungsrat tagen. Der Termin war noch mit Siegfried Unseld festgelegt worden. Hans Magnus Enzensberger, Jürgen Habermas, Alexander Kluge, Adolf Muschg und Wolf Singer – das waren, wie man jetzt erfuhr, die fünf Mitglieder, wobei nur die Berufung Singers noch überraschte – trafen sich tatsächlich im unteren Stockwerk in der Klettenbergstraße. Unseld, der oben im Bett lag, bekam davon nichts mit. Habermas, der ebenfalls – und zwar ziemlich unsanft – in Walsers Buch persifliert wird, hatte schon gegen das Buch gewettert. Wie froh wäre der Verlag um eine Entscheidung oder Empfehlung gewesen. Den Gefallen aber wollte der Stiftungsrat dem Haus nicht machen. Enzensberger weigerte sich sogar, das Manuskript auch nur zu lesen. Muschg war eher für eine Veröffentlichung. Habermas sah seine Skepsis gegenüber Walsers zweifelhafter Haltung gegenüber den Juden bestätigt, hielt sich aber mit einer eindeutigen Stellungnahme zurück. Der Verlag solle nicht für Walsers Buch werben, um so Distanz kenntlich zu machen, meinte er.

So wurde Günter Berg zur zentralen Figur. Der Donnerstag nach Schirrmachers Artikel war ein Feiertag, wesentliche Mitarbeiter, wie etwa der kaufmännische Geschäftsführer Philip Roeder, waren für ein paar Tage in Urlaub gefahren. Berg stand unter Zugzwang, er musste eine Entscheidung treffen. Jetzt war seine Bewährungsprobe gekommen. Er hatte die Möglichkeit, sich als Führungspersönlichkeit durchzusetzen, die Entscheidung, die er letztendlich treffen würde, musste als seine Entscheidung erscheinen. Genauso wichtig war es, Zweifel auszuräumen, er musste, was auch immer er beschließen würde, mit den Mitarbeitern des Verlags abstimmen. Und es ging dabei nicht nur um die Frage »Walser ja oder nein?«, die zusätzlich dadurch belastet war, dass sich Gottfried Honnefelder vom Dumont Verlag nachdrücklich um Walser als Autor bemühte. Es ging ebenfalls nicht nur um die Vermeidung jeden Verdachts von Antisemitismus. Es ging auch noch um die Frage der Rechtssicherheit für die Autoren. Walser hatte ja einen Vertrag mit Suhrkamp, den noch Siegfried Unseld unterzeichnet hatte. Berg musste also auch mitbedenken, wie weit Medien in einen Verlag hineinregieren können, ohne ihn zu schädigen. Er musste im Auge haben, dass sich ein Verlag nicht von außen vorschreiben lassen kann, was er publiziert und was nicht.

Unseld lag zwar im Bett und bekam von der Aufregung nichts mit, sein Geist war aber trotzdem noch anwesend. Erleichtert wurde Bergs Entscheidung, das Buch zu publizieren, dadurch, dass der Verleger das Manuskript noch gelesen und sich nicht gegen seine Publikation ausgesprochen hatte. Unseld hatte Vorbehalte gehabt, so viel war klar, aber wie weit die gingen, das war unklar. Erschwert wurde die Entscheidung dagegen dadurch, dass Unseld ja zurückkommen konnte. Was immer Berg zu tun gedachte, es würde der möglichen Prüfung durch die Instanz Siegfried Unseld standhalten müssen. Berg musste sich zwar entscheiden, aber er war nicht souverän, er musste den Moment, wo er Siegfried Unseld gegenübersteht und ihm mitteilt, was er getan hatte, mit einkalkulieren.

Auch Ulla Berkéwicz musste jetzt ihre Rolle überdenken. Am liebsten hätte sie sich zu ihrem kranken Gatten zurückgezogen, aber als künftige Vorsitzende der Stiftung war sie, ob sie wollte oder nicht, in zentraler Position. Dass sie mit Walser alles andere als Sympathie verbindet, weiß der gesamte Verlag. Aber wie würde sie jetzt reagieren, fragten sich viele. Ulla Berkéwicz verhielt sich zurückhaltend und klug. Der Roman sei nicht antisemitisch: Das war alles, was sie nach Bergs Entscheidung zu dem Buch sagte. Es soll Mitarbeiter des Verlags geben, die vor Erleichterung geweint haben, als sie von der Stellungnahme hörten. Und am Montag nach dem aufgeregtesten Wochenende, das der Verlag seit langem erlebt hatte, kam Ulla Berkéwicz in den Verlag und unterrichtete die Mitarbeiter von der Stiftung, die gegründet worden war – und dem Gesundheitszustand von Siegfried Unseld. Zur Seite stand ihr in diesen Tagen Heinrich Lübbert, er kam in den Verlag, um noch einmal zu betonen, dass die Bedeutung des Verlagsleiters, also von Günter Berg, durch die Stiftung nicht beschnitten werde. Auch Ulla Berkéwicz stellte sich also demonstrativ hinter ihren Verlagsleiter. Ohne den Leitwolf rückt das Rudel zusammen – aber es bildet sich auch eine neue Rangordnung. Günter Berg ging gestärkt aus der Krise hervor, und Ulla Berkéwicz machte deutlich, dass sie ihre Rolle zwar ausfüllen wollte, aber zurückhaltend interpretierte.

Walsers Roman werde veröffentlicht, gab Günter Berg am Mittwoch bekannt. Die erste Entscheidung ohne Siegfried Unseld war gefallen. Einen knappen Monat später – als diese Zeilen geschrieben wurden – wusste Unseld immer noch nichts von den Vorgängen um Walser. Der Arzt hatte es so verordnet. Die Mitarbeiter und Weggefährten besuchten ihn, erzählten dies und das aus dem Verlag, nur das Wesentliche durften sie nicht ansprechen. Jetzt erst war für viele so richtig zu spüren, wie groß die Last und Verantwortung gewesen waren, die Siegfried Unseld über viele Jahre getragen hatte. Der muss das doch merken, irgendwie muss er es doch spüren, irgendwann muss er es doch mitkriegen, dachten sie. Einmal fragte Unseld, was Marcel Reich-Ranicki mache, meinte aber nur die Ausgabe mit den von Reich-Ranicki ausgewählten Romanen, die bald bei Suhrkamp erscheinen sollte.

So rundete sich das Leben von Siegfried Unseld in diesen Tagen auf dramatische Weise, viele der Linien, an denen sein Leben entlanggelaufen war, trafen sich hier, die Freundschaft zu Walser, das Verhältnis zu Reich-Ranicki, die Treue zum Autor, die Kultur der Scham, die Auseinandersetzungen um den Antisemitismus seit dem Fassbinder-Streit, die Zuspitzung deutscher Verhältnisse im Suhrkamp Verlag, die schwierige Frage der Tradition und nicht zuletzt die ungeklärte Leitungsstruktur des Verlages. Alles spitzte sich noch einmal zu, gleichzeitig wurde deutlich: Die alten Positionen hatten sich verbraucht. Trotz aller Dramatik und Bedeutung lief die Aufregung um Walsers Buch, Reich-Ranicki und den Suhrkamp Verlag auch ins Leere. Die Frage, wer oder was antisemitisch sei, wurde durch viele Zeitungsartikel und erregte Gespräche keineswegs deutlicher. Im Gegenteil, der Begriff wurde gleichzeitig omnipräsent und verschwommen. Die Themen, Variationen und Konstellationen waren durchgespielt. Es gab schon andere Romane Walsers, die Reich-Ranicki und seinen Verleger zum Gegenstand hatten, sooft hatte Reich-Ranicki Walser schon verrissen, sooft war Walser schon in der *FAZ* abgedruckt worden, sooft schon hatte sich Unseld vor seinen Autor und alten Freund gestellt, sooft hatte er mit Reich-Ranicki kooperiert.

Viele Jahre lang war das Verhältnis von Reich-Ranicki und Unseld freundschaftlich-gespannt gewesen, es hatte sich eine routinierte, nicht konfliktfreie, aber im Grundsätzlichen doch vollkommen miteinander einverstandene Koexistenz entwickelt. Reich-Ranicki frotzelte manchmal über Unseld, Unseld nahm seine Autoren in Schutz, wenn Reich-Ranicki sie verletzt hatte. Dabei wussten sie meistens, dass sie die beiden Kapitäne eines großen Schiffes namens deutscher Literaturbetrieb waren. So war es in den letzten Jahren auch zu einer Annäherung gekommen, 1999 hatten sie gemeinsam den Hessischen Kulturpreis bekommen, die Monate vor Walsers Roman und Unselds Krankheit hatten sie über Reich-Ranickis Kanon debattiert, der bei Suhrkamp erscheinen sollte. Unseld war der Ansicht, dass Reich-Ranicki die Bedeutung von Hermann Hesse nicht ausreichend würdige. Es war eine Diskussion, die sie schon geführt hatten, als sie sich das erste Mal trafen. Und das war in den Fünfzigerjahren gewesen. In der Liste Reich-Ranickis war nur der Hesse-Titel *Unterm Rad* zu finden.

So ist der *Tod eines Kritikers* und der Streit um dieses Buch, der dem Roman selbst zu entsteigen scheint, wie mancher Kritiker bemerkt hat, vielleicht nur ein Nachsatz zu Siegfried Unselds Leben. Er gleicht einer Coda: Hier findet zusammen, was dieses Leben ausgemacht hat.

Siegfried Unseld ist in der Nacht zum Samstag, den 26. Oktober 2002, in seinem Haus in der Klettenbergstraße gestorben. Eine Woche später wurde er unter großer Anteilnahme der Öffentlichkeit auf dem Frankfurter Hauptfriedhof beigesetzt.

Anmerkungen

Kindheit. Jugend. Krieg.

17 Interview mit der *Frankfurter Rundschau* vom 7. Oktober 1998.

20 »Ich habe die Entwicklung des Fürsorgewesens von Grund auf mitgemacht.« Stadtarchiv Ulm, Gesuch von Ludwig Unseld um höhere Besoldung am 10. Februar 1937.

21 »...mit zweiundzwanzig zurück vom Krieg, war er Kreissekretär beim Fürsorgeamt geworden...« *Engel sind schwarz und weiß*, S. 12.

21 »Die Schwester der Mutter, die den Heinrich nicht gewollt hatte, hatte den reichen Eberhard geheiratet. Der besaß ein Haus mit einem Schuhgeschäft und einer großen Wohnung.« *Engel sind schwarz und weiß*, S. 12.

21 »Der Vater bringt dem Sohn im Buch wie im Leben das Schachspiel bei.« *Engel sind schwarz und weiß*, S. 33.

21 »Reinhold aber tauchte ein in Jungvolkdienst, Kameradschaft und Gemeinschaft. Er wurde Rottenführer, dann Jungenschaftsführer und, als Hanno Fähnleinführer wurde, Jungzugführer.« *Engel sind schwarz und weiß*, S. 71.

22 »Sie hat mich, solange ich denken kann...« Unseld 1974 zum *Stern*.

22 »Flink wie die Windhunde, zäh wie Leder und hart wie Kruppstahl.« Siegfried Unseld, *Weich ist stärker als hart*, 1978, S. 9.

23 »Beim rückschauenden Durchdenken des Irrtums wurde mir erschreckend klar, wie anfällig junge Menschen für politische Demagogie sind – und daraus resultiert so etwas wie eine Immunisierung...« Bücher, die notwendig sind. *Schwäbische Donau-Zeitung*, 14. Mai 1963.

24 »...jener kulturkritischen Strömung nach 1900, die, unter Berufung auf Nietzsche und Goethe, Einfachheit und Naturverbundenheit und eine auf Freundschaft gegründete Gemeinsamkeit suchte.« *Almanach der Frankfurter Bücherstube*, S. 7.

26 »Unseld selbst hat später die massenweise Verbreitung dieses Buches referiert.« *Der Autor und sein Verleger*, S. 211.

26 »Wir, die Generation von 1924, hatten Ziele und Ideale, viele waren wie griechisch geprägte Jünglinge, so wie Hans Scholl, der, aus der Jugendbewegung stammend, uns noch im Deutschen Jungvolk Werte vorlebte und uns Literatur vorlas und lesen ließ. Wir erfuhren noch als Tugenden Würde, Ehre, Mut, Bescheidenheit, Dankbarkeit, Demut, wir erfuhren dann aber auch später, wie diese Tugenden unter dem Druck des Unmenschlichen pervertierten.« *Weich ist stärker als hart*, 1978, S. 7.

26 Egal von welchem Buch aus dieser Zeit Unseld später erzählte, immer wurde es von Hans Scholl vorgelesen: Man scheint für anderes als Lesen in dem Jugendheim auf dem nahe bei Ulm gelegenen Kuhberg damals kaum Sinn und Zeit gehabt zu haben. Interviews mit der *FR*, 7. Oktober 1998: »Dort begegnete ich einem Buch aus dem Insel Verlag, Rudolf Bindings Novelle *Der Opfergang*. Dieses Buch habe ich gelesen, das hat Eindruck auf mich gemacht. Das zweite habe ich auswendig gelernt, es war Rilkes *Cornet*.« / *Almanach der Frankfurter Bücherstube*, 1989. S. 10: »Der Wanderer zwischen beiden Welten. Ein Kriegserlebnis von Walter Flex, ein Buch, das Aufsehen erregt hatte, der Verfasser, Halbjude, war im Krieg gefallen, und 1919 erschien es bei Beck in München… In einem Heimatabend des Deutschen Jungvolks hatte Hans Scholl uns damals Zwölfjährigen Teile des Buches vorgelesen, Buch und Haltung seines Verfassers hatten uns beeindruckt.« / *Wie, warum und zu welchem Ende wurde ich Literaturhistoriker?* Eine Sammlung von Aufsätzen aus Anlass des 70. Geburtstages von Robert Minder, S. 10: »Erst später ging mir auf, dass mir Hans Scholl bei Heimatabenden des Jungvolks Literatur als Gegengift einträufelte, freilich in homöopathischen Dosen und in Form von Texten von Laotse, Tschunagtse, Abraham a Sancta Clara, Kleist, Hölderlin, Rilke, Carossa.«

27 »G. A. Hentys, *Der Löwe von Sankt Markus, Erzählung aus Venedigs Vergangenheit* habe ich in meinen frühen Jahren nach einem Zeichenschema, an das ich mich noch heute exakt erinnere, über vierzigmal gelesen…« *Erste Lese-Erlebnisse*, S. 10.

27 »Die Venetianer waren wie die Römer. Schicksalsschläge beugten sie nicht. Mißgeschick trieb sie nur zu größeren Wagnissen an, und nach jeder Niederlage erhoben sie sich stärker als zuvor.« *Der Löwe von St. Markus*, S. 11.

27 »Es muß das Venedig des 13. oder 14. Jahrhunderts gewesen sein...«
    Erste Lese-Erlebnisse, S. 10.

28 »In einem Schulaufsatz während der Nazijahre widersprach ich dem
    Horazischen ›Dulce et decorum est pro patria mori‹; mein Lehrer
    nahm es mir übel, aber er hatte ja nicht jenes Buch gelesen...« *Erste
    Lese-Erlebnisse*, S. 12.

28 »Der Lehrer des Latein (dieser, zu meinem späteren Kummer einzigen
    Fremdsprache, die ich in der Schule erlernte), der meinen in einem
    Aufsatz vorgetragenen Widerspruch gegen Horazens ›Dulce et deco-
    rum est pro patria mori‹, es sei nützlicher fürs Vaterland zu leben denn
    zu sterben, mir nicht mit schlechter Note nachtrug.« *Weich ist stärker
    als hart*, S. 8.

29 Siegfried Unseld mit seinem sportiven Wesen fühlte sich in dieser
    Atmosphäre wohl. Melitta Maschmann beschreibt, was die Hitlerju-
    gend attraktiv machte:»Altersbedingter Überschuß an Tatendurst und
    Bewegungsdrang fand in dem ständig auf Hochtouren laufenden Ak-
    tionsprogramm der HJ ein weites Feld. Es gehörte zur Methodik der
    nationalsozialistischen Jugendführung, daß fast alles in Form von
    Wettkämpfen abgewickelt wurde. Man kämpfte nicht nur im Sport
    und im Beruf um die beste Leistung. Jede Einheit wollte das schönste
    Heim, das interessanteste Fahrtenbuch, das höchste Ergebnis bei der
    Spendensammlung für das Winterhilfswerk haben oder sollte es doch
    haben wollen.« *Mein Weg in der Hitlerjugend*. München 1983, S. 153.

30 »Eine Erfahrung aus meinen Ulmer Jugendjahren, die mich sehr prägt
    und bestimmt, ist meine Tätigkeit als Jungvolkführer...« *Schwäbische
    Donau-Zeitung*, 14. Mai 1963.

30 »...drei höheren Schulen für Jugend und ein wichtiges Institut der
    lokalen Bildungslandschaft.« Rotermund, *Zwischen Gleichschaltung und
    Selbstbehauptung*, S. 10.

31 »Diese Schule war für mich kein Nachtmahr, keine Drillstation...«
    Weich ist stärker als hart, S. 7.

33 »Er bekam 60 Pfennig die Stunde, und er nutzte die Zeit...« *Südwest
    Presse*, 10. November 1995.

33 1934 wurde Ludwig Unseld zum Scharführer in der SA befördert
    und erreichte dann über den Truppführer 1937 die Position des SA-
    Sturmführers. »Heinrich wurde befördert, wurde Sturmführer der
    SA... Das nahm ihn aus den Schranken seiner Herkunft, schob ihn
    über seine Herkunft hinaus... Er vergaß die Beschränkung seiner Ver-

hältnisse und ging von nun an aufrecht, ging zweimal in der Woche in Uniform zur Versammlung und war wer.« *Engel sind schwarz und weiß*, S. 77.

34 »Zur Durchführung der Inbrandsetzung fuhren am späten Abend des 10.11.1938 der Angeklagte Hagenmeyer und Standartenführer Wendling, die beide inzwischen nach Ulm zurückgekehrt waren, von dort nochmals nach Buchau. Der Angeklagte Unseld nahm auf Befehl von Wendling an dieser Fahrt teil ...« Prozessakten gegen Ludwig Unseld, Staatsarchiv Sigmaringen.

34 »Der Angeklagte Unseld wurde in der Nacht vom 9./10. November 1938 alarmiert und erhielt vom Standartenführer Wendling den Befehl, bei der Aktion gegen die Juden in Ulm mitzuwirken.« Prozessakten gegen Ludwig Unseld, Staatsarchiv Sigmaringen.

36 »Und ich war auf der Insel Krim, und dort war die letzte Bastion, die die Deutschen noch hielten, sechs Kilometer südlich von Sewastopol, das Fort Maxim Gorki ...« Interview mit Peter Laemmle zum 50. Geburtstag des Suhrkamp Verlags, BR, 2000.

38 »...dorthin bekam er dann auch von einer Freundin aus Deutschland Literatur zugesandt, unter anderem das Gedicht ›Seltsam im Nebel zu wandern‹«, vgl. *Begegnungen mit Hermann Hesse*, S. 17. »Eine Freundin hatte mir im vorletzten Kriegsjahr zur Ägäis-Insel, auf der ich Funkdienst ausübte, ein Bündel handschriftlich abgeschriebener dichterischer Texte geschickt, Gleichnisse von Tschuangtse, Zitate von Platon, Maximen französischer Moralisten, Gedichte von Hölderlin, Nietzsche, George und dann ein Gedicht mit dem Titel *Im Nebel*; dieses Gedicht lernte ich auswendig, weil es meine Situation beschrieb und die Erfahrung meines Augenblicks richtig ausdrückte, der Name des Verfassers sagte mir wenig, und ich vergaß ihn bald.«

38 »Seltsam, im Nebel zu wandern! Leben ist Einsamsein. Kein Mensch kennt den andern, jeder ist allein.« Zitiert nach: Hermann Hesse, *Lebenszeiten*, editiert von Siegfried Unseld. Frankfurt/Main 1994, S. 135.

40 »Dort erlebte Unseld das Kriegsende am 8. Mai 1945.« Die Schilderung dieser Zeit stützt sich auf seine eigene Darstellung in *Als der Krieg zu Ende war... Erinnerungen an den 8. Mai 1945* (Frankfurt/Main 1995) und einen Bericht Unselds gegenüber dem Autor dieses Buches.

40 »Es waren erregende Tage mit dem Gefühl, zwischen den Zeiten oder in einer Niemandszeit zu leben ...« *Als der Krieg zu Ende war...* S. 113.

41 »Sigmund Freud hatte mindestens in einem Punkt recht: die bedin-

gungslose Zuversicht der Mutter zum Kind sichert fast allein schon den Lebenserfolg.« Siegfried Unseld, *Wenn einer fünfzig wird*, 1974, S. 7.

42 »Ich hatte eine Mutter, die mich liebte und die mir Sicherheit gab (erst später stieß ich auf das Wort von Freud: ›Wenn man der unbestrittene Liebling der Mutter gewesen ist, so behält man fürs Leben jenes Eroberergefühl, jene Zuversicht des Erfolges, welche nicht selten wirklich den Erfolg nach sich zieht!‹).« *Wie, warum und zu welchem Ziel studiert man Literaturwissenschaft*, S. 10.

Lehre. Studium. Hesse.

44 »Dort war alles noch heil, und er hatte seine ganze Bibliothek über den Krieg hinweg gerettet.« *Begegnungen mit Hermann Hesse*, S. 17.

44 »Aufs neue hatte ich das Erlebnis, was eine Bibliothek, die sinnvoll geordnet ist, bewirken kann…« *Begegnungen mit Hermann Hesse*, S. 18.

44 »Das Leben nimmt, das sagen diese Zeilen, dank der Bücher wieder Formen an.« Später, als es nicht mehr um Orientierung ging, wurde aus der geordneten Bibliothek eine improvisierte Büchersammlung. 1994 etwa schrieb Unseld: »Eines Tages lud mich Eugen Zeller ein, ihn in Schorndorf zu besuchen. Er hatte sich notdürftig wieder eine Bibliothek aufgebaut und von Hesse einzelne Bücher erhalten.« Hermann Hesse: *Nürnberger Reise*, S. 124.

44 »Ich las nun Hermann Hesse und entdeckte für mich eines…« Interview mit Wend Kässens.

44 »Wenn das Leben eines Menschen richtig angelegt ist, dann gibt es anfänglich Zufälle, dann aber, nach einer Initialzündung, nur mehr Kettenreaktionen.« *Wie, warum und zu welchem Ende…*, S. 11.

45 »Für Weihnachten desselben Jahres hatte der Suhrkamp Verlag als Buchereignis die erste deutsche Ausgabe des *Glasperlenspiels* angekündigt…« *Begegnungen mit Hermann Hesse*, S. 18, 19. Der von Unseld so genannte Suhrkamp Verlag war damals noch der S. Fischer Verlag.

45 »Und dann habe ich einen Aufsatz geschrieben über *Das Glasperlenspiel*, in dem ich kühn genug war…« Interview mit Wend Kässens.

46 »Nachdem die Devise der letzten Kriegszeit, ›Überstehen ist alles‹, sich erfüllt hatte…« *Begegnungen mit Hermann Hesse*, S. 13.

48 »Diese ›Städtische Bühne‹ hatte trotz (oder wegen) dürftigster äußerer Umstände ein qualitatives, den Zeitproblemen sich stellendes
Programm und entfaltete in den Pausengesprächen und anschließenden Diskussionen eine ungemein wichtige kommunikative Funktion.« *Dinge, die mehr als eine Seite haben, Kurt Fried zur Erinnerung,*
S. 18.

48 »Fried schuf einen kleinen Kreis junger Leute...« *Kurt Fried zur Erinnerung,* S. 18.

48 »Ihm war das bekannt, was uns Jüngeren verschlossen geblieben und
nur als Mythos vorhanden war, Kafka, Hofmannsthal, Thomas Mann
und Bertolt Brecht, von denen nun manche Passagen auf Frieds
Feuilletonseite ›Zur guten Stunde‹ zu lesen waren.« *Kurt Fried zur Erinnerung,* S. 18.

49 »...wo all die großen Gesichter dieser Zeit versammelt gewesen.« Interview mit Wend Kässens.

49 »Für mich war er einer der Kristallisationspunkte der neuen Bewußtheit, daß es nun auf den einzelnen ankäme, und daß jeder sich selbst
zu suchen und möglichst zu finden habe; und das Böse sollte nie vergessen, sondern stets erinnert sein, nur so vermöchten wir uns von
ihm zu lösen.« *Kurt Fried zur Erinnerung,* S. 18.

49 »Mein Bruder ist hier, dem es sicherlich nicht immer leicht fiel, mein
Bruder zu sein. Doch auch ohne ihn wäre dies alles nicht so: Er nämlich, der vier Jahre jüngere, hatte die Idee, Verlagsbuchhändler zu werden, als ich noch gar nicht wußte, was das ist. Nur als er dann nicht
mehr wollte, wollte ich.« *Wenn einer fünfzig wird,* S. 8.

49 »Es war eine lebendige Zeit, denn bei Aegis mußte ich sozusagen
Mädchen für alles sein.« Bücher, die notwendig sind. *Schwäbische Donau-Zeitung,* 14. April 1963.

50 »Shaw weist uns neue Wege, wenn er uns den Mut zur Wahrheit und
die natürliche Einfachheit predigt und über sein Wohl die Tätigkeit
für das Glück anderer stellt. Und gerade für uns, die wir an der Arbeit
sind, Deutschlands Ruinen aufzuräumen und es neu zu bauen, wird
der immer frische Windstoß seines aufrüttelnden und aufreizenden
Spottes gut tun, um auch den geistigen Schutt zu beseitigen, um unsere Gesinnungsweise zu läutern, um uns zu reinigen vom Gestrigen
und uns vorzubereiten für das Morgige.« *Pandora,* Heft 5, S. 30.

51 »Als ich am Ende meiner Lehrzeit in Stuttgart die Gehilfenprüfung
ablegen mußte, brachte mich Ernst G. S. Bauer mit seinem klapprigen

Auto in Ulm an die Bahn: ›Machet Se mir koi Schand‹, rief er mir vom Auto aus nach.« *Südwest Presse*, Ulm, 14. Januar 1992.

52 »1936 wurde der S. Fischer Verlag in Berlin gewaltsam aufgelöst. Während Peter Suhrkamp die Tradition, so gut es gehen mochte (und es ging durchaus nicht immer gut, denn der tapfere Verleger landete im KZ) übernahm, wurde in Amsterdam und später in Stockholm der Bermann-Fischer-Verlag weitergeführt. Mit der S. Fischer Bibliothek nehmen beide Verlage die Zusammenarbeit erstmals wieder auf.« *Schwäbische Donau-Zeitung*, 20. August 1949.

52 »Später erzählte Unseld, er habe…« Maria Müller-Gögler war eine in Weingarten lebende, auch von Hesse geschätzte Dichterin. »Fried lud mich ein, über sie zu schreiben. Das war der Beginn meiner Rezensententätigkeit.« *Kurt Fried zur Erinnerung*, S. 19. »Er (Fried) teilte meine Begeisterung für Hermann Hesse und hielt mich an, über ihn zu schreiben. Ich tat es, zum 70. Geburtstag, zur Nobelpreisverleihung, zu neu erscheinenden Büchern; meinem Aufsatz zum 75. Geburtstag von Hesse bestimmte er ein Zitat als Überschrift, wohl weil es auch für ihn galt: Ich bin ein Dichter, ein Sucher und Bekenner.« *Südwest Presse*, 10. November 1995.

52 »Kurt Fried ermunterte mich, gab mir Aufträge über die ›großen‹, dem weiten Leserkreis freilich noch unbekannten Autoren zu schreiben…« *Kurt Fried zur Erinnerung*, S. 19.

52 »Von der Kirschblüte bis zum Verströmen der ›letzten Süße des Sommers‹ reicht der zeitliche Rahmen, in den Mühlberger die ›Geschichte und Geschichten eines Dorfsommers‹ stellt, deren Titel, *Pastorale*, auf die römischen Dichtungen weist, die das Glück des ländlichen Lebens schildern.« *Schwäbische Donau-Zeitung*, 8. Juli 1950.

52 »Oder er besprach Graham Greenes Roman *Der Ausgangspunkt*.« *Schwäbische Donau-Zeitung*, 24. November 1951.

52 »Diese Briefe zeigen die edle Gesinnung des Menschen Hesse, seine Weisheit und seinen Humor; sie schließen aber auch die ungeheuren Spannungen in seinem Wesen auf, die unablässig sein Leben und Schaffen bedrohen.« *Schwäbische Donau-Zeitung*, 21. Juli 1951.

53 »Weischedel fragte mich, ob ich warten wolle oder reinkommen zu den Studenten, mit denen er in seinem Zimmer tagte…« Interview mit Peter Roos. In: *Uwe Johnson – Siegfried Unseld: Der Briefwechsel*, S. 1150.

54 »Es gab selbstverständlich im Hause die Bereiche Vertrieb und Auslie-

ferung, aber Werbung, das schien dieser berühmte, auf ein großes Reservoir bedeutender Bücher aufbauende und einem treuen Autorenstamm vertrauende Verlag nicht nötig gehabt zu haben.« *Buchmarkt*, 10/81.

55 »Carlo Schmid [kam] meist erst freitags abends aus Bonn zu seinen Tübinger Vorlesungen, und auch Theodor Eschenburg bevorzugte den späten Nachmittag…« *Buchmarkt*, 10/81.

55 »…seiner wichtigsten Äußerung über die Studienzeit«. Interview mit Peter Roos, S. 1153.

55 »In Tübingen war er nur mehr selten.« Vgl: »Schmid wurde sowohl beim Verfassungskonvent in Herrenchiemsee, bei dem ein erster Entwurf des Grundgesetzes erarbeitet wurde, als auch beim Parlamentarischen Rat eine der führenden Persönlichkeiten. Ich bewunderte ihn, daß er rein physisch diese Arbeitslast, zu der ja viele, zu dieser Zeit immer noch strapaziöse Reisen gehörten, zu tragen vermochte.« Theodor Eschenburg: *Letzten Endes meine ich doch*, S. 120.

»Mit Beginn der Arbeit des Parlamentarischen Rats im September 1948 entschwand Carlo Schmid fast ganz aus unserem Gesichtskreis.« Eschenburg, S. 123.

»Da war es nicht verwunderlich, daß Schmid kaum noch Zeit hatte, nach Tübingen zu kommen.« Eschenburg, S. 124.

55 »…die Vorlesungen, die sie hielten, waren aber historische.« Eschenburg, S. 96.

56 »In diesen philosophischen Ferien haben wir uns regelmäßig ein konkretes Thema vorgenommen, und eines ist mir unvergeßlich: Heideggers *Holzwege*, das damals herausgekommen war…« Roos, S. 1154.

56 »Fragt man nach der Erfahrung des Kunstwerkes…« Wilhelm Weischedel, *Die Tiefe im Antlitz der Welt*, S. 13.

56 »Von Gnaden seiner Tiefe auch hat das Kunstwerk die Macht, den Betrachter zu verwandeln.« Weischedel, S. 21.

56 »Doch weil die Tiefe des Künstlers bedarf, um ins Werk treten zu können, kann sie nicht rein als solche erscheinen.« Weischedel, S. 44.

57 »Ich war, als junger Hersteller bei Verlag J. C. B. Mohr, Paul Siebeck, in Tübingen so von dieser Versal-Typographie der Suhrkamp-Umschläge eingenommen, daß ich den ersten Umschlag, den ich bei Mohr selbständig gestalten durfte, den Umschlag für Theodor W. Adornos *Philosophie der neuen Musik* ganz nach der Manier dieser Suhrkamp-Umschläge entwarf.« Siegfried Unseld, *Der Marienbader Korb*, S. 16.

57 »Ich wüßte nicht, wer über die gegenwärtige Situation der Musik klügere und erfahrenere Auskunft zu geben wüßte, als Theodor W. Adorno.« *Buchmarkt*, 10/81.

57 »Diese Dichtungen seien bis jetzt mehr nach Eindrücken beurteilt worden, die sie machten, als nach ihrem gesetzlichen Kalkül und sonstiger Verfahrensart, wodurch das Schöne hervorgebracht wird. Der modernen Poesie fehlt es aber besonders an der Schule und am Handwerksmäßigen.« *FAZ*, 2. Januar 1978.

58 »...eine Sprache, die Unseld nie gelernt hatte.« Roos, 1557/8.

59 »Er war hier enorm fleißig, lernte die Arbeit des Sortimenters kennen und begeisterte die Heidenheimer für Hesse.« Als sich in späteren Jahren das Verhältnis zwischen den Kommilitonen vollkommen umgekehrt hatte, Meuer war jetzt nur mehr Buchhändler, die Lektorenträume hatten sich definitiv ausgeträumt, und bestellte Bücher im Suhrkamp Verlag, den Unseld leitete, war es auch mit der Freundschaft vorbei. Es war zu viel Konkurrenz im Verhältnis zwischen zweien, die Freunde sein konnten, solange sie eine ähnliche Position hatten. In späteren Jahren hatten Unseld und Meuer kaum mehr Kontakt.

60 »Hesse las die durchweg sehr positive Rezension auch nicht zufällig.« Die Rezension ist abgedruckt in: *Begegnungen mit Hermann Hesse*, S. 28–37.

60 »Darf ich mir erlauben, Ihnen den beiliegenden kleinen Sonderdruck zu überreichen, der eine Besprechung Ihres Glasperlenspiels enthält und dessen Übersendung mich anlässlich des bevorstehenden Festes besonders freut.« Der Brief befindet sich im Deutschen Literaturarchiv in Marbach.

60 »Aber der Meister war nicht da.« *Begegnungen mit Hermann Hesse*, S. 117/8.

60 »*Die Morgenlandfahrt* spielt in diesem Garten.« *Begegnungen mit Hermann Hesse*, S. 122/3.

61 »Sein Streben nach Wirklichkeit zielt auf das Wirkliche dieser Wirklichkeit; mit diesem Wirklichen ergreift der Dichter zugleich das Allgemeine und macht es für den Leser sichtbar ...« Dissertation, S. 26.

62 »›Seine Werke sind in hohem Maße Ausdruck seiner Berufenheit‹, heißt es schon auf der zweiten Seite. Unseld sah in Hesse tatsächlich einen Seher.« Vgl.: »Sicher und eindringlich wie nur je ein Dichter war Hermann Hesse sich seit dem dreizehnten Lebensjahr seiner Berufung zum Dichter bewußt. Es war keine zufällige Wahl, sondern ein

dämonischer Trieb in ihm, der ihn zu diesem Berufe zwang.« Dissertation, S. 55. Vom Beruf zur Berufung: »Diese Opfer, die der Dichter seiner Berufung bringen muß, sind Verzicht auf dauerndes menschliches Glück, auf Gemeinschaft, auf Heimat. Das Leben des Künstlers bedeutet ein Leben in der kalten Luft der schöpferischen Einsamkeit.« Dissertation, S. 57. Und von der Berufung zum Heiland: »Er weiß aber, daß sein Schicksal allgemeines Menschenlos ist; er weiß, daß jeder Mensch den Weg zur Selbstfindung einmal gehen muß. Indem er in seiner Dichtung Fundamente einer ›neuen Menschlichkeit‹ aufweist, wird der Dichter zum Bürgen des Menschlichen schlechthin.«

63 »Hesse, der sich sieben Jahrzehnte von keinem politischen System beeindrucken ließ, hatte auch gegenüber den Nazis von vornherein die richtige Haltung.« *Der Verleger und sein Autor*, S. 96.

64 »... − der Vater wird zum Kind seines Kindes, das Kind wird zum Vater seines Vaters ... Es ist die Sekunde, wo der Machtwechsel zwischen den Generationen besiegelt wird und damit auch die Jugend der Kinder endet und ihr eigenes Altern beginnt.« Peter von Matt, *Verkommene Söhne, mißratene Töchter*, S. 268/9.

65 »Freundlich sah mich mein Vater an und sagte: Ich lehre dich nicht, ich erinnere dich nur.« Dissertation, S. 57.

Ein Novize im Bücherorden.

67 »...es wurden alte Rechnungen beglichen.« Vor der Feier zum 50. Jubiläum hatte Karlheinz Braun in einem der Interviews gesagt, der Verlag seien die Lektoren gewesen. Darauf kam es zwischen Unseld und ihm bei der Feier zu einem Streit: »Sie Lügner. Die Lektoren haben nichts gemacht«, rief Unseld.

68 »Die Geschichte des Suhrkamp Verlags beginnt mit dem Brief vom 2. Mai 1950, den Dr. Bermann Fischer und Peter Suhrkamp gemeinsam unterzeichneten...« *Die Geschichte des Suhrkamp Verlags*, Frankfurt/Main 2000, S. 25.

69 »Es ist nicht richtig, wenn Sie sagen, daß ich einen eigenen Verlag ganz neu begründen will, sondern es ist so, daß ich einen Teil des bis jetzt von mir geführten Verlages zu mir übernehme und von dort aus wei

terbaue.« Friedrich Voit, *Der Verleger Peter Suhrkamp und seine Autoren*, S. 43.

70 »Natürlich mußte er, als ›Erbe‹ des verhaßten Hauses Fischer, der dauernden Gefährdung durch Denunziation, Neid, Verdächtigungen usw. Rechnung tragen und konnte sich nach außen hin nicht exponieren…« *Zuckmayer, Geheimreport*, Göttingen 2002.

70 »…eine tragfähige Verbindung, die sich später als entscheidend erweisen sollte.« Die Vorgeschichte ausführlich bei Stach, Voit, im Katalog Marbach *S. Fischer Verlag* von 1985, dem Briefwechsel von Samuel und Hedwig Fischer, dem Briefwechsel von Gottfried und Brigitte Bermann Fischer, in Gottfried Bermann Fischers Erinnerungen *Bedroht Bewahrt*, in den Tagebüchern von Oskar Loerke, in Harold James Studie *Die deutsche Bank und die Arisierung*, im Briefwechsel Hesse – Suhrkamp, dem Briefwechsel zwischen Annemarie Seidel und Carl Zuckmayer, dem Briefwechsel zwischen Peter Suhrkamp und Carl Zuckmayer und dem Buch *Peter Suhrkamp* von Siegfried Unseld.

71 »Die Figur des Heimkehrers stehe im Mittelpunkt des Buches«, meinte Siegfried Unseld. *Peter Suhrkamp*, 1991, S. 19.

71 »Diese traurige Geschichte einer unmöglichen Verständigung trotz zeitweilig täglicher und heftiger Aussprachen.« *Peter Suhrkamp – Carl Zuckmayer, Briefwechsel*, S. 127.

72 »Unsere Gespräche über die Verlagssituation haben bei mir eine Entscheidung geklärt, die sich dunkel in mir schon vorbereitet hatte…« *Hesse – Suhrkamp, Briefwechsel*, S. 122.

73 »Oder sollen wir beide zusammen einen neuen Verlag anfangen?« *Hesse – Suhrkamp, Briefwechsel*, S. 132.

73 »Nochmals herzlichen Dank für alle Freundschaft und Liebe. Die Tage bei Euch waren für mich sehr sehr schön. Hoffentlich bin ich Euch nicht nur Last gewesen.« *Hesse – Suhrkamp, Briefwechsel*, S. 139.

74 »Sie waren einst allzu enthusiastisch, ein edler Don Quichote, dem seine ritterlichen Schwüre nun, wohl aufbewahrt, vom Partner vorgehalten werden.« *Hesse – Suhrkamp, Briefwechsel*, S. 131.

75 »Im 21. Jahrhundert gibt es in einem Lande von unbestimmter Lage, allem Anschein nach aber in Europa, eine zu dem Orden der Kastilier zusammengeschlossene geistige Elite…«, zitiert nach *S. Fischer Verlag*, Marbacher Katalog, 1985, S. 607.

76 »Im August war Unseld das erste Mal mit Hesse zusammengetroffen, unter dem Eindruck dieser Begegnung wagte Unseld es am 3. Oktober

1951, er war da noch Buchhändler in Heidenheim, sich an den Suhrkamp Verlag zu wenden.« Vgl. *Begegnungen mit Hermann Hesse*, S. 127.

76 »Dieser Vorfall war aber auch der Anlaß, daß Suhrkamp mich nach
meinem Urteil fragte, und vielleicht hat es ihn beeindruckt, daß auch
ich keine Begeisterung zeigen konnte.« *Der Marienbader Korb*, S. 9.

76 »Als ich im Sommer in Bremgarten beim Kaffee saß, erst wenig erfreut über die Störung durch Besuch, dann auf Ihren Namen hin erfreut, dachte ich nicht, das könnte etwa mein mutmaßlicher künftiger
Verleger sein.« *Begegnungen mit Hermann Hesse*, S. 128.

76 »Ich war am Dienstag, den 23. Oktober 1951, von Peter Suhrkamp in
seinem Frankfurter Büro empfangen worden...« *Wolffs Bücherei*, 1981,
S. 19.

77 »Vielmehr war es so, daß ich überall gerade da, wo du gefährdet, geplagt und schutzbedürftig schienest...« *Hesse – Suhrkamp, Briefwechsel*,
S. 168.

78 »Sie haben mit Ihrem Werk einige Male in mein Leben eingegriffen.«
Hesse – Suhrkamp, Briefwechsel, S. 472.

78 »Entscheidend wurde dann wieder Demian...« *Hesse – Suhrkamp,
Briefwechsel*, S. 472.

78 »Suhrkamp war, wie übrigens auch Ernst Jünger, im Ersten Weltkrieg
Stoßtruppführer gewesen und hatte damit zu jener Infanterieelite gehört, bei der schneidiges Draufgängertum gefragt war.« Kameraden
schilderten den Stoßtruppführer als unerschrockenen Draufgänger, so
Siegfried Unseld in seinem Buch über Peter Suhrkamp, S. 14.

79 »Wir denken daheim in unseren Studierstuben allerlei, wir studieren,
lesen, phantasieren manches, wozu der Soldat jetzt nicht kommt...«
Zum Sieg, S. 5.

79 »Es geht darum, daß man sich darüber klar werden will, ob Geld und
Geschäft allein die Welt weiter regieren sollen...« *Zum Sieg*, S. 5.

80 »...wie Siegfried Unseld vermutet.« *Hesse – Suhrkamp, Briefwechsel*, S. 486.

80 »Tugend ist: Gehorsam, Gehorsam gegen den Eigen-Sinn.« Dissertation, S. 60.

80 »Damit aber ging er noch weiter als der Autor und sein Verleger.«
Marcel Reich-Ranicki hat Unseld das erste Mal 1957 getroffen und
damals mit ihm über *Demian* gesprochen: »Alles war sehr angenehm,
bis ich, vom Teufel geritten, anmerkte, Hesse sei in politischen Din-
gen doch von einer mitunter schon ärgerlichen, ja, entwaffnenden
Naivität. Seine, wie ich meine, recht fatale Erzählung *Demian* sei zwar

1919 erschienen, als es die NSDAP noch nicht gegeben habe, gleichwohl enthalte sie wichtige Motive, die als nazistisch verstanden und mißverstanden werden konnten. Derartiges wollte Unseld natürlich nicht hören, er protestierte mit wachsender Entschiedenheit.« Marcel Reich-Ranicki, *Mein Leben*, S. 378.

81 »Es war nicht zuletzt Ihr Wohlwollen, das ich fühlte, das mich trug, das mich bestärkte, im Auf und Ab der Krisen und Hochstimmungen, das mich sicher machte.« *Begegnungen mit Hermann Hesse*, S. 143.

82 »Ich möchte Ihnen hier einen Satz schreiben…« *Begegnungen mit Hermann Hesse*, S. 144.

82 »Ich hatte es mit Suhrkamp schon ganz schön schwer…« Interview mit Winfried Schoeller.

83 »Das Thema ›Volksausgaben‹, um nicht vom Taschenbuch zu reden, war für die nächsten Jahre vom Tisch.« *Begegnungen mit Hermann Hesse*, S. 130.

83 »Diese Gedichte erschienen uns beispielhaft für das Neue, das nach 1945 kommen mußte…« Siegfried Unseld, *Höllerer, der Inspirator. Sprache im technischen Zeitalter*. 1982. H. 84, S. 245.

84 »Der Einbruch des Elementaren ist zentral für Eichs Werk…« Mit diesen Worten führte Unseld Eich beim zweiten Suhrkamp-Verlagsabend im November 1959 ein.

84 »Ich habe dem Nationalsozialismus keinen…« vgl. *Die Zeit* 16.4. 1993.

84 »…Menschen, die in irgendeine Grenzsituation hineingestoßen sind, in Schuld, Tod, Schicksal oder in die immerwährende grausige Zwecklosigkeit des Krieges.« *Akzente*, 2. Jg., Heft 2, S. 143.

85 »Der moderne nachproustische Roman (Beckett, Broch, Faulkner, Frisch, Musil, Woolf) ist nicht mehr so geschlossen wie der klassische…« *Akzente*, S. 148.

85 »Das Wesen unserer Zeit ist unbestimmt, vieldeutig, gestaltlos, gleitend…« *Akzente*, 148.

85 »Frisch verheiratet zogen 1952 zwei Schwaben nach Frankfurt um…« Unseld, *Eine vergessene oder verpönte Delikatesse*, S. 123.

86 »Ich äußerte mich zu den Satzproben…« Siegfried Unseld zum Sechzigsten, S. 9.

87 »Die persönliche Begegnung mit Andreas Wolff geschah am 2. Januar 1952…« Rede »Einiges über die Anfänge des neuen Suhrkamp Verlages« anlässlich der Fünfzigjahrfeier der Wolffs Bücherei, 1981.

88 »Die Highways führen stundenlang durch das, was man bei uns Wald nennen würde...« *FAZ*, 9. Juni 1956.

89 »Nach ganz kurzer Zeit beherrschte Ingeborg Bachmann das Spiel...« *Schachnovelle*, S. 262.

89 »Wieder stehen wir vor einem durch besondere sensuelle Energien gespeisten Ich...« *FAZ*, 27. Oktober 1956.

89 »Siegfried Unseld zählte sich bereits 1955 dazu, ab Beginn dieses Jahres hatte er Prokura.« Siehe Brief an Hesse vom 7. Februar 1955 in Marbach.

91 »Wie Goethe nach der Urpflanze...« *FAZ*, 11. März 1954.

91 *Morgenblatt für Freunde der Literatur*, 23. September 1954.

92 »Brechts Chronik zeigt, daß im Kriege der gute Mensch an seinen guten Eigenschaften zugrunde geht, zugrunde gehen muß.« Programmheft, *Mutter Courage*, Theater Frankfurt, S. 196.

92 »Von allen Zeilen des Autors Frisch hat mich keine tiefer beeindruckt...« Programmheft, *Die chinesische Mauer*, Nationaltheater Mannheim, S. 7.

92 »Die Kobaltbombe des Jahres 1955 macht die Sintflut herstellbar...« Programmheft, *Die chinesische Mauer*, Nationaltheater Mannheim, S. 8.

92 »Die Weltgeschichte, ein Lehrstück ohne Lehre«, Programmheft, *Biedermann und die Brandstifter*, Theater Frankfurt, S. 54.

92 »Es scheint, daß an meiner Offenheit unsere jahrelange Freundschaft zerbrochen ist.« *Hesse – Suhrkamp, Briefwechsel*, S. 435.

93 »Sie waren die größte verlegerische Herausforderung.« *Dichten und Trachten* 29, S. 74.

94 »In einer Auswahl aus Brechts ›Schriften zum Theater‹...« Brecht, *Schriften zum Theater*, Frankfurt/Main 1965, S. 292.

94 »Die Tantiemen kamen vollständig dem Suhrkamp Verlag zugute...« *Begegnungen mit Hermann Hesse*, S. 133.

94 »1956 waren drei Lungenlappen Suhrkamps derart angegriffen...« *Briefwechsel Carl Zuckmayer – Peter Suhrkamp*, S. 162.

95 »Die lange Fahrt ermöglichte eine mehrstündige Diskussion...« *Begegnungen*, Berlin 1965, S. 66.

96 »Die nächsten Tage wurde ich aus Frankfurt mit Avancen...« Corinne Pulver, *Karriere*, S. 128/9.

97 »Unseld schrieb einige Jahre später an Hesse, daß er und Suhrkamp 1954 einmal über die Nachfolgefrage geredet hätten.« *Begegnungen mit Hermann Hesse*, S. 142.

Dynamiker. Mannschaftsspieler. Bandleader.

109 Noch 1992 schreibt Unseld, die Kritik habe das Klischee gegen den Willen des Autors erfunden. Siegfried Unseld, Wohin ich in Wahrheit gehöre, in: *DU*, Heft Nr. 10, 1992, S. 48 ff.

109 Auch das ist nicht wahr. Er habe, hat Johnson sich nach der Niederschrift der *Mutmassungen* notiert, etwas geschaffen, das es nicht gibt: »den gesamtdeutschen Roman«. Neumann, S. 372.

110 »So sah es auch Unseld selbst.« *Johnson – Unseld, Briefwechsel*, S. 256.

111 »Wenn ich noch etwas anmerken darf...« Hans Werner Richter, *Briefe*, S. 295.

112 »...eigentlich die zu Günther Neske...« Carola Bloch, *Erinnerungen*, S. 229.

112 »Bloch, so berichtet es seine Frau Carola...« Carola Bloch, *Erinnerungen*, S. 230.

112 »Beim dritten Mal, glaube ich, hat er mir leid getan...« *FAZ*, 6. August 1994.

112 »Es war übrigens ziemlich trostlos...« Brief vom 15. März 1960, zitiert in: Demirovic, Seite 686.

113 »...DDR Einfluß auf die Entwicklung des Sozialismus nehmen könne.« Carola Bloch, *Erinnerungen*, S. 231.

113 »Lassen Sie uns Ihnen heute offen und öffentlich...« Ernst Bloch, *Das Morgen im Heute*, Frankfurt/Main, 1960, S. 7.

113 »An diesem Abend aber, glaubt Friedrich Dieckmann...« *Der Verleger und seine Autoren*, 1994, S. 114.

113 »Die Wurzel der Geschichte...« Bloch, *Das Morgen im Heute*, S. 86.

114 »Es wurde eine lustige und lange Reise, weil wir unterwegs ausgiebig tafelten.« Carola Bloch, *Erinnerungen*, S. 241.

114 »Er riet dazu, im Westen zu bleiben.« Carola Bloch, *Erinnerungen*, S. 242.

114 »Erneute Bemühungen, diesen Autor zu bekommen, scheiterten 1963.« *Johnson – Unseld, Briefwechsel*, S. 280. Suhrkamp hatte gute zehn Jahre zuvor bereits vergeblich versucht, Kafka in den Suhrkamp Verlag zu holen.

115 »Bertolt Brecht legt diese wichtige kulturgeschichtliche Einsicht seinem Helden Galilei eher als beiläufige Bemerkung in den Mund...« Siegfried Unseld, *Goethe und seine Verleger*, S. 661.

116 »Walter Janka, der damalige Leiter...« Sabine Kebir: *Abstieg in den Ruhm: Helene Weigel*, S. 398.

116 »Ich glaube, das ist noch nicht ganz als Mit-Wichtigstes empfunden worden.« Sabine Kebir: *Abstieg in den Ruhm. Helene Weigel*, S. 288.

117 »Sie haben den Drang zum Gestalten und Redigieren, schrieb er mir, während ich mehr für das Schonen und Erhalten des natürlich Gewachsenen bin.« Siegfried Unseld, *Der Autor und sein Verleger*, S. 105.

117 »Die Frankfurter Studentenzeitung *Diskurs* geriet ins Schwärmen...« Siegfried Unseld, Auftakt mit der scheuen Ingeborg Bachmann. In: *Frankfurter Neue Presse*, 18. Oktober 1984.

118 »Offenbar glückte das Treffen in der heiklen Dreierkonstellation.« Brief vom 21. April 1959.

118 »Danach erkrankte Max Frisch schwer, und Unseld kümmerte sich umfassend um den passenden Kurort.« Brief vom 22. Juni 1959.

118 »Hosenträgerkleinbürger.« Frisch an Unseld, 16. Juli 1959.

118 »Fahren Sie langsam, langsam, langsam.« Brief vom 3. März 1960.

118 »Gleichzeitig fragte Unseld Ingeborg Bachmann, ob sie die Herausgabe Wittgensteins übernehmen wolle.« Brief vom 12. Juni 1959.

119 »Sie schlug ihm daraufhin vor, dem Verlag die italienischen und französischen Sachen abzunehmen.« Brief vom 2. März 1969.

121 »Brecht hat seine Gründe gehabt...« *Dreigroschenbuch*, S. 482.

123 »...ein weiteres Dokument der Nähe.« *Johnson − Unseld, Briefwechsel*, S. 103.

125 »...Ehe grundsätzlich reserviert gegenüberstehe...« *Johnson − Unseld, Briefwechsel*, S. 242.

126 »Meine Bedenken wegen der edition suhrkamp wollen nicht verdunsten...« Brief vom 6. Juli 1962.

126 »Unseld hatte eine wahre Obsession für Reihen, eine Art Verlag im Verlag.« Am schönsten schilderte das Max Frisch: »Wie er mich nervte, wenn er, statt zu wandern und zu schauen, wieder die Idee einer neuen Buchreihe entwickelte − ich kam damals aus einer strikten Diät und war fit, zum Glück, so daß ich, obschon dreizehn Jahre älter, an einem steilen Berg etwas schneller gehen konnte als der Freund (wir waren inzwischen Freunde geworden) und bald nur noch sein Keuchen hörte, zwei oder drei Wegkehren unter mir; als er den Gipfel des Berges erreichte mit einigem Verzug und völlig verschwitzt, hatte er die Idee zu einer neuen Buchreihe noch immer. Wir tranken Tee, glaube ich, und teilten eine Wurst sowie die Aussicht schweigsam. Natürlich kam die neue Buchreihe zustande und ist heute aus dem deutschen Geistesleben nicht mehr wegzudenken.« *Der Verleger und seine Autoren*, 1984. S. 9.

128 »Mein Vorschlag war es...« *Der Marienbader Korb*, S. 41.

129 »Über das Unvergängliche seiner Person...« *Hermann Hesse zum Ge-dächtnis,* hrsg. von Siegfried Unseld, Frankfurt/Main 1962, Einleitung.

129 Sein Buch *Auf dem Weg zur vaterlosen Gesellschaft... Psyche,* Heft 4, 1983, S. 311.

130 »Er war ein Schmetterlingssammler, der fein säuberlich die erlegten Pfauenaugen und Kohlweißlinge in seine Schachtel spießte...« Toni Richter, *Die Gruppe 47,* S. 109.

130 Diesmal musste Siegfried Unseld an die Überweisung des Preisgeldes erinnert werden. Hans Werner Richter, *Briefe,* S. 428.

130 »Gefechtseinheit Unseld...« Toni Richter, *Die Gruppe 47,* S. 167.

130 »Das war ein Sakrileg, das verletzte die Spielregeln, Unseld faßte es als Vertrauensbruch auf.« *Johnson – Unseld, Briefwechsel,* S. 240.

131 »Dennoch ist es typisch für das Verhältnis der beiden, daß solche Streitereien am Ende mit der Versicherung, immer aufeinander zäh-len zu können.« *Johnson – Unseld, Briefwechsel,* S. 257.

132 »Es muß immer einer dafür einstehen, ein Verlag braucht Identität durch die Verantwortung einer Person.« Interview mit Friedrich Luft, 1965.

135 »Uwe Johnson versuchte mehrfach, den Kontakt herzustellen...« *Johnson – Unseld, Briefwechsel,* S. 289, 295, 297.

135 »Noch als er im Juli 1971 Max Frisch besuchte...« *Johnson – Unseld, Briefwechsel,* S. 710.

136 »So gegenwärtig konnte Literatur also sein!« Noch 1981 schreibt Un-seld: »Als ich meiner Frau jene Passagen vorgelesen hatte, die von Liebe und Verzweiflung, Ehe und Eifersucht handeln, war sie betrof-fen. Sie glaubte unsere eigene Geschichte gehört zu haben...« *Begeg-nungen. Eine Festschrift für Max Frisch,* S. 10.

136 »Lieber Herr Unseld, ich habe Ihnen zu danken für die beiden Stücke-Bände...« Brief Frischs an Unseld vom 30. April 1962.

137 »Sie kennen ja den weisen Brauch der Chinesen: einmal im Jahr kommt die Verwandtschaft...« Brief vom 19. April 1964.

138 »Ich mag mich irren, doch immer spürbarer schlägt mir seit einiger Zeit...« *Börsenblatt für den Deutschen Buchhandel,* Frankfurter Ausgabe, Nr. 78, 27. September 1963, S. 1780.

138 »Ich kann nur wiederholen, was ich schon einmal schrieb: Ein Be-rufsstand hat für die Zukunft immer die Aussichten, die er selbst sei-nem Nachwuchs einräumt.« *Börsenblatt für den Deutschen Buchhandel,* Frankfurter Ausgabe, Nr. 66, 18. August 1964, S. 1679.

139 »…das Feuerwerk künstlerischer Hochleistungen wie die Filme Formans, Krejcas Inszenierungen, Holans Gedichte, Havels Stücke.« Siegfried Unseld, Das große Fragezeichen des Wunderbaren. In: *Hommage
a Hrabal*, S. 11.

139 »Tradition kommt von tradere, weitergeben. Gedacht ist an den Generationszusammenhang, an das, was von Glied zu Glied sich vererbt.« *Insel Almanach,* 1966.

141 »Ich weiß ja, was Sie der Entwicklung meiner verlegerischen Pläne
gegenüber denken…« Brief vom 30. Juni 1966.

142 »Schon das erste Heft sorgte für Knatsch.« Die Geschichte hat sich
Jörg Lau für sein Enzensberger-Buch von Karl Markus Michel erzählen lassen.

143 »1966 erregte seine Kontroverse zwischen dem sich gerade heftig
politisierenden Enzensberger und Peter Weiss…« *Johnson − Unseld,
Briefwechsel*, S. 458−477.

Flaschenpost.

145 »Es war noch Peter Suhrkamp, der sich 1955 entschlossen hatte,
Szondis Dissertation *Die Theorie des modernen Dramas* zu drucken,
Peter Szondi, *Briefe*, S. 60 f.

145 »Siegfried Unseld war bei diesem Buch, wie in dieser Zeit so oft, mit
der Gestaltung und dem Klappentext, der Biographie Szondis und der
Buchherstellung befaßt.« Peter Szondi, *Briefe*, S. 70 f.

146 »Sie erheben einen Anspruch, den Sie mit diesen kurzen Arbeiten
nicht erfüllen können.« Peter Szondi, *Briefe*, S. 107.

146 »Celans Biograph John Felstiner vermutet, daß Celans lange Krankheit in der ersten Hälfte des Jahres 1966 ausschlaggebend war.« John
Felstiner, *Paul Celan*, S. 297.

146 »Peter Szondi hatte 1959 brieflich Kontakt zu seinem Seelenver-
wandten Celan aufgenommen.« Peter Szondi, *Briefe*, S. 86.

146 »In Paris war ich auch mit Celan wiederholt zusammen…« Peter
Szondi, *Briefe*, S. 181.

147 »Sie kennen ja wie ich die beiden Verlage und ihre Leiter…« Peter
Szondi, *Briefe*, S. 202 f.

147 »Als Unseld im November 1966 bei Celan in Paris war, war der Wechsel bereits beschlossene Sache.« *Johnson – Unseld, Briefwechsel,* S. 465.

148 »Mit einer Grabinschrift…« Ingeborg Bachmann, *Werke,* Band 4. München 1978. S. 215.

148 »Das Gedicht kann, da es ja eine Erscheinungsform…« Paul Celan, *Gesammelte Werke,* Frankfurt/Main 1983, S. 186.

148 »Möglicherweise ging der häufige Gebrauch der Metapher von der Flaschenpost, die übrigens auch Adorno schriftlich zum ersten Mal 1958 verwendete, zurück auf eine Tagung 1957 in Wuppertal, auf der über Dichtung als Flaschenpost diskutiert wurde.« Gudrun Kohn Waechter: Dichtung als Flaschenpost bei Paul Celan und Ingeborg Bachmann. In: *Ingeborg Bachmann und Paul Celan. Poetische Korrespondenzen.* Hrsg. von Bernhard Böschenstein und Sigrid Weigel. Frankfurt/ Main 1997, S. 217.

148 »Sie alle verwendeten in der Folge die Metapher.« Noch 1968, in dem Gedichtband *Fadensonnen,* heißt es in Celans Gedicht »Weißgeräusche«: »WEISSGERÄUSCHE, gebündelt, / Strahlen- / gänge / über den Tisch / mit der Flaschenpost hin.« (Paul Celan: *Werke,* Band II, S. 146.) 1967 hatte Celan dieses Gedicht Hans Mayer zum 60. Geburtstag gewidmet (Böschenstein/Weigel, S. 229). Mayer hatte in seinem ebenfalls natürlich bei Suhrkamp erschienenen Büchner-Buch in der Einleitung geschrieben:»Es hat einem Buch noch selten geschadet, daß es die Form einer Flaschenpost annahm…« (Hans Mayer, *Georg Büchner.* Frankfurt/Main 1959, S. 7.)) Und auch Ingeborg Bachmanns Briefe vor dem Ertrinken, die als Roman dann *Malina* hießen, kann man ohne weiteres als Flaschenpost begreifen.

150 »Dieser Moment, als Siegfried Unseld gesagt hat, ja wir machen jetzt weiter…« Porträt Siegfried Unselds von Dieter Roser, Deutsche Welle 1999.

150 »Peter Handke erwartet von einem literarischen Werke eine Neuigkeit…« *Der Autor und sein Verleger,* S. 56.

151 »Nur ein Schriftsteller wollte gar nicht nach Princeton fahren, um Unseld nicht unter die Augen treten zu müssen.« Hans Werner Richter, *Briefe,* S. 599.

151 »Schon 1964 hatte der große, nicht schreibende Literat Wolfgang Koeppen sich nicht getraut…« Hans Werner Richter, *Briefe,* S. 514.

152 »1963 stimmte Helene Weigel dann Unselds Plan einer populären,

anmerkungsarmen Gesamtausgabe zu.« Sabine Kebir, *Abstieg in den Ruhm*, S. 289.

152 »Ihm war die Vermarktung Brechts, wie sie Unseld betrieb, höchst zuwider.« Sabine Kebir, *Abstieg in den Ruhm*, S. 290.

152 »…durchschlagenden Wirkungslosigkeit«. Vgl. dazu: »Das hat nichts mit dem geweihten Weg zum Klassiker zu tun, den Manfred Wekwerth denjenigen unterstellt, die das Klassische bei Brecht betonen. Das Klassische in Brecht zu sehen, heißt nicht, ihn in ein Museum zu stellen, sondern ihn in seiner Entwicklung und in seiner Wirkung zu begreifen.« *Der Autor und sein Verleger*, S. 157.

153 »…eine für die, die in Brecht den Klassiker sehen wollten und eine billige Taschenbuchausgabe für alle.« Dazu erstmals in: *Dichten und Trachten* 29, S. 73, und *Der Autor und sein Verleger*, S. 145. Noch das größte Buch, das Unseld selbst geschrieben hat, der 1991 erschienene Band *Goethe und seine Verleger*, wird auf diesen Moment zurückgeführt. Siehe dort S. 9.

153 »Unseld überredete die Brecht-Erben, ihren Honoraranspruch für die Ausgabe zu reduzieren.« *Dichten und Trachten* 29, S. 75.

153 »Nach meinem Wissen ist es in der Gegenwart wie in der Vergangenheit für einen zeitgenössischen literarischen Autor das umfassendste verlegerische Unternehmen.« *SZ*, 2. Oktober 1967.

155 »Ist der Frankfurter Börsenverein reformbedürftig?« *Die Zeit*, 13. Oktober 1967.

156 »Wir sollten uns nicht scheuen, unsere Probleme in den Organen der öffentlichen Meinung auszutragen…« *Die Zeit*, 15. Dezember 1967.

159 »Nächte habe ich mit Musikern und Studenten der Musikwissenschaft und Philosophie zugebracht, um jenes ›Richtige Bewußtsein‹ zu erhalten, das der Autor von seinen Lesern forderte.« *Buchmarkt*, 10/81.

160 »Ich verdanke ihm meine erste Begegnung mit den Benjaminischen Arbeiten…« Siegfried Unseld, Walter Benjamin und der Suhrkamp Verlag. In: *Für Walter Benjamin*, 1992, S. 10.

161 »Wollte ich den Forderungen des Herrn Podszus folgen, hieß das für mich, die Ausgabe von vornherein tot zu verlegen.« Suhrkamp an Adorno, 25. Juni 1953. In: Rolf Tiedemann, *Die Abrechnung*, S. 11.

161 »Kleinigkeiten waren das auch deshalb nicht, weil Podszus 1956, ohne sich mit Suhrkamp ausgesöhnt zu haben, den Verlag verließ.« Das fand noch im Jahr 2000 seine Fortsetzung. In der Jubiläumspublikation des Verlags zu seinem 50-jährigen Bestehen ist Friedrich

Podszus aus einem Bild, das ihn zusammen mit Peter Suhrkamp und Siegfried Unseld zeigt, herausretouchiert worden.

162 »Es war eine meiner ersten Entscheidungen nach der Übernahme des Insel Verlags in Frankfurt...« *Goethe und seine Verleger*, S. 701.

163 »Erst diese Ausgabe hat die erstaunliche Rezeption Benjamins hervorgerufen...« *FR*, 24. Januar 1968. Erstaunlich defensiv kündigte Unseld dagegen die kritische Gesamtausgabe an. Er musste etwas tun. Ab 1972 begann sie zu erscheinen, 1994 erschien der letzte Band des Briefwechsels Adorno – Benjamin.

1968. Der Lektorenaufstand.

167 »...revolutionären Aktivitaet gegen meine Wohnung.« *Johnson – Unseld Briefwechsel*, S. 482.

167 »...hochkarätiger und grazilet Unternehmerprosa spricht.« Freundlich reagierte nur der Nicht-Schriftsteller Jürgen Habermas, der Jahre später, zum 60. Geburtstag des Verlegers, schrieb: »Man muß eine komplexe Persönlichkeit aus sich selbst verstehen – und Du lieferst ja das entschlüsselnde Wort, das nun ›Leben, um zu arbeiten‹ aus dem Motto verdrängt hat. Du selbst gibst es in Deinem Privatdruck preis, in der Schilderung jener dramatischen Episode, als der Skifahrer im Sturm Sicht und Übersicht verliert, sich verirrt, hüfttief im Schnee versinkt und dann, wie im Reflex, der Stimme gehorcht: ›Bewegung ist alles, ist Leben. Hinlegen – der klare Tod.‹ Es ist dieser Reflex, dieser Bewegungsreflex, dieses unwiderstehliche Ineinssetzen von Bewegung, was den Stil Deines Lebens, wenn man das sagen darf, so unnachahmlich macht.« *Der Verleger und seine Autoren*, S. 88.

168 »Meine Damen und Herren, vielleicht haben...« Sendung HR Fernsehen, 28. 5. 1968.

169 »Es hat keinen Zweck...« Sendung HR Fernsehen, 28. 5. 1968.

178 »Den Ausschlag gab ein Artikel, in dem Unseld gesagt hatte, er sei heilfroh...« Brief an Frisch vom 30. Januar 1969.

178 »Unseld fürchtete, daß vor allem junge Autoren wechseln würden.« Brief an Frisch vom 30. Januar 1969.

179 »Wie macht man literarische Bücher?« *Der Autor und sein Verleger*, S. 343.

179 »Nach dem Chaos von 1945, nach dem Schock und dem Trauma...« *Der Autor und sein Verleger*, S. 18.

180 »For in fact, what we are faced with today is not communism but revolution. The political system in the Federal Republic is quite beyond repair. We can agree with it, or we must replace it with a new system. Tertium non dabitur.« *TLS*, 28. September 1967, zitiert nach: Protest! Katalog des Deutschen Literaturarchivs in Marbach, S. 64.

181 »Erst war es die bürgerliche Literatur, dann die Literatur überhaupt, die tot war.« *Frankfurter Neue Presse*, 18. Oktober 1984.

183 »Die Protestbewegung »war hedonistisch und puritanisch, progressiv und regressiv, egalitär und elitär...« *Der Spiegel*, 16/2001.

184 »...wir haben aber systematisch immer wieder Regierungen bekommen...« Fernsehgespräch zwischen Rudi Dutschke und Günter Gaus.

185 »Die Protestbewegung von 1968 war eine Schriftreligion.« Vor allem Gerd Koenen hat das deutlich gemacht.

185 »Es ist schon bemerkenswert, daß die Klassiker des kritischen Denkens im Gefolge der Studentenbewegung aus der skeptischen Generation stammen.« Heinz Bude, *Das Altern einer Generation*, S. 361.

Charismatiker. Systematiker. Jubiläumsfanatiker.

188 »Rach war einer der ersten, in dem Unseld einen möglichen Nachfolger sah.« Karl Ignaz Hennetmair, *Ein Jahr mit Thomas Bernhard*, S. 467.

190 »...das erste Mal seinen Vortrag über Hesse als Zeitgenossen.« Vgl. *Begegnungen mit Hermann Hesse*, S. 233 ff.

190 »Daß dieses Buch jetzt erscheint, hat sicherlich auch persönliche Gründe, die im Lebenslauf seines Verfassers liegen...« *Begegnungen mit Hermann Hesse*, S. 7.

191 »...Resonanz gefunden hat oder sogar negativ besprochen wurde, kränkte ihn tief.« Aber abbringen von seinem Thema ließ Unseld sich dadurch nicht, er begann die Arbeit an *Goethe und seine Verleger*, sein größtes Buch, das 13 Jahre später, 1992, erschien.

192 »Ich habe lange über diesen Satz nachgedacht.« *Der Marienbader Korb*, S. 97.

192 »Und er sagte mir einen Satz, den ich nicht vergessen werde…« Versuch, die Welt besser zu verstehen. Rede 1982. In: *Psyche*, Heft 4, 1983, S. 312.

193 »…my friend and leftwing publisher.« Tagebuch 1966–1971 in: Frisch, *Gesammelte Werke VI*, S. 274.

193 »Für Frisch stand seine politische Glaubwürdigkeit auf dem Spiel…« Brief vom 20. März 1971.

193 »Unseld antwortet, daß Frisch vorher um diese Position Kissingers gewußt habe, und also die Einladung nicht hätte annehmen dürfen.« Brief vom 30. März 1971.

194 »…daß der Unterschied zwischen einem Pferd und einem Autor darin bestehe, daß das Pferd die Sprache der Pferdehändler nicht verstehe.« Frisch, *Gesammelte Werke*, Band VI, S. 324.

194 »Der Verleger gab sich amüsiert, er zitierte den Spruch noch im Goethebuch.« *Goethe und seine Verleger*, S. 19.

194 »Frischs Frau Marianne versuchte, die Situation mit Ironie zu retten…« *Frisch – Johnson Briefwechsel*, S. 31.

195 »Für mich wird dieser Mittwoch, der 19. Mai 1971, nicht nur unvergeßlich…« Aus dem Tagebuch von Siegfried Unseld.

196 »14 Millionen 1972, 17 Millionen 1974 und über 20 Millionen 1975.« Unseld verstand es trotzdem, über die Finanzen zu jammern. Siehe etwa *Johnson – Unseld Briefwechsel*, S. 844.

196 »Aus einer Liebesverbindung sei eine Zwangsehe geworden, und er war phantasievoll im Erfinden immer neuer Formulierungen dazu.« *Volkart. Die Geschichte einer Welthandelsfirma*, S. 195.

196 »Ich möchte noch einmal sagen, daß der Satzspiegel kleinlich aussieht…« *Johnson – Unseld Briefwechsel*, S. 611.

197 »Und hätte ich mir nicht im Umgang mit den Autoren abgewöhnt…« *Johnson – Unseld Briefwechsel,* S. 613.

197 »Revidierst Du nun den letzten Satz Deines Briefes? Ich bitte Dich darum.« *Johnson – Unseld Briefwechsel*, S. 614.

197 »Meine Anmerkungen vom 8. Juli zur Behandlung meines Buches durch Deinen Verlag…« *Johnson – Unseld Briefwechsel*, S. 621.

197 »Ich bitte Dich, Du möchtest Dich für Deine Beleidigung und Deine Feststellung raschestens entschuldigen, wenn nicht, richtet Deine rücksichtslose, Verbindungen mit Füßen tretende, starrsinnige Unver-

nunft Dauerverheerungen an.« *Johnson – Unseld Briefwechsel*, S. 631.

198 »Schon 1966 begann sie, einen Verlagswechsel ernsthaft zu erwägen…« Sigrid Weigel, *Ingeborg Bachmann*, S. 515.

198 »Auch in der zweiten Hälfte des Jahres hatte Unseld…« *Johnson – Unseld Briefwechsel*, S. 491 und 498.

198 »Damit war sie für Unseld wirklich frei.« Sigrid Weigel, *Ingeborg Bachmann*, S. 515. *Johnson – Unseld Briefwechsel*, S. 644.

198 »Wie steht es damit?« Zitiert nach: Hans Höller, *Ingeborg Bachmann*, Reinbek bei Hamburg, 1999, S. 141.

199 »Sie ist mit dem ersten Buch ›Malina‹ so gut wie fertig, soweit fertig, wie sie wahrscheinlich einen Text fertigmachen kann.« *Johnson – Unseld Briefwechsel*, S. 644.

199 »Ist denn kein Mensch mehr…« Ingeborg Bachmann, *Werke 3*, 1978. S. 177.

199 »…liebenden Weibes oder einer männlichen Entsprechung, die es wohl sowieso nicht gibt.« Sigrid Weigel, S. 557.

199 »Die Lage von Ingeborg ist zutiefst bedauerlich…« *Johnson – Unseld Briefwechsel*, S. 291.

200 »Bei dieser Veranstaltung waren nur Redner anwesend, die Benjamin aus dem Geist Adornos verstanden.« So etwa Karl-Heinz Bohrer in der *FAZ* vom 3. Juli 1972.

200 »In der gutbürgerlichen Weihestunde fand keinerlei Auseinandersetzung statt…« *Die Zeit*, 7. Juli 1972.

201 »Es sei infam zu behaupten, bei früheren Editionen sei etwas unterdrückt oder entstellt worden.« *SZ*, 4. Juli 1972.

201 »Adorno, der einer der einflußreichsten Lehrer…« *FAZ*, 10. Juli 1977.

201 »Er war der revolutionäre Denker eines neuen Lebenstages der Menschheit…« *Zur Aktualität Walter Benjamins*, 1972, S. 13.

201 »Peter Huchels Lyrik ist dem singulären Menschen gewidmet…« *Über Peter Huchel*, S. 182.

201 »Die letzte Arbeit in seinem Lesebuch…« *Günter Eich zum Gedächtnis*, S. 5.

202 »Von einer ›Werbeveranstaltung‹, die Eichs Witwe zwar willkommen sein dürfte, die zu Lebzeiten aber angebrachter gewesen wäre, war die Rede.« *FAZ*, 3. Februar 1973.

202 »Erst als Uwe Johnson intervenierte und für seinen Verleger bürgte, ließ Ilse Aichinger sich überzeugen.« Bernd Neumann, *Uwe Johnson*, S. 706.

202 »In diesem Fall hielt es sich bis in die Neunziger Jahre hinein.« 1993 gab es dann aber doch noch einen kleinen Skandal um Eich und den Suhrkamp Verlag. Es wurde publik, dass Unseld sich weigerte, einen Aufsatz seines Eich-Herausgebers Axel Vieregg zu drucken. Es hatte längere Auseinandersetzungen zwischen Verlag und Vieregg gegeben. Vieregg warf Eich in seinem Aufsatz vor, in den Nationalsozialismus tiefer verstrickt gewesen zu sein, als er selbst (und mit ihm der Verlag) zugeben wollte. Die damalige Cheflektorin Elisabeth Borchers kündigte Vieregg: »Die Einstellung zum Werk Günter Eichs hat sich für Sie in einem Maße verschärft, hat sich einseitig gemacht, daß der Verlust einer Ausgeglichenheit augenfällig geworden ist« (Ulrich Greiner in: *Die Zeit*, 16. April 1993). Die Rezensenten stürzten sich auf Vieregg. Dabei ist dessen Kernthese doch bedenkenswert: Eich sei der große moralische Schriftsteller geworden, der er war, weil er seiner eigenen Fehlbarkeit begegnet war (*Die Zeit*, 26. November 1993). Er, der Öl gewesen war, forderte später aus dieser speziellen Erfahrung heraus, Sand im Getriebe der Welt zu sein.

203 »1968 hatte er deswegen das letzte Gespräch geführt und es danach aufgegeben, 1972 aber verübten die Erben Selbstmord.« Vgl. *Der Autor und sein Verleger*, S. 227–236.

203 »Ein elementares Mißtrauen haben wir beide uns ...« *Der Verleger und seine Autoren*, 1984, S. 54.

204 »Bernhard war außer sich vor Glück, er konnte es nicht glauben ...« Vgl. dazu Thomas Bernhard: »Der Anfang meiner Beziehung zu Unseld war eine Forderung gewesen, um nicht sagen zu müssen, eine Erpressung meinerseits. Ich forderte von Unseld zwei Jahre nach dem Erscheinen von ›Frost‹ und zwei Jahre vor dem Erscheinen von ›Verstörung‹, im Jänner 1965, 40 000 (in Worten: vierzigtausend) Mark, weil ich es eilig hatte, in zwanzig Minuten. Angeblich hatte Unseld zu diesem Zeitpunkt, wie seine Frau mir neunzehn Jahre später versicherte, vierzig Grad Fieber gehabt.« *Der Verleger und seine Autoren*, 1984, S. 52. Dazu Siegfried Unseld: »... von Autoren, die voraus höchste, manchmal absurde finanzielle Forderungen stellen (Thomas Bernhard schrieb in seinem Stück ›Die Macht der Gewohnheit‹: ›Selbst das Genie wird noch einmal größenwahnsinnig, wenn es ums Geld geht.‹).« *Der Autor und sein Verleger*, S. 42.

204 »... wenn ein Wäschelieferant zwei Briefe schreibt, braucht er auch nicht zurückschreiben ...« *Ein Jahr mit Thomas Bernhard*, S. 43.

205 »Beim Unseld habe ich Narrenfreiheit, da kann ich machen, was ich will.« *Ein Jahr mit Thomas Bernhard*, S. 237.

206 »...daß er in Zukunft alle diese kleinen Stationen auslassen werde...« *Ein Jahr mit Thomas Bernhard*, S. 513.

207 »In dem Brief an Unseld habe ich geschrieben, sagte Thomas...« *Ein Jahr mit Thomas Bernhard*, S. 536.

208 »Ich wünsche im Augenblick nichts mehr, als mit Ihnen auf und ab gehend unklare Gedanken zu klären...« *Der Autor und sein Verleger*, S. 50.

212 »Schon 1973 begann der Jubiläumsfetischist selbst, über seine Geburtstagsfeier nachzudenken.« Und schon 1977 stand die nächste Unseld-Feier ins Haus: 25. Dienstjubiläum. Vgl. dazu *Frisch – Johnson Briefwechsel*, S. 180: »...es ist mir gestern gelungen, Burgel Zeeh zu überzeugen, daß dies kein bundesdeutsches Jubiläum ist...«

213 »Mein Dank am Ende gilt Peter Suhrkamp; aus seinen Händen erhielt ich diesen Verlag, und in andere Hände werde ich ihn weitergeben.« Vgl. dazu auch *Johnson – Unseld Briefwechsel*, S. 831.

214 »Walküre spielte auf Unselds Vornamen an, in Wagners *Ring* kommt *Die Walküre* vor *Siegfried*.« Vgl. dazu *Frisch – Johnson Briefwechsel*, S. 73.

214 »Hinterher sagte Unseld, das Geschenk der Autoren habe sein ›Herz nicht bewegt‹.« *Frisch – Johnson Briefwechsel*, S. 90.

215 »Ich bitte Dich heute um eine verbindliche Antwort auf die Frage: kommt das Veto aus Winterthur?«, fragte Frisch Unseld. Brief vom 7. September 1974.

216 »Sein Verhalten bei seinem neuesten Besuch in Zürich stellt er dar als ganz ›un-unseldisch‹...« *Frisch – Johnson Briefwechsel*, S. 92.

216 »Der Bericht, den Siegfried gegeben hat, ist sehr seldisch...« *Frisch – Johnson Briefwechsel*, S. 93. Der Brief, auf den angespielt wird, ist abgedruckt in *Johnson – Unseld Briefwechsel*, S. 842.

216 »Zumindest halte ich eine Klausel für nötig, falls unser Verlag, der Not des Kapitals gehorchend, nicht dem eigenen Siegfried, weiter rechts rutscht – z. B. wenn zu Geburtstagen keine Brecht-Lieder mehr erlaubt sind.« Brief Frischs an Johnson vom 13. November 1974. *Frisch – Johnson Briefwechsel*, S. 93.

217 »Es ist Dein Vertrauen, das mich hält.« *Johnson – Unseld Briefwechsel*, S. 878.

217 »Lieber Siegfried, ich bin sehr erleichtert, daß ich mich dir anvertraut habe«, schrieb er im Juli 1976. *Johnson – Unseld Briefwechsel*, S. 891.

217 »Auch Johnsons große und sehr liebevoll gemeinte Würdigung des

Verlegers zu seinem 20. Verlegerjubiläum ist nicht frei von diesem Ton.« In den Achtzigerjahren gibt es dann nur noch sehr wenige Briefe, da telefonierten die beiden vor allem miteinander. Siehe dazu auch im *Briefwechsel*, S. 1015. Die Frage, warum Johnson die letzten Jahre seine Briefe vor allem an Burgel Zeeh geschrieben, steht ungelöst im Raum, darüber gibt der Briefwechsel keinen Aufschluss.

217 »Anfang 1974 kam es zu einem kleinen Austausch zwischen dem Dichter und seinem Verleger...« *Johnson – Unseld Briefwechsel*, S. 813–815.

218 »Außerdem bekam Uwe Johnson in diesem Jahr den Herzinfarkt.« Unseld empfahl ihm Frau Dr. Ingeborg Ansorge in Bad Wiessee, genannt die Großfürstin, die Ärztin und ehemalige Geliebte Suhrkamps. *Johnson – Unseld Briefwechsel*, S. 873. Siehe auch: *Frisch – Johnson Briefwechsel*, S. 129.

218 »So wie er literarische Figuren als lebendige Menschen ansah...« Was Unseld in einem Aufsatz später gesondert herausarbeitete, es war wichtig zur Rechtfertigung Johnsons.

219 »Ich habe den Verdacht, daß für ihn die Zeit seines Schweigens ein Produkt seiner Imagination war.« Fernsehgespräch von Winfried Schoeller und Martin Lüdke zu Leben und Werk Uwe Johnsons. HR, Fernsehen, Aufnahme vom 11. November 1990.

219 »Wenn Sie diese zehn Jahre writer's block ansprechen, ich wußte, warum das so war...« Fernsehgespräch von Winfried Schoeller und Martin Lüdke.

220 »Unseld machte sich das Problem also zu eigen...« Uwe Johnson, *Für wenn ich tot bin*, S. 13.

222 »Dieser Kreta-Aufenthalt wird sich (später!) als eine Zäsur in meinem Leben begreifen lassen...« *Johnson – Unseld Briefwechsel*, S. 874.

222 »...brach Lanzen für den Buchhandel...« Was stimmt denn nicht? in: *FAZ* 28. November 1974.

222 »...trommelte in der Öffentlichkeit...« Etwa bei den Römerberggesprächen:»Solange es das Buch gibt, begleitet das Buch die Dame Kassandra. Ich kann es einfach nicht verstehen, daß wir immer wieder, bei jedem neuen Medium, das auftaucht, stellen wir das alte nicht nur in Frage und erklären es für krank und für tot. Wir müssen Bücher produzieren für die Leute, die sie kaufen können, das kann man heute nur in der industriellen Produktion. Das Buch ist zu einem wichtigen demokratischen Instrument durch die Industrialisierung geworden, und

ich glaube, wir sollten hier wirklich nicht diese Dinge zu übertrieben sehen.«

223 »Nostalgie, Tendenzwende, Science Fiction der Innerlichkeit? Oder gar nur Mode...« *Suhrkamp Literatur Zeitung*, Nr. 4, 1976. Hermann Hesse *Siddhartha* mit einer Einleitung von Siegfried Unseld.

223 »Das Buch Siddhartha ist ein Buch des Aufbruchs...« *Suhrkamp Literatur Zeitung*, Nr. 4, 1976.

224 »Ein Verleger von ingeniösem Temperament...« Suhrkamp Archiv, Briefwechsel Max Frisch – Siegfried Unseld.

225 »Er beschreibt sein Lebensgefühl als das eines Studenten...« *Frisch – Johnson Briefwechsel*, S. 182.

226 »Mangelnde Fähigkeit des Erlebens, mangelndes Angenommenwerden...« *Das Buch in unserer Zeit*, 1978, S. 13.

226 »Wer an diesem Prozeß nicht teilnehmen möchte...« *Das Buch in unserer Zeit,* S. 16.

226 »Ich sehe voraus, daß in Zukunft der Mensch weit weniger...« *Das Buch in unserer Zeit*, S. 18.

227 »Was für ein gespaltenes, geschichtsloses, finanziell reiches, geistig immer ärmer werdendes Volk ist existent in diesem Staat.« *SZ*, 11. August 1977.

228 »Als Thomas Bernhard hörte, ich sei 1978 zu einer Hesse-Vorlesung nach Teheran eingeladen...« *Goethe und seine Verleger*, S. 708.

228 »Ein kleiner stinkender Ölofen in einem Hotel in Schiras inspirierte ihn...« *Der Verleger und seine Autoren*, S. 52f.

Politiker. Haremshüter. Klassiker.

233 »wahren Vorspürer« *Frisch – Johnson Briefwechsel*, S. 168.

233 »Obwohl Enzensberger bei keiner der sechs Matineen persönlich anwesend sein wird...« Wolfgang Werth in der *SZ*, 23. September 1978.

233 »Das ist nicht gut, sogar sehr schlecht. Noch jedermann, der davon gehört hat, gibt nach taktvollem Schweigen früher oder später sein Unbehagen zu. Es heißt: Der Unseld-Stil.« Brief vom 10. Juni 1967.

235 »Unseld setzte Busch die beiden Lektoren Raimund Fellinger und

Bernhard Landau nicht vor die Nase, aber doch an die Seite.« Raimund Fellinger führte die edition suhrkamp 1980 als edition suhrkamp Neue Folge weiter.

241 »…sicher aber ist, daß Goethe bei der ›Ausgabe letzter Hand‹ keine chronologische Ordnung wünschte…« *Goethe und seine Verleger*, S. 720. Der ganze Goethe, das war Unselds Sehnsucht. Wirklich Furore machte die Ausgabe Unselds übrigens mit der Faust-Edition Albrecht Schönes. Es war unglaublich: Das Zentralwerk der deutschen Literatur war bisher nicht in einer zuverlässigen Ausgabe zu haben gewesen. Die Verbindung zu Schöne sollte später auch noch in anderer Beziehung wichtig werden.

241 »Unverschämter als in meinem letzten Buch kann ich nicht mehr schreiben…« *Die Zeit*, 5. März 1976.

242 »Schickte Handke ein Manuskript, mußte der Verleger eine Woche später bei ihm vorstellig werden.« So Unseld 1992 zu Martin Lüdke.

242 »Trafen die ersten Exemplare eines neuen Handke-Buches ein…« Erstmals bei »Langsame Heimkehr«, vgl. *Johnson – Unseld Briefwechsel*, S. 977.

242 »Der Verleger ist da, auch wenn er verreist ist…« *Der Verleger und seine Autoren*, 1984, S. 78.

242 »Diese Ausweitung erwies sich nach einigen Jahren als Flop.« *Johnson–Unseld Briefwechsel*, S. 987. Vgl. auch S. 1062.

243 »…hier entstand dann die Idee für Warhols Goethe-Porträts, die auf manchen Insel-Büchern zu sehen sind und zu Ikonen der Achtziger Jahre geworden sind.« Brief von Unseld vom 6. Februar 1991.

243 »Ich war bei ihm, als Andy Warhol sein Goethe-Porträt nach Tischbein präsentierte…« *Der Verleger und seine Autoren*, S. 172.

245 »Max Frisch reflektiert hier über das Klima der Sympathie…« *Begegnungen. Eine Festschrift für Max Frisch*, S. 9.

246 »Da ging die Tür auf…« Film der ARD zum 50. Geburtstag des Suhrkamp Verlages.

246 »Diese Frau, die ihm da als Autorin durch die Lappen gegangen war…« Siegfried Unselds Mutter starb vier Jahre nach dem Streit mit ihrem Sohn, im Dezember 1985, in Ulm. Bis zuletzt hatte sie bei den Ratters gewohnt. Zuletzt bekam sie 1527 Mark und 71 Pfennige Rente monatlich.

247 »Thiele erklärte mich sofort zum Kommunisten.« *Brief an Lord Liszt*, S. 70.

247 »Er unterstellt seinem Chef dagegen, dass er dauernd ›Lust habe‹.«
Brief an Lord Liszt, S. 99.

247 »Ich habe, weil ich auch moralisch dümmer…« *Brief an Lord Liszt*,
S. 104.

247 »…welche Position der Mitarbeiter in seiner Wertschätzung einnimmt.« *Brief an Lord Liszt*, S. 48 f. Vgl. Interview mit Martin Lüdke,
1992, in dem Unseld sagt: »Das ist noch viel abgründiger. Jeder der
Autoren meinte, er würde als Einziger angerufen.«

247 »…der Verlag als nicht durchschaubares System, das komplex genug
ist, sich vorzugsweise mit sich selbst zu beschäftigen.« Walser hat noch
weitere Bücher geschrieben, in denen Unseld vorkommt: *Seelenarbeit*
und *Ohne einander*.

248 »Die Verleger-Autor-Ehe also. Deren Nuance: der Verleger führt…«
Der Verleger und seine Autoren, 1984, S. 22.

248 »Natürlich schriebe ich lieber einen Brief an Lord Liszt…« *Der Verleger und seine Autoren*, 1984, S. 84.

249 »Der Autor hat einen Verleger, den er schätzt…« *Goethe und seine Verleger*, S. 570.

249 »Bekanntlich ist nach dem Bulgaren Christo der Schwabe Unseld der
größte Verpackungskünstler…« Wolfram Schütte, *FR*, 12. August
1982.

252 »Und vielleicht das Wichtigste: Ich möchte eines baldigen Tages…«
Interview 1980 mit Reich-Ranicki.

252 »In den Wahlverwandtschaften wird vom möglichen Widerspruch
zwischen Vater und Sohn gehandelt…« *Johnson – Unseld Briefwechsel*,
S. 1036 f.

253 »Tatsächlich machte Unselds Brief vom 13. Januar 1983 deutlich, daß
es ihm um die ›Jahrestage‹ ging.« *Johnson – Unseld Briefwechsel*, S. 1037.

253 »Von dem professionellen Verfasser schöner Literatur erwartet man,
daß er Wirklichkeit und eigene Erfindung auseinanderhält…« Werner Gotzmann, *Uwe Johnsons Testamente oder Wie der Suhrkamp Verlag
Erbe wird*. S. 94 f.

254 »Wer so mit seinen Figuren als lebendige Personen verbunden ist…«
Uwe Johnson, *Für wenn ich tot bin*, S. 83 f.

255 »Wenn Shakespeare der größte Dichter und Minetti der größte
Schauspieler, dann ist Unseld der größte Verleger.« *Der Verleger und
seine Autoren*, 1984, S. 52.

256 »Da das Interesse des österreichischen Staates an mir und meiner

Arbeit...« Erklärung von Thomas Bernhard vom 8. November 1984.

256 »Ich muß zwar als Verleger an der Verbreitung seiner Bücher interessiert sein.« Erklärung Unselds vom 12. November 1984.

261 »Burger war ein Hesse-Kenner und -Liebhaber.« In seiner Werk- und Wirkungsgeschichte Hesses von 1985 veröffentlichte Siegfried Unseld zwei Stellungnahmen Burgers: 1979 hatte Burger über Hesses *Kindheit und Jugend vor Neunzehnhundert* geschrieben und Hesses frühen Ästhetizismus als bewussten Emanzipationsakt gegen das religiöse Elternhaus verstanden und gedeutet (S. 357). Ein Buch, das Unseld besonders am Herzen lag, in einer Deutung, die ihm gefallen musste. 1985 schrieb Burger dann bereits ein Vorwort zum *Steppenwolf*, in dem er Hesse entschieden als Autor der Moderne darstellte (S. 141).

262 »Burger beschäftigt zur Zeit, wie der Cheflektor des S. Fischer Verlages in der Schweizer Zeitung *Die Weltwoche* mitteilte, einen Öffentlichkeitsberater. Dem Vernehmen nach hat ihm dieser Berater bei seinem spektakulären Verlagswechsel von Fischer zu Suhrkamp nicht unter die Arme gegriffen.« *Almanach der Frankfurter Bücherstube*, 1989, S. 51.

262 »Straßenlicht fiel durchs große Fenster auf das schimmernde Band der aufgereihten Bibliothek Suhrkamp...« *Almanach der Frankfurter Bücherstube*, 1989, S. 8.

263 »Ich möchte Ihnen nun in diesem Zusammenhang einen Vorschlag...« Brief vom 21. August 1967. In: Rolf Tiedemann, *Die Abrechnung*, S. 25.

266 »Unselds Bericht ist bewegt, aber auch etwas unpersönlich.« *Die Welt*, 22. Juni 1989.

266 »Ulla Berkéwicz erzählte von ihren 28 Verwandten in Israel, ihren jüdischen Vorfahren und was die im Dritten Reich erlebt hatten.« In diesem Jahr erschien auch ein Bericht ihres Vaters über seine Jahre in Nazideutschland im Ammann Verlag.

266 »Ein großer energischer Mann, der noch größeren Raum in einem Zimmer einzunehmen scheint...« *Der Verleger und seine Autoren*, 1994, S. 35.

266 »Und dann fügte er plötzlich hinzu: ›Diese beiden Steckenpferde...‹« *Der Verleger und seine Autoren*, S. 36.

Ohne Sohn.

271 »Das Gespräch mit ihm zählt zum Schönsten…« Reisebericht in: *Johnson – Unseld Briefwechsel*, S. 684.

271 »Es gibt ein Ritual für diese Begegnungen…« *Theater Heute*, 2/1990.

273 »…und daß jetzt ein Sohn da ist, der bereit ist, eines Tages die Nachfolge zu übernehmen.« *Börsenblatt* vom 23. Oktober 1990, S. 3424.

278 »Zwölf Jahre also konnte ich meine knapp bemessene so genannte freie Zeit…« *Goethe und seine Verleger*, S. 10.

278 »Man kann immer wieder von Goethe lernen.« *Goethe und seine Verleger*, S. 114.

279 »Der Autor ist zu seinem Selbstschutz geradezu gezwungen…« *Goethe und seine Verleger*, S. 141.

280 »…als mich eines Tages in der tiefsten Provinz ein Brief erreichte…« *Der Verleger und seine Autoren*, 1994, S. 75 ff.

284 »Die aktivsten und verläßlichsten Komplizen…« Fuegi, *Brecht & Co.*, S. 899.

284 »Fast möchte man Brecht selbst gegen diese Mumifizierung in Schutz nehmen…« *Brecht & Co.*, S. 901.

284 »Der Kernpunkt von Fuegis These ist…« Der Klassiker der Vernunft. In: *Hundert Jahre Brecht – Brechts Jahrhundert*. Tübingen 1998, S. 20 f.

284 »Aus den Manuskripten sind fast immer Eingriffe und Meinungen von Freunden ablesbar…« Kebir: *Abstieg in den Ruhm*, S. 287.

284 »Es ist also tatsächlich so, daß Brecht, der ja meistens im Kollektiv gearbeitet hat, auf Ratschläge hörte und große Komplexe änderte. Solche Ratschläge konnten ästhetischer Art sein oder politischer Art.« Kebir: *Abstieg in den Ruhm*, S. 287.

285 »Ich glaube, das ist noch nicht ganz als Mit-Wichtigstes empfunden worden.« Kebir: *Abstieg in den Ruhm*, S. 288.

286 »Ich spürte die Anziehung, das körperliche Aufgeladenwerden durch seinen Charme. Die ganze vermaledeite Vater-Sehnsucht der reiferen Jugendjahre hat er spielend wachgerufen.« *Der Verleger und seine Autoren*, 1984, S. 99.

288 »Während der Verleger offen sein muß, frei für die Freiheit des anderen…« *Goethe und seine Verleger*, S. 356.

288 »Daß der Verleger sich hinter mich gestellt habe, das ist nicht einmal wahr…« *Der letzte Doyen*. Film von Dieter Roser, Deutsche Welle 1999.

288 »Vor 36 Jahren, also zu Beginn meiner Beziehung zu Koeppen...« *FAZ*, 13. April 1996.

289 »Ich finde alles, was ich geschrieben habe, schlecht...« *Das Leben lieben. Max Tau in Briefen und Dokumenten 1945–1976*. Hrsg. v. Hans Däumling, Würzburg 1988, S. 68.

289 »Leider gefällt er mir nicht...« *Die Zeit*, 15. November 1991.
»Bitte schreiben Sie! Schreiben, schreiben!« Zitiert nach: Alfred Estermann, *Ein riesiger Steinbruch aus Anfängen*. In: *FAZ*, 5. Dezember 1998.

290 »Armin Huttenlocher schrieb, daß Unseld Koeppen bereits vor seinem Tod, als er in vollkommen aussichtsloser Lage war, die monatlichen Zuschüsse gesperrt habe.« *SZ*, 22. Juni 1996.

290 »Jedoch nur so lange erschien mir die Beziehung zu Koeppen eine Übung...« *FAZ*, 13. April 1996.

298 »Goethe, der Erfahrene, geht hier aus sich heraus...« *Goethe und der Ginkgo*, S. 51.

300 »Was war ich jung! Und nun seid ihrs...« *Wie soll ich meine Seele halten*, S. 59.

303 »Wir sind wie Fassbinder der Meinung, daß darüber diskutiert werden muß...« *Die Zeit*, 9. April 1976.

305 »Lieber Freund Ignatz, Du hast mir nach der Rede Walsers...« Brief vom 13. Oktober 1998. In: *Die Walser-Bubis-Debatte*.

306 »Zwischentöne waren ihm fremd...« *FAZ*, 16. August 1999.

307 »Fünfzigjahrfeier«. Siehe S. 67, Kapitel »Ein Novize im Bücherorden.«

311 »Gleichzeitig mit Nomos verkaufte Reinhart 21 Prozent...« Nomos wurde also höher bewertet als Suhrkamp.

312 »Daraus wurde dann jener Rechtsstreit, der gleichzeitig mit dem Auftritt Joschka Fischers...« Siehe S. 165, Kapitel »1968«.

314 »Bei unserem Gespräch...« Siehe S. 5, Vorwort.

314 »Es erhebt sich die Frage, warum geben die...« Ernst Bloch, *Ergänzungsband zur Gesamtausgabe*, S. 331.

315 »Mich fasziniert dieser Prozeß von Generation zu Generation.« *Für Klaus Piper zum 70. Geburtstag*, S. 316.

315 »Als dann die Nachfrage nach den Werken Hesses geringer wurde...« *Der Verleger und seine Autoren*, S. 43.

316 »Der Keller ist feuergeschützt, die Luftfeuchtigkeit konstant.« Einen von mehreren Berichten vom Gang in den Keller gab Jorgé Sem-

prun: »Bevor wir miteinander zu reden begännen, wolle er mir etwas zeigen. Die genießerische Vorfreude auf seinen Lippen und das
Lachen, womit er mir dies sagte, machten mir klar, daß er die Überraschung oder die Bewirtung, mit der er aufwarten wollte, schon im
voraus genoß. Wir kamen bei ihm zu Hause an, und dann führte er
mich durch eine Seitentür in den Keller oder die Garage. Was ich
als erstes sah, als ich diesen unterirdischen Raum betrat, war eine
Installation zur Kontrolle der Temperatur und Feuchtigkeit, wie
man sie in Weinkellern findet. Ich stutzte und war besorgt. Diente
dieser Umweg durch das Innere des Unseldschen Hauses dazu, mir
seinen Weinkeller zu zeigen? Aber nein, natürlich nicht, wie sich
gleich herausstellte. Was in diesem Raum aufbewahrt wurde, bei
gleichbleibender Temperatur und Feuchtigkeit, waren keine Flaschen, sondern Bücher. Dort standen in metallenen fahrbaren Regalen alle vom Suhrkamp Verlag veröffentlichten Bücher. Alle, eines
neben dem anderen. Ein Exemplar eines jeden Buches, das Suhrkamp seit Bestehen des Verlages publiziert hat. Siegfried wählte
einige offensichtlich von ihm besonders geschätzte Bände aus und
zeigte sie mir. Von einigen Autoren des Verlages sprach er voller
Zuneigung und Bewunderung.« *Der Verleger und seine Autoren*, 1994,
S. 10f.

320 »Unseld glaubt nämlich, dass man einen Autor machen kann ...« Er
schreibt: » ... es ist doch merkwürdig, daß unsere immer stärker ex-
pandierenden und verlagsschluckenden Buchkonzerne noch immer
nicht den Erweis erbracht haben, daß sie neue Autoren ›machen‹
können.« *Der Autor und sein Verleger*, S. 48.

322 »Es soll Momente geben, in denen er sein Unglück, ohne Sohn zu
sein, in die Welt hinausschreit.« Auch die Beziehung zum Sohn fand
Unseld übrigens bei Goethe vorgeformt: Am 26. Oktober 1830 starb
Goethes Sohn in Rom. Unseld schrieb dazu: » ... Augusts Beziehung
zu seinem Vater war lebenslang das ›Drama des begabten Kindes‹ gewesen; der Anspruch der Umgebung hatte ihn erdrückt, bei allem
war und blieb er immer nur der Sohn, der alle seine Stellungen und
Vorteile dem Vater verdankte und der sich nie aus seiner mittleren
Beamtenposition herausarbeiten konnte. Die väterliche Übergröße
mußte ihn entmutigen, der an ihn den gleichen Maßstab anlegende
Anspruch der Gesellschaft geradezu lähmend wirken.« *Goethe und
seine Verleger*, S. 567.

325 »Ein Autoschlosser hat einen Sohn, dessen Leidenschaft das Verschlingen von Büchern...« *Auf dem Weg zur vaterlosen Gesellschaft*,
S. 168.

326 »Ich fürchte, daß die Einflußangst, unter der wir alle, seien wir nun
Dichter oder nicht, leiden...« *Einflussangst*, S. 51.

327 »...sind durch den einen Wunsch befriedigt, sein eigener Vater zu
sein.« *Einflussangst*, S. 58.

Literatur

Bücher und Aufsätze von Siegfried Unseld,
von ihm herausgegebene Bücher (chronologisch):

Bernhard Shaw und seine Friedenspolitik im Jahre 1919. In: *Pandora.*
Schriften für lebendige Überlieferung. Nr. 5. Ulm 1946.

Ein Jahr Aegis-Verlag. *Schwäbische Donau-Zeitung*, 19.4.1947.

»Pastorale«. Zu dem neuen Buch von Josef Mühlberger. In: *Schwäbische Donau-Zeitung*, 8.7.1950.

Zeugnis hoher Menschlichkeit. Zu den Briefen Hermann Hesses. *Schwäbische Donau-Zeitung*, 21.7.1951.

Hermann Hesses Anschauung vom Beruf des Dichters. Tübingen 1951.

Roman einer Leidenschaft. Zu Graham Greenes neuem Roman »Der Ausgangspunkt«. *Schwäbische Donau-Zeitung*, 24.11.1951.

Das Werk von Hermann Hesse. Ein Brevier. Herausgegeben von Siegfried Unseld. Frankfurt/Main 1952.

Existenz durch Sprache. Zum 70. Geburtstag von Oskar Loercke. *FAZ*, 11.3.1954.

Amerika. Air-conditioned Wonderland. *FAZ*, 9.6.1956.

Anrufung des Großen Bären. *FAZ*, 27.10.1956. Wiederabgedruckt in: *Ingeborg Bachmann.* Eine Einführung. München 1963.

Brechts Johanna. Programmheft der Städtischen Bühnen Frankfurt zu *Die heilige Johanna der Schlachthöfe.* Spielzeit 1956/57.

Eugen Gottlob Winkler und die Kunst des Zeichnens. In: *Frankfurter Hefte*, Februar 1957.

Im Schatten des Pilzes. Der Stückeschreiber Max Frisch. Programmheft des Nationaltheaters Mannheim 1957.

Dreigroschenoper im Fernsehfunk. In: *Frankfurter Hefte*, April 1957.

Bertolt Brecht: *Schriften zum Theater.* Zusammengestellt von Siegfried Unseld. Frankfurt/Main 1957.

Die Brecht'sche Chronik des Krieges. Programmheft der Städtischen Bühnen Frankfurt zu *Mutter Courage und ihre Kinder*. Spielzeit 1957/58.

Fülle des Daseins. Auslese aus dem Werk von Rudolf Alexander Schröder. Ausgewählt von Siegfried Unseld. Frankfurt/Main 1958.

Gottlieb Biedermann. Nicht mehr davongekommen. Programmheft der Städtischen Bühnen Frankfurt zu *Biedermann und die Brandstifter*. Spielzeit 1958/59.

Bertolt Brechts Dreigroschenbuch. Hrsg. von Siegfried Unseld. Frankfurt/Main 1960.

Bertolt Brecht: *Ausgewählte Gedichte.* Auswahl von Siegfried Unseld. Frankfurt/Main 1960.

Ernst Bloch: *Das Morgen im Heute.* Hrsg. von Siegfried Unseld. Frankfurt/Main 1960.

Das neue Spectaculum. In: *Dichten und Trachten.* Jahresschau des Suhrkamp Verlags. XVI. Frankfurt/Main Herbst 1960.

Walter Benjamin: *Illuminationen.* Ausgewählt von Siegfried Unseld. Frankfurt/Main 1961 (erstmals: Frankfurt/Main 1955).

Bericht vom Begräbnis Hermann Hesses. In: *Hermann Hesse zum Gedächtnis.* Hrsg. von Siegfried Unseld. Frankfurt/Main 1962. Wiederabgedruckt in: *Über Hermann Hesse.* Band 1. Herausgegeben von Volker Michels. Frankfurt/Main 1976. Und: *Hermann Hesse in Augenzeugenberichten.* Hrsg. von Volker Michels. Frankfurt/Main 1987.

Bücher, die notwendig sind. In: *Schwäbische Donau-Zeitung*, 14. 5. 1963.

Möglichkeiten buchhändlerischer Fortbildung. *Börsenblatt für den Deutschen Buchhandel*, 27. 9. 1963.

Unvorgreifliche Gedanken zu einem Deutschen Buchhändler-Seminar. *Börsenblatt für den Deutschen Buchhandel*, 18. 8. 1964.

Begegnungen mit Nelly Sachs. *Deutsche Tagespost,* Würzburg 6. 4. 1965.

Georg Weerth – Lebenslauf eines Unbekannten. In: *Georg Weerth. Fragment eines Romans.* Frankfurt/Main 1965.

Ernst Bloch zu Ehren. Beiträge zu seinem Werk. Herausgegeben von Siegfried Unseld. Frankfurt/Main 1965.

Suhrkamp Verlag, Frankfurt am Main. (Erstes maschinenschriftliches Verlagsporträt vom 1. Juli 1965.)

Bertolt Brecht: *Über Klassiker.* Ausgewählt von Siegfried Unseld. Frankfurt/Main 1965.

Es war kein Zufall. In: *Die Begegnung.* Berlin 1965.

Jean Janes. In: *Dichten und Trachten 27.* Frankfurt/Main 1. Halbjahr 1966.

Worte am Sarge Hermann Kasacks. In: *Dichten und Trachten 27.* Frankfurt/Main 1. Halbjahr 1966.

Der Unverwechselbare. Zum Tod von Joseph Caspar Witsch. In: *Börsenblatt für den Deutschen Buchhandel*, 12.5.1967.

Zur neuen Brecht-Ausgabe. In: *Dichten und Trachten 29.* Frankfurt/Main 1967.

Ist der Frankfurter Börsenverein reformbedürftig? Umfrage in: *Die Zeit*, 13.10.1967.

Offener Brief an den Vorsteher des Börsenvereins des Deutschen Buchhandels. In: *Börsenblatt für den Deutschen Buchhandel,* 3.11.1967.

Über Aufgaben des Börsenvereins des Deutschen Buchhandels. *Börsenblatt für den Deutschen Buchhandel*, 15.12.1967.

Eine komplizierte Organisation. *Die Zeit*, 15.12.1967.

Abfahrt. Privatdruck 1968.

Zur Kritik an den Editionen Walter Benjamins. *FR*, 24.1.1968.

Wie gewinnt man Autoren? In: *Heinrich Maria Ledig-Rowohlt zuliebe.* Festschrift zu seinem 60. Geburtstag am 12. März 1968. Herausgegeben von Siegfried Unseld. Reinbek bei Hamburg 1968.

Hermann Hesse − Peter Suhrkamp. Briefwechsel 1945−1959. Herausgegeben von Siegfried Unseld. Frankfurt/Main 1969.

Über Tod, Unsterblichkeit, Fortdauer. (Ein Gespräch mit Ernst Bloch), 6.8.1969. In: Ernst Bloch: *Tendenz, Latenz, Utopie.* Frankfurt/Main 1978.

Suhrkamp: Hans Erich Nossack. In: *Stuttgarter Zeitung*, 8.10.1969.

Nachruf einen Buchhändler. In: *Die Begegnung.* Folge 6. Berlin 1970.

Flake und Suhrkamp. In: *Der Monat*, Heft 264. München 1970.

Hermann Hesse: *Politische Betrachtungen.* Ausgewählt von Siegfried Unseld. Frankfurt/Main 1970.

Eine Ehrengabe als Rente. *FAZ*, 7.12.1970.

Der Literator. Zum Tode Friedrich Podszus. *FAZ*, 10.3.1971.

Hermann Hesse: *Mein Glaube.* Auswahl und Nachwort von Siegfried Unseld. Frankfurt/Main 1971.

Einleitung. In: Wie, warum und zu welchem Ende wurde ich Literaturhistoriker? Eine Sammlung von Aufsätzen aus Anlass des 70. Geburtstages von Robert Minder. Hrsg. von Siegfried Unseld. Frankfurt/Main 1972.

Hermann Hesse: *Eigensinn.* Auswahl und Nachwort von Siegfried Unseld. Frankfurt/Main 1972.

Walter Benjamin und Frankfurt. *FAZ*, 10.7.1972.

Ist das Buch krank? In: *Buch und Leser.* Informationen des Börsenvereins des Deutschen Buchhandels. September 1972.

Walter Benjamin zu Ehren. Vorwort. In: *Walter Benjamin zu Ehren* (= Zur Aktualität Walter Benjamins). Hrsg. von Siegfried Unseld. Frankfurt/Main 1972.

Deutsches Mosaik. Offizielles Geschenkwerk des Organisationskomitees für die Spiele der XX. Olympiade München 1972. Frankfurt/Main 1972.

Zum 20. Dezember 1973. In: *Günter Eich zum Gedächtnis.* Herausgegeben von Siegfried Unseld. Frankfurt/Main 1973.

Hermann Hesse. Eine Werkgeschichte. Hrsg. von Siegfried Unseld. Darin: Hesse in den USA. Frankfurt/Main 1973.

Peter Huchel. In: *Über Peter Huchel.* Hrsg. von Hans Mayer. Frankfurt/Main 1973.

Profit ohne Risiko. *Der Spiegel*, 22.4.1974.

Schwierigkeiten bei der Edition eines »klassischen« Autors. In: *Festschrift für Friedrich Beißner.* Hrsg. von Ulrich Gaier et al. Bebenhausen 1974.

Er spricht die Sprache der Jugend. Die Wirkung Hermann Hesses heute. *FAZ*, 3.8.1974.

Wenn einer fünfzig wird. Rede, gehalten bei der Feier des 50. Geburtstages am 28. September 1974 in Königstein/Taunus. Privatdruck.

Gegendarstellung. *Theater Heute*, 10/74.

Seine Verleger hatten es nicht leicht mit ihm. Vortrag in Montreal, Oktober 1974, zum Thema Bertolt Brechts Beziehungen zu seinen Verlegern. In: *Brecht-Jahrbuch 1974*. Hrsg. von John Fuegi et. al. Frankfurt/Main 1975.

Was stimmt denn nicht? Über das Büchermachen und den Buchhandel. *FAZ*, 28.11.1974.

Deutsche Bücher in Paris. In: *Börsenblatt für den Deutschen Buchhandel,* 4.2.1975.

Erste Lese-Erlebnisse von Siegfried Unseld. In: *Erste Lese-Erlebnisse.* Herausgegeben von Siegfried Unseld. Frankfurt/Main 1975.

Begegnungen mit Hermann Hesse. Frankfurt/Main 1975.

»Der Junge wird Bauer.« Peter Suhrkamp – Das Drama einer Jugend im alten Niedersachsen. In: *Hannoversche Allgemeine Zeitung*, 20.9.1975.

Peter Suhrkamp. Vorgelegt von Siegfried Unseld unter Mitwirkung von Helene Ritzerfeld. Frankfurt/Main 1975 (und 1991).

Was auf Erden nicht zu Hause ist. Über Oskar Loerke. *FAZ*, 5.7.1975.

Nichts anderes ist Friede. Zu »In einem Haus« von Jesse Thor. *FAZ*, 9.10.1975.

Der Mensch mit dem Buch in der Hand. In: *Für Rudolf Hirsch.* Zum siebzigsten Geburtstag am 22. Dezember 1975. Frankfurt/Main 1975.

Einleitung Hermann Hesse Siddharta. In: *Suhrkamp Literatur Zeitung*, Nr. 4. Frankfurt/Main 1976.

Der Marienbader Korb. Über die Buchgestaltung im Suhrkamp Verlag. Willy Fleckhaus zu Ehren. Hamburg 1976.

Nichts anderes ist Friede. *FAZ*, 9.10.1976.

Hommage à Rilke. In: *Insel Almanach auf das Jahr 1977.* Frankfurt/Main 1976.

Geheiligte Ware Buch. *Die Zeit*, 14.10.1977.

Hermann Hesses Wirkung. In: *Über Hermann Hesse.* Zweiter Band. Hrsg. von Volker Michels. Frankfurt/Main 1977.

Literarische Initiative nicht wegrationalisieren. *Börsenblatt für den Deutschen Buchhandel*, 28.12.1977.

Hölderlin oder das kalkulable Gesetz. Zum Tod des Philologen Friedrich Beißner. *FAZ*, 2.1.1978.

Einführung zu einer Lesung von E. Y. Meyer in Marbach am 25. Januar 1978. In: *Die Begegnung*, 14. Folge. Berlin 1978.

Dieser Ledig. *FAZ*, 11.3.1978.

Der ostasiatische Hintergrund zu Hermann Hesses Ruf »Sei du selbst«. In: *Suche nach Einheit. Hermann Hesse und die Religion.* Stuttgart/Frankfurt/Main 1978.

Ein höchst merkwürdiges Gedicht, zu Goethes *Tagebuch*. *FAZ*, 10.6.1978
Das Tagebuch Goethes und Rilkes Sieben Gedichte. Erläutert von Siegfried Unseld. Frankfurt/Main 1978.

Weich ist stärker als hart. Rede beim Festakt aus Anlass des 100-jährigen Jubiläums des Schubart-Gymnasiums und Kepler-Gymnasiums Ulm am 11. Juni 1978 im Theater der Stadt Ulm. Privatdruck.

Das Buch in unserer Zeit. Festrede zum 25-jährigen Jubiläum des Klingspor-Museums Offenbach am Main am 7. November 1978. Sonderdruck.

Der Autor und sein Verleger. Frankfurt/Main 1978 (und 1985).

Vorbemerkung, Hermann Hesse, Oskar Loerke, Rainer Maria Rilke, Jesse Thor. In: *Poesie. Aus den Gedichtbüchern der Bibliothek Suhrkamp.* Frankfurt/Main 1979.

Nicht bange machen lassen. In: *Die Begegnung*, 15. Folge. Berlin 1979.

Nachwort. In: Stefan Zweig. *Schachnovelle.* Frankfurt/Main 1979. (Auch als »Das Spiel vom Schach«. In: *Deutsche Novellen.* München 1993.)

Das Buch heute – das Buch morgen. Vortrag beim Festakt des Gutenberg-Preises. Mainz 1980.

Fragebogen. *FAZ-Magazin*, 30.5.1980.

Mein erstes Buch. In: *Maria Müller-Gögler.* Werkausgabe. Einführung. Stimmen der Freunde. Sigmaringen 1980.

Unterhaltungen mit Piper und Goethe. In: *Für Klaus Piper zum 70. Geburtstag* 27. März 1981. München 1981.

Zum Geleit. In: *Begegnungen.* Eine Festschrift für Max Frisch. Frankfurt/Main 1981.

Einiges über die Anfänge des neuen Suhrkamp Verlages. Rede anlässlich der Fünfzigjahrfeier der Wolffs Bücherei. 1981. In: *Wolff's Bücherei.* Berlin 1981.

Hans-Georg Siebeck wird 70. In: *Buchmarkt,* 10/81.

Was können wir hoffen? Rede bei der Entgegennahme der Wilhelm-Leuschner-Medaille am 1. Dezember 1981. Wiesbaden 1982.

Warum sucht ihr den, der da lebt, unter den Toten? In: Karola Bloch und Adelbert Reif: *Denken heißt Überschreiten. In memoriam Ernst Bloch.* Frankfurt/Main, Berlin 1982.

Weißes Programm. *FR,* 14.8.1982.

Walter Höllerer, der Inspirator. In: *Sprache im technischen Zeitalter.* München 1982.

Versuch die Welt besser zu verstehen. Rede bei einer Gedächtnisveranstaltung für Alexander Mitscherlich am 22. Oktober 1982. In: *Psyche,* Heft 4, 1983.

Proust in Deutschland verlegen. In: *Proustiana 1,* Köln 1983.

Das Weiße Programm im 33. Jahr. Frankfurt/Main 1983.

Eine Art Schaufel. (Zu Walser *Liebeserklärungen*). *Stuttgarter Zeitung,* 8.11.1983.

C'est la vie. Sellerie. Zu Achternbuschs *Wellen. Stuttgarter Zeitung,* 12.11.1983.

Auftakt mit der scheuen Ingeborg Bachmann Fragen zeitgenössischer Dichtung. *Frankfurter Neue Presse,* 18.10.1984.

Zur Suhrkamp Wissenschaft. In Suhrkamp Wissenschaft Weißes Programm. Frankfurt/Main 1984.

Dankesrede zur Verleihung des Ricarda-Huch-Preises. *FR,* 12.11.1984.

Wenn ich an Karl Krolow denke. In: *Darmstädter Echo,* 11.3.1985.

Hermann Hesse. Werk- und Wirkungsgeschichte. Erweiterte Fassung. Frankfurt 1985.

Nachwort in: Uwe Johnson, *Ingrid Babendererde.* Frankfurt/Main 1985.

Gelegenheit. Zu Goethes Gedicht *Gegenwart. FAZ,* 24.5.1986.

Eine Ware besonderer Art. Der Verleger. *FAZ,* 26.5.1986.

Der Dialog des Bildermalers. In: *Gunter Böhmer. Dialog ohne Worte.* Frankfurt/Main 1986).

In dieser Form nie mehr. In: Lichtenstein, Heiner (Hrsg.): *Die Fassbinder-Kontroverse oder das Ende der Schonzeit.* Königstein 1986.

»Der Prinz von Reinbek«. Zum 80. Geburtstag von Heinrich Maria Ledig-Rowohlt. *Der Spiegel,* 14. 3. 1988.

Das große Fragezeichen des Wunderbaren. In: *Hommage a Hrabal.* Frankfurt/Main 1989.

Bücher haben ihr Erlebtes. In: *Almanach der Frankfurter Bücherstube 1989.* Herausgegeben von Siegfried Unseld. Frankfurt/Main 1989.

Fata Morgana in Salomos Wüstenfestung. *Die Welt,* 22. 6. 1989.

Ist Frankfurt weltstädtisch? In: *Kohls Lesebuch. Eine Anthologie der Buchhandlung Kohl am Roßmarkt.* Frankfurt/Main 1989.

Das letzte Mal Beckett. *Die Zeit,* 5. 1. 1990.

Werke aus der Vergessenheit gehoben. *Die Weltwoche,* 25. 1. 1990.

Das ist Hrabal. *Theater Heute,* 2/1990.

Bis zum Äußersten. Samuel Beckett zum 80. Geburtstag. *Theater Heute,* 2/1990.

Gebrüder Volkart und der Suhrkamp Verlag. In: Rambousek et al., *Volkart. Die Geschichte einer Welthandelsfirma.* Frankfurt/Main 1990.

Hermann Hesse: *Beschreibung einer Landschaft.* Herausgegeben und mit einem Vorwort versehen von Siegfried Unseld. Frankfurt/ Main 1990.

Lektüre zwischen den Jahren. Über die Deutschen. Ausgewählt von Peter Ulmer. Frankfurt/Main 1990.

Turmhohe Achtung vor dem Autor. Zum hundertsten Geburtstag von Peter Suhrkamp. *FAZ,* 30. 3. 1991.

Dinge, die mehr als eine Seite haben. Kurt Fried zur Erinnerung. In: *Kurt Fried zu Ehren.* Ulm 1991.

Scherben, die nur inkommodieren. *FAZ,* 24. 8. 1991.

Goethe und seine Verleger. Frankfurt/Main und Leipzig 1991.

Das Briefgespräch zwischen Goethe und Schiller. In: *Insel Almanach 1992.* Frankfurt/Main 1991.

Uwe Johnson *Für wenn ich tot bin.* Frankfurt/Main 1991 (Band 1 der Schriften des Uwe Johnson Archivs).

Es begann mit einem Streit. Erinnerungen an den Ulmer Ernst Bauer. *Südwestpresse,* 14. 1. 1992.

Der gute Mensch von Austin – A. Leslie Willson zum 70. Geburtstag. Januar 1992. In: *Dimensions.* Hrsg. von Peter Pabisch et al. Krefeld 1993.

Der Jüdische Verlag. Rede am 19. 2. 1992. Abgedruckt im Almanach zur Wiederbegründung des Jüdischen Verlags. Frankfurt/Main 1992.

»Ich komme wieder!« Ernst Penzolt und Peter Suhrkamp. In: *Ernst Penzolt. Kunst und Poesie.* Erlangen 1992.

Hermann Hesse: *Einmal wirklich dienen.* Rede bei 7. Internationalen Hesse-Kolloquium in Calw vom 28.–30. Mai 1992. In: *Hermann Hesse und die Politik.* Calw 1992.

Walter Benjamin und der Suhrkamp Verlag. In: *Für Walter Benjamin.* Hrsg. von Ingrund und Konrad Scheurmann. Frankfurt/Main 1992.

Über einen Satz von Georg Christoph Lichtenberg. In: *Lichtenbergs Funkenflug der Vernunft.* Hrsg. von Jörg Dieter Kogel et al. Frankfurt/Main 1992.

Der Struktur-Riese. *FR*, 15.8.1992.

Henscheids Gusto. *FAZ*, 6.9.1992.

Wohin ich in Wahrheit gehöre. In: *DU.* Uwe Johnson. Jahre in Mecklenburg. Heft Nr. 10, Oktober 1992.

Goethe unser Zeitgenosse. Hrsg. von Siegfried Unseld. Frankfurt/Main und Leipzig 1993.

Politik ohne Projekt? Nachdenken über Deutschland. Herausgegeben von Siegfried Unseld. Frankfurt/Main 1993.

Literatur im Abseits? *FAZ*, 18.8.1993.

Nachwort. In: *Brecht für Anfänger und Fortgeschrittene.* Ein Lesebuch. Ausgewählt von Siegfried Unseld. Frankfurt/Main 1993.

Börsianer des Geistes. Zum Tod des Buchhändlers Heinrich Cobet. *FAZ*, 8.2.1994.

Hermann Hesse: *Lebenszeiten.* Ediert von Siegfried Unseld. Frankfurt/Main und Leipzig 1994.

Hermann Hesse: *Nürnberger Reise.* Mit einem Nachwort von Siegfried Unseld. Frankfurt/Main 1994.

Gehen. Zu Robert Walsers »Und ging«. *FAZ*, 9.7.1994.

Uwe Johnsons »ureigene Sache«. In: *Wohin ich in Wahrheit gehöre.* Ein Uwe Johnson Lesebuch. Herausgegeben von Siegfried Unseld. Frankfurt/Main 1994.

Vom Glück der Entdeckung. Leserbrief in: *Die Woche,* 14.10.1994.

Kein Suhrkamp-Niveau. Interview über Franz Xaver Kroetz in: *SZ*, 29.12.1994.

Erinnerung an den 8. Mai 1945. In: *Als der Krieg zu Ende war.* Herausgegeben von Hans Sarkowicz. Frankfurt/Main 1995.

Unglaublich stark mit dieser Zeitung verbunden. *Südwest-Presse,* 10.11.1995.

Auf dem Phantasieross. Der Dichter Wolfgang Koeppen und seine Verleger. *FAZ*, 13.4.1996.

Ein leerer Schreibtisch voller Träume. Beim Begräbnis von Wolfgang Koeppen. In: *Jahrbuch der Bayerischen Akademie der Schönen Künste*. Schaftlach 1996.

Eine ungewöhnliche Frau. Zum 100. Geburtstag von Ingeborg Schnack am 9. Juli 1996. In: Ingeborg Schnack, *Über Rainer Maria Rilke*. Aufsätze. Frankfurt/Main 1996.

Goethe: Das Leben, es ist gut. Hundert Gedichte ausgewählt von Siegfried Unseld. Frankfurt/Main und Leipzig 1997.

Rachel Salamander und der neue jüdische Verlag. In: *Ich handle mit Vernunft. Ein Almanach zum fünfzehnjährigen Bestehen der Literaturhandlung*. Herausgegeben von Barbara Picht. München 1997.

Der Klassiker der Vernunft. In: *Hundert Jahre Brecht – Brechts Jahrhundert*. Hrsg. von Hans-Jörg Knobloch et al. Tübingen 1998.

Bertolt Brecht: *Hundert Gedichte*. Ausgewählt von Siegfried Unseld. Frankfurt/Main 1998.

»Der Suhrkamp Verlag und die Schweiz«. *FAZ*, 7.10.1998.

Goethe und der Ginkgo. Frankfurt/Main und Leipzig 1998.

Brief an Ignatz Bubis. 13.10.1998. In: *Die Walser-Bubis-Debatte.* Eine Dokumentation. Hrsg. von Frank Schirrmacher. Frankfurt/ Main 1999.

Die Literaturvernichter. Zum Teilwertabschreibungsverbot. *FAZ*, 1.12.1998.

Uwe Johnson – Siegfried Unseld. Der Briefwechsel. Hrsg. von Eberhard Fahlke und Raimund Fellinger. Frankfurt/Main 1999.

Mit einem scharfen Blick. Zum Tod von Ignatz Bubis. *FAZ*, 16.8.1999.

Reden bei der Verleihung des Hessischen Kulturpreises an Jürgen Habermas, Marcel Reich-Ranicki und Siegfried Unseld. *FAZ*, 20.12.1999.

Ein Übertreibungskünstler. *Thomas Bernhard – Eine Verteidigung. FR*, 25.2.2000.

50 Jahre Suhrkamp. Eine Dokumentation zum 1. Juli 2000. Frankfurt/Main 2000.

Die Geschichte des Suhrkamp Verlages 1950–2000. Frankfurt/Main 2000.

50 Jahre Promotion. Rede bei der akademischen Feier in der Eberhard Karls Universität Tübingen am 30.11.2001.

Im Zug nach Frankfurt. In: *50 Jahre Siegfried Unseld im Suhrkamp Verlag 1952–2002.* Hrsg. von Günter Berg, Raimund Fellinger, Rainer Weiss. Frankfurt/Main 2002.

Unveröffentlichte, eingesehene Briefe und Akten

Briefe, die Siegfried Unseld mit Gottfried Benn, Johannes Bobrowski, Günter Eich, Hermann Hesse, Ninon Hesse, Arthur Georgi, Wilhelm Lehmann, Josef Mühlberger, Maria Müller-Gögler, Andreas Wolff gewechselt hat. Alle im Marbacher Literatur Archiv.

Briefwechsel von verschiedenen Lektoren und Mitarbeitern des Suhrkamp Verlags.

Briefwechsel mit Max Frisch. Max Frisch Archiv, Zürich, und Suhrkamp Verlag.

Briefe an Corinne Pulver.

Akten zu Ludwig Unseld im Stadtarchiv Ulm.

Akten zum Prozess von Ludwig Unseld im Staatsarchiv Sigmaringen.

Radiosendungen, Fernsehsendungen, Interviews

Dichterlesung Suhrkamp Verlag 2.11.1959 mit Uwe Johnson und Günter Eich. HR-Radio.

Das Profil. Siegfried Unseld im Gespräch mit Friedrich Luft. *SFB*, 10.4.1966.

Notstandsgesetze. Kundgebung im Großen Sendesaal des Hessischen Rundfunks. *HR Fernsehen*, 28.5.1968.

Wer manipuliert die Literatur? *HR Radio*, 23.9.1968.

Interview mit Siegfried Unseld. In: *Die Neunzehn*. Texte und Informationen 1970. München 1970.

Der Vater des Regenbogens. *Der Buchmarkt*, 4/80.

Zeitgenossen. Siegfried Unseld im Gespräch mit Marcel Reich-Ranicki. *HR Radio*, 6.11.1984.

Der Verleger an sich. Im Gespräch mit Thomas Bille. *Börsenblatt für den Deutschen Buchhandel*, 23.10.1990.

Im Gespräch mit Winfried Schoeller, *HR Fernsehen*, 11.11.1990.

Leben und Werk von Uwe Johnson, *HR Fernsehen*, 13.9.1991.

El Pasionario. Über die Suhrkamp-Kultur. Der Verleger Siegfried Unseld im Gespräch mit Martin Lüdke. *SWR*, 1992.

Gespräch zwischen Siegfried Unseld und Wend Kässens über den Suhrkamp Verlag. *NDR*, 1994.

Patron mit Harem. Gespräch mit Sven Michaelsen. *Stern*, 40/1994.

Wo ist denn die Krise? Im Gespräch mit Volker Hage und Matthias Schreiber. *Der Spiegel*, 22/1997.

Ich wollte kein Geld, sondern herausragende Literatur machen. Im Gespräch mit Helmut Böttiger, Wolfram Schütte und Axel Vornbäumen. *FR*, 7.10.1998.

Gespräch mit Peter Laemmle. *BR*, 2000.

»Ins Gelingen verliebt« – Siegfried Unseld und der Suhrkamp Verlag. Der Film zum Jubiläum. *ARD*, 22.6.2000.

Machen Sie Autoren! Gespräch mit Ulrich Greiner. *Die Zeit*, 29.6.2000.

Zitierte oder verwendete Bücher und Aufsätze (alphabetisch):

Adorno, Theodor W.: »Interimsbescheid.« *FR*, 6.3.1968.

Adorno, Theodor W., und Benjamin, Walter: *Briefwechsel 1928–1940*. Hrsg. von Henri Lonitz. Frankfurt/Main 1994.

Albrecht, Clemens et al. (Hrsg.): *Die intellektuelle Gründung der Bundesrepublik*. Frankfurt/Main 1999.

Alternative, Die: In Sachen Benjamin. Entgegnung auf Siegfried Unselds Darstellung. *FR*, 29.1.1968.

Arnold, Heinz Ludwig (Hrsg.): *Die Gruppe 47*. Zweite Auflage, München 1987.

Bahners, Patrick: *Im Mantel der Geschichte. Helmut Kohl und die Unersetzlichkeit*. Berlin 1998.

Bentz, Ralf et al.: *Protest! Literatur um 1968*. Ausstellungskatalog des Deutschen Literaturarchivs. 2. Auflage, Marbach 2000.

Benz, Wolfgang et al. (Hrsg.): *Enzyklopädie des Nationalsozialismus*. München 1997.

Berkéwicz, Ulla: *Engel sind schwarz und weiß*. Frankfurt/Main 1992.

Berkéwicz, Ulla: *Josef stirbt*. Frankfurt/Main 1982.

Berkéwicz, Ulla: »Das unerreichte Petra oder Die Wahrheit geht auf den Strich.« *FAZ*, 29.1.2000.

Bermann Fischer, Gottfried: *Bedroht – Bewahrt. Der Weg eines Verlegers*. Frankfurt/Main 1967.

Bermann Fischer, Gottfried, und Bermann Fischer, Brigitte: *Briefwechsel mit Autoren.* Herausgegeben von Reiner Stach. Frankfurt/ Main 1990.

Bichsel, Peter: Frisch kannte noch das Wir in der Literatur. Gespräch mit Walter Obschlager und Julian Schütt. In: *jetzt: max frisch.* Frankfurt/Main 2001.

Bloch, Ernst: *Briefe.* Hrsg. von Karola Bloch et al. Frankfurt/Main 1985.

Bloch, Karola: *Aus meinem Leben.* Pfullingen 1981.

Bloom, Harold: *Eine Topographie des Fehllesens.* Frankfurt/Main 1997.

Boehlich, Walter: Idee und Wirklichkeit einer Buchreihe. *Die Zeit,* 12.4. 1963.

Bohrer, Karl Heinz: Das Beispiel Suhrkamp. Hintergründe des Konflikts zwischen Verleger und Lektoren. *FAZ,* 13.11.1968.

Bohrer, Karl Heinz: Walter Benjamins Aktualität. *FAZ,* 3.7.1972.

Bohrer, Karl Heinz: Schuldkultur und Schamkultur. *NZZ,* 12.12.1998.

Böschenstein, Bernhard, und Weigel, Sigrid: *Ingeborg Bachmann und Paul Celan.* Frankfurt/Main 1997.

Bude, Heinz: *Das Altern einer Generation. Die Jahrgänge 1938–1948.* Frankfurt/Main 1995.

Bude, Heinz: Generationen im 20. Jahrhundert. In: *Merkur.* Deutsche Zeitschrift für europäisches Denken. Heft 7. 54. Jahrgang, Juli 2000.

Conrady, Karl Otto: Laconisch, imperativ. Goethe und seine Verleger, gesehen von Siegfried Unseld. *FR,* 3.10.1991.

Däumling, Werner (Hrsg.): *Das Leben lieben. Max Tau in Briefen und Dokumenten 1945–1976.* Würzburg 1988.

Damm, Ulrich: Suhrkamp-Chef heiratet seine schöne Starschreiberin. *Bild Frankfurt,* 7.8.1990.

Davidis, Michael et al.: *Konstellationen. Literatur um 1955.* Ausstellungskatalog des Deutschen Literaturarchivs. Marbach 1995.

De Mendelssohn, Peter: *S. Fischer und sein Verlag.* Frankfurt/Main 1970.

Demirovic, Alex: *Der nonkonformistische Intellektuelle.* Frankfurt/Main 1999.

Drews, Jörg: Paradoxie ist ein Merkmal der Wahrheit. In Frankfurt wurde der neue Jüdische Verlag vorgestellt. *SZ,* 25.2.1992.

Enzensberger, Hans Magnus: Ankündigung einer neuen Zeitschrift. *Kursbuch.* 1965.

Enzensberger, Hans Magnus: *Kursbuch 15.* Frankfurt/Main 1968.

Enzensberger, Hans Magnus: Gespräch mit André Müller. In: *Die Zeit,* 20.1.1995.

Eschenburg, Theodor: *Letzten Endes meine ich doch.* Erinnerungen 1933–1999. Berlin 2000.

Falke, Eberhard (Hrsg.): *Der Briefwechsel Max Frisch / Uwe Johnson 1964–1983.* Frankfurt/Main 1999.

Fassbinder, Rainer Werner: *Der Müll, die Stadt und der Tod.* Darin: Chronologie der Ereignisse von 1974 bis 1998. Frankfurt/Main 1998.

Finis: 34mal Unseld. *Die Zeit,* 2.11.1990.

Fischer, Samuel, und Fischer, Hedwig: *Briefwechsel mit Autoren.* Herausgegeben von Dierk Rodewald und Corinna Fiedler. Frankfurt/Main 1989.

Frisch, Max: *Gesammelte Werke in zeitlicher Folge.* Hrsg. von Hans Mayer unter Mitwirkung von Walter Schmitz. Frankfurt/Main 1986.

Fuegi, John: *Brecht & Co.* Hamburg 1997.

Goetz, Rainald: *Abfall für alle.* Frankfurt/Main 1999.

Gotzmann, Werner: *Uwe Johnsons Testamente oder Wie der Suhrkamp Verlag Erbe wird.* 2. Auflage Berlin 1996.

Goubran, Alfred (Hrsg.): *Staatspreis. Der Fall Thomas Bernhard.* Klagenfurt–Wien 1997.

Grambow, Jürgen: *Uwe Johnson.* Reinbek bei Hamburg 1997.

Grass, Günter: Wenn Verleger keine Hemmungen mehr haben… Gespräch über den Fall Johnson – Jens – Unseld – Piper. In: *SZ,* 1.12.1984.

Greiner, Ulrich: Ein Streit um Eich. In: *Die Zeit,* 16.4.1993.

Güntner, Joachim: Theorie für den Abschied vom Regentanz. 25 Jahre stw. Ein Besuch beim Lektor. *NZZ,* 15.10.1998.

Habermas, Jürgen (Hrsg.): *Stichworte zur »Geistigen Situation der Zeit«.* Frankfurt/Main 1979.

Hage, Volker: Siegfried Unseld. *FAZ Magazin,* 11.9.1981.

Hage, Volker: *Max Frisch.* Reinbek bei Hamburg 1983.

Hapkemeyer, Alexander: *Ingeborg Bachmann. Bilder aus ihrem Leben.* München 1997.

Hecht, Werner: *Brecht Chronik.* Frankfurt/Main 1997.

Heise, Rosemarie: Der Benjamin Nachlaß in Potsdam. Interview in: *Die Alternative,* Nr. 55. Berlin 1967.

Heise, Rosemarie: Nachbemerkungen zu einer Polemik oder Widerlegbare Behauptungen der Frankfurter Benjamin-Herausgeber. In: *Die Alternative,* Nr. 59/60. Berlin 1968.

Hennetmair, Karl Ignaz: *Ein Jahr mit Thomas Bernhard.* Salzburg und Wien 2000.

Henty, G. A.: *Der Löwe von St. Markus.* Berlin o. J.

Hesse, Hermann: *Zum Sieg.* Ein Brevier für den Feldzug von Wilhelm Schussen, Ludwig Finckh, Auguste Supper, A. Dörrfuß mit einer Einführung von Hermann Hesse. Stuttgart 1915.

Hesse, Hermann: *Das Glasperlenspiel.* Frankfurt/Main 1972.

Hesse, Hermann: *Briefe 1–4.* Frankfurt/Main 1979.

Hildesheimer, Wolfgang: *Briefe.* Frankfurt/Main 1999.

Hölderlin. *Feldauswahl.* Herausgegeben von Friedrich Beißner. Stuttgart 1943.

Hoell, Joachim: *Thomas Bernhard.* München 2000.

Höller, Hans: *Ingeborg Bachmann.* Reinbek bei Hamburg 1999.

Honnefelder, Gottfried (Hrsg.): *Warum Klassiker?* Ein Almanach zur Eröffnungsedition der Bibliothek deutscher Klassiker. Frankfurt/Main 1985.

Ihlau, Olaf: Zorniges beim Totengedenken. In London attackiert Günter Grass die Uwe-Johnson-Verweser. *SZ*, 26.11.1984.

James, Harold: Peter Suhrkamp oder die Kompromisse eines Mutigen. In: *FAZ*, 17.6.1999.

James, Harold: *Die Deutsche Bank und die »Arisierung«.* München 2001.

Jenny, Urs: Der Fortschritt ist immer vorn. Urs Jenny spricht mit dem Verleger Siegfried Unseld. *SZ*, 31.12.1966.

Jessen, Jens (Hrsg.): *Über Marcel Reich-Ranicki.* Aufsätze und Kommentare. München 1985.

Johnson, Uwe: »Schicksalhaft« ist es nicht. In: *Die Begegnung.* Berlin 1965.

Johnson, Elisabeth: Man könnte von Erbschleicherei reden. Gespräch in: *Die Woche*, 23.1.1997.

Kafka, Franz: *Brief an den Vater.* Faksimile. Herausgegeben und mit einem Nachwort von Joachim Unseld. Frankfurt/Main 1994.

Kebir, Sabine: *Abstieg in den Ruhm. Helene Weigel.* Eine Biographie. Berlin 2000.

Kinder, Hermann: *Der Mythos von der Gruppe 47.* Edition Isele o. J.

Klüger, Ruth: *weiter leben. Eine Jugend.* Göttingen 1992.

Klt (Autorenkürzel): Treffpunkt Klettenbergstraße. *Sonntagsblatt*, 17.3.1963.

Knowlson, James: *Damned to Fame. The Life of Samuel Beckett.* London 1996.

Koenen, Gerd: *Das rote Jahrzehnt.* Unsere kleine deutsche Kulturrevolution 1967–1977. Köln 2001.

Koeppen, Wolfgang: Ich riskiere den Wahnsinn. Gespräch mit André Müller. In: *Die Zeit*, 15.11.1991.

Korn, Karl: Herr der Insel. *FAZ*, 12.10.1964.

Krolow, Karl: Wörter kommen zu Wort. In: *Insel Almanach auf das Jahr 2000*. Hrsg. von Hans-Joachim Simm. Frankfurt/Main 1999.

Krüger, Michael: König Siegfried. *Börsenblatt für den Deutschen Buchhandel*. 24.9.1999.

Lau, Jörg: *Hans Magnus Enzensberger. Ein öffentliches Leben*. Berlin 1999.

Loerke, Oskar: *Tagebücher 1903–1939*. Herausgegeben von Hermann Kasack. Heidelberg/Darmstadt 1956.

Lübbert, Heinrich: *Der Streit um das Erbe des Schriftstellers Uwe Johnson*. Frankfurt/Main 1998.

Mächler, Stefan: *Der Fall Wilkomirski. Über die Wahrheit einer Biographie*. Zürich 2000.

Mitscherlich, Alexander: *Auf dem Weg zur vaterlosen Gesellschaft*. Ideen zur Sozialpsychologie. München 1963.

Moser, Tilman: *Literaturkritik als Hexenjagd*. Ulla Berkéwicz und ihr Roman *Engel sind schwarz und weiß*. München 1994.

Muschg, Adolf: Laudatio. Einsichten in die Quellen der Suhrkamp-Kultur. In: *50 Jahre Siegfried Unseld im Suhrkamp Verlag 1952–2002*. Hrsg. von Günter Berg, Raimund Fellinger, Rainer Weiss. Frankfurt/Main 2002.

Neumann, Bernd: *Uwe Johnson*. Hamburg 1994.

Neunzig, Hans A. (Hrsg.): *Lesebuch der Gruppe 47*. München 1983.

Pulver, Corinne: *Karriere oder Die Liebe ist ein seltsam' Ding*. München 1999.

Raulff, Ulrich: Das geteilte Gedächtnis. Ignatz Bubis attackiert Martin Walser. *FAZ*, 10.11.1998.

Reich-Ranicki, Marcel: *Literarisches Leben in Deutschland. Kommentare und Pamphlete*. München 1965.

Reich-Ranicki, Marcel: *Entgegnung. Zur deutschen Literatur der Siebziger Jahre*. München 1982.

Reich-Ranicki, Marcel: Die Wollust am Buch. *FAZ*, 28.9.1984.

Reich-Ranicki, Marcel: *Mein Leben*. Stuttgart 1999.

Richter, Hans Werner (Hrsg.): *Almanach der Gruppe 47*. Reinbek bei Hamburg 1962.

Richter, Hans Werner: *Briefe*. München 1997.

Richter, Toni: *Die Gruppe 47 in Bildern und Texten*. Köln 1997.

Riehl-Heyse, Herbert: *Götterdämmerung. Die Herren der öffentlichen Meinung*. Berlin 1995.

Rilke, Rainer Maria: *Die Weise von Liebe und Tod des Cornets Christoph Rilke*. Leipzig 1912.

Rotermund, Gisela: *Zwischen Gleichschaltung und Selbstbehauptung.* Das Realgymnasium Ulm 1933–1945. Ulm 1997.

Rühle, Günther: Der glückliche Griff nach den Büchern. Siegfried Unseld – der Nachfolger Peter Suhrkamps. *Saarbrücker Zeitung*, 1959.

Rühle, Günther: Renovierung einer Insel oder: Die Ausbreitung des Siegfried Unseld. *FAZ*, 16.6.1965.

Ruiss, Gerhard, und Vyoral, Johannes: *Der Zeit ihre Kunst – Der Kunst ihre Freiheit – Der Freiheit ihre Grenzen?* Wien 1990.

Sabin, Stefana: *Andy Warhol in Selbstzeugnissen und Bilddokumenten.* Reinbek 1992.

Sarkowski, Heinz: *Der Insel Verlag 1899–1999.* Frankfurt/Main 1999.

Schirrmacher, Frank: Der Verleger. Die ganze Welt ein Suhrkamp-Titel: Siegfried Unseld wird siebzig. *FAZ*, 28.9.1994.

Schirrmacher, Frank: Suhrkamp zum Beispiel. *FAZ*, 13. 11. 1997.

Schlosser, Horst Dieter (Hrsg.): *Frankfurter Poetik-Vorlesungen.* Frankfurt/Main 1988.

Schmidt, Werner: *Leben an Grenzen.* Autobiographischer Bericht eines Mediziners aus dunkler Zeit. Zürich 1989.

Schütte, Wolfram: Eingriffe? Es geht um Walter Benjamin. *FR*, 19.1.1968.

Schütte, Wolfram: Wegen roter Zahlen? *FR*, 14.8.1982.

Schütte, Wolfram: Suchbewegungen mit eine Speerspitze. 25 Jahre edition suhrkamp. *FR*, 5.11.1988.

Serke, Jürgen: Der Herr der linken Dichter. *Der Stern*, 3.10.1974.

Stach, Reiner: *100 Jahre S. Fischer Verlag 1886–1986.* Kleine Verlagsgeschichte. Frankfurt/Main 1986.

Steiner, George: Adorno: Love and Cognition. *Times Literary Supplement*, 9.3.1973.

Steinfeld, Thomas: Der Wanderfotograf. Martin Walsers »Ein springender Brunnen«. *FAZ*, 26.9.1998.

Suhrkamp, Peter: Die Sezession des Familiensohnes. In: *Die Neue Rundschau*, Januar 1932.

Suhrkamp, Peter: Söhne ohne Väter und Lehrer. In: *Die Neue Rundschau*, Mai 1932.

Suhrkamp, Peter: *Erste Begegnung mit Hermann Hesse.* 1947.

Suhrkamp, Peter: *Der Besuch.* Frankfurt/Main 1956.

Suhrkamp, Peter: *Munderloh.* Frankfurt/Main 1957.

Suhrkamp, Peter: *Der Leser.* Frankfurt/Main 1960.

Suhrkamp, Peter: *Briefe an die Autoren.* Frankfurt/Main 1961.

Suhrkamp. Anonyme Broschüre, erschienen zur Frankfurter Buchmesse 1981.

Suhrkamp zum Beispiel. Broschüre des Suhrkamp Verlags mit drei Beiträgen der *FAZ* vom 13.11.1997. Frankfurt/Main 1997.

Szondi, Peter: *Briefe*. Hrsg. von Christoph König und Thomas Sparr. Frankfurt/Main 1993.

Tiedemann, Rolf: In Sachen Benjamin. Vorläufige Entgegnung eines Herausgebers. *FR*, 28.2.1968.

Tiedemann, Rolf: *Die Abrechnung. Walter Benjamin und sein Verleger*. Hamburg o. J.

Tilliger, Ruth: Dr. Unselds Kunst, Bomben zu entschärfen. *Christ und Welt*, 10.1.1969.

Unseld, Joachim: *Franz Kafka. Ein Schriftstellerleben*. München 1982.

Unseld, Joachim: Ein bisher unbekannter Brief Johann Wolfgang Goethes an den Verleger Carl Bertuch vom 3. Februar 1810 und eine Geschichte. Siegfried Unseld zum sechzigsten Geburtstag am 28. September 1984 in Venedig, vorgetragen von Joachim Unseld. Frankfurt/Main 1984.

Urban, Peter (Hrsg.): *Das Buch vom Verlag der Autoren. 1969–1989*. Frankfurt/Main 1989.

Van Reijen, Willem, und Schmid Noerr, Gunzelin (Hrsg.): *Vierzig Jahre Flaschenpost: »Dialektik der Aufklärung« 1947–1987*. Frankfurt/Main 1987.

Der Verleger und seine Autoren. Siegfried Unseld zum sechzigsten Geburtstag. Frankfurt/Main 1984.

Der Verleger und seine Autoren. Siegfried Unseld zum siebzigsten Geburtstag. Frankfurt/Main 1994.

Verleger als Beruf. Siegfried Unseld zum fünfundsiebzigsten Geburtstag. Frankfurt/Main 2000.

Vieregg, Axel: Die Historie als Widersacherin der Poesie. In: *Die Zeit*, 26.11.1993.

Voit, Friedrich: *Der Verleger Peter Suhrkamp und seine Autoren*. Kronberg 1975.

Von Matt, Peter: *Verkommene Söhne, mißratene Töchter*. Familiendesaster in der Literatur. München 1995.

Von Wiese, Benno: *Ich erzähle mein Leben. Erinnerungen*. Frankfurt/Main 1982.

Walser, Martin: *Brief an Lord Liszt*. Frankfurt/Main 1982.

Walser, Martin: Sisyphos heißt jetzt Siegfried. *Die Zeit*, 30.3.1984.

Walser, Martin: *Ein springender Brunnen*. Frankfurt/Main 1998.

Walther, Jens: *Abstieg vom Zauberberg*. Frankfurt/Main 1997.

Weigel, Sigrid: *Ingeborg Bachmann*. Wien 1999.

Weischedel, Wilhelm: *Die Tiefe im Antlitz der Welt*. Tübingen 1952.

Werth, Wolfgang: Urlesung sechsfach. In: *SZ*, 23.9.1978.

Wilkomirski, Binjamin: *Bruchstücke. Aus einer Kindheit 1939–1948*. Frankfurt/Main 1995.

Winkler, Willi: 4,875 % für Walter Benjamin. *Der Spiegel*, 9.10.1989.

Winkler, Willi: Putzlumpen für den Jaguar-Mann. *Stern*, 5.1.1994.

Wittmann, Reinhard: *Geschichte des deutschen Buchhandels*. München 1991.

Wittstock, Uwe: Am Ende. Edition Suhrkamp. Neue Folge. *FAZ*, 28.8.1981.

Wolff, K. D.: 1968: Ein freischwebender Gruß. Siegfried Unseld zum 75. In: *Freitag*, 1.10.1999.

Zeeh, Burgel (Hrsg.): *Siegfried Unseld. Publikationen 1949–1999*. Frankfurt/Main 1999.

Zeller, Bernhard (Hrsg.): *S. Fischer Verlag. Von der Gründung bis zur Rückkehr aus dem Exil*. Ausstellungskatalog des Deutschen Literaturarchivs. Marbach 1985.

Zimmer, Dieter E.: Wohin stößt Suhrkamp jetzt vor? *Die Zeit*, 25.1.1963.

Zimmer, Dieter E.: Die Suhrkamp-Revolte. *Die Zeit*, 15.11.1968.

Zuckmayer, Carl: *Geheimreport*. Herausgegeben von Gunther Nickel und Johanna Schrön. Göttingen 2002.

Zuckmayer, Carl, und Seidel, Annemarie: *Briefwechsel*. Herausgegeben von Gunther Nickel. St. Ingbert 1999.

Zuckmayer, Carl, und Suhrkamp, Peter: *Briefwechsel*. Unveröffentlichtes Manuskript.

Register

Bildnachweis